中亚经济地理概论

杨德刚　杜宏茹　等 编著

内容简介

本书在收集整理大量数据和文献的基础上,从地理特征、资源开发、区域经济发展、人口与城市化、产业发展和对外贸易等方面,较全面地阐述了中亚五国经济社会发展的现状特征;介绍了中亚五国的经济和贸易发展政策;论述了中亚区域经济、产业和贸易等的国际地位和发展趋势。全书内容丰富、图文并茂,对深入了解中亚地区的经济社会发展,开展中亚区域的经济合作具有重要的参考价值。

本书可供国家和地方管理部门、科研院所、高等学校、企业管理者和研究人员参考。

图书在版编目(CIP)数据

中亚经济地理概论 / 杨德刚等编著. —北京:气象出版社,2012.12
ISBN 978-7-5029-5634-9

Ⅰ. ①中… Ⅱ. ①杨… Ⅲ. ①经济地理—中亚 Ⅳ. ①F136.099

中国版本图书馆 CIP 数据核字(2012)第 287793 号

Zhongya Jingji Dili Gailun
中亚经济地理概论
杨德刚　杜宏茹　等　编著

出版发行:气象出版社	
地　　址:北京市海淀区中关村南大街 46 号	邮政编码:100081
总 编 室:010-68407112	发 行 部:010-68409198
网　　址:http://www.cmp.cma.gov.cn	E-mail:qxcbs@cma.gov.cn
责任编辑:李太宇　王亚俊	终　　审:周诗健
封面设计:博雅思企划	责任技编:吴庭芳
印　　刷:北京地大天成印务有限公司	
开　　本:787 mm×1092 mm　1/16	印　　张:15.25
字　　数:450 千字	
版　　次:2013 年 12 月第 1 版	印　　次:2013 年 12 月第 1 次印刷
定　　价:110.00 元	

本书如存在文字不清、漏印以及缺页、倒页、脱页等,请与本社发行部联系调换

《亚洲中部干旱区生态系统评估与管理》丛书
编 委 会

总主编：陈　曦

编　委：(按姓氏拼音排序)

包安明　胡汝骥　吉力力·阿不都外力　李　彦　李耀明
罗格平　罗　毅　王亚俊　吴　淼　　　肖文交　徐俊荣
杨德刚　杨　辽　杨维康　张　驰　　　张建明　张元明
周宏飞　周可法　Salamat ALAMANOV

David BLANK　　　　　　　Ramazan KUZIEV(Р. К. Кузиев)
Ernazar MAHMUDOV　　　　Dyuxin MAMATKANOV
Ahmatkal MEDEU　　　　　Xavket RAHIMOV
Kadirbek SAKIYEV　　　　　Abdulla SAPAROV(А. С. Сапаров)
Gulnara SITPAYEVA　　　　Rustam USMANOV

序 一

自工业革命以来,以全球变暖为主要特征的全球气候环境变化问题日益突出,这种变化已经并将继续对自然生态系统和人类社会经济系统产生重大影响,成为人类可持续发展最严峻的挑战之一。中亚位于欧亚大陆的中心,远离海洋,气候干旱,受西风环流、北冰洋高纬气团和印度洋暖湿气流的交错作用,使得该区域温度、湿度变化较大,极端气候事件频发,生态系统脆弱,是全球变化的敏感区域。研究发现,近百年来,中亚区域地表温度呈现加速上升趋势,平均增温 0.74℃,显著高于全球百年平均值。由此,导致了天山和阿尔泰山区的冰川面积持续减小,近 40 年缩减了 15%~30%,区域水系统、农业系统和生态系统都发生了明显变化。

生态与环境问题一直是中亚各国政府关切的重要问题,中亚生态系统灾变——咸海生态危机更引起了国际社会的高度关注,联合国、上海合作组织以及中国政府都提出了相应的应对计划。2011 年 9 月,上海合作组织峰会发布了联合开展中亚区域生态系统保护的倡议。研究全球变化对中亚生态系统的影响和对策,对保障我国和中亚区域的国际生态安全、经贸通道的安全和发展意义重大,并可促进上海合作组织应对气候变化的科技合作。

《亚洲中部干旱区生态系统评估与管理》系列专著汇集了国内外 40 多家科研院校百余名科研工作者,是上海合作组织成员国第一次大型资源与环境科技合作研究成果。该系列专著对中亚区域基本气候和自然地理特征、生态系统变化规律进行了评估,内容丰富,科学性强,在我国尚属首次,具有重要的科学和实用价值,对研究全球气候变化条件下中亚地区生态系统的响应与适应特点,维护该区域生态安全具有重大的科学意义,对建设丝绸之路经济带具有重要参考价值。

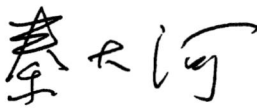

2013 年 12 月 4 日

序 二

新疆和中亚是亚欧内陆干旱区的主体，集中了全球 90% 的温带荒漠，是世界上独一无二的巨大温带荒漠生态系统，该区域独特的山地－绿洲－荒漠生态系统格局具有全球意义。亚欧内陆干旱区主要受西风环流以及北冰洋高纬气团、印度洋暖湿气流的影响，形成显著区别于非洲、美洲和大洋洲的水热组合，使其生态系统对全球气候变化响应过程独特而复杂。同时，该区域的植物是中亚植物区系与青藏、蒙古和古地中海的交汇区，对温度、水分变化十分敏感。

中亚区域生态系统十分脆弱，气候变化和人类活动影响极易引起生态系统的变化，甚至发生重大的生态灾难。中亚五国之间以及与新疆之间国际跨界河流交错，生态系统和自然地带相连贯通，局部的生态系统变化，亦可导致国际性生态问题。中亚咸海的逐步消亡成为世界著名的区域性跨国生态灾难。近年来降水和温度的变化，导致了该区域生态系统对全球变化的响应表现出更大的不确定性和复杂性，极端灾害事件更易发生。因此，深入开展全球变化背景下中亚生态系统变化和管理研究，对保障该区域生态安全、促进社会经济的可持续发展具有重大意义。

2012 年我和项目组成员一起考察了中亚的巴尔喀什湖流域和咸海流域，深切感受到中亚国家对生态系统保护和修复的热切期望。《亚洲中部干旱区生态系统评估与管理》系列专著凝聚了哈萨克斯坦、吉尔吉斯斯坦、乌兹别克斯坦、塔吉克斯坦、土库曼斯坦众多科学家以及国内 18 家科研院校百余名科技工作者三年多的研究成果，是国际上首次对这一区域生态系统评估和管理的系统性研究成果。该系列专著对中亚区域气候、植物、动物、土壤、土地覆被变化进行了综合分析和评估，提出了中亚生态系统管理的对策和建议，资料和数据翔实，观点明确，具有重要的科学意义和应用价值，对该区域生物多样性保护、生态系统安全保障和促进上海合作组织生态与环境合作具有重大意义。

傅伯杰

2013 年 12 月 5 日

前　言

中亚位于欧亚大陆腹地，是典型的大陆性干旱气候，占世界干旱区面积的三分之一。地理上广义的中亚地区是指里海以东的亚洲腹地地区，包括中亚五国（哈萨克斯坦、吉尔吉斯斯坦、塔吉克斯坦、乌兹别克斯坦和土库曼斯坦）以及中国、蒙古、俄罗斯、阿富汗、伊朗的部分地区。而通常意义上的中亚地区是指上述中亚五国，土地面积约 400 万 km^2，人口 5890 万。

中亚是全球变化的敏感地带，全球变化对中亚生态与环境产生了重大影响，生态与环境问题一直是中亚各国政府关切和研讨的重要问题，也是历届上海合作组织峰会研究的焦点，全球变化导致区域生态与环境问题对中亚社会—经济系统的影响是深远的。研究表明，中亚地区自 20 世纪初以来气温在持续上升，天山和阿尔泰山区的冰川面积持续减小，近 40 年已经缩减 15%～30%，导致了区域水系统、农业系统和生态系统的变化。同时，20 世纪初开始的大规模土地开垦引起的咸海生态危机等生态环境问题，更加剧了该地区生态与资源的竞争局面。因此，研究全球气候变化背景下的中亚地区资源与生态环境问题，对该区域生态环境保护与改善、社会经济的可持续发展意义重大，将为上海合作组织成员国生态保护与资源开发提供科学支持。

2010 年科技部设立了国家国际科技合作项目"中亚地区应对气候变化条件下的生态环境保护与资源管理联合调查与研究"、中国科学院－国家外国专家局设立了创新团队项目"中亚生态系统样带研究"、联合国 UNDP 资助项目"亚洲中部干旱区典型区域应对气候变化的生态系统管理"，由新疆维吾尔自治区科技厅组织，中国科学院新疆生态与地理研究所牵头承担，联合国内 17 家科研院校，包括：新疆大学、新疆农业大学、新疆师范大学、新疆农业科学研究院、新疆林业科学研究院、新疆畜牧科学研究院、新疆社会科学院、中国气象局乌鲁木齐沙漠气象研究所、新疆遥感中心、中亚科技经济信息中心、中国科学院地理科学与资源研究所、中国科学院南京地理与湖泊研究所、中国科学院寒区旱区环境与工程研究所、中国科学院深圳先进技术研究院、中国科学院遥感应用研究所、浙江大学、兰州大学。中亚国家参加本项目研究的合作单位 26 家，包括：哈萨克斯坦土壤与农业化学研究所、哈萨克斯坦植物研究所、哈萨克斯坦动物研究所、哈萨克斯坦地理研究所、哈萨克斯坦林业研究所、哈萨克斯坦国立大学、哈萨克斯坦农业大学，吉尔吉斯斯坦地质研究所、吉尔吉斯斯坦水问题研究所、吉尔吉斯斯坦奥什大学、吉尔吉斯斯坦农业大学、吉尔吉斯斯坦国立大学，乌兹别克斯坦遗传研究所、乌兹别克斯坦土壤研究所、乌兹别克斯坦灌溉与水问题研究所、乌兹别克斯坦植物与动物研究所、乌兹别克斯坦国立大学，塔吉克斯坦地质研究所、塔吉克斯坦植物研究所、塔吉克斯坦动物研究所、塔吉克斯坦国立大学、塔吉克斯坦农业大学、塔吉克斯坦农业科学院、塔吉克斯坦水问题研究所，土库曼斯坦沙漠与动植物研究所、土库曼斯坦国立大学。

经过三年多的合作研究，中国科学家与中亚国家科学家共同完成了前述三个项目资助的系列专著的编写，采取项目首席领导下的总主编、卷主编、章主笔负责制，共撰写专著18部（中文、英文、俄文）：中亚自然地理、中亚地质地貌、中亚土壤地理、中亚环境概论、中亚植物资源及其利用、中亚野生动物生态现状与保护管理（英文）、中亚生态系统演变与数据挖掘（英文）、中亚干旱生态系统对全球变化响应的模型模拟（英文）、中亚经济地理概论、中亚土地利用与土地覆被变化、气候变化对山地生态系统的影响（中文、俄文）吉尔吉斯斯坦自然地理（中文、俄文）、哈萨克斯坦土壤与土地资源（中文、俄文）、乌兹别克斯坦水资源及其利用（中文、俄文），每部专著均有数十万字。本系列专著阐明了中亚区域气候、植物、动物、土壤和生态系统变化状况，预测了未来不同情境下生态系统变化趋势，提出了气候变化背景下中亚区域生态系统和自然资源管理的对策。

中亚干旱区资源和生态研究是一项长期的工作，本次出版的系列科学专著是对该区域气候变化下生态保护与资源管理的首次系统阐述，为中亚地区的可持续发展提供科技支撑。本项研究得到了国家科技部、中国科学院、新疆人民政府的大力支持和新疆科技厅精心的组织以及中外同行的大力协作和全体研究人员的不懈努力，研究成果是一项集体劳动的结晶，在此一并致谢。因是首次系统研究中亚资源和环境问题，难免存在不足之处，敬请指正。

2013年11月28日

本卷前言

1843年德国著名地理学家亚历山大·冯·洪堡最早提出了中亚的地理概念。随着地缘政治的变迁，中亚的地理范围一直存在多种界定，其中以中亚五国来定义中亚，是1993年1月中亚五国举行首脑会议所达成的决议，也是目前使用较为广泛的中亚地理范围。本书所使用的中亚研究范围，采纳了中亚五国的概念，包括哈萨克斯坦、乌兹别克斯坦、塔吉克斯坦、吉尔吉斯斯坦和土库曼斯坦。

中亚地处亚欧大陆的地理中心，在历史上是连接亚洲东部与欧洲的交通要道，著名的丝绸之路古道，具有重要的战略价值。1991年苏联解体后，中亚五国经历了独立之初的经济衰退，在20世纪90年代中期开始复苏，2000年后进入稳步增长时期。凭借其重要的地理位置、丰富的矿产资源、快速增长的经济和独特的文化，随着中亚各国经济改革的不断深入，市场体制的逐步健全，中亚在世界地缘政治和地缘经济体系中的作用日益凸显。

近年来，中国与中亚各国的经济贸易往来日益活跃，科技合作不断深入，在上海合作组织框架内开展了多方合作和交流。目前，中亚已成为中国重要的合作伙伴，研究中亚区域的社会经济发展，对推动区域间各国的经贸合作具有重要意义。习近平总书记在2013年9月访问哈萨克斯坦时提出，为了使欧亚各国的经济联系更加紧密、相互合作更加深入、发展空间更加广阔，我们可以用创新的合作模式，共同建设"丝绸之路经济带"，以点带面，从线到片，逐步形成区域大合作。可以预见，中国与中亚各国的交流合作将依托当代丝绸之路的繁荣复兴而更加紧密。

《中亚经济地理概论》基于人文—经济地理学视角，在参考前人研究工作的基础上，收集了近20年中亚国家相关数据资料，通过分析整理，从资源、经济、城市、产业、对外贸易等角度，对中亚各国的社会经济发展情况进行了分析，希望读者能够通过本书对中亚地区有一个较为全面、系统、准确的认识和了解。

本书共分11章，其写作分工为：第1章 杨帆、张新焕；第2章 夏文进、夏富强；第3章 陈大波；第4章 董雯、芦洁；第5章 雷军、王建峰；第6章 阿布都伟力·买合普拉；第7章 杜宏茹、石天戈；第8章 唐宏；第9章 汪菲；第10章 杨兆萍、王翠荣、王昭国；第11章 霍金炜编写。在编写过程中，中国科学院新疆分院信息中心和科技厅科技信息中心提供了大量的文献和资料。全书由杨德刚、杜宏茹统稿。

本书是科技部国家国际合作项目"中亚地区应对气候变化条件下的生态环境保

护与资源管理联合调查与研究"和中国科学院与国家外国专家局创新团队项目"干旱区特殊生态过程样带"及联合国UNDP资助项目"亚洲中部干旱区典型区域应对气候变化的生态系统管理"成果的一部分。初稿完成后,中国科学院新疆生态与地理研究所胡汝骥、王亚俊对初稿提出了宝贵的修改意见。在此,感谢科技部、中国科学院、国家外国专家局和联合国UNDP及中国科学院新疆生态与地理研究所对本项工作的支持!

本书在写作过程中,由于资源收集和翻译等困难,难免有错误和疏漏之处,望读者不吝指正。

作者

2013年10月18日

目　录

序　一
序　二
前　言
本卷前言
第1章　地理范围与行政区划 ……………………………………………………（1）
　1.1　中亚地理范围的确定 ………………………………………………………（1）
　1.2　中亚领土范围和行政区划 …………………………………………………（2）
　1.3　中亚的地缘战略地位 ………………………………………………………（7）
　参考文献 …………………………………………………………………………（8）
第2章　自然资源禀赋及评价 ……………………………………………………（9）
　2.1　气候资源 ……………………………………………………………………（9）
　2.2　水资源 ………………………………………………………………………（13）
　2.3　土地资源 ……………………………………………………………………（18）
　2.4　能源与矿产资源 ……………………………………………………………（21）
　2.5　生物资源 ……………………………………………………………………（24）
　参考文献 …………………………………………………………………………（27）
第3章　区域经济发展 ……………………………………………………………（29）
　3.1　独立后区域经济增长 ………………………………………………………（29）
　3.2　在世界经济中的地位 ………………………………………………………（43）
　3.3　区域经济地域差异 …………………………………………………………（44）
　3.4　各国区域经济发展概况 ……………………………………………………（49）
　参考文献 …………………………………………………………………………（57）
第4章　人口结构与迁移 …………………………………………………………（58）
　4.1　人口发展特征 ………………………………………………………………（58）
　4.2　人口构成 ……………………………………………………………………（64）
　4.3　人口素质 ……………………………………………………………………（66）
　4.4　人口分布与密度 ……………………………………………………………（68）
　4.5　人口迁移 ……………………………………………………………………（72）
　参考文献 …………………………………………………………………………（75）
第5章　城市化与城镇体系 ………………………………………………………（76）
　5.1　城市的形成和发展 …………………………………………………………（76）
　5.2　城市化水平及其特征 ………………………………………………………（77）
　5.3　城市体系基本特征 …………………………………………………………（81）
　5.4　重点城市及其发展存在问题 ………………………………………………（90）

参考文献 …… (97)

第6章 农业生产布局 …… (98)
6.1 农业空间分布 …… (98)
6.2 农业增长过程 …… (99)
6.3 农业产业结构 …… (101)
6.4 农产品对外贸易 …… (107)
6.5 中亚各国农业生产概况 …… (109)
参考文献 …… (113)

第7章 制造业发展及空间组织 …… (114)
7.1 制造业的发展和演变 …… (114)
7.2 制造业的产业构成 …… (116)
7.3 制造业发展过程 …… (119)
7.4 中亚各国制造业概况 …… (122)
参考文献 …… (137)

第8章 能源生产与消费 …… (139)
8.1 能源开采和加工业 …… (139)
8.2 能源产品消费 …… (147)
8.3 能源产品进出口贸易 …… (152)
参考文献 …… (156)

第9章 交通运输业发展与布局 …… (157)
9.1 交通运输业发展现状 …… (157)
9.2 交通运输业存在的主要问题 …… (158)
9.3 交通运输业发展布局 …… (159)
9.4 客货物运输 …… (166)
9.5 中亚各国交通运输业概况 …… (171)
参考文献 …… (188)

第10章 中亚旅游资源开发与产业发展 …… (190)
10.1 旅游资源分布 …… (190)
10.2 旅游业发展 …… (199)
10.3 中亚各国旅游介绍 …… (201)
参考文献 …… (208)

第11章 对外贸易结构与政策 …… (209)
11.1 对外贸易的重要地位 …… (209)
11.2 对外贸易的商品构成 …… (212)
11.3 对外贸易的地理方向 …… (214)
11.4 对外贸易政策 …… (215)
11.5 中亚各国对外贸易 …… (218)
参考文献 …… (230)

第1章　地理范围与行政区划

1.1　中亚地理范围的确定

中亚这一概念最早由德国地理学家亚历山大·冯·洪堡于1843年提出,其所包含的范围存在多种界定。英国学者加文·汉布里认为,中亚是地理概念,其最重要、最显著的地理特征是完全隔绝来自海洋的影响。美国学者西诺尔认为,中亚从根本上讲是文化概念,其疆界并不稳定(百度文库)。中国的学者们对此已近于达成共识,认为中亚是历史上形成的综合概念,不是单纯的地理概念,在很大程度上是亚洲中部民族政权的历史,类同文化的地域和民族渊源关系发展而形成的一个特定的历史文化区域。中亚既不是一个国家,也不是经纬度测绘的亚洲中部,只能界定亚洲中部历史区域的大致范围。中亚是人们对这一特定区域的习惯指称。

范围最狭窄的界定来自苏联官方的定义,即仅指其下属的四个加盟共和国吉尔吉斯、乌兹别克、塔吉克、土库曼。苏联时期,这一界定在国际上广泛使用。

在俄罗斯文化中,关于中亚有两个概念:一个是 Средняя Азия(英语可译成 Middle Asia),较为狭窄的概念,指历史上曾经为俄罗斯所统治的位于亚洲中部的非斯拉夫人居住的地区;另一个是 Центральная Азия(英语可译成 Central Asia),范围较为广泛,即指亚洲中部地区,而不论这些地区是否曾受俄罗斯统治。

按照联合国教科文组织在苏联解体之前不久根据气候和风俗作出的定义,中亚的范围西起里海,东到大兴安岭,北自阿尔泰山、萨彦岭,南至喜马拉雅山,其概念广泛许多,全部或部分属于中亚地区的国家有阿富汗(北部)、中国(新疆、西藏、青海、甘肃河西走廊、宁夏、内蒙古)、印度(西北部)、伊朗(北部)、蒙古国、巴基斯坦(北部)和原苏联(哈萨克斯坦、乌兹别克斯坦、吉尔吉斯斯坦、土库曼斯坦、塔吉克斯坦)(百度百科)。

苏联解体后,关于"中亚"所指的范围仍引起广泛争论,一些学者提出将中亚地区分为广义的"大中亚"和狭义的"小中亚"。广义的中亚是东到蒙古国东境和内蒙古东部;南始伊朗和阿富汗的北部,印度、巴基斯坦西北,包括新疆、甘肃河西走廊等中国西北地区;西起里海,包括哈萨克斯坦、乌兹别克斯坦、吉尔吉斯斯坦、土库曼斯坦和塔吉克斯坦五国;北达西伯利亚南部米努辛斯克、克拉斯诺亚尔斯克一带。狭义的小中亚以阿姆河和锡尔河两河流域为中心,这一区域的哈萨克斯坦、乌兹别克斯坦、吉尔吉斯斯坦、土库曼斯坦和塔吉克斯坦五国政权已形成一个比较共同的政治文化区域,在文化上也有高度的共同性,因而,狭义中亚一般来说是指中亚五国,本书研究范围采用狭义的概念。

中亚五国位于 50°~80°E,35°~55°N 之间,东与中国新疆维吾尔自治区相邻,南与伊朗、阿富汗接壤,北与俄罗斯联邦相接,西与俄罗斯联邦、阿塞拜疆隔里海相望,总面积400.8万 km² (图1.1)。

图 1.1 中亚五国位置①

1.2 中亚领土范围和行政区划

中亚区域包括哈萨克斯坦、乌兹别克斯坦、塔吉克斯坦、吉尔吉斯斯坦和土库曼斯坦五个国家,总面积约 400 万 km^2。东以西天山的南脉为界与中国相邻,南以科毕达山脉和阿姆河中游及其上源喷赤河为界与伊朗、阿富汗毗邻,北部哈萨克草原,深入到西西伯利亚南缘的额尔齐斯河流域,西界为里海东岸。

1.2.1 哈萨克斯坦

哈萨克斯坦位于亚洲中部,西濒里海,北邻俄罗斯,东连中国,南与乌兹别克斯坦、土库曼斯坦、吉尔吉斯斯坦接壤,面积 272 万 km^2,居世界第九位,为世界最大内陆国。

哈萨克斯坦境内多平原和低地,全境处于平原向山地过渡地段,60%的土地为沙漠和半沙漠。最北部为平原,中部为东西长 1200 km 的哈萨克丘陵,西南部多低地,东部多山地。境内主要湖泊有巴尔喀什湖、斋桑湖、阿拉湖等,同时还拥有里海和咸海的部分水域。哈萨克斯坦境内的主要河流有锡尔河、乌拉尔河、恩巴河、伊犁河、额尔齐斯河,其中伊犁河和额尔齐斯河与我国新疆相连(中国驻哈萨克斯坦使馆经济商务参赞处,2008)。

哈萨克斯坦行政区域划分为 14 个州,2 个直辖市(图 1.2)。分别为北哈萨克斯坦州、科斯塔奈州、巴甫洛达尔州、阿克莫拉州、西哈萨克斯坦州、东哈萨克斯坦州、阿特劳州、阿克托别州、卡拉干达州、曼吉斯套州、克孜勒奥尔达州、江布尔州、阿拉木图州、南哈萨克斯坦州及阿斯塔纳市、阿拉木图市。1997 年哈萨克斯坦将首都从阿拉木图迁至阿斯塔纳。目前,阿拉木图市

---

① 国家测绘局审图号:GS(2008)2676 号

仍是哈萨克斯坦最大的城市,是哈萨克斯坦的经济和文化中心(中国驻哈萨克斯坦使馆经济商务参赞处,2008)。

图1.2 哈萨克斯坦行政区划图①

1.2.2 乌兹别克斯坦

乌兹别克斯坦位于中亚腹地,南靠阿富汗,北部和东北部与哈萨克斯坦接壤,东部、东南部与吉尔吉斯斯坦和塔吉克斯坦相连,西与土库曼斯坦毗邻。乌兹别克斯坦的最东端在费尔干纳盆地,最南端是苏尔汉河州的铁尔梅兹,最西端在乌斯秋尔特高原,最北端位于乌斯秋尔特高原的东北部、咸海海岸的西部。国土东西长 1425 km,南北宽 930 km。边境线总长 6221 km,其中,与阿富汗接壤的边境线长 137 km,与哈萨克的边境线长 2203 km,与吉尔吉斯斯坦的边境线长 1099 km,与塔吉克斯坦接壤的边境线长 1161 km,与土库曼斯坦的边境线长 1621 km。面积 44.89 万 km^2,占世界陆地总面积的 0.3%,在世界各国中排行第 55 位。其中,土地面积为 42.54 万 km^2,占 95%,水面 2.2 万 km^2,占 5%,沙漠和山地占全国面积的 60% 以上。

乌兹别克斯坦东高西低,平原和盆地占到国土总面积的 2/3 以上,其余 1/3 为山脉和丘陵。平均海拔为 200~400 m,最高为 4643 m 的吉萨尔峰,最低为 -12 m。地形的主要特征为:东部分布着常年积雪的天山山脉和吉萨尔-阿赖山脉;中部为一望无际的克孜勒库姆沙漠;西部为濒临咸海的低地(中国驻乌兹别克斯坦使馆经济商务参赞处,2010)。

乌兹别克斯坦下设 1 个共和国(卡拉卡尔帕克斯坦共和国)、12 个州(安集延州、布哈拉州、吉扎克州、卡什卡达里亚州、纳沃伊州、纳曼干州、撒马尔罕州、苏尔汉河州、锡尔河州、塔什干州、费尔干纳州、花拉子模州)、1 个直辖市(塔什干市)、159 个区、119 个市,另外还有 114 个城镇和 1472 个乡村(图 1.3)。首都塔什干在乌兹别克语中意为"石头城",因其地处山麓冲积

---

① 国家测绘局审图号:GS(2007)1821 号

扇地带,以巨大的卵石而得名。塔什干为中亚地区第一大城市。

卡拉卡尔帕克斯坦共和国原名卡拉卡尔帕克自治共和国,乌兹别克斯坦独立后改为现名。该共和国拥有自己的宪法、国旗、国徽和国歌,独立解决其行政区域体制内的问题。乌兹别克斯坦宪法规定,该共和国最高会议主席同时出任最高会议副主席,政府首脑同时为内阁成员。卡拉卡尔帕克斯坦共和国位于乌兹别克斯坦西北,占据了克孜勒库姆沙漠西部的一半,阿姆河三角洲和乌斯秋尔特高原的东南部。北部是咸海,西部和西北部与哈萨克斯坦接壤,南部与土库曼斯坦接壤,总面积为16.56万 km²,包括15个行政区,12个城市和17个城镇。行政中心是努库斯(中国驻乌兹别克斯坦使馆经济商务参赞处,2010)。

图1.3　乌兹别克斯坦行政区划图①

1.2.3　土库曼斯坦

土库曼斯坦位于中亚最南部,地处原苏联疆域的最南端,其北部比克里米亚半岛的最南部还要偏南200多km,其南部延伸至阿富汗腹地的库什卡市,它比非洲的阿尔及尔市更接近于赤道;该国西部濒临里海与阿塞拜疆和俄罗斯相望,有漫长的海岸线,港口城市克拉斯诺沃茨克市被喻为"通往中亚的门户";北部与东北部地区分别与哈萨克斯坦和乌兹别克斯坦相接;南部与东南部地区则与伊朗和阿富汗交界,其西南部地区最南端的城市喀山库里市与伊朗首都德黑兰仅相距数百千米,约80%的领土被卡拉库姆大沙漠覆盖(中国驻土库曼斯坦使馆经济商务参赞处,2002)。

土库曼斯坦行政区划包括5个州和1个直辖市,5个州之下有16个市和46个区(图

---

① 国家测绘局审图号:GS(2007)1821号

1.4)。以下列出各州和直辖市(括号内为首府):阿什哈巴德(直辖市)、阿哈尔州(安纳乌)、巴尔坎州(巴尔坎纳巴德)、达绍古兹州(达绍古兹)、莱巴普州(土库曼纳巴德)、马雷州(马雷)(维基百科,2012)。

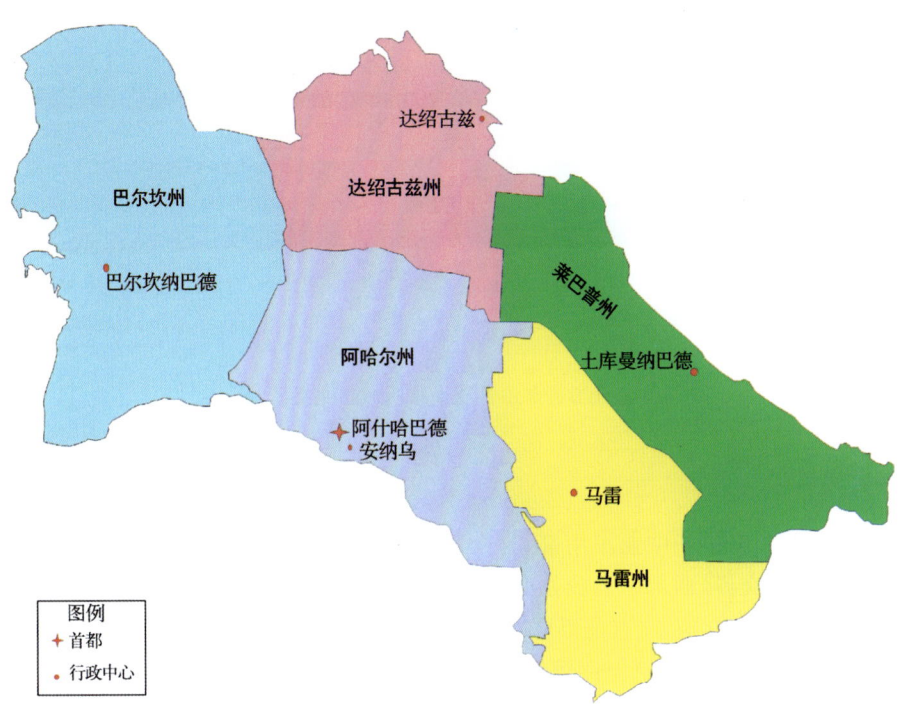

图1.4 土库曼斯坦行政区划图[①]

1.2.4 吉尔吉斯斯坦

吉尔吉斯斯坦位于欧亚大陆的腹心地带,不仅是连接欧亚大陆和中东的要冲,还是大国势力东进西出、南下北上的必经之地。面积为19.85万 km^2,是位于中亚东北部的内陆国。东南和东面与中国相接,北与哈萨克斯坦相连,西界乌兹别克斯坦,南同塔吉克斯坦接壤。境内多山,全境海拔在500 m以上,其中1/3的地区在海拔3000~4000 m。天山山脉和帕米尔-阿赖山脉绵亘于中-吉边境。其中,天山山脉西段盘踞境内东北部,西南部为帕米尔-阿赖山脉。高山常年积雪,多冰川;低地仅占土地面积的15%,主要分布在西南部的费尔干纳盆地和北部塔拉斯河谷地一带;主要河流有纳伦河和楚河;牧场占总面积的43%(百度百科,2012)。

全国划分为7州2市,州、市下设区,全国共有60个区(图1.5)。7州2市包括:楚河州、塔拉斯州、奥什州、贾拉拉巴德州、纳伦州、伊塞克湖州、巴特肯州、首都比什凯克市和奥什市(百度百科,2012)。

---

① 国家测绘局审图号:GS(2007)1821号

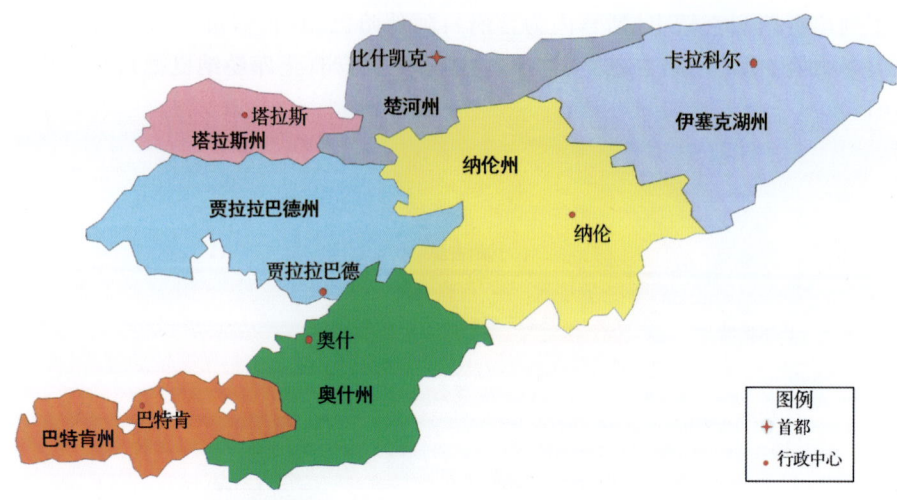

图 1.5　吉尔吉斯斯坦行政区划图①

1.2.5　塔吉克斯坦

塔吉克斯坦共和国位于中亚东南部，是个多山及干旱的国家。其东部、东南部与中国新疆接壤，南部与阿富汗交界，西部与乌兹别克毗邻，北部与吉尔吉斯相连。面积 14.31 万 km^2，东西长 700 km，南北宽 350 km。占前苏联国土面积的 0.6%，是中亚领土面积最小、新欧亚大陆桥辐射的国家（中国驻塔吉克斯坦使馆经济商务参赞处，2006）。

全国共分为 3 个州、1 个区、1 个直辖市（图 1.6）：山地－巴达赫尚州、粟特州（原列宁纳巴德州）、哈特隆州和国家直辖区和杜尚别市。杜尚别是塔吉克斯坦的首都（百度百科，2012）。

图 1.6　塔吉克斯坦行政区划图①

---

① 国家测绘局审图号：GS(2007)1821 号

1.3 中亚的地缘战略地位

1.3.1 独特的地缘政治位置

中亚占据着欧亚大陆的中心,不仅是连接欧亚大陆和中东地区的桥梁,也是欧洲和亚洲连接的重要关口和战略结合部,更是军事力量东进西出、南下北上的必经要地,古代的丝绸之路途经此地,今天的欧亚大陆桥横贯其中,地理位置非常重要。英国地缘战略家哈尔福德·麦金德认为,陆权绝对胜于海权,指出谁统治了中亚,谁就控制了世界岛,谁统治了世界岛,谁就控制了世界。苏联推行南下战略时,把中亚作为前沿基地;美国为了遏制其南下,支持阿富汗抵抗苏联侵略。苏联解体造成的中亚"权力真空"状态和其处于俄罗斯、中国、印度、伊朗、巴基斯坦等大国或地区大国中间的地理位置,又使其具有了特殊的地缘政治意义:战略缓冲地带。因而,成为世界上各大国和地区大国竞相涉足和角逐的热土,成为世界地缘战略竞争的重要场所(赵海滨,2010)。

1.3.2 新兴的能源基地

中亚地区蕴藏着丰富的自然资源,被称为"第二个波斯湾",能源开发潜力巨大。丰富的自然资源,大大增强了中亚五国在国际政治经济格局中占有的重要地位。中亚五国连同阿塞拜疆、伊朗、俄罗斯等其余里海沿海国家,构成了通常所指的中亚—里海地区,这一地区已成为国际瞩目的能源"生命线"和世界油气供应战略格局中的新兴力量中心(刘国忠,2009)。而中亚是世界载能量最为丰富的地区之一,蕴藏着丰富的能源矿产资源,尤以石油、天然气为最(宋国明,2004)。据估计,中亚地区最终可供开采的石油储量高达 2000 亿桶,天然气储量 8 万亿 m^3,被称为"冷战时代封存下来的宝贵财富",公认为是除中东和俄罗斯以外的世界第三大能源供应基地。

有学者在研究中亚能源战略的地位时认为:伴随着当代世界经济发展对于能源需求的日益增长,近年来,中亚地区已成为大国争夺的焦点,它们针对中亚的能源博弈力度不断加大(孙霞,2008)。其中,俄罗斯在中亚能源格局中占据传统优势,不仅控制着中亚油气资源的外运方向,掌握大量油气田,还涉足油气下游产业。随着美国、欧盟和亚洲国家(主要指中国、日本)相继进入中亚能源领域和中亚各国能源出口多元战略的逐步落实,中亚地区的能源战略地位日益凸显,它不再仅是俄罗斯的能源基地,同时也成为世界能源供应的重要基地(孙文娟,2011)。

1.3.3 文化的"断层地带"

中亚地区有史以来就是几大文明的边缘和连接地带,在近千年的历史中经历了"突厥化"和"伊斯兰化"的进程。中亚与俄罗斯、中国、南亚国家和整个伊斯兰世界相邻,成为基督教、伊斯兰教和儒家文化三种不同价值观念的交界地。中亚地区民族众多,民族关系错综复杂,是"文明的冲突"最易发生的"不同文明之间的断层"。

作为文化交错的地域,中亚在世界文化格局当中发挥着独特的作用。苏联解体前宗教政策的松动以及苏联解体造成的中亚地区文化思潮和意识形态的"真空",在历史以及国内国际形势的影响下,中亚地区的宗教和文化复兴运动充满了浓厚的政治色彩,不仅有本地区的伊斯兰文化和泛突厥主义的复兴,而且有外来的政治思潮的纷纷渗入,争夺文化上的主导权和控制权。在这一背景下,出现了近年来在中亚地区活动猖狂的恐怖主义、民族分裂主义和宗教极端主义势力(刘新华,2004)。

参考文献

百度百科. 吉尔吉斯斯坦. http://baike.baidu.com/view/2673.htm#2. 2012-04-10.

百度百科. 吉尔吉斯斯坦. http://baike.baidu.com/view/2673.htm. 2012-04-21.

百度百科. 塔吉克斯坦. http://baike.baidu.com/view/7570.htm. 2012-04-25.

刘国忠. 2009. 中亚矿产资源勘查开发形势分析. 矿产研究,(3):25-28.

刘新华. 2004. 试论中亚对中国地缘战略的重要性. 武汉市经济管理干部学院学报,**18**(2).

宋国明. 2004. 中亚地区矿产资源合作的前景分析. 国土资源情报,(8):34-40.

孙文娟. 2011. 中亚能源合作演化博弈分析. 开发研究,(3):133-136.

孙霞. 2008. 中亚能源地缘战略格局与多边能源合作. 世界经济研究—全球化与国际格局,(5):37-43.

维基百科. 土库曼斯坦. http://zh.wikipedia.org/wiki/File:TurkmenistanNumbered.png. 2012-04-13.

中国驻哈萨克斯坦使馆经济商务参赞处. 2008. 哈萨克斯坦国家简况. http://kz.mofcom.gov.cn/aarticle/ddgk/zwjingji/200802/20080205375072.html. 2008-01-11.

中国驻塔吉克斯坦使馆经济商务参赞处. 2006. 塔吉克斯坦共和国地理位置. http://tj.mofcom.gov.cn/aarticle/ddgk/zwdili/200207/20020700032786.html. 2006-05-10.

中国驻土库曼斯坦使馆经济商务参赞处. 2002. 地理. http://tm.mofcom.gov.cn/aarticle/ddgk/zw.Dili/200203/20020300009125.html. 2002-07-11.

中国驻乌兹别克斯坦使馆经济商务参赞处. 2010. 乌兹别克斯坦概况. http://uz.mofcom.gov.cn/aarticle/ddgk/zwjingji/200612/20061203925243.html. 2010-02-25.

第 2 章 自然资源禀赋及评价

2.1 气候资源

2.1.1 自然地理条件

中亚地区位于温带气候带,可划分为温带荒漠带和温带草原带两种类型(图 2.1):

温带荒漠带主要分布在亚欧大陆中部和北美大陆西部的一些山间高原上,在南美大陆南部也有所出现。这里植被贫乏,只有非常稀疏的草本植物和个别灌木。在温带荒漠的外围和温带草原之间有一个过渡带称为温带荒漠草原地带,主要是蒿属草原,还可见到旱生禾本科植物。温带荒漠带和荒漠草原带的土壤主要是荒漠土、棕钙土和淡栗钙土,在它们中间还有成斑块状分布的一些碱土及盐土。

温带草原带在欧亚大陆中纬地区占有相当面积,从东欧平原南部起呈连续的带状往东延伸,经西伯利亚平原南部、蒙古高原南部,直达中国境内,构成世界最宽广的草原带。地方性补

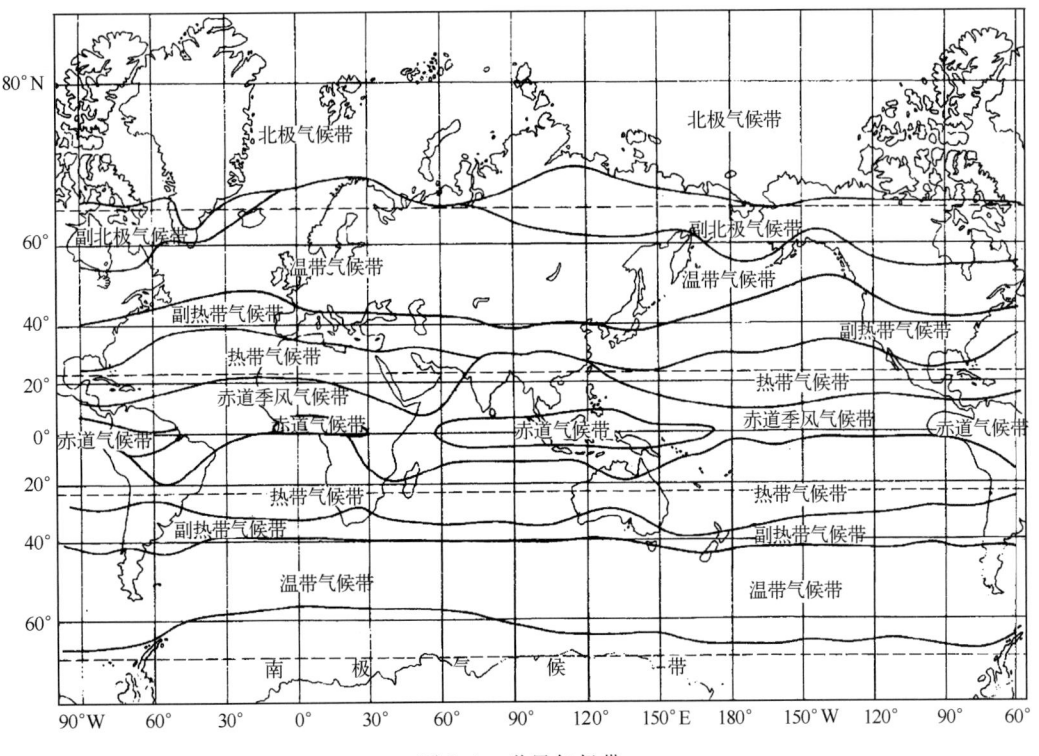

图 2.1 世界气候带

资料来源:世界自然地理(刘德生,1986)

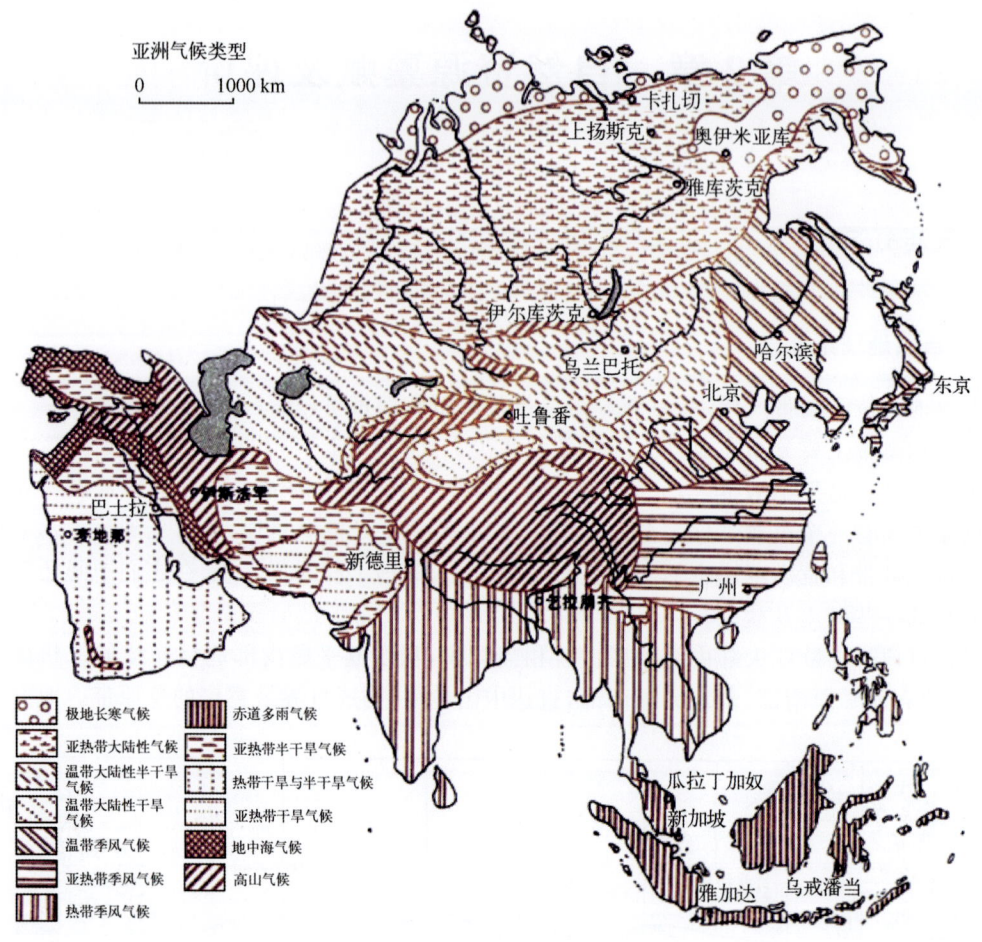

图 2.2 亚洲气候类型

资料来源：

http://image.so.com/v?src=imageonebox&q=%E4%BA%9A%E6%B4%B2%E6%B0%94%E5%80%99%E7%B1%BB%E5%9E%8B%E5%9B%BE&sn=0#i=1&id=e4358669a2ae067784c1b806a3dba2ea&pn=30&sn=7

给的河流夏季水位低，甚至干涸，变成一串湖泊，春季积雪融化，河流满水。植被以禾本科植物为主。土壤主要是黑钙土及暗栗钙土。动物多穴居洞中，啮齿类动物、有蹄类动物和一些草原肉食动物是温带草原的主要动物。温带森林草原带是草原带向温带森林过渡的地带，它在欧亚大陆中部和北美大陆中部都有分布，其过渡性质反映在气候、土壤、植被及动物界诸方面。本带温度适中，在原始森林草原中，杂草草原景观与森林景观相互更替，森林主要是阔叶林、小叶林及松林。灰色森林土是本带的代表土壤。动物界也具有从森林到草原带动物的混合型（刘德生，1986）。

中亚气候类型绝大部分属于温带大陆性气候，只有位于帕米尔高原的一小部分地区属于高原气候和高山气候。其中地处温带荒漠带的地区气候属于温带大陆性干旱气候，地处温带草原带的地区气候属于温带大陆性半干旱类型(图 2.2)。

2.1.2 中亚气候的基本特征

中亚地区冬季处于亚洲高压西缘,被东北气流控制。夏季处于亚速尔高压东南边缘,由西北和偏北气流控制。南部的高山阻挡了水汽深入,加上处于亚欧大陆的腹地,气候十分干燥。年降水量北部 200 mm 左右,到塔什干西南的"饥饿草原"不足 30 mm,南部山脉的西南坡受冬季气旋影响,降水多达 1000 mm(图 2.3)。中亚南部以 3 月降水最多,12 月和 1 月次之,往北降水最多推迟至 4—5 月。高海拔山区因夏季对流多,降水最多月份在 6—7 月(姜会飞,郑大玮,2008)。

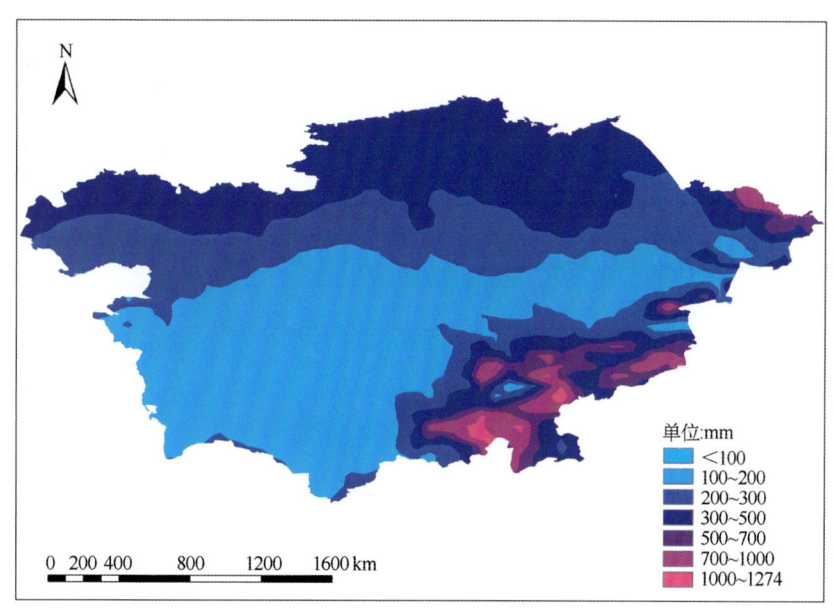

图 2.3 中亚多年平均降水分布图
资料来源:Climate Forecast System Reanalysis(CFSR)

中亚地区日照充足,在中亚地区北纬 40°的地方夏季的日照量并不逊于热带地区。从图 2.3 可看出,中亚地区东南部以及土库曼斯坦南部是中亚地区接受短波辐射最密集的区域,其值最高可达 256 W/m²,其他地区的分布规律基本是由南到北递减,最低值为 139 W/m²。

中亚地区多年平均比湿较高的区域基本与各大湖泊的分布吻合(图 2.4),里海、咸海、巴尔喀什湖以及附近比湿值较高,其次是中亚河流流经的区域,比湿最低的地区是东南部的帕米尔高原,最低值为 0.0025 g/g。

中亚地区 7 月平均气温从南部的 32℃至北部的 25℃,沙漠中的极端高温可达 50℃以上(图 2.5),气温日较差很大,曾有 35℃的记录,"早穿皮袄午穿纱"并非虚构。冬季冷空气可长驱南下,1 月平均气温南段为 3℃,北部为 -15℃,极端低温南部为 -30℃,北部可达 -40~-50℃。从中亚地区多年平均温度分布来看,西部比东部高,南部比北部高。气温较高的区域主要集中在西南部的卡拉库姆沙漠地区,气温较低的区域主要分布在东南部帕米尔高原地区以及北部的哈萨克丘陵。

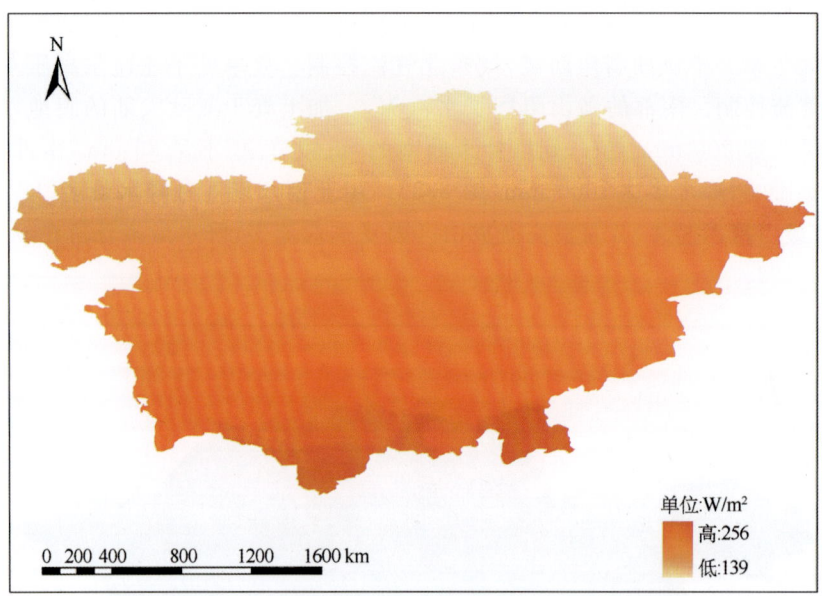

图 2.4 中亚多年平均短波辐射空间分布图

资料来源:Climate Forecast System Reanalysis(CFSR)

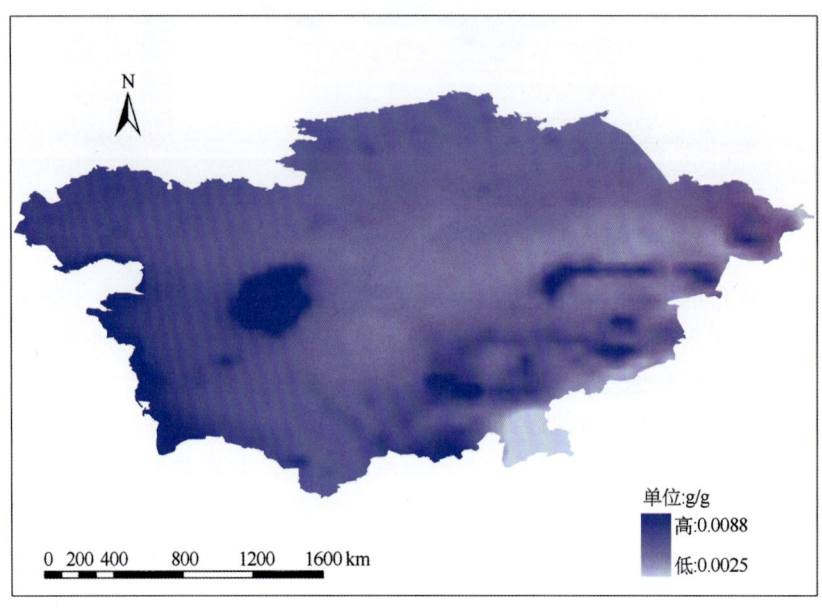

图 2.5 中亚多年平均比湿空间分布图

资料来源:Climate Forecast System Reanalysis(CFSR)

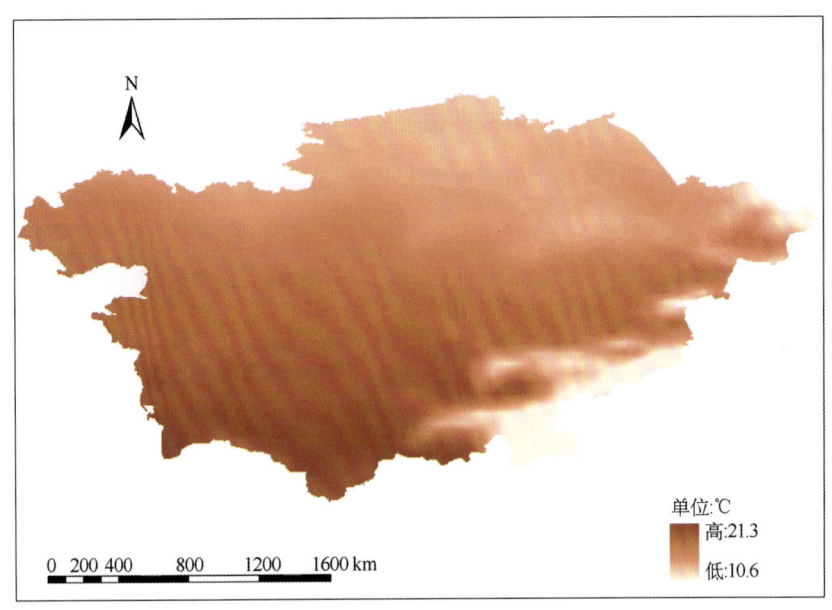

图 2.6 中亚多年平均温度空间分布图
资料来源：Climate Forecast System Reanalysis (CFSR)

2.2 水资源

中亚地区水资源分布极不均衡，主要水源位于塔吉克斯坦和吉尔吉斯斯坦两国境内，处于上游的塔吉克斯坦和吉尔吉斯斯坦两国拥有的地表水资源超过整个中亚地区的2/3。处于下游的乌兹别克斯坦、哈萨克斯坦和土库曼斯坦三国，地表水资源的总和仅占中亚地表水资源总和的1/3，属于严重缺水国家（付颖昕，2009）。

2.2.1 中亚五国水资源量

(1) 地表水资源量

因地势东南高、西北平缓，中亚国家大部分河流自东向西汇入咸海。地处中亚东部的吉尔吉斯斯坦和塔吉克斯坦，冰川资源极为丰富，冰川总条数超过4000条，总面积达1.1万 km^2，为中亚地区主要水源区，其中最大的费德钦科冰川长71 km（吉尔吉斯斯坦境内），包括33条支流，面积达900 km^2。综合分析国内外大量关于中亚水资源的文献评价成果，可以看出，中亚五国多年平均地表水资源量约为1877亿 m^3，其中哈萨克斯坦、塔吉克斯坦、吉尔吉斯斯坦、乌兹别克斯坦和土库曼斯坦分别占36.9%、34.0%、23.5%、5.1%和0.5%。从咸海流域看，地处咸海流域上游的吉尔吉斯斯坦、塔吉克斯坦水资源最为丰富，是中亚国家的"水塔"，从中亚五国比较看，哈萨克斯坦水资源总量最大，其非咸海流域多年平均河川径流量达410亿 m^3 左右（表2.1）。

表 2.1　中亚五国水资源

国家	平均降水量/mm	地表水资源/亿 m³	地下水资源/亿 m³	重复计算量/亿 m³	水资源量/亿 m³	出入境水量/亿 m³	可利用水量/亿 m³	人均水资源量/m³
哈萨克斯坦	804	693	161	100	754	342	1096	7307
吉尔吉斯斯坦	1065	441	136	112	465	−259	206	4039
塔吉克斯坦	989	638	60	30	668	−508	160	2424
土库曼斯坦	787	10	4	0	14	233	247	4333
乌兹别克斯坦	923	95	88	20	163	341	504	1937
合计		1877	449	262	2064	149	2213	3788

资料来源:中亚五国水资源及其开发利用评价(邓铭江等,2010)

(2)地下水资源量

中亚五国的地下水主要源于降水、高山融雪和地表水的渗漏,地下水资源总量约449亿 m³,与地表水重复计算的量约为262亿 m³,可持续开发利用的地下水量主要分布在塔吉克斯坦、吉尔吉斯斯坦、哈萨克斯坦这三个国家。中亚五国地下水的主要用途是饮用水、灌溉用水、工业用水、采矿用水、温泉、牲畜用水等。

(3)水资源总量

中亚五国可以利用的水资源约为2064亿 m³。其中,哈萨克斯坦是中亚水资源总量最多的国家,多年平均754亿 m³,占中亚水资源总量的36.5%;土库曼斯坦是中亚水资源总量最少的国家,水资源总量仅为14亿 m³,仅占中亚水资源总量的0.7%。中亚五国各水资源状况详见表2.2。

中亚五国境内主要河流大多为跨界河流,跨境水量较大,因此下游国家可利用水量远大于本国内的水资源量。哈萨克斯坦、土库曼斯坦和乌兹别克斯坦出入境水量合计以入境水量为主,其中哈萨克斯坦和乌兹别克斯坦的净入境水量多达342亿 m³ 和341亿 m³,对入境水量的依赖程度非常高;吉尔吉斯斯坦和塔吉克斯坦位于河流上游,为净出境水量国家,出境水量多达259亿 m³ 和508亿 m³,塔吉克斯坦出境水量约占到本国水资源量的76%及境内自产地表径流量的80%,吉尔吉斯斯坦则分别约为56%和59%。

2.2.2　主要河流

中亚地区著名的河流有锡尔河、阿姆河、乌拉尔河,其他主要河流还包括伊犁河、额尔齐斯河、楚河和额敏河(图2.7)。中亚大部分河流都没有通向大洋的出口,河水除了被引走用于灌溉外,或消失于荒漠,或注入于内陆湖泊。仅有发源于中国阿勒泰山区、贯穿于哈萨克斯坦北部的额尔齐斯河,携其支流伊希姆河、托博尔河汇入俄罗斯联邦的鄂毕河而最终注入北冰洋。

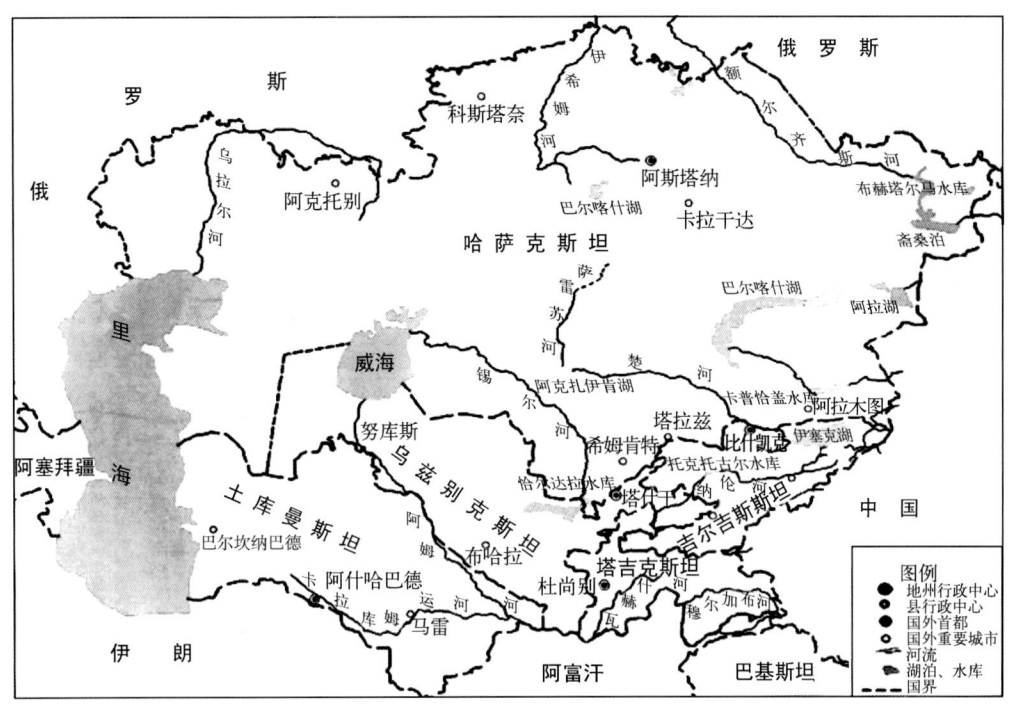

图 2.7 中亚五国主要河流水系示意图

资料来源:中亚五国水资源及其开发利用评价(邓铭江等,2010).

表 2.2 中亚主要河流

河流	河源	流经国家	河流长度/km	流域面积/万 km^2	年径流量/亿 m^3	流入终端
额尔齐斯河	中国西北部阿尔泰山西部南坡	中国、哈萨克斯坦、俄罗斯	4248	164.0	950(河口)	鄂毕河
乌拉尔河	俄罗斯乌拉尔山脉南部	俄罗斯、哈萨克斯坦	2534	23.1	80(河口—)	里海
楚河	吉尔吉斯斯坦泰尔斯凯山和吉尔吉斯山	吉尔吉斯斯坦、哈萨克斯坦	1186	6.3	66.4(流域)	穆云库姆沙漠
塔拉斯河	吉尔吉斯斯坦塔拉斯山	吉尔吉斯斯坦、哈萨克斯坦	661	5.3	18.1(流域)	穆云库姆沙漠
锡尔河	吉尔吉斯斯坦中天山切尔斯凯伊阿拉套与阿克什俩克山区(纳伦河)	吉尔吉斯斯坦、乌兹别克斯坦、塔吉克斯坦、哈萨克斯坦	3018	78.3	341(纳伦—锡尔河梯级第一级入流量)	咸海
阿姆河	塔吉克斯坦帕米尔高原东南部和兴都库什山脉(瓦罕河)	哈萨克斯坦、吉尔吉斯斯坦、乌兹别克斯坦、塔吉克斯坦	2540	46.5	564(卡拉库姆运河口上游)	咸海

续表

河流	河源	流经国家	河流长度/km	流域面积/万 km²	年径流量/亿 m³	流入终端
泽拉夫尚河	塔吉克斯坦突厥斯坦山脉东部	塔吉克斯坦、乌兹别克斯坦	877	1.8	50.7（马根河口上游）	查尔朱以北沙漠
穆尔加布河	阿富汗穆尔加布	阿富汗、土库曼斯坦	978	4.7	—	卡拉库姆沙漠
阿特列克河	伊朗	伊朗、土库曼斯坦	669	2.7	—	里海
捷詹河	阿富汗兴都库什山中部的巴巴山	阿富汗、伊朗、土库曼斯坦	1150	7.1	—	卡拉库姆沙漠
伊犁河	哈萨克斯坦汗腾格里主峰北坡（特克斯河）	哈萨克斯坦、中国	1439	15.1	126（卡伊尔干）	巴尔喀什湖

(1) 咸海、里海流域主要河流

发源于天山山区西部的锡尔河是流经中亚的最长河流，全长 3018 km（含上游纳伦河），其所灌溉的费尔干纳和塔什干绿洲，是中亚最重要的经济区。发源于帕米尔山区的阿姆河全长 2540 km（含上游喷赤河），是中亚水量最充沛的大河。锡尔河、阿姆河最终均注入中亚最大的湖泊——咸海，咸海是世界第四大湖，面积 6.4 万 km²。阿姆河与锡尔河之间的泽拉夫尚河发源于阿赖山，哺育着中亚腹地美丽的绿洲——撒马尔罕绿洲和布哈拉绿洲，消失于查尔朱以北沙漠。阿姆河左方有两条河——捷詹河和穆尔加布河，发源于伊朗、阿富汗高原，滋润着土库曼斯坦的阿什哈巴德绿洲和马雷绿洲。锡尔河的右方有发源于吉尔吉斯斯坦天山山区的塔拉斯河和楚河。

位于哈萨克斯坦西端的乌拉尔河，发源于俄罗斯联邦的南乌拉尔山，在哈萨克斯坦境内长 1084 km，注入里海。里海面积 37.1 万 km²，低于海平面 28.5 m，里海沿岸有哈萨克斯坦、土库曼斯坦、伊朗、阿塞拜疆、俄罗斯联邦五国。

(2) 其他主要河流

除锡尔河、阿姆河和乌拉尔等大河外，其他主要河流还包括哈萨克斯坦的伊犁河、额尔齐斯河、楚河和额敏河等。楚河是吉尔吉斯斯坦和哈萨克斯坦的跨界河流，由发源于天山山脉中部冰川地带的科契卡尔河和朱纳莱克河汇流而成，流域面积 6.25 万 km²，多年平均径流量约 66.4 亿 m³。楚河与中亚最美丽的高山湖泊——伊塞克湖西岸仅相隔 3 km。伊塞克湖为高山深水湖，已知最大深度为 702 m，在欧亚大陆的所有湖泊中仅次于贝加尔湖，其巨大的容水量影响着湖区的气候，伊塞克湖海拔 1600 m，但即使在隆冬也不冻结，因此又以"热海"闻名于世。

位于哈萨克斯坦东端的伊犁河发源于中国新疆天山深处，全长 1439 km，在哈萨克斯坦境内 802 km，最终注入巴尔喀什湖。巴尔喀什湖面积 1.7～2.2 万 km²，西半部为咸水，东半部为淡水，其间仅有极窄的水道相连通。有七条较大的河流流入巴尔喀什湖，因此这一地区又被称作谢米列契(七河)地区。

哈萨克斯坦北部的额尔齐斯河,发源于中国阿尔泰山区,在汇入支流伊希姆河、托博尔河后,流入俄罗斯联邦的鄂毕河而最终注入北冰洋。额尔齐斯河是鄂毕河最大的支流,横跨中国、哈萨克斯坦和俄罗斯3个国家,河长4248 km,在哈萨克斯坦境内1400 km。中国和哈萨克斯坦地处上游地区,位于中下游地区的俄罗斯占流域面积的45.4%。

北哈萨克斯坦的额敏河界于伊犁河与额尔齐斯河之间,发源于中国境内,集水面积2.18万 km^2。额敏河在哈萨克斯坦境内长102 km,右岸接纳了支流卡拉布塔河,穿过沙质谷地和盆地后流入阿拉湖。

2.2.3 水资源评价

(1) 地表水资源总量较丰富,但分布不均

中亚地区地表水资源总量并不少,而其分布却极为不均,主要水源位于塔吉克斯坦和吉尔吉斯斯坦两国境内。塔吉克斯坦水资源蕴藏量居世界第八位,吉尔吉斯斯坦水资源也在独联体国家中位居第三位(冯怀信,2004),而哈萨克斯坦、土库曼斯坦和乌兹别克斯坦水资源则相对较为缺乏。从表2.3可见,在咸海流域上游国家塔吉克斯坦与吉尔吉斯斯坦境内产生的径流量分别占43.4%和25.1%;处于下游的乌兹别克斯坦、哈萨克斯坦和土库曼斯坦3国农牧业在其国民收入中占有相当大的比重,灌溉用水量较大,而这3国的地表水资源的总和才接近1/3(付颖昕,2009)。

表2.3 咸海流域各国境内多年平均径流产生量 (单位:亿 m^3/a)

国家	锡尔河		阿姆河		咸海流域合计	
	径流量	百分比(%)	径流量	百分比(%)	径流量	百分比(%)
哈萨克斯坦	24.26	6.5	—	—	24.26	2.1
吉尔吉斯斯坦	276.05	74.2	16.04	2.0	292.09	25.1
塔吉克斯坦	10.05	2.7	495.78	62.5	505.83	43.4
土库曼斯坦	—	—	15.49	1.9	15.49	1.2
乌兹别克斯坦	61.67	16.6	50.56	6.4	112.23	9.6
阿富汗和伊朗	—	—	215.93	27.2	215.93	18.6
咸海流域总水量	372.03	100	792.80	100	1164.83	100

资料来源:ICWC科技信息中心

(2) 人均水资源量不断减少

中亚五国人均可更新水资源量排序依次为:塔吉克斯坦10431 m^3,吉尔吉斯斯坦8801 m^3,哈萨克斯坦4909 m^3,乌兹别克斯坦608 m^3,土库曼斯坦271 m^3(黄佛君、张永明,2008)。乌兹别克斯坦和土库曼斯坦的人均水资源量已远远低于水资源危机的临界线——1000 m^3。中亚地区人口自然增长率高,又使该状况恶化。1960年至2000年间,咸海流域内人均用水量从4270 m^3减少至2530 m^3,低于3000 m^3的人均缺水上限,总体上属于轻度缺水地区。若维持当前人口增长速度,人均用水量可能在未来20年中减少到健康标准以下

(Kipshakbayev,2002)。导致人均水资源量减少的因素除人口增长以外,还有人类对水资源不合理的利用、浪费和污染,近些年来气候变暖也使中亚各大河中的水量和帕米尔高原的冰川数量锐减(冯怀信,2004)。

(3) 水质状况不佳

中亚跨境河流水质自上游往下游递减。在阿姆河,山区(径流形成区)水矿化度为 0.4~0.5 g/L,而阿姆河三角洲达 2.0 g/L(Chembarisov,1995)。阿姆河与锡尔河自流出山区之后,其铜、锌、六价铬的含量即超过了极限允许浓度。在几乎整个阿姆河中,都发现有苯酚超标的现象(Severskiy,2004)。相关研究表明,在中亚被检测的水体中,虽然仅有 8%属于重度污染和极重度污染,但 25%的水体处在警示区——介于合格与不合格之间。该地区约 44%的供水属于"中度污染",仅有 23%属于清洁或轻度污染。在乌兹别克斯坦,水质优良的地区仅占国土总面积的 8.6%,水质合格的地区占 35.2%,水质较差的地区占 44%,水质有害身体健康的地区占 5.25%,水质严重有害的地区占 7.2%。仅有 2.3%的居民生活在水质良好的地区,超过 49%的居民生活在水质较差的地区,2.3%的居民生活在水质很差的地区,0.2%的居民生活在水质极差的地区(Chembarisov,1995,2001,2002)。在乌兹别克斯坦境内的阿姆河流域,70%以上的地区水质对健康有害,10%以上的地区水质极差(Zharkov,2002)。

2.3 土地资源

2.3.1 地形地貌

中亚地区地势东南高、西北低,以平原、丘陵为主,沙漠广大。东南部帕米尔高原海拔较高,东部天山山脉体积庞大,北部为哈萨克斯坦丘陵,西部和中部为广阔的平原,主要有图兰平原和里海沿岸平原(图 2.8)。

在塔吉克斯坦帕米尔地区和吉尔吉斯斯坦西部天山地区山势陡峭,海拔在 4000~5000 m。在哈萨克斯坦西部里海附近卡拉吉耶洼地是低于海平面 132 m 的最低点。从里海到天山山地之间,荒漠、半荒漠和草原占据了巨大的面积。阿姆河和捷詹河之间的卡拉库姆沙漠(35 万 km^2)和阿姆河与锡尔河之间的克孜勒库姆沙漠(30 万 km^2)是中亚最大的沙漠。

哈萨克丘陵:位于西西伯利亚平原与土兰平原之间的哈萨克丘陵,是一个久经侵蚀的古老低山和分布着盐沼和沙丘的单调台地,海拔一般仅 300~500 m,表面比较平坦,只有个别的起伏和悬崖。

图兰平原:图兰平原是一个广大的内陆盆地,面积约 150 万 km^2,地势低洼,大部海拔不及 100 m,且有不少地面的高度低于海平面。第三纪以前本区尚被古地中海所淹没,中新世以后成为干陆,今日的里海、咸海等都是海侵的遗迹。由于本区气候干燥,故少流水侵蚀地形,大部分为风沙吹积的沙丘。

帕米尔高原:该高原位于中亚东南部,东邻塔里木盆地,西邻图兰平原,南以兴都库什山脉为界,北以阿拉依山脉为界。在构造上帕米尔高原是在第三纪造山运动中形成的高大山汇(山结),一般海拔 4000 m 以上,共产主义峰海拔 7495 m。帕米尔高原东部绝对高度在 5000 m 以上,但相对高度却多为 1000~1500 m,因长期被冰川覆盖,冰川地貌典型。西部因

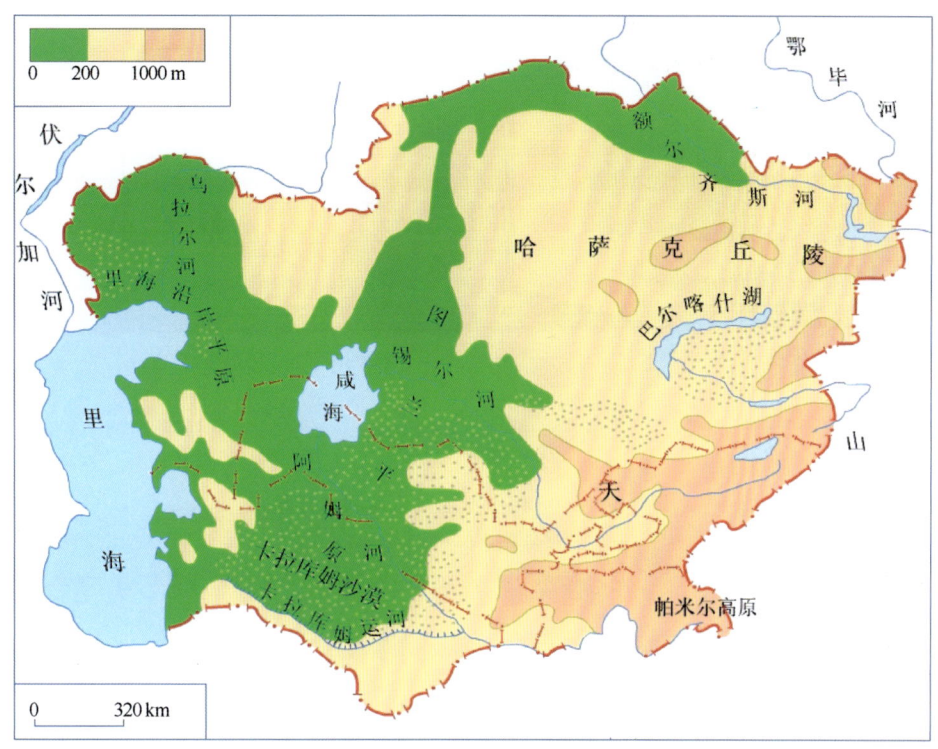

图 2.8 中亚地形分布图

资料来源：http://www.eku.cc/xzy/sctx/118873.htm

气候湿润，河流侵蚀作用强烈，山地多陡峭尖峰，相对高度很大。

2.3.2 土地利用

中亚五国土地覆盖总面积为 392,679 千 hm^2，占中亚总面积的 98.10%，水域面积为 7610.9 千 hm^2，仅占中亚总面积的 1.9%。

根据世界粮农组织网站（FAO）发布的 2009 年的数据可知（图 2.9），中亚土地利用情况为农业用地 283,108.3 千 hm^2，占中亚面积的 70.73%。森林面积为 12067.9 千 hm^2，占 3.01%。水域面积 7610.9 千 hm^2，占中亚总面积的 1.9%。其他用地面积为 97502.8 千 hm^2，占 24.36%。可见中亚地区大部分土地都是农业用地。

在农业用地类型中（图 2.10），永久性草地和牧场面积为 250,841.3 千 hm^2，占中亚农业用地的 88.60%；耕地面积为 31569 千 hm^2，占中亚农业用地的 11.15%，多年生作物用地 698 千 hm^2，仅占中亚农业用地的 0.25%，由此可见中亚农业用地主要以草场为主，耕地次之，也反映出中亚以畜牧业为主的农业生产结构特点。

2.3.3 土地利用变化

1992—2009 年期间，中亚农业用地经历了锐减和平稳缓慢增长两个阶段（图 2.11）。独立后，五国的农业用地大幅减少，2000 年达到最低点，农业用地面积降至 279,945 千 hm^2；随后开始缓慢增长，2009 年农业用地面积达到 283,108.3 千 hm^2，比 1992 年减少了 12869.7

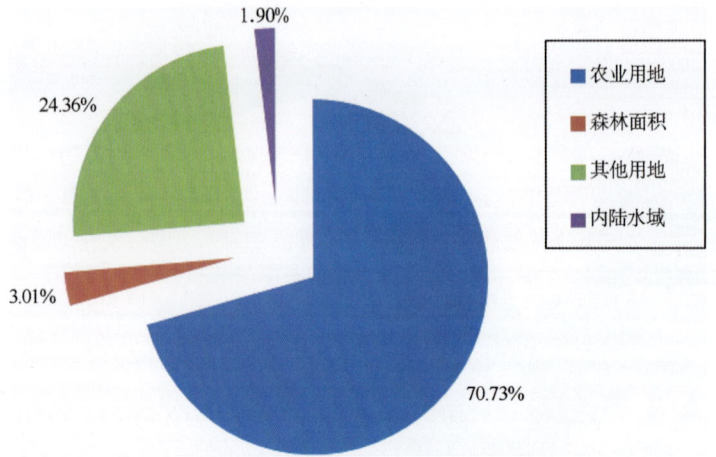

图 2.9　2009 年中亚地区土地利用情况
数据来源：FAO 官方网站

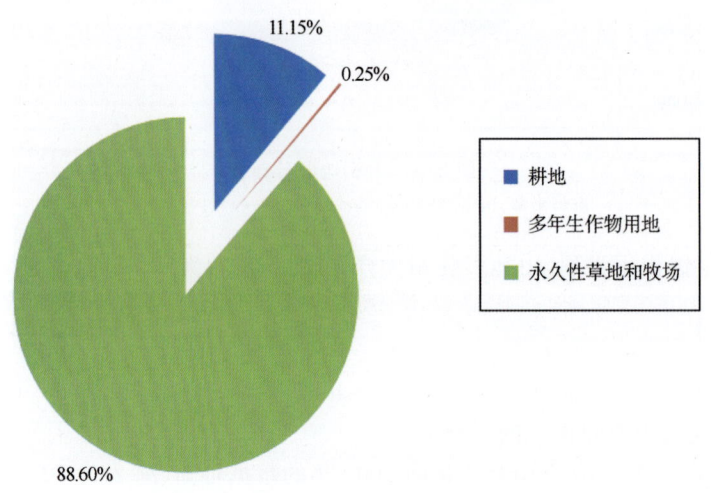

图 2.10　2009 年中亚地区农业用地构成
数据来源：FAO 官方网站

千 hm^2。

由图 2.12 可看出，1992—2009 年中亚永久性草地和牧场以及多年生作物用地基本上是水平的直线，变化幅度非常小。耕地面积从 1994 年开始减少直至 2000 年，2001 年至 2009 年非常平缓，变化趋势与中亚农业用地的趋势一致，由此可见中亚农业用地的减少与耕地面积的减少有很大的关联。

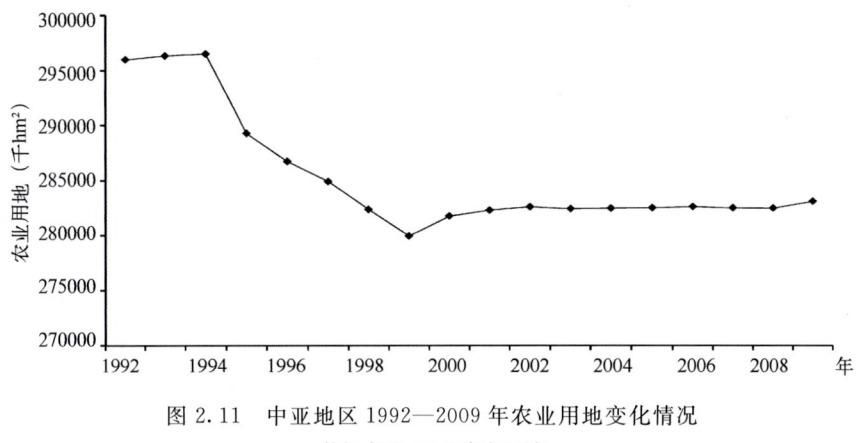

图 2.11 中亚地区 1992—2009 年农业用地变化情况

数据来源:FAO 官方网站

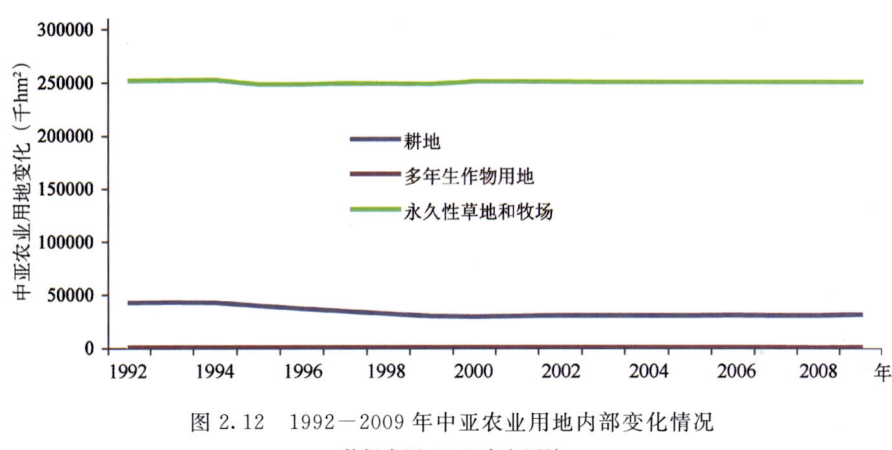

图 2.12 1992—2009 年中亚农业用地内部变化情况

数据来源:FAO 官方网站

2.4 能源与矿产资源

2.4.1 成矿带和矿产资源分布

中亚地区矿产资源丰富,各国地质研究程度也较高,除新生代地层覆盖的地区外,几乎全部进行了 1∶50000 地质测量,重要成矿区带已完成 1∶50000 或更大比例尺航磁和重力测量等物探勘查。在一些成矿远景区还进行了中—大比例尺深部地质和地球化学测量。主要开采矿区基本完成了程度较高的勘查评价,对重要成矿地段也开展了综合研究。地质矿产成果可信度高,这为到此进行矿产勘查、开发决策提供了相对较为可靠的基础资料。

中亚地区是有色金属和贵金属矿产的富集成矿区带,中亚各国已发现有色金属、贵金属重要矿床,其主要成矿类型都是目前世界上已形成的大型、超大型矿床类型。如哈萨克斯坦的科翁腊德超大型斑岩铜矿床——世界十大斑岩铜矿床之一,阿克斗卡超大型斑岩铜矿床,热兹卡兹甘大型砂岩型铜矿,捷克利层控型超大型铅锌矿,上凯拉克特网脉型和阿克恰套石英脉—云英岩型大型钼—钨矿床,产于蛇绿岩中的肯皮尔赛超大型铬铁矿床,火山—沉积型尼古拉耶夫大型铜锌矿床。乌兹别克斯坦与黑色含炭碎屑岩有关的穆龙套金矿,吉尔吉斯斯坦的查尔库拉、库姆托尔金矿等均为大型超大型矿床,还有吉尔吉斯斯坦的层控热液型海达尔大型汞—锑矿、琼科伊大型汞矿,特鲁多沃耶热液交代型大型钨、锡矿(图2.13)。

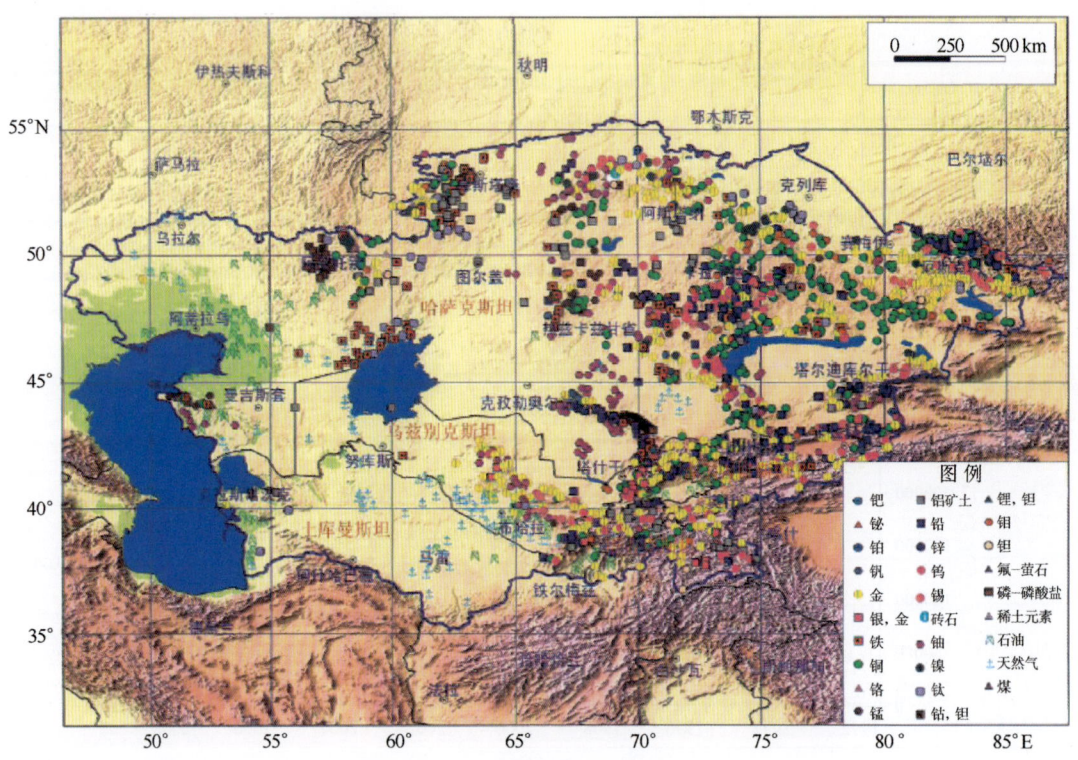

图2.13 中亚五国矿产资源分布图
资料来源:(李恒海、邱瑞照,2010)

上述特征反映该地区不但优势矿产聚集分布,而且是形成大型、超大型矿床的优越类型。

从资源潜力和找矿前景看,本地区分布着世界重要的有色金属、贵金属成矿带,其中主要有以下几种。

(1)分布于哈萨克斯坦境内的阿尔泰成矿带:以产火山—沉积型多金属块状硫化物矿床为主,并多形成大型超大型矿床;山区阿尔泰成矿带:产火山—沉积型铁矿(霍尔宗Fe—Mn矿);扎尔马—萨吾尔成矿带:产斑岩型铜矿、铜镍矿、稀有金属矿等;成吉思—塔尔巴哈台成矿带:以产斑岩型铜矿、火山沉积块状硫化物矿床;北巴尔喀什成矿带:以产晚古生代斑岩型铜钼矿为主,分布有超大型科翁腊德斑岩铜(钼)矿床;南巴尔喀什成矿带:产层控型铅锌矿、斑岩型铜钼矿及陆相火山岩型金矿;科克切塔夫成矿带:产岩浆热液型大型锡矿床,热液型网脉状大型超大型金矿、矽卡岩型钨矿,与碱性岩有关的稀有稀土矿、热液型铀矿等;热兹卡兹甘成矿带:产砂岩型铜矿;卡拉套成矿带:产层控碳酸盐型铅、锌矿;南乌拉尔西缘成矿带:产与蛇绿岩有关的铬铁矿,如肯皮尔赛超大型矿床为世界第三大铬铁矿矿床。

(2)分布于吉尔吉斯斯坦境内的重要成矿带:库尔干特伯—纳伦金、铁、铅、锌成矿带:产沉积变质型铁矿(以杰特姆特大型铁矿为代表)和炭质页岩型金矿(以库姆托尔超大型金矿为代表);扎尔达雷—阿克希拉克汞、锑、锡、钨、金成矿带:形成的代表性矿床有层控热液型海达尔大型汞—锑矿、琼科伊大型汞矿、热液—破碎带型萨瓦亚尔顿含金锑矿、热液交代型特鲁伊沃耶大型锡矿等。

(3)分布于乌兹别克斯坦境内的重要成矿带:库拉马晚古生代铜、铅、锌、金、银、钼成矿带,分布有黑色岩系的层控型超大型穆龙套金矿田、阿尔马雷克超大型斑岩型铜矿田;布坎套铜、钒、金、银、铀、铅、锌、钨、锡成矿带的火山沉积—热液型乌奇库拉奇超大型铅锌矿床。

(4)分布于塔吉克斯坦境内的重要成矿带库拉马—费尔干纳铅、锌、银、铜、铋、铁、萤石、煤、石油、天然气、岩盐成矿带和层控型大卡尼曼苏尔超大型银矿等。

综上所述,中亚地区分布着众多的、且具有极好找矿潜力的有色金属、贵金属成矿带(刘国忠,2009)。

2.4.2 矿产资源储量

中亚各国地质构造复杂,成矿条件优越,矿产资源储量相当可观,矿产几乎都是各国经济的主要支柱,占外贸、出口份额较大。中亚五国从成矿情况看,阿尔泰山、天山山脉为世界著名金属成矿带,哈萨克丘陵为煤炭的集中产地,这样就使得中亚五国成了独联体国家燃料动力和有色金属的主要产地,特别是哈萨克斯坦矿产品种比较齐全,煤炭探明储量为336亿t(截至2011年底),集中分布在卡拉干达、埃基巴、马斯图兹、图尔盖、日兰奇克、楚河、伊犁河等区域。此外,还有铁矿、锰矿、铜矿、钾盐等矿藏,其中铁矿探明储量有30亿t,仅次于南非、津巴布韦居世界第3位。吉尔吉斯斯坦的有色金属、黑色金属特别是稀有金属汞、锑的储量可观,其中汞的储量为7500 t(截至2011年底)。乌兹别克斯坦的矿产资源主要是铜矿、铅锌矿、钼矿、钨矿。中亚矿种中,钨储量占前苏联第一;铬占世界第二;金、铜、铅、锌、钼探明储量居亚洲第一,处于世界前列(李恒海、邱瑞照,2010)。

2.4.3 石油、天然气资源

中亚各国拥有丰富的能源资源,最具战略意义的是石油和天然气,大部分集中在里海地区。里海地区号称"能源新大陆",这里沉积盆地发育完全,底层厚,含油层系广,具有大规模油气生成、聚集并形成大型油气田的地质条件。从资源分布看,中亚地区的石油资源主要集中在哈萨克斯坦、土库曼斯坦和乌兹别克斯坦3个国家和5个勘探开发程度高的含油气盆地中,占61%~70%,天然气也主要分布在哈萨克斯坦、土库曼斯坦,占90%以上;吉尔吉斯斯坦和塔吉克斯坦虽然石油资源较少,却是重要的通道国。

表2.4 中亚哈萨克斯坦、土库曼斯坦、乌兹别克斯坦2011年底石油探明储量

国家	10亿t	10亿桶	占世界总量比例(%)
哈萨克斯坦	3.9	30	1.80
土库曼斯坦	0.1	0.6	<0.05
乌兹别克斯坦	0.1	0.6	<0.05
合计	4.1	31.2	—

资料来源:BP Statistical Review of World Energy,2012

从表 2.4 可知,中亚哈、土、乌三国 2011 年底石油探明储量为 41 亿 t(312 亿桶),此三国占世界石油储量将近 2%。在天然气方面(表 2.5),截至 2011 年底,哈、土、乌三国天然气探明储量为 27.8 万亿 m³,其中土库曼斯坦储量尤为丰富,此三国天然气探明储量占世界总量高达13.40%,储量极为可观。

表 2.5 中亚三国 2011 年底天然气探明储量

国家	万亿 m³	占世界总量比例(%)
哈萨克斯坦	1.9	0.90
土库曼斯坦	24.3	11.70
乌兹别克斯坦	1.6	0.80
合计	27.8	13.40

资料来源:BP Statistical Review of World Energy,2012

2.5 生物资源

2.5.1 植物资源

(1)哈萨克斯坦

哈萨克斯坦的植物约有 4700 多种。这些植物当中大部分是草本植物,灌木和乔木的种类则很少。

主要的乔木有白桦、松树、白杨、柞树、山杨、柳树、云杉、雪树、枞树、杏树等。其中,云杉是经济价值很高的树木。此外,还有锦鸡儿、绣球儿、绣形菊、沙棘等形成的灌木。这些乔木和灌木主要生长在阿尔泰山和天山。

草本植物多是哈萨克斯坦的一大特色。在森林草原带生长着针茅、羊茅、早熟禾、鼠尾草、三叶草等;在栗钙土地上主要生长着苜蓿、猪秧秧、针茅、羊茅等。该国还有很多药用植物,主要有荠菜、天仙子、侧金盏花、金丝桃、结叶草等。在荒漠草原中蒿科植物随处可见,牧草也很多,干草的收获量为 300～400 kg/hm²。荒漠地带的草本植物还有拂子茅、野麦、猪茅菜、盐节草、车前子、盐爪爪、梭梭等。在阿尔泰山、北天山、南天山的山前、山脚和森林地带还有蒿、苔草等植物。

在哈萨克斯坦芦苇很多。大量湖泊的存在为芦苇生长提供了条件。芦苇为造纸的好材料。在哈萨克斯坦具有重要意义的食用、药用植物和工业用植物也不少,如鞣革可用于皮革加工。药用植物中包括洋甘菊、百里香、薄荷等。油料植物也不少,如菜苔、芝麻等。甘草是中国人熟悉的药材,在哈萨克斯坦相当多,除自用外还可供出口。哈萨克斯坦的森林资源为该国木材工业提供了原料。各种牧草为畜牧业提供了近 50% 的饲料(赵常庆,2004)。

(2)乌兹别克斯坦

乌兹别克斯坦有约 3700 种野生植物,分属 120 个科,常见的有豆科、禾本科。按植被特点可分为平原地带植物、丘陵低地带植物、丘陵高地带植物、山区地带植物和高山带植物等。平原地带植物主要有杞柳、胡杨、沙枣、芨芨草、甘草、芦苇、苔草、猪毛草、骆驼蓬、漆树、石榴树、桦树、金银花、野蔷薇；丘陵低地带植物主要有阿魏、郁金香、刺山柑、海甘蓝；山区地带主要是林业用地，生长有松树、樱桃树、黄连木、苹果树和胡桃树等；其中有许多野生植物具有食用价值，如浆果、核桃等。在高山低地带生长着偃松、金银花、野蔷薇等；在荒漠带的植物主要有梭梭、猪毛菜、沙拐枣、大黄等。森林覆盖率仅占全国领土的3.1%（孙壮志等，2004）。

(3) 土库曼斯坦

土库曼斯坦共有2600多种植物，分105科，其中462种属稀有、残留和特有的植物。境内植物以荒漠植物为主，分为短生植物、藻类植物、沙生植物和喜盐植物。马康槽、罂粟等短生植物在土库曼斯坦所占的面积不大，主要分布在南部的山前地带的亚黏土、黄土和灰钙土平原上，藻类植物分布在北部和西部的龟裂土上，适宜沙生生长的灌木、乔木分布在北卡拉库姆沙地上，而喜盐植物则生长在河谷低地和南部沿海低地的盐土上。非荒漠植物群落，即土加依林，主要分布在阿姆河左岸的河滩，有些地段较宽，而有些地方丛林茂密。土库曼斯坦境内生长的一些野果、浆果、含蜜植物可作为高档食品，咸辛香味的植物可作为食品工业的原料，甘草等植物可作为药材。此外，还有含维生素植物、香精油植物、颜料植物、肉鸽用植物、观赏植物等。根据尼亚佐夫总统1997年3月25日的决定，土政府将国内110种植物列为国家保护对象（施玉宇，2005）。

(4) 吉尔吉斯斯坦

吉尔吉斯斯坦植物资源丰富多样。在吉尔吉斯斯坦境内有115科、855属、3786种植物，这些植物的名字已载入《吉尔吉斯植物志》——11卷本的植物鉴定册中。在这些植物中有大灌木260种、小灌木115种、林木143种。森林面积占全国面积的5.3%。云杉、冷杉、柏、槭、柳、白杨和白桦等树木较为常见。其中，云杉林面积为10.4万 hm^2。面积较大的还有冷杉林、槭树林、柏树林和核桃林。果树有苹果、梨、醋栗和樱桃等。吉尔吉斯斯坦还生长有各种饲用植物、药用植物、挥发油料植物以及含杀虫毒质、含橡胶和含生物碱的植物。在吉尔吉斯斯坦的植物中，草类占有绝对大的比重。全国有草类3175种，其中，多年生草2270种，一、二年生草896种（徐小云，2005）。

(5) 塔吉克斯坦

塔吉克斯坦植物资源种类比较多，共有5000多种。阔叶林主要分布在吉萨尔山南坡、达尔瓦兹山北坡等地，有核桃树、槭树、梧桐树和苹果树等。小叶树林主要分布在河漫滩地带，分布比较广，主要有柳树、沙棘和桦树等。灌木主要分布在荒漠地带和山区，主要有棘豆、黄芪、驴豆、大猪毛菜、蒿藜等。草本植物种类繁多，主要有禾草、鸭茅、看麦娘和苔草等（刘启荟，2006）。

2.5.2 动物资源

(1) 哈萨克斯坦

哈萨克斯坦共有野生动物800多种，其中包括鱼类150种。里海的鲟鱼在全世界都很有名。由于过度捕捞和河水污染，里海的鲟鱼数量在减少。乌拉尔河也有鲟鱼。鲟鱼种类很多，有裸腹鱼、闪光鲟、小体鲟等，另外还有欧鳇、鲱鱼、北白鲑、鲶、梭鲈、狗鱼、河鲈、梅花鲈、江鳕等。

咸海、锡尔河、楚河、萨雷河还产拟鲤、圆腹雅罗鱼、拟鳇、赤梢鱼等。额尔齐斯河还有哲罗鱼、细鳞鱼、北白鲑和茴鱼。斋桑湖也有哲罗鱼和北白鲑。茴鱼是生活在阿尔泰山区湍急河流中的主要鱼类。此外还有狗鱼、江鳕、河鲈、梅花鲈和密网鱼等。在巴尔喀什湖中裂腹鱼和河鲈为捕捞价值较大的鱼类。

哈萨克斯坦蛙类和蟾蜍的分布很广。尤其是蟾蜍，除哈萨克斯坦最北部地区外，几乎所有地区都可见到，包括荒漠地区。此外还有蝾螈类两栖地区。生物学家在该国最北部地区还发现北极小鲵。

陆生爬行类动物在哈萨克斯坦并不罕见。在该国荒漠地区的陆生和水中有乌龟、壁虎、蜥蜴、石龙子、蛇等。

大型哺乳类动物有150多种。在平原地区有雪兔、灰兔、白鼬、银鼠、狐狸、狼、鹿、驼鹿等。在草原地带有黄狼、大跳鼠、草原旱獭、狼、狐狸、獾、艾虎等。在半荒漠和荒漠地带有鼠兔、黄鼠、跳鼠、羚羊等。在荒漠地带主要有黄鼠、沙鼠、刺猬、野兔、狼和狐狸等。

在阿尔泰山区、天山山区生活着从棕熊、猞猁、紫貂、香獐、马鹿、黑琴鸡、啄木鸟、星鸦、尖嘴雀、山雀等山禽野兽。而在河谷潮湿地区可以看到草原斑猫、黄狼、鹿等。

哈萨克斯坦共有485种鸟类。哈萨克斯坦人引以为傲的鸟类有红脚隼、猎隼、鹰、乌雕、大鸨、鹤、鹬、云雀、金雕等；珍稀鸟类有长脚麦鸡。中国人熟悉的啄木鸟、黄鹂、鹭、鸬鹚、野鸭等在哈萨克斯坦同样可以看到(赵常庆，2004)。

(2) 乌兹别克斯坦

哺乳动物有97种，主要有沙狐、野猪、胡狼、赛加羚羊、西伯利亚山羊、狐狸、熊、雪豹、蒙古兔、松齿鼠、沙鼠、亚洲胡狼、丛林猫、布哈拉鹿、花纹鼠、大灰鼠、刺猬、豹、猞猁等，其中熊、豹、猞猁、雪豹、水獭等哺乳动物被列为乌兹别克斯坦国家一级保护动物。鸟类有379种，主要有红腿鸡、狭嘴鸭、金雕、草原雕、亚洲野鸡、杜鹃、喜鹊、乌鸦、麻雀、草原红隼、椋鸟、喜马拉雅雪瑶、髭兀鹰、红嘴山鸦、高山穴鸟、百灵、燕子、八哥等。爬行类动物有58种，主要为大耳沙蜥、箭蛇、甲颜面蛇、游蛇、草原鬣蜥、花斑沙鼍、黄鼠、亚洲裸眼蜥、蛇蜥、石龙子、中亚龟、中亚眼镜蛇，其中中亚眼镜蛇是乌兹别克斯坦国家级保护动物。鱼类有69种，以咸海鲑鱼数量最多，其次是阿姆河鲑鱼、狗鱼、鲤鱼、赤梢鱼、鲍鱼等；此外还有昆虫100多种(孙壮志等，2004)。

(3) 土库曼斯坦

土库曼斯坦共有6000多种脊椎类动物和3200多种无脊椎动物。动物可分为爬行类、啮齿类、蛇类、禽类、昆虫类、鸟类和鱼类。有几千种昆虫、60种鱼类、78种爬行动物(包括27种蛇，其中4种是毒蛇)、372种鸟禽、91种哺乳动物(其中22种为猛兽)。

荒漠地区是爬行类和啮齿类动物的活动领域。这里有很多草原龟、蜥蜴、壁虎、巨蜥。另一类是荒漠蛇类，其中对人类危害最大的是有毒的蝰蛇、眼镜蛇和无毒的蚺蛇、黄颔蛇。啮齿类动物有20多种，主要有沙土鼠、跳鼠、黄鼠，占这一地区哺乳动物的1/2，此外还有卡拉干狐、黄鼬、瞪羚等，在北部和西部的沙漠中有高鼻羚羊。

在非荒漠丛林地区有著名的突厥斯坦虎和布哈拉鹿，有大量的野猪、猫、胡狼、板齿鼠和毛皮珍贵的麝鼠；在科佩特山区有豹、鬣狗和印度熊；在巴哈达自然保护区有盐木鸭、云雀、大旱鹬等鸟类；沙漠中有避目虫、毒蝎等多种昆虫，红带蛛的毒性很大，人和牲畜被咬后丧命。

在阿姆河和卡拉库姆运河中有大鲤鱼等几十种鱼。里海盛产鲳鱼、鲈鱼、鲭鱼和鲟鱼。

根据尼亚佐夫总统1997年3月25日的决定,土库曼斯坦政府将150种动物列为国家保护对象(施玉宇,2005)。

(4)吉尔吉斯斯坦

吉尔吉斯斯坦有500多种脊椎动物。其中有50多种鱼、25种以上爬行动物、335种鸟类、4种两栖动物和86种哺乳动物;无脊椎动物的种类目前尚未调查清楚。根据最近统计资料,目前在吉尔吉斯斯坦大约有4000种昆虫以及蜱螨等节肢动物。金雕、苍鹰和游隼是吉尔吉斯人特别喜爱用以捕猎的猛禽,常见的野生动物有狼、獾、鼷、山羊、野兔、野猪、沙土鼠、黄鼠、狷鼠和跳鼠等。雪豹、红狐、巨蜥、水獭、虎、鼬、猞狸、棕熊和马鹿等属于珍贵的稀有动物(徐小云,2005)。

(5)塔吉克斯坦

塔吉克斯坦有哺乳类动物81种,鸟类365种,爬行动物49种,昆虫7000~8000种。无脊椎动物种类更多,主要有蜂虻、蝗虫、螳螂等。爬行动物主要有草原乌龟、草原蜥和蛇蜥。哺乳动物主要有鼠、石豹、熊、伶鼬、狐狸、狼和豪猪等。鸟类有山鹑、斑尾林鸽、山斑鸠、喜鹊和黄莺等。昆虫有黄蜂、夜蛾、蚧壳虫、斑虻和瓢虫等(刘启荟,2006)。

参考文献

邓铭江,龙爱华,章毅等.2010.中亚五国水资源及其开发利用评价.地球科学进展,(12):1347-1356.
冯怀信.2004.水资源与中亚地区安全.俄罗斯中亚东欧研究,(4):63-69.
付颖昕.2009.中亚的跨境河流与国家关系.兰州大学.
黄佛君,张永明.2008.中亚五国农业资源开发和农业改革.俄罗斯中亚东欧市场,(7):28-33.
姜会飞,郑大玮.2008.世界气候与农业.北京:气象出版社,136.
李恒海,邱瑞照.2010.中亚五国矿产资源勘查开发指南.北京:社会科学文献出版社.
刘德生.1986.世界自然地理.北京:高等教育出版社.
刘国忠.2009.中亚矿产资源勘查开发形势分析.国土资源情报,3:25-28.
刘启荟.2006.列国志:塔吉克斯坦.北京:社会科学文献出版社.
施玉宇.2005.列国志:土库曼斯坦.北京:社会科学文献出版社.
孙壮志,苏畅,吴宏伟.2004.列国志:乌兹别克斯坦.北京:社会科学文献出版社.
徐小云.2005.列国志:吉尔吉斯斯坦.北京:社会科学文献出版社.
赵常庆.2004.列国志:哈萨克斯坦.北京:社会科学文献出版社.
BP Statistical Review of World Energy, 2012. http://www.bp.com/assets/bp_internet/globalbp/globalbp_uk_english/reports_and_publications/statistical_energy_review_2011/STAGING/local_assets/pdf/statistical_review_of_world_energy_full_report_2012.pdf.
Chembarisov E I, Lesnik T V, Ranneva I V. 2001. Contemporary river's water quality of Uzbekistan. In: Water and Sustainable Development of Central Asia. Tuzova, T. V. (ed.).
Chembarisov E I, Lesnik T V, Ranneva I V. 2002. Hydroecological state of the Amudaria river. Probl. Desert Develop, 4:56-58.
Chembarisov E I, Lesnik T V. 1995. To the preserve of surface waters of Central Asia. Issue of SANIGMI "Fresh Water", 64-71.
https://climatedataguide.ucar.edu/climate-data/climate-forecast-system-reanalysis-cfsr.
Kipshakbayev N K, Sokolov V I. 2002. Water resources of the Aral Sea basin—formation, distribution, usage. Water Resources of Central Asia, 63-67.

Severskiy I V. 2004. Water-related problems of central Asia: some results of the (GIWA) International Water Assessment Program. AMBIO: A Journal of the Human Environment, **33**(1): 52-62.

UNDP. Water resources of Kazakhstan in the new millennium. A series of UNDP publication in Kazakhstan UNDPKAZ#07. 2004.

Zharkov V V, Zharkov D V. 2002. Hydrochemical composition of waters of the Karakum-river. Probl. Desert Develop, **4**: 66-71.

第 3 章　区域经济发展

　　中亚各国,经济发展先后经历了衰退、复兴和快速增长三个阶段(图 3.1),到 2010 年中亚地区生产总值达 2133.3 亿美元,占世界经济比重 0.34%,经济密度 5.33 万美元/km²,人均 GDP 达 3394 美元,并在产业结构、就业结构方面呈现显著的变化特征;对外贸易持续发展,到 2010 年对外贸易总额达 1184.6 亿美元;能源矿产资源丰富,促使能源工业成为中亚地区经济发展的主要推动力。

3.1　独立后区域经济增长

　　苏联解体,中亚各国相继独立,各国在经济结构调整和改革方面面临的首要问题是实现由原来的计划经济向市场经济模式的转变(常庆,2001)。中亚各国根据自身经济发展的特点选择了不同的经济发展模式,进行经济体制改革,中亚地区经济增长进入了不同的发展阶段。

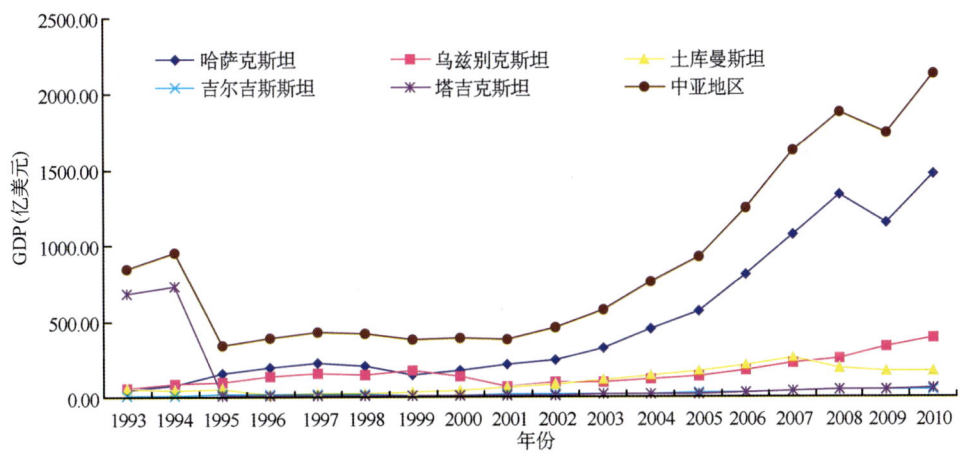

图 3.1　1993—2010 年中亚地区及各国 GDP 变化情况

3.1.1　经济发展阶段

　　伴随着俄国十月革命的胜利、世界第一个社会主义国家苏联成立,中亚地区经济发展从此便走上了社会主义计划经济的道路(杨建梅,2005)。1991 年东欧巨变,中亚地区各国相继独立,但苏联时期计划经济模式带来的发展弊病给各国的经济发展造成了阻碍(胡红萍,2004)。为应对苏联解体后各国面临的严重经济危机,克服计划经济模式的弊端(常庆,2001),中亚各国根据自身所具有地理生产要素、独立后经济面临的新问题、各国之间的相互影响和经济继承性等现实因素进行了不同模式的经济体制改革,从而开始地区市场经济发展道路的探索(王海燕,2005)。土库曼斯坦和乌兹别克斯坦的经济发展选择了"渐进式"改革和发展模式,两国的经济体制中依然保留了大量的计划经济色彩,虽然经济衰退程度很低,社会阵痛小,但计划体制中固有的顽疾也严重限制了经济发展;哈萨克斯坦、吉尔吉斯斯坦和塔吉克斯坦追随俄罗斯实行"休克疗法",使得三国原有的经济联系被打乱,经济体系遭到了严重破坏,出现了较为严重的经济危机,但改革也较为彻底(吴宏伟,2009;姚大学,2005)。

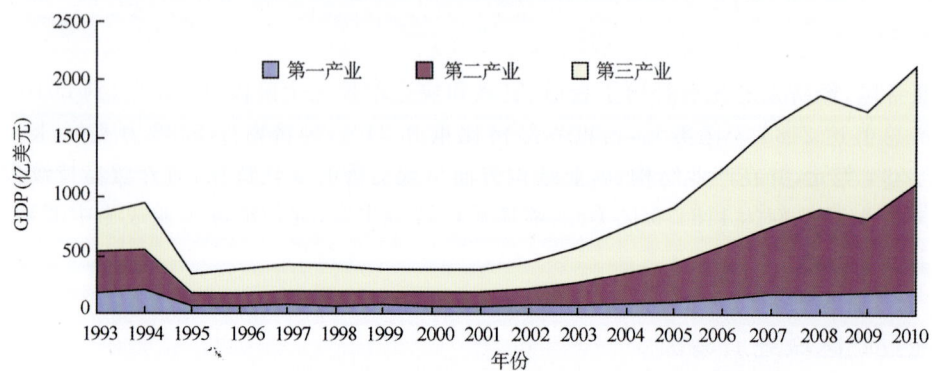

图 3.2 1993—2010 年中亚地区三阶段三种产业产值变化情况

概括起来,中亚地区经济发展经历了三个阶段(图 3.2):①从独立到初步建立市场经济体系的经济停滞和衰退阶段;②应对金融危机,市场体系得到进一步加强的经济复苏阶段;③积极参与地区和全球经济合作的经济稳步增长阶段。

——经济停滞和衰退阶段(1991—1995 年)

1991—1995 年中亚各国打破旧制度,开始由计划经济向市场经济转变,初步建立了市场经济体系。在这个阶段,各国经济发展骤然失去依靠和联系,被迫在条件不成熟的状况下发行本国货币,实行经济体制改革,造成了地区各国经济形势恶化(王嘎,2004)。各国为了缓解经济恶化的程度,巩固独立成果、建立独立的市场经济体系,重点进行了三项政策的健全工作(姚大学,2005)。1)建立健全经济管理机构,包括建立并完善作为主权国家所必需的外交部、外贸部、海关等国家机构。2)建立相关的制度和法律体系,各国相继出台了自己的宪法,以国家根本大法的形式确定了市场经济的基本原则。3)发行本国货币,1993—1995 年中亚各国相继退出卢布区并完成了本国货币的发行任务,从而朝经济独立的方向迈出了决定性的一步。

总体上,这一时期经济发展呈现总体下滑趋势(图 3.2),三种产业均出现衰退趋势(图 3.2),产值降低了 50% 左右,其中工、农业生产总值下降较为明显,从 1993 年到 1995 年,其分别由 356 亿美元、179 亿美元下降到 113 亿美元和 65.77 亿美元,工农业产值比重由 42.0∶21.1 降低到 33.5∶19.0。

——经济复苏阶段(1996—2000 年)

1996—2000 年中亚各国市场经济体制得到进一步的巩固与发展,面对国际金融危机的波及所造成的打击与引发的巨变,各国经济发展处于停止甚至倒退状态,到 2000 年各国经济终于挺过了最艰难的时期,经济普遍回升。在这一时期,各国相继制定了本国的经济或工业发展战略。例如哈萨克斯坦、吉尔吉斯斯坦和塔吉克斯坦三国均认识到社会稳定和经济自由化同等重要,开始重视国家在经济运行中的调控作用,实行具有稳定导向的宏观经济政策,并在财政、社会保障等方面给予相应支持。所以从 1996—1997 年中亚五国经济形势随着政局稳定而出现了某种程度的好转,甚至在 1997 年出现小幅的回升。1998 年亚洲经济危机和俄罗斯金融危机爆发,中亚各国经济发展受到较大冲击,刚刚出现微弱复苏的中亚经济再度遇到挫折,直到1999年中亚五国经济发展才重新回升。

这一时期中亚地区国民经济发展总体上呈现波动变化趋势(图3.2)。其中1996年到1997年国内生产总值由385.2亿美元增长到430亿美元,但2000年下降到389.2亿美元。工农业发展因为政局稳定和经济危机呈现总体稳定、轻微波动变化,产值比重基本维持在19.0∶29.0,工农业总产值在178亿美元到197亿美元之间波动变化。

——经济稳步增长阶段(2001年以后)

中亚地区政治经济环境经过近10年的发展得到了改善,各国市场经济体系日益完善,参与全球化经济的趋势进一步加强。2001年以后,中亚各国积极参与国际合作,经济发展从区域内转向区域外,对外贸易取得较大发展,与国际接轨的程度越来越高。与此同时,在这一时期各国经济环境得到改善,经济规模逐渐壮大,以市场为导向的经济体系日趋完善并发挥作用。各国依托其丰富的矿产资源,以资源贸易、资源开发为导向,纷纷制定本国的经济发展重点,促使各国经济普遍持续好转,地区经济快速上升(图3.2),三种产业日趋呈现三、二、一序列,向合理产业结构演进。虽在2009年中亚地区各国受美国"次贷危机"的影响,经济出现了较大的下滑,但总体上中亚地区经济发展已进入稳步增长阶段。该阶段中亚地区经济发展主要呈现以下特点:

(1)工业化势头强劲

为改变原料附属国和农业大国局面,中亚各国几乎同时将发展和建成工业较发达国家作为未来发展的主要目标。2000年起各国纷纷制定出未来工业化的重点发展目标:①哈萨克斯坦工业优先发展石油天然气业、机械制造业、化学和石化工业、建材业、航天工业和生物工程等重点高科技产业。②土库曼斯坦除进一步提高石油天然气部门的生产效率之外,开始注重发展棉花加工的基础设施及其他领域的工业化建设。③乌兹别克斯坦重点发展领域除石油天然气业,还加强了生物制品、汽车产业等高新技术产业的发展。④吉尔吉斯斯坦和塔吉克斯坦则依托自身水资源的优势,大规模开展水力发电等行业。

(2)农业发展极不稳定

中亚各国农业生产普遍缺乏集约化和机械化等现代化管理,农业技术研发不足、技术基础不好、农产品生产脱离市场,产品市场较小等一系列问题越发凸显,制约了各国农业生产的发展。2000—2010年第一产业占国民经济比重由20%减小到10%左右,产业发展处在较低水平,伴随着工业化的进一步发展,农村劳动力的大量转移,农业发展将进一步衰退。

(3)各部门经济发展不均衡更加突出

中亚地区虽然近10年里经济取得了快速发展,但部门经济发展不均衡也日益突出。有的部门发展快,有的发展慢,有的甚至还在下降,如整个中亚地区电信业、服务业等新兴产业各国的发展都很快,而农业、采矿业等传统产业发展较慢,电力工业和机械工业等还在下降。总之,中亚国家不合理的经济结构问题依然存在,各国经济发展差距在继续拉大、有待组成比较完善的经济发展体制。

(4)对外贸易成为地区经济发展的驱动力

2010年中亚地区对外贸易取得巨大的发展,以能源矿产等原料为出口主体的贸易出口额达574.8亿美元,占国民经济总量比例从3.6%增长到26.9%,以轻工食品等为主体的进口贸易额达609.8亿美元,占国民经济总量比例由2001年的4.9%增加到2010年的28.6%。中亚地区已逐渐成为对外贸易依存度较高的区域,对外贸易已成为地区经济发展的重要驱动力。

3.1.2 区域经济演变

经过近20年的发展,中亚五国在经济规模、人均国内生产总值、三种产业均取得了较快的增长,并在产业结构、就业结构方面产生了不同的演变过程,最终形成了独特的经济发展特点和格局。

(1)经济发展规模增长变化

近年来,中亚地区逐渐发展成为世界经济的新兴增长体。1993—2010年中亚地区经济总量增长了近3倍,人均GDP持续增加,三种产业不断调整,经济增长速度体现出降低—波动变化—稳步增加的发展趋势。

1)经济规模变化

1993年到2010年中亚地区经济发展呈先减小、后增加的趋势,其具体表现在国内生产总值从1993年的848.1亿美元,下降到1995年的339亿美元,而后逐年稳步增加,到2010年中亚地区生产总值达到2133.3亿美元,经济总量以年均15.7%的速度增长(图3.3)。

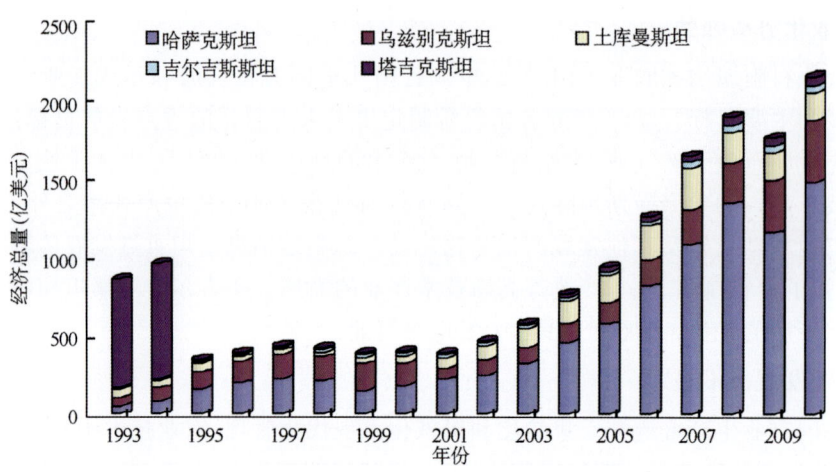

图3.3 中亚各国经济总量占地区经济总量变化情况

中亚各国的经济增长表现出显著的差异性:1)哈萨克斯坦表现出先增加后减小,最后稳步上升的趋势,其经济总量从1993年的46.6亿美元增加到1467.6亿美元,占全地区经济总量比例从5.5%增长到68.8%,一跃成为中亚地区第一经济大国。2)乌兹别克斯坦的经济发展则呈现稳步上升趋势,经济总量从54.8亿美元增加到389亿美元,占中亚地区的经济总量比例呈现先增加后减小的趋势,从6.5%上升至36.2%,再下降到13%。3)土库曼斯坦的经济总量呈现波动变化趋势,经济总量呈现先增大后减小,而后稳步上升的趋势。1993年其国内生产总值规模为57.25亿美元,占中亚地区经济总量的6.75%,1996年其国内生产总值下降到23.8亿美元,此后该国实施了有效的产业调整措施,到2010年其经济总量达到了173.56亿美元,占中亚地区经济总量达10%左右。4)吉尔吉斯的经济规模呈现与其他国家一样的相对上升趋势,但占地区经济规模的比重变化不大,国内生产总值从6.7亿美元增加到46.2亿美元,占中亚地区经济规模的比重从1%增加到2%。5)塔吉克斯坦的经济总量呈现先急剧下降而后缓慢上升的趋势。1993年其经济总量为682.5亿美元,是中亚五国的经济第一大国,这在一定程度上与苏联时期该国的经济地位有关,另一方面,该国初期货币通货膨胀严重,导致其经济总量较高。1995年以后,通过货币政策的调整和国家宏观调控,其通货膨胀得到抑制,因此导致1995年经济总量出现了跳跃性的巨大变动,经济总量仅为5.68亿美元,2010年其经济总量也仅回升至56.42亿美元,占中亚地区经济比重从80%下降到2.6%。

2) 经济增长速度

中亚五国经济的发展经历了衰退—停滞—复苏—稳定增长的变化,其经济增长速度也因不同的阶段、不同的外部环境而呈现不同的变化。总体来说,中亚经济的增长速度呈现先下降后上升的趋势,但由于各国产业结构、社会经济环境以及政策环境的不同,增长率的变化也表现出一定的差异性(图3.4)。

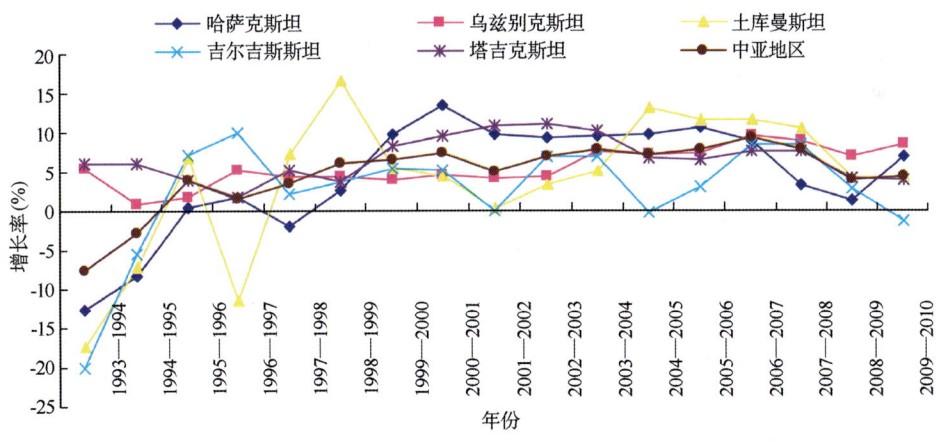

图3.4 近20年来中亚地区及各国经济增长速度

近20年中亚地区年均经济增长率为4.6%,经济增长率总体趋势呈现先减小而后波动变化。1993—1995年经济增长呈现明显下降趋势,其平均经济下降幅度为-5.3%,尤其以1993—1994年经济下降幅度最为明显,下降幅度为-7.7%。究其原因,一方面是由于苏联解体各国经济处于起步阶段所致;另一方面是由于地区各国经济联系中断和由计划经济引发的孤立经济发展所致。1995—2010年中亚地区经济总体上呈现平稳上升趋势,但局部时间呈现波动下降变化,期间年均经济增长率为6.0%,但1997—1998年、2008—2009年呈现波动下降趋势,导致其下降的原因是世界经济危机的波及,1998年"亚洲金融危机"导致了刚刚处于起步阶段的中亚地区经济呈现波动下滑趋势,2009年美国"次贷危机"引发的全球性经济危机再次致使中亚地区经济的波动衰退。

中亚地区因不同国家产业结构、产业政策和经济发展环境不同呈现差异增长。乌兹别克斯坦、塔吉克斯坦的经济增长速度在中亚各国中较快,近20年间其年均经济增长率分别为5.6%与6.7%,比整个中亚地区经济增长率高出1.2和2.1个百分点;哈萨克斯坦、土库曼斯坦的经济增长与中亚地区经济增长则呈现同步性,吉尔吉斯斯坦的经济增长速度相对较慢,其年均增长率为2.6%,比整个中亚地区经济增长率低了2个百分点。

造成这一经济增长在不同国家差异性的原因,主要是由于中亚各国的产业结构不同。哈萨克斯坦、乌兹别克斯坦和土库曼斯坦石油、天然气以及矿产资源丰富,所以能源矿产行业是两国经济的主要增长点,近20年世界各国对能源的需求刺激了能源矿产业的发展,故这些国家依靠丰富的能源、矿产资源出口取得了较快发展。而吉尔吉斯斯坦由于自身地理环境和资源劣势,以农业和水电作为国家经济发展的重点,农业的经济增长本身就较慢,所以经济发展慢于中亚其他国家。塔吉克斯坦经济增长速度较快,主要是其本身经济总量较小,增长值较小也会有较高的增长速度,就其本国经济来说塔吉克斯坦资源禀赋匮乏,以农业和水电行业作为国家经济发展的重点,所以经济增长速度大并不能说明该国经济取得了巨大发展。

3)人均国内生产总值(GDP)

经过近20年的发展,中亚地区总人口从5231万人稳步增加到6284万人,人均GDP的变化呈现出同经济增长变化相近的趋势,均为先减小后增加,具体表现为从1621美元减小到685美元再增加到3394美元,但各国根据其经济发展特点表现出不同的差异性(图3.5)。近20年中亚各国人均GDP均取得了巨大的增长,哈萨克斯坦、乌兹别克斯坦人均GDP增长较快,增长了10倍以上,吉尔吉斯斯坦、塔吉克斯坦增长了近4倍,土库曼斯坦因人口相对较少,经济总量虽取得了一定的增长,但由于人均GDP基数较大,增长倍数较小。2010年中亚五国中,哈萨克斯坦、土库曼斯坦人均GDP分别为9098美元和3348美元;乌兹别克斯坦人均GDP介于1000~2000美元,为1367美元;塔吉克斯坦、吉尔吉斯斯坦人均GDP在1000美元以下,分别为853美元和741美元。其原因主要是一方面哈萨克斯坦、土库曼斯坦、乌兹别克斯坦能源矿产行业的发展使这三个国家经济发展较快,而塔吉克斯坦和吉尔吉斯斯坦则是因以农业发展为主体,所以经济增长相对较慢;另一方面人口基数对人均GDP的影响至关重要,虽然土库曼斯坦经济规模不如乌兹别克斯坦大,但其人口总量少,故而人均GDP较大。

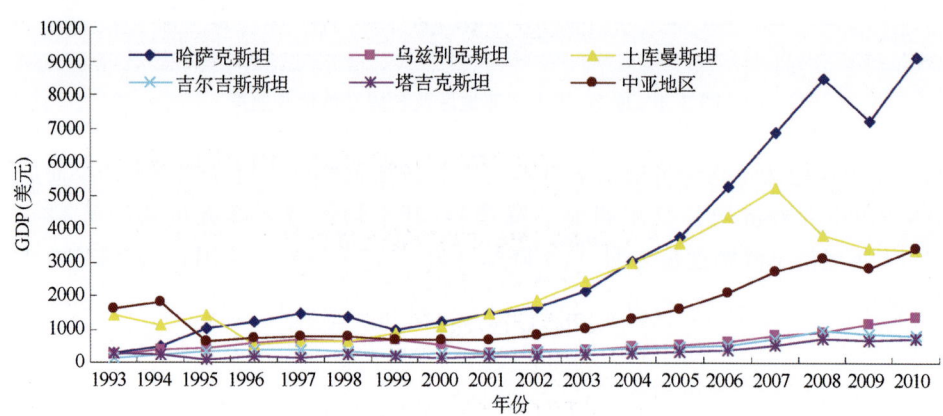

图3.5 1993—2010年中亚地区及各国人均GDP变化情况

4)三种产业发展

近20年来,中亚地区三种产业获得了巨大的发展,它们总体发展趋势都经历了先减小后增大的趋势。其中第一、二、三次产业产值分别从1993年的179.2亿美元、356.1亿美元和312.8亿美元,下降到64.2亿美元、106.94亿美元和160.22亿美元,最后上升到210.7亿美元、921.6亿美元和1001.2亿美元,其年均增长率分别为4.45%、10.36%和10.58%,二三产业的增长速度是农业(第一产业)的2倍(表3.1)。

表 3.1　中亚各国三种产业年均增长率(%)

国家	第一产业	第二产业	第三产业
哈萨克斯坦	15.8	25.6	28.6
乌兹别克斯坦	15.5	22.3	11.8
土库曼斯坦	13.8	18.0	9.4
吉尔吉斯斯坦	9.7	12.1	19.2
塔吉克斯坦	6.6	6.5	21.1

但不同国家三种产业的发展具有明显的差异性,哈萨克斯坦、乌兹别克斯坦和土库曼斯坦由于能源矿产资源优势,自独立以来大力发展石油化工、矿产开采及制造业,其第二产业取得了巨大的发展,近20年第二产业增长率分别为25.3%、22.3%和18%。第一产业的发展一方面和国家土地资源面积相关,另一方面与该国的经济发展相关,哈萨克斯坦、乌兹别克斯坦由于土地资源广袤,因此农业发展比较快。而第三产业的发展与国家的开放程度和产业发展重点相关;哈萨克斯坦是中亚地区重要的石油天然气出口国,其经济的发展对第三产业的需求很大,因此第三产业发展较快;吉尔吉斯斯坦是中亚五国中唯一加入世界世贸组织(WTO)的国家,其经济的发展与国外经济具有高度的联系,所以第三产业的发展较快。

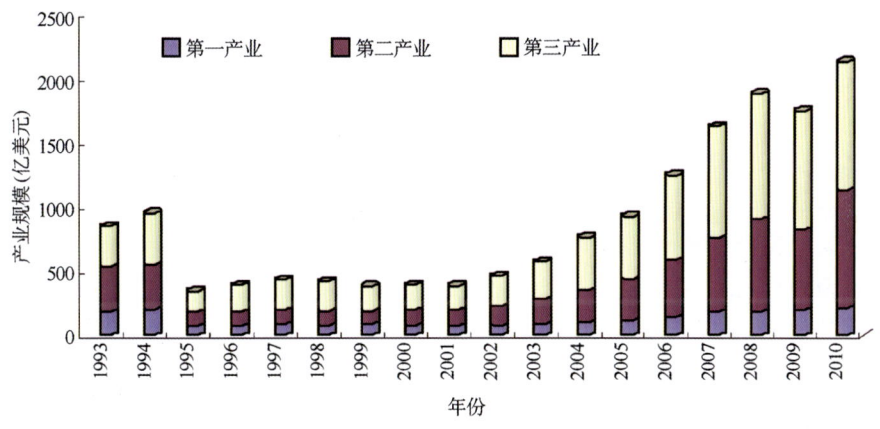

图 3.6　1993—2010 年中亚地区三种产业规模变化情况

就三种产业发展角度来看,近20年中亚地区三种产业均取得了不同程度的增长,其中第二产业在2001年以后呈现快速上升趋势,第一产业先减小,然后波动变化,2001年以后平稳增长;第三产业与第二产业一样,在2001年以后快速上升,但增长速度小于第二产业。但就中亚地区各国的三种产业发展来看,表现出一定的差异性(图3.6~3.9)。

在第一产业发展方面,农业生产总值从179.2亿美元增加到210.7亿美元。其中塔吉克斯坦1993—1994年产值比较高,其原因是该国在这一时期高速通胀的货币政策所致。总体上看,乌兹别克斯坦是中亚第一农业大国,其产值从15.3亿美元增加到99.6亿美元,农业产值规模增长了近5倍,近20年间占中亚地区农业总产值平均比例为41.2%;哈萨克斯坦、土库曼斯坦农业发展均经历了先缓慢增加而后减小的过程,并在2001年以后呈现持续上升趋势,到2010年两国农业总产值达64.1亿美元和27.9亿美元,成为中亚地区农业第二、三大国;吉尔吉斯斯坦和塔吉克斯坦农业发展呈现平稳波动变化趋势,农业产值基本维持不变。造成这一发展差异的原因,一方面是各国的农业发展基础不同,乌兹别克斯坦在苏联时期便是重要的农业生产大国,因此其发展与基础息息相关;另一方面从土地资源禀赋来看,哈萨克斯坦、乌兹别克斯坦、土库曼斯坦拥有丰富的土地资源,因此也造就了其农业生产大国地位,而吉尔吉斯斯坦和塔吉克斯坦国土面积一大部分处在山地,土地资源匮乏,虽有丰富的水资源,但农业发展受到限制。

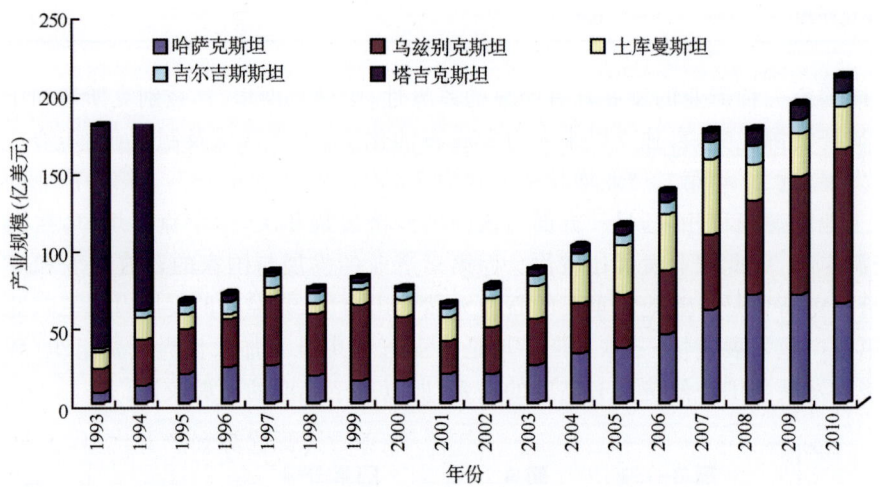

图3.7　1993—2010年中亚地区各国第一产业规模变化情况

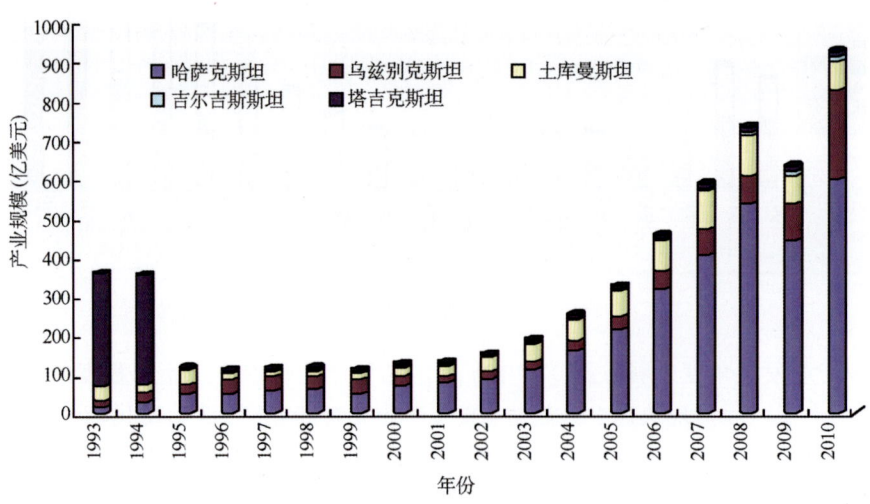

图3.8　1993—2010年中亚地区各国第二产业规模变化情况

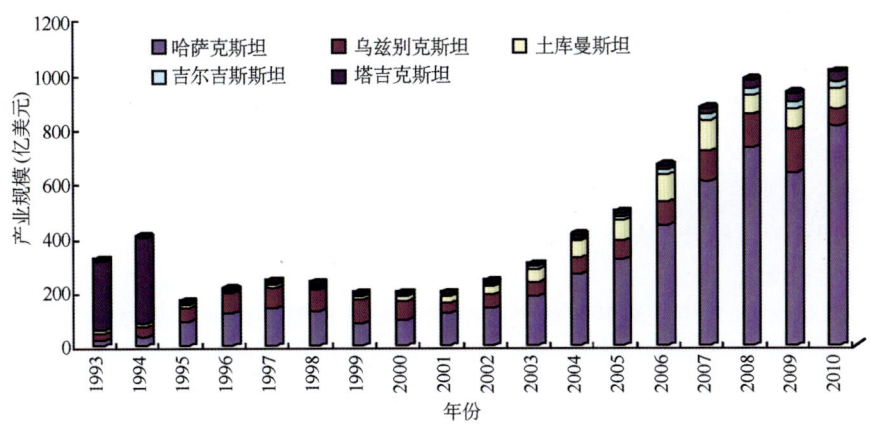

图 3.9　1993—2010 年中亚地区各国第三产业规模变化情况

在第二产业（工业）发展方面，1993 年到 2010 年中亚地区工业产值呈现先平稳波动，而后快速增长的变化趋势，工业生产总值从 1993 年的 356.1 亿美元降至 1995 年的 113.7 亿美元，1995—2001 年在 110 亿美元左右波动，最后从 2001 年开始呈现快速增长。从各国来看，1993—1994 年塔吉克斯坦因为通货膨胀，生产总值较高，进而导致了地区工业生产总值偏大；1993 年除了塔吉克斯坦外，土库曼斯坦是中亚地区第一工业大国，产值达 34.7 亿美元。经过近 20 年的发展，哈萨克斯坦、乌兹别克斯坦凭借自身的资源优势和产业优势，工业快速发展，到 2010 年两国工业生产总值分别达 595.2 亿美元和 228.9 亿美元，产值规模增长了近 15 倍，占中亚地区产值比例达 64.6% 和 24.8%，一跃成为中亚地区工业发展的第一、二经济大国；而土库曼斯坦、吉尔吉斯斯坦和塔吉克斯坦总体上工业产值总量变化不大，占中亚地区工业总产值的比例不断降低。分析其原因：一方面中亚各国的工业发展规模的变化与不同国家的资源禀赋有关，哈萨克斯坦、乌兹别克斯坦、土库曼斯坦矿产资源禀赋较好，因此其工业发展较快，吉尔吉斯斯坦和塔吉克斯坦资源匮乏，工业发展以轻工业、食品产业为主，工业发展缓慢；另一方面，与苏联时期产业发展基础和近年来工业发展战略有关，哈萨克斯坦、乌兹别克斯坦在前苏联就是重要的工业发展地区，具有良好的工业基础。独立后两国又积极制订工业发展规划，推动工业发展，因此其增速要快于吉尔吉斯和塔吉克斯坦。

在第三产业发展方面，哈萨克斯坦依旧是中亚地区的第一大国；土库曼斯坦、乌兹别克斯坦因其他产业的快速发展带动了第三产业的发展；吉尔吉斯斯坦由于是世界贸易组织成员国，第三产业也取得了较快的发展，但主要发展重点是国际贸易；塔吉克斯坦则因国家经济相对较落后，第三产业发展较为缓慢。总体上，中亚地区第三产业的发展呈现 1993—2001 年波动变化阶段和 2001 年以后的快速发展阶段。分析其原因，一方面是中亚地区经济经过 10 年的发展，工农业的快速发展为第三产业的发展奠定了基础；其次中亚地区将对外贸易作为经济的发展重点，这也促使各国积极开辟国际市场，促进了第三产业的快速增长。第三，从人民生活水平上看，2010 年哈萨克斯坦、土库曼斯坦人均 GDP 分别达 9098 美元和 3394 美元，均达到了较高的发展水平，居民生活水平的提高，对服务业的需求也越来越大，这也促进了这两国第三产业的快速发展，而塔吉克斯坦、吉尔吉斯斯坦处在不发达国家行列，因此第三产业发展较为缓慢。

(2)经济结构变化

从苏联解体各国独立至今,中亚地区各国的经济发展经历了停滞—衰退—复苏—稳定增长的发展历程,经济发展总体表现出国内综合指标起伏较大、农业生产恢复较慢、工业发展速度波动变化、第三产业比重进一步提升和对外贸易增长较快,以及产业结构显著变化的发展特点。与之相对,这些经济发展特点形成了产业结构不断演变、就业结构差异明显、行业发展重点不断增加和经济布局更加专业化的演变特征(王海燕,2005)。

1)产业结构演变

近20年(图3.10),中亚地区三种产业结构演变呈现第一产业比重显著下降,第二、三产业占国民经济比重呈波动变化趋势,即第二产业比重先减小后增大,第三产业比重先增大后减小,最后稳定发展。从图3.10可知,从1993年到2010年第一产业(农业)在国民经济占有比重不断下降,由21%减小到10%;第二产业比重先降低后逐步升高至初始水平,比重由42%下降到28%,再上升到43%;第三产业呈现先增加后减小的趋势,占国民经济比重由37%上升到50%,再下降到47%。总之,近20年中亚地区产业结构发生了很大变化,中亚地区农业的地位显著下降、产业发展趋向于第二产业和第三产业,第一、二、三产业比重由1993年的21.0∶42.0∶37.0演变成2010年的10.0∶43.0∶47.0,产业结构从二、三、一演变为三、二、一。

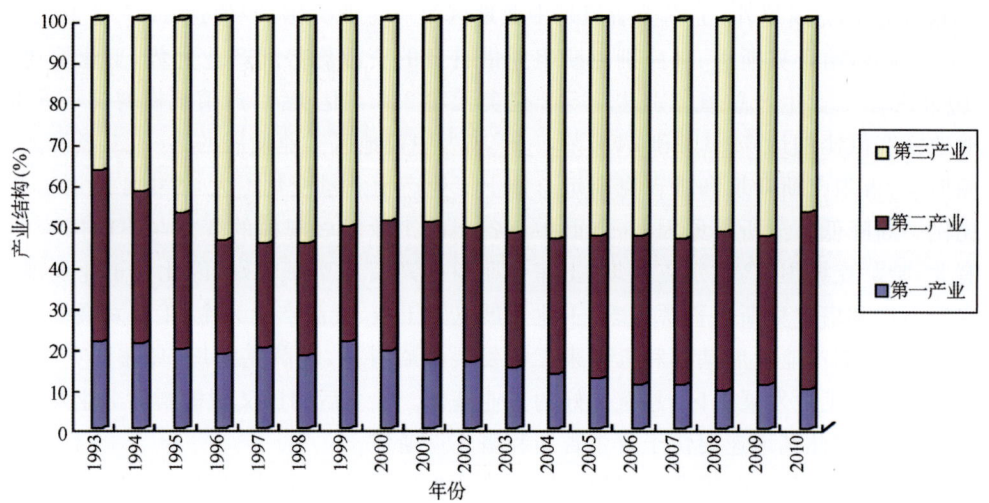

图3.10 1993—2010年中亚地区三种产业结构演变情况

不同国家产业结构的演变呈现相对差异性。哈萨克斯坦的三种产业比重由1993年的16.4∶37.0∶46.6演变为4.4∶40.6∶55.1;其中第一产业比重持续降低,近20年间由16.4%下降到4.4%,下降了12个百分点。第二产业则呈现先降低后增加的趋势,由37.0%下降到25.6%,然后最终平稳增加到40.6%。第三产业则呈现了先增加后减小的趋势,其占国民经济比重由46.6%增加到63%再下降到55.1%。造成这一产业结构演变的主要原因是哈萨克斯坦在苏联解体之前,一直是前苏联的矿产、能源原材料的供应地区,苏联解体以后,自身开采技术落后,与外界经济联系骤然中断,所以造成了第二产业的降低,后期经过市场经济改革,第二产业逐渐回升。

乌兹别克斯坦、土库曼斯坦的产业结构演变则呈现出第一产业稳定不变,第二产业逐步增加,第三产业波动减小的趋势;两国第一产业比重在1993年分别为27.8%和18.2%,到了2010年这一比重基本维持不变。第二产业都呈现了显著上升,乌兹别克斯坦第二产业比重由31.2%上升至58.8%,土库曼斯坦第二产业比重则由21.2%上升到41.8%;第三产业则呈现了波动减小趋势。造成该两国产业结构演变的实质原因与两国的产业发展战略息息相关,2000年以后两国制定了积极发展石油天然气行业、大力挖掘矿产资源行业的战略规划,这在一定程度上促使其走上了工业化发展的道路,所以第二产业取得了快速发展。

吉尔吉斯斯坦和塔吉克斯坦则呈现与乌兹别克斯坦、土库曼斯坦相反的产业结构演变过程。即第一产业比重基本维持稳定不变,第二产业比重波动减小,第三产业显著增加,其三种产业比分别由39.1∶30.8∶30.1和21.0∶41.7∶37.3演变成18.5∶25.0∶56.4和18.7∶22.8∶58.4,即经济主体由第二产业演变为第三产业。这一方面主要是由于其自身资源禀赋潜力所决定,在中亚五国中,吉尔吉斯斯坦与塔吉克斯坦矿产资源相对贫乏,对第二产业的发展造成了一定阻碍作用;另一方面两国积极发展对外贸易和水力发电,为第三产业的发展起到了支撑作用。

2)就业结构的演变

与产业结构相对应,中亚地区就业结构也发生了显著的变化(图3.11)。1993年到2010年中亚地区就业总人数从2038.6万人增加到2644.5万人,近20年年均增长605.9万人,年均增长率为1.75%。第一产业就业人数由748.4万人增加到894.8万人,第二产业由303.5万人先减少到255.9万人而后再增加到336.9万人,第三产业由986万人稳步增加到1415.5万,三种产业就业结构顺序为三产、一产、二产。

自独立以来,中亚各国的三种产业就业比重变化表现出不同的演变规律(图3.11)。第一产业就业比重呈现先增加后减小的趋势,1993年中亚地区第一产业就业比重占总就业人数的36.7%,到了2001年这一比重上升到39.9%,而到2010年又降低到33.8%;第二产业就业比重则呈现出先逐步减小,最后保持不变的发展趋势,其就业比重先从14.9%下降到12.0%,而后在12.0%左右波动变化;第三产业就业比重呈现稳步增加趋势,其就业比重从48.4%增加

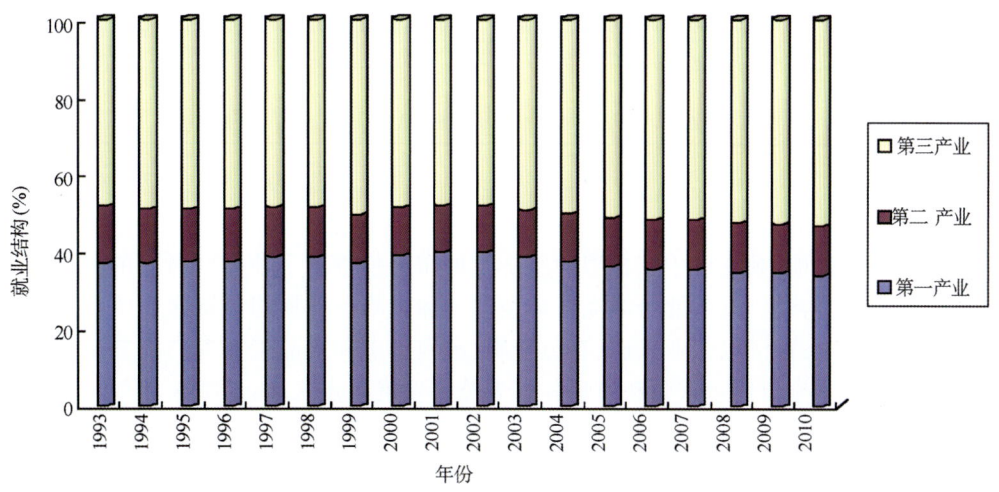

图3.11　1993—2010年中亚地区三种产业就业结构演变情况

到 53.5%，除 1997 年、2008 年金融危机导致第三产业就业人数下降，其他年份均呈现不同程度的上升趋势。

3）产业发展重点

中亚地区产业经过近 20 年的发展，从独立初期以农业、传统产业为主体，到如今已初步形成以重工业为主体、第三产业逐步完善的产业体系。苏联时期，中亚各加盟共和国经济形成原料生产、初级产品加工、产品供给的计划经济产业发展模式，其工业基础的发展对于苏联的技术依赖尤为严重；苏联解体后，由于自身的技术研发能力较弱，原来所拥有的工业技术及机械设备无法更新，所以经济发展初期工业产值下降，经济发展呈现衰退趋势。从 2000 年始，各国根据自身经济发展的特点和优势资源，纷纷制订了各自的产业发展战略，哈萨克斯坦、土库曼斯坦由于石油、天然气资源丰富，能源产业（主要是石油、天然气）成为其发展重点；乌兹别克斯坦矿产资源丰富，尤其是煤炭资源和金属矿产丰富，所以采掘业是其工业发展重点，而对于吉尔吉斯斯坦和塔吉克斯坦这两个水资源丰富的国家，电力工业（水电）是其发展重点（表 3.2）。经过近 10 年的建设，中亚五国的产业发展已取得显著的成就。

表 3.2 中亚地区各国家产业发展重点

国家或地区	主要发展产业
哈萨克斯坦	石油天然气工业、有色金属工业、黑色冶金工业、煤炭工业、电力工业、化学工业与石化工业、机器制造工业、轻纺工业、食品工业等
乌兹别克斯坦	采矿业、机器制造业、冶金与化学工业、轻工业与食品工业、电力工业、建材业等
土库曼斯坦	天然气工业、石油工业、电力工业、化学工业与石化工业、机器制造业、建材工业、食品工业等
吉尔吉斯斯坦	燃料工业（煤炭、石油、天然气）、机器制造及金属加工业、有色冶金工业、电力工业、食品工业、建材工业等
塔吉克斯坦	能源工业、机器制造与金属加工业、有色冶金工业、电力工业、化学工业、轻工业与食品工业、建材工业等
中亚地区	能源工业、机器制造业、金属加工业、电力工业、化学工业

数据来源：杨建梅（2005）

4）产业经济布局

受前苏联的影响，独立后中亚各国的经济发展布局仍继承了前苏联时期的模式。哈萨克斯坦形成了八大经济区，其中北哈萨克斯坦经济区和东哈萨克斯坦经济区是哈萨克斯坦经济最为发达的地区，形成了以工业采矿、有色金属、水利水电和食品工业等门类齐全的工业发展体系。土库曼斯坦则以巴尔坎州和阿哈尔州为经济发展重点区域，形成天然气开采和石油化工基地；吉尔吉斯斯坦则以北吉尔吉斯斯坦经济区为发展重点，塔吉克斯坦则以杜尚别市为该国经济发展的核心区域（表 3.3）。

表 3.3 中亚各国经济布局及主要行业

国家	经济布局及行政区		主要产业
哈萨克斯坦	北哈萨克斯坦经济区	北哈萨克斯坦州、库斯塔奈州	国内最发达的经济区,工业以采矿业和轻工食品业为主。
	东哈萨克斯坦经济区	东哈萨克斯坦州	工业发达区域,有色金属、采煤、水利水电、畜产品加工。
	东北哈萨克斯坦经济区	巴甫洛达尔州	煤炭、冶金、石油加工、机器制造、电力工业为主,种植业和畜禽业也很发达。
	东南哈萨克斯坦经济区	阿拉木图州、阿拉木图市	机器制造、农工综合体、轻工食品和有色金属工业。
	南哈萨克斯坦经济区	江布尔州、南哈萨克斯坦州、克孜勒奥尔达州	农业较为发达,工业以机器制造、有色金属冶炼、化学石油化工、轻工食品工业。
	西南哈萨克斯坦经济区	阿特劳州、曼格斯套州	哈萨克斯坦石油和天然气主产区,工业以石油开采、石油化工与石化工业。
	西北哈萨克斯坦经济区	阿克纠宾斯克州、西哈萨克斯坦州	采矿、化学、石油开采、轻工食品,畜牧业也较为发达。
	中哈萨克斯坦经济区	阿克莫拉州、卡拉干达州、阿斯塔拉市	哈萨克斯坦最大的工业农业区,煤炭工业最为发达,有色金属工业、化学工业、机器制造也较为发达。
乌兹别克斯坦	全国采矿业、机器制造业、冶金与化学工业、轻工业与食品工业、电力工业、建材业极为发达。		
土库曼斯坦	巴尔坎州		全国的石油工业与化学工业基地。
	阿哈尔州		工业以天然气开采业为主,占全国工业总产量的23%,种植业较为发达。
	达绍古兹州		占全国工业总产量14%,以轻工业、食品工业与建材业为主。
	列巴普州		占全国工业产值17%,工业以石油天然气工业、纺织、轻工业与食品加工业为主。
	马雷州		占全国工业产值的17%,工业以电力工业与轻工业为主;农业发达占全国总产量26%。
吉尔吉斯斯坦	北吉尔吉斯斯坦经济区	楚河谷地、伊塞克湖州、纳伦州塔拉斯州	该经济区比较发达,以水利水电、机器制造、有色冶金与农牧业为主。
	南吉尔吉斯斯坦经济区	奥什州	经济发展较为落后,主要以采矿工业为主。

续表

国家	经济布局及行政区	主要产业
塔吉克斯坦	粟特州	前苏联第二大铀提炼基地,工业以机器制造、轻工业、食品工业、建材工业为主。
	哈特隆州	农业为主,种植业、食品加工业较为发达。
	山地—巴达赫尚自治州	农业为主,工业以轻工业、食品工业为主。
	国家直辖区	水力发电工业较为发达。
	杜尚别市	哈萨克斯坦的最大工业中心,工业占全国工业产值的1/3,以机器制造、金属加工、化学工业、建材业、轻工业与食品工业为主。

数据来源:列国志-中亚五国(哈萨克斯坦、乌兹别克斯坦、土库曼斯坦、吉尔吉斯斯坦、塔吉克斯坦)

3.1.3 经济发展演变动因

近20年中亚国家经济的快速发展,归功于国内、国际因素的双重推动(胡红萍,2004)。就国际而言,国际能源价格持续攀升是其经济快速发展的重要因素;就国内和地区因素来看,一方面中亚各国自独立以来积极实行市场经济改革,促使了国家经济有序发展,另一方面其丰富的自然资源也是中亚各国持续发展的主要动因。

(1)国际能源价格持续攀升

"9·11"事件以来,中东国家,包括伊拉克在内的国际主要产油国政局动荡,恐怖活动接连在世界各地发生,使主要产油国原油生产面临随时受阻的风险,从而严重影响了国际原油市场的稳定,致使国际原油价格一直居高不下。加之从2003年下半年开始,世界经济呈现复苏势头,国际原油市场需求明显增加,更加速了油价的上涨。在这一大背景下,蕴藏着丰富的石油和天然气资源的中亚国家加快了石油、天然气等资源的开采和出口步伐,促进了地区经济的快速发展。

(2)市场经济改革初见成效

中亚各国独立后,积极致力于市场经济体制改革,对国有财产实行非国有化和私有化,建立以非国有企业为主体的多种经济成分并存的所有制结构。经过近20年的发展,中亚各国形成了较为完善的市场经济体系,开拓了国内外贸易市场,不仅使中亚国家逐渐摆脱经济困境,也进一步加快私有化进程,使市场经济改革初见成效,推动五国经济持续稳定增长。

(3)丰富自然资源的保障

中亚五国自然资源丰富,尤以哈萨克斯坦、乌兹别克斯坦和土库曼斯坦为代表,在国际上这三个国家与阿塞拜疆合称"里海四国",中亚里海自苏联独立以来就是世界能源开发的"聚宝盆"。以哈萨克斯坦为例,该国矿产资源极为丰富,有原苏联"能源和原材料基地"的美誉,已探明的矿藏有90多种,其中钨的储量居世界第一位,铬和磷矿石居世界第二位。截至到2011年,整个中亚地区石油探明储量约41亿t,天然气储量27.8万亿m^3,丰富的自然资源,为地区经济的发展提供了有力的保障。

3.2 在世界经济中的地位

3.2.1 占世界经济比重

近20年,中亚地区经济快速增长,地区生产总值从848.1亿美元稳步增加到2133.3亿美元,年均增长率高达15.7%,从1993年到2010年占世界经济比重呈现先减小后增加趋势,所占比重从0.33%下降到0.11%,而后从2001年稳步上升到2010年的0.34%。分析原因可知,1993—1994年中亚地区经济总量占世界经济比重较高,一方面是由于各国独立初期,经济政策不稳定导致通货膨胀,使地区生产总值占世界经济总量比重达到0.33%左右;1995年以后中亚地区各国经济改革初步取得成效,但国际市场体系尚未建立,占世界经济比重处于平稳波动阶段,维持在0.11%左右。到了2001年以后,中亚地区市场经济改革使各国经济发展进入稳步上升阶段,经济总量快速增长,占世界经济比重稳步提升(图3.12)。

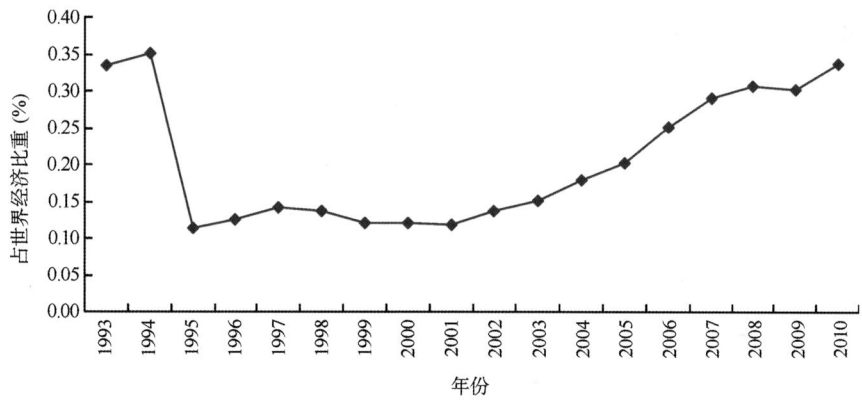

图 3.12　1993—2010年中亚地区占世界经济比重

3.2.2 占世界能源比重

中亚地区由于其独有的地理位置和资源优势,逐步显现出在世界能源市场中的战略地位(杨莉,2006)。一方面,从油气资源占有量来看,中亚地区是除中东、俄罗斯(西伯利亚)之外的第三能源大区(宋国明,2004);另一方面从能源生产格局上看,中东、西欧、东欧及前苏联地区、亚太和北美形成了世界能源生产的格局。中东以丰富的能源资源无疑是世界上能源生产最大的区域,但伴随着其能源资源的大量出口和各个国家的资源争夺博弈,经济相对较弱的国家不得不选择新的能源进口地区,中亚地区无疑成了新时代各能源消费大国战略博弈要地(孙文娟,2011),其在今后的世界能源格局形成中具有重要作用。

据《世界矿产资源年评》(国土资源部信息中心,2005)中的数据可知,世界石油总探明储量为1733.9亿t,天然气总探明储量为155,6902.9亿m^3。其中石油主要分布于中东、美洲、东欧及前苏联地区,占世界储量的88.7%(图3.13),天然气主要分布于中东、东欧及前苏联、美洲、非洲等地区,占世界储量的84.8%(图3.14)。而中亚地区石油储量为13.95亿t,占世界石油储量的0.8%(图3.13),占东欧及前苏联地区石油总储量的12.8%;天然气储量5万

亿 m^3,占世界天然气储量的 3.7%,占东欧及前苏联地区天然气总储量的 10.3%(图 3.14)。在中亚区域内部,各国石油和天然气分布存在显著差异,哈萨克斯坦石油资源最为丰富,探明储量 12.33 亿 t,占中亚地区总探明储量的 88.4%,天然气主要分布与土库曼斯坦、乌兹别克斯坦,占整个中亚地区天然气探明储量的 67.8%。此外,中亚地区矿物资源中,钨、铬储量居世界第一位,铜、铅、和锌的储量在亚洲第一,黄金产量世界第五,此外还有丰富的锶、铀、汞矿等。

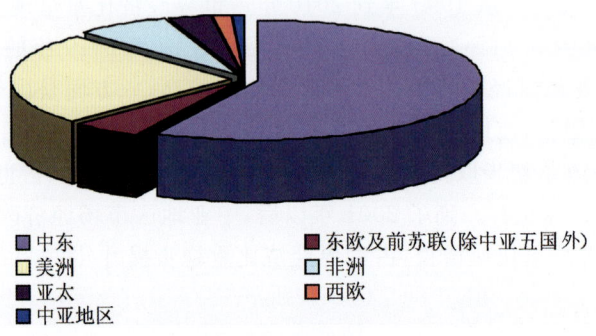

图 3.13　中亚地区石油探明储量占世界比重

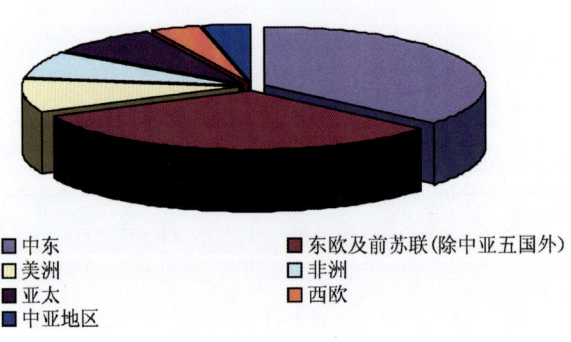

图 3.14　中亚地区天然气探明储量占世界比重

3.3　区域经济地域差异

中亚五国自 1991 年相继独立至今,各国的经济状况差别较大,因此在经济发展过程中产生了较大的地域差异。近 20 年间中亚五国中哈萨克斯坦、乌兹别克斯坦、土库曼斯坦的经济状况相对较好,塔吉克斯坦的经济状况最差。这些主要体现在中亚各国的经济增长和经济密度、工农业结构、就业结构和国民收入的差异上。

3.3.1　经济增长及密度差异

就经济增长速度来看,近 20 年来,中亚五国的经济发展呈现显著差异,中亚五国年均增长速度为 4.6%。不同国家增长呈现显著差异性,哈萨克斯坦经济增长速度先增大后减小,其经济增长速度从 −12.6% 增加到 13.5%,最后减小到 7%;乌兹别克斯坦、塔吉克斯坦增长速度呈现平稳增长趋势,其增长率分别围绕 5% 和 6%,呈现小幅度的波动变化。土库曼斯坦、吉尔吉斯斯坦经济增长速度呈现持续波动变化。

从经济密度上看，整个中亚地区的经济密度呈现了先减小后增大的趋势，由2.12万美元/km²降低至0.85万美元/km²，再上升至5.33万美元/km²。这一方面与中亚地区经济发展阶段有关，自中亚各国独立到1995年，中亚经济处在停滞和衰退阶段，使得期间经济密度持续下降，1996年以后经济密度伴随着经济发展的恢复和稳定增长，呈现持续增加趋势（表3.4）。

表3.4 1993—2010年中亚地区及各国经济增长速度(%)

年份	哈萨克斯坦	乌兹别克斯坦	土库曼斯坦	吉尔吉斯斯坦	塔吉克斯坦	中亚地区
1993—1994	−12.6	5.5	−17.3	−20.1	6.0	−7.7
1994—1995	−8.2	0.9	−7.2	−5.4	6.0	−2.8
1995—1996	0.5	1.7	6.7	7.1	3.9	4.0
1996—1997	1.7	5.2	−11.4	9.9	1.7	1.4
1997—1998	−1.9	4.3	7.1	2.1	5.3	3.4
1998—1999	2.7	4.3	16.5	3.7	3.7	6.2
1999—2000	9.8	4.0	5.5	5.4	8.3	6.6
2000—2001	13.5	4.5	4.4	5.3	9.6	7.5
2001—2002	9.8	4.2	0.2	0.0	10.8	5.0
2002—2003	9.3	4.4	3.3	7.0	11.1	7.0
2003—2004	9.6	7.7	5.0	7.0	10.3	7.9
2004—2005	9.7	7.1	13.0	−0.2	6.7	7.3
2005—2006	10.7	7.4	11.4	3.1	6.6	7.8
2006—2007	8.9	9.6	11.6	8.5	7.6	9.2
2007—2008	3.3	9.0	10.5	8.4	7.6	7.8
2008—2009	1.2	7.0	4.0	2.9	4.0	3.9
2009—2010	7.0	8.5	4.1	−1.4	4.0	4.5
年均增长率	4.4	5.6	4.0	2.6	6.7	4.6

数据来源：中亚各国统计年鉴(1993—2010)

就不同国家来看，虽然各国在近20年中，经济密度持续上升，但仍表现出差异性。1993年只有塔吉克斯坦经济密度大于中亚地区平均经济密度，这是由于独立初期塔吉克斯坦货币政策不稳定，造成本国货币与美元的汇率保持较高水平，1993年塔吉克斯坦兑换汇率为0.01索莫尼/美元，所以出现了1993—1995年其经济总量、经济密度偏高的现象。1995年以后，伴随着中亚各国的经济复苏和货币政策的进一步稳定和巩固，到2010年哈萨克斯坦和乌兹别克斯坦的经济密度已超过中亚地区平均经济密度，而土库曼斯坦、吉尔吉斯和塔吉克斯坦斯坦则小于中亚地区平均经济密度(表3.5)。

表 3.5　近 20 年中亚各国经济密度变化情况(万美元/km²)

年份	哈萨克斯坦	乌兹别克斯坦	土库曼斯坦	吉尔吉斯斯坦	塔吉克斯坦	中亚地区
1993	0.17	1.23	1.17	0.34	47.70	2.12
1994	0.29	1.91	0.93	0.56	50.98	2.37
1995	0.58	2.27	1.20	0.75	0.40	0.85
1996	0.71	3.12	0.49	0.92	0.73	0.96
1997	0.81	3.47	0.55	0.89	0.64	1.08
1998	0.76	3.35	0.59	0.83	0.92	1.04
1999	0.54	3.82	0.79	0.63	0.76	0.95
2000	0.66	3.08	1.01	0.69	0.60	0.97
2001	0.79	1.59	1.38	0.77	0.76	0.95
2002	0.90	2.21	1.78	0.81	0.85	1.15
2003	1.17	2.27	2.34	0.97	1.09	1.43
2004	1.66	2.69	2.91	1.11	1.45	1.89
2005	2.08	3.07	3.52	1.24	1.62	2.31
2006	2.95	3.82	4.38	1.43	1.98	3.11
2007	3.92	5.00	5.32	1.92	2.60	4.06
2008	4.88	5.75	3.91	2.59	3.61	4.70
2009	4.20	7.37	3.56	2.36	3.48	4.36
2010	5.39	8.71	3.56	2.33	3.94	5.33

数据来源:中亚各国统计年鉴(1993—2010)

3.3.2　工农结构差异

中亚五国资源禀赋、发展基础不同,因此其产业发展结构也有所不同,尤其以工农业结构差异显著。工农业结构,即指国民经济中工农业比例关系,结构、比例安排合理,可以促进其经济持久地、全面的高速发展。就各国工农业结构来看(表 3.6),哈萨克斯坦工农业结构差异显著,其工农业比重 1993 年为 30.8∶69.2,2010 年为 9.7∶90.3;说明其工业快速发展、农业伴随着劳动力转移、城市化的加速发展逐渐减弱。乌兹别克斯坦和土库曼斯坦 1993 年到 2010 年从农业工业基本均等发展转变为工业比重显著大于农业。吉尔吉斯斯坦和塔吉克斯坦工农业结构比重呈现出工业比重小于农业比重转变到工业比重高于农业比重,再回归至工业比重小于农业比重的过程。

以上各国工农业结构的变化,一方面表明了各国对于不同产业发展的重视力度,另一方面也体现了各国对资源的有效利用。哈萨克斯坦、乌兹别克斯坦以及土库曼斯坦工业的发展规模大于农业,一方面体现了这些国家工业化的发展程度,另一方面体现了其经济发展的工业依赖性;吉尔吉斯斯坦与塔吉克斯坦工农业比重表现出农业大于工业或者与工业均等,一方面是由于这两个国家工业发展所需资源有限,另一方面农业是这两个国家的传统优势产业。

表 3.6 中亚各国工农业比重(%)

年份	哈萨克斯坦		乌兹别克斯坦		土库曼斯坦	
	农业	工业	农业	工业	农业	工业
1993	30.8	69.2	47.1	52.9	46.1	53.9
1996	32.2	67.8	46.2	53.8	39.2	60.8
2000	17.7	82.3	59.8	40.2	39.4	60.6
2010	9.7	90.3	30.3	69.7	27.7	72.3

年份	吉尔吉斯斯坦		塔吉克斯坦	
	农业	工业	农业	工业
1993	33.5	66.5	56.0	44.0
1996	56.0	44.0	73.0	27.0
2000	41.6	58.4	53.9	46.1
2010	45.1	54.9	42.6	57.4

数据来源:中亚各国统计年鉴(1993—2010)

3.3.3 国民收入差异

从表 3.7 得知,中亚人均 GDP 经历了先减小后增加的趋势,数量上从 1621.2 美元减小到 693.7 美元,再增加到 3394.6 美元(表 3.7)。1993 年中亚五国中土库曼斯坦 GDP 最高为 1433.7 美元,其他四国受制于苏联解体所遭受的经济孤立,工业发展基础薄弱,因此工业经济总量减小,影响了各国经济的发展。到 2010 年哈萨克斯坦的人均 GDP 达到了 9098 美元,根据世界银行 2008 年的标准,属于中等偏上收入国家;土库曼斯坦和乌兹别克斯坦的人均 GDP 分别达到了 3348 美元和 1366.6 美元,属于中等偏下收入国家;吉尔吉斯斯坦和塔吉克斯坦的人均 GDP 显著低于整个中亚地区的平均 GDP,属于低收入国家。

表 3.7 1993—2010 年中亚各国人均 GDP 变化情况(单位:美元)

年份	哈萨克斯坦	乌兹别克斯坦	土库曼斯坦	吉尔吉斯斯坦	塔吉克斯坦	中亚地区
1993	284.7	251.7	1433.7	148.2	293.6	1621.2
1994	483.4	384.3	1108.0	245.5	236.5	1803.9
1995	1002.7	448.3	1404.1	327.2	100.2	641.9
1996	1239.8	603.3	558.0	394.7	182.0	722.2
1997	1443.4	659.0	619.3	376.4	158.3	800.6
1998	1372.3	636.7	652.4	344.0	222.3	772.6
1999	977.4	702.6	868.2	258.3	179.2	693.7
2000	1208.9	558.2	1095.6	280.3	139.1	706.1
2001	1456.5	285.6	1479.1	310.0	171.2	685.5
2002	1643.9	390.8	1877.5	323.4	189.6	815.9

续表

年份	哈萨克斯坦	乌兹别克斯坦	土库曼斯坦	吉尔吉斯斯坦	塔吉克斯坦	中亚地区
2003	2144.9	397.1	2428.7	383.5	236.6	1004.7
2004	3010.3	464.6	2973.5	436.8	309.4	1317.7
2005	3742.3	525.5	3546.2	482.4	337.6	1589.6
2006	5253.7	644.7	4356.9	549.3	404.8	2116.2
2007	6898.4	832.0	5215.9	735.8	521.0	2727.4
2008	8479.0	941.7	3786.6	967.8	707.5	3101.1
2009	7208.2	1187.4	3394.3	880.9	668.2	2836.1
2010	9098.0	1366.6	3348.1	853.1	740.8	3394.6

数据来源:中亚各国1993—2010统计年鉴

3.3.4 区域经济发展差异演变

(1)经济发展差异时间演变

选取人均GDP为指标,计算1993—2010年中亚地区人均GDP的标准差指数和变异系数(图3.15)。结果表明近20年来中亚地区经济发展差异变化在时间上表现出先减小后逐步扩大趋势,无论是绝对差异还是相对差异都表现出相同的变动规律。

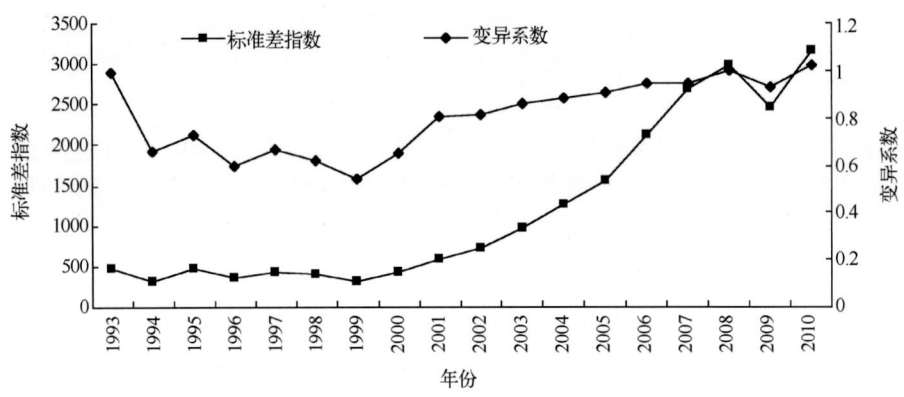

图3.15 1993—2010年中亚地区人均GDP的变异系数和标准差指数变化情况

标准差指数反映中亚地区经济发展的绝对差异,结果表明:1993年到2010年中亚地区标准差指数总体上呈现增加趋势,由478.5先减小到428.2,而后快速上升到3151.3,增长了近5倍,年均增长157.2,说明中亚地区经济发展水平绝对差异逐步扩大。根据其不同的变化幅度,可以划分为两个阶段:1)波动减小阶段(1993—2000年):这一阶段处于中亚地区经济发展的停滞衰退以及复苏阶段,绝对差异呈现波动减小,由478.5减小到428.2;2)快速增加阶段(2001—2010年):这一阶段处在中亚地区经济发展的稳定增长阶段,依托区域资源进行工业发展,由此带来区域经济差距不断增大,由595.7增长到3151.3,年均增长284.0,这主要与中亚地区经济发展的进程相关;进入21世纪以后中亚地区市场经济体系日趋完善,对外贸易快速发展,能源战略地位凸显。

变异系数反映中亚地区经济发展的相对差异,结果表明:中亚地区近20年区域经济的相对差异呈现先减小,后增加趋势,可以划分为两个阶段:1)波动减小阶段(1993—1999年),变异系数由0.99减小到0.54,说明这一时期中亚地区的经济发展差异是减小的,这主要与中亚地区处在经济停滞和复苏阶段密切相关,这一时段中亚地区经济较为脆弱,市场经济体系尚不完善,经济发展相对较慢甚至出现倒退。2)平稳增加阶段(2000年以后),2001年开始中亚地区经济发展走上了快速增长阶段,各国资源禀赋、发展条件不同,经济总量增长与人均GDP增长也产生巨大差异,这一阶段区域经济的相对差异呈现平稳扩大趋势,由0.65增长到1.02,表明区域经济差异逐步拉大。

(2)经济发展空间差异

为了反映中亚地区经济发展水平的空间格局及其变化,以1993、1999、2010年中亚各国人均GDP数据,按区域人均GDP平均值的50%、100%、150%,依次将各国分为低水平发展区、中低水平发展区、中高水平发展区、高水平发展区。

由表3.8可以看出,中亚地区经济发展水平空间变化表现出:哈萨克斯坦经济发展水平不断增加,由中低水平逐步演变成高水平发展区域;乌兹别克斯坦和塔吉克斯坦由中低发展水平演变成低经济发展水平;土库曼斯坦由高水平发展区逐步演变成中低水平发展区,吉尔吉斯斯坦持续处于低水平经济发展区。从空间上看区域经济发展水平呈现不断降低趋势,由区域经济的均衡发展,演变成北高南低,并进一步演变成为一高多低的经济发展空间格局。

表3.8 1993、1999和2010年中亚地区各国的经济发展水平变化(%)

年份	哈萨克斯坦	乌兹别克斯坦	土库曼斯坦	吉尔吉斯斯坦	塔吉克斯坦
1993	59.0	52.2	297.2	30.7	60.9
	中低水平发展区	中低水平发展区	高水平发展区	低水平发展区	中低水平发展区
1999	140.9	101.3	125.2	37.2	25.8
	中高水平发展区	中高水平发展区	中高水平发展区	低水平发展区	低水平发展区
2010	268.0	40.3	98.6	25.1	21.8
	高水平发展区	低水平发展区	中低水平发展区	低水平发展区	低水平发展区

3.4 各国区域经济发展概况

3.4.1 哈萨克斯坦

哈萨克斯坦是中亚第一大国,国土面积272.5万km^2,占中亚地区总面积的68.1%。自然资源丰富,尤其是油气资源丰富,据2003年《世界资源矿产资源年评》数据显示,哈萨克斯坦石油探明储量达12.33亿t,占中亚地区总探明储量的88.4%,天然气探明储量18359亿m^3,占整个中亚地区储量的32.0%,被誉为"第二个中东"。经济总量持续增长,到2010年国民生产总值高达1467.6亿美元,占中亚地区总产值68.8%,经济密度5.39万美元/km^2,是中亚五国经济实力最强和最具发展潜力的国家。

(1)经济发展现状

哈萨克斯坦自独立后,实行的经济转轨使其经济在发展初期一度大幅下滑,而后伴随着市场经济体系和国内国际贸易市场的完善、产业结构的进一步调整,近10年才进入平稳发展期。由图3.16得知,从1993—2010年哈萨克斯坦国内生产总值从46.6亿美元增加到1467.6亿美元,占全地区经济总量百分比从5.5%增长到68.8%,其年均经济增长速度达4.4%,其中在2000—2006年期间因国际油价持续居高不下,其平均经济增长速度高达10%,一跃成为中亚地区第一经济大国。就三次产业来看,哈萨克斯坦第一产业基本维持不变,第二产业、第三产业2001年以后快速增加,除受2008年国际金融危机影响,二、三产业跳跃性减小,其他期间呈持续增长趋势。

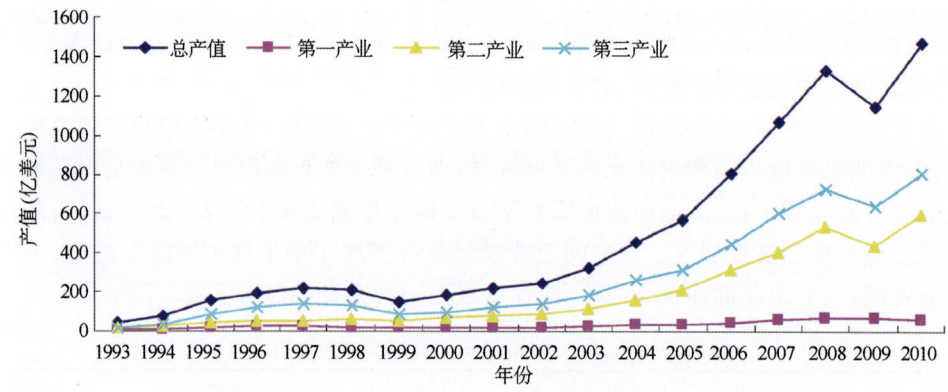

图3.16 1993—2010年哈萨克斯坦国民经济发展情况

总体上,近20年哈萨克斯坦经济发展大致经历以下三个阶段:(1)1993—1995年,哈萨克斯坦经历独立后的经济大衰退;(2)1996—2000国内经济恢复和微幅波动增长阶段,1996~2000年哈萨克斯坦的经济止跌并出现微幅增长,但1998年受俄罗斯金融危机影响,经济再次下滑;(3)2000年以后哈萨克斯坦经济停止衰退,步入稳定发展阶段,2000年到2008年国际金融危机前,得益于国际能源价格高位运行,在石油美元的帮助下,哈萨克斯坦经济迅速发展,平均增长速度达两位数,人均GDP由1000多美元迅速升至6000多美元,到2010年,人均GDP超过9000美元,人民生活水平得到显著提高。

(2)产业结构演变

在原苏联分工体系中,哈萨克斯坦重点发展粮食生产和有色金属开采、冶炼及初级加工业,农业在国民生产中占有重要地位(王嘎,2004)。苏联解体后,哈萨克斯坦的原有产业发展基础和经济体系被打破,一段时间内,工业、农业发展持续下降。1997年以后,哈萨克斯坦确立优先发展以油气为主的能源工业,并于2003年,提出工业创新发展战略,致力于产业结构调整。

经过近20年的发展,哈萨克斯坦产业结构演变的特点是:第一产业在GDP中的比重不断下降,第二产业占GDP比重波动不大,第三产业占GDP比重稳步提升;第二产业与第三产业呈对称式发展,三次产业结构呈三、二、一序列(图3.17)。具体表现为:哈萨克斯坦的三次产业比重由1993年的16.4∶37.0∶46.6演变为4.4∶40.6∶55.1;其中第一产业比重持续降低,由16.4%下降到4.4%;第二产业则呈现先降低后增加的趋势,由37.0%下降到25.6%

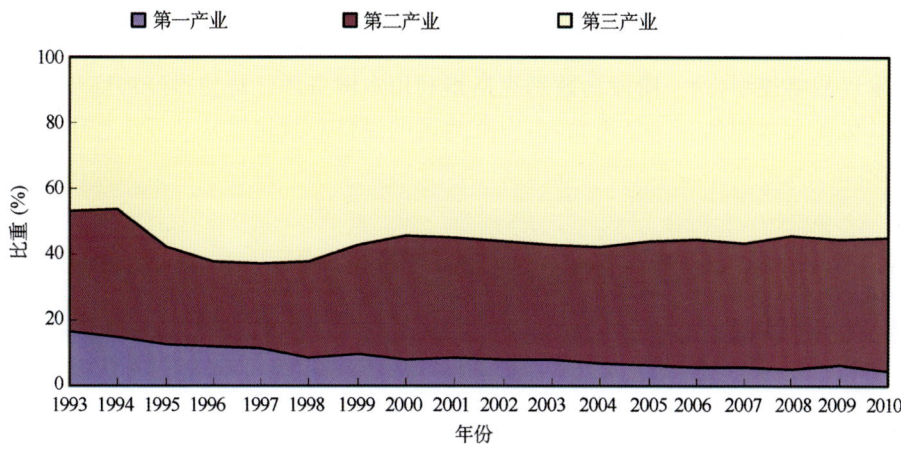

图 3.17 1993—2010 年哈萨克斯坦产业结构演变情况

然后平稳增加到 40.6%;第三产业则呈现了先增加后减小的趋势,其占有哈萨克斯斯坦国民经济比重由 46.6%增加到 63%再下降到 55.1%。

3.4.2 乌兹别克斯坦

乌兹别克斯坦国土面积 44.74 万 km²,占中亚地区总面积 11.2%,是仅次于哈萨克斯坦、土库曼斯坦的中亚第三大国。自然资源丰富,据 2003 年《世界资源矿产资源年评》数据显示,乌兹别克斯坦天然气探明储量 18734.6 亿 m³,占整个中亚地区储量的 32.7%,是中亚地区天然气资源储量第二的国家,石油探明储量达 1 亿 t,仅次于哈萨克斯坦。自独立以来经济持续增长,到 2010 年国民生产总值达 389.5 亿美元,经济密度 8.71 万美元/km²,是中亚经济密度最高的国家,对外贸易额达 132.6 亿美元(其中进口总额 49.5 亿美元,出口总额 83.1 亿美元),占国民经济比重为 34.04%,是中亚五国经济较为发达的国家之一。

(1)经济发展现状

自独立以来,乌兹别克斯坦积极推进"渐进式"改革和发展模式,使得本国经济体制中保留了大量的计划经济色彩,经济衰退程度较低,但计划体制中固有的顽疾也严重限制了经济发展。从 1993 年到 2010 年国民经济总量从 55 亿美元增长到 389.5 亿美元,增长了近 6 倍,人均 GDP 从 251.7 美元增加到 1366.6 美元,国民收入增长了 4 倍。就三次产业的增长来看,第一产业一直占据着国民经济较大比重,其产值总量呈现平稳波动变化趋势,基本维持在 40 亿美元左右波动,第二产业总体呈现先下降后上升的趋势,GDP 总量由 17.2 亿美元减小到 14.2 亿美元再增加到 288.8 亿美元;第三产业呈现先增加后减小,最后波动变化趋势(图 3.18)。

从 1993—2010 年近 20 年间乌兹别克斯坦经济发展历程来看,该国经济发展经历了小幅上升阶段(1993—1997)、波动减小阶段(1998—2001)、平稳增加阶段(2001 年至今)三个阶段。(1)经济小幅增长阶段(1993—1997):这一时期乌兹别克斯坦经济总量从 55 亿美元增加到 155.26 亿美元,造成这一阶段经济发展平稳上升的原因,一方面归因于乌兹别克斯坦渐进式的市场经济改革,使得国民经济遭受了较小的损失,另一方面得益于该国农业发展,乌兹别克斯坦在前苏联时期是一个农业支撑国家,独立后延续了这一传统,从而抵消了工业的衰退作用。(2)波动减小阶段(1998—2001):受 1998 年金融危机的影响,乌兹别克斯坦的经济出现下降,从1999年的155.26亿美元降至2001年的71.30亿美元。(3)稳定上升阶段(2001—2010):乌兹别克斯坦通过十年的经济体制改革,市场经济体系经一步完善,加之制订了较为完善的工业发展战略规划,这一阶段乌兹别克斯坦利用本国资源优势使得经济稳步上升,经济总量从71.30亿美元增加到389亿美元,占中亚地区的经济总量比重从6.5%上升至36.2%,后又降至13%。

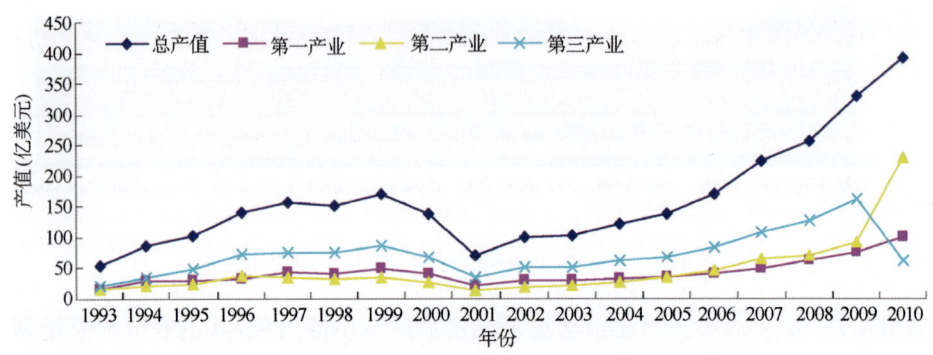

图3.18 1993—2010年乌兹别克斯坦国民经济发展情况

(2)产业结构演变

由于乌兹别克斯坦的渐进式经济改革模式,使得该国产业结构在一定体系上继承了前苏联时期的结构。在经济发展初期产业结构保持了一产、二产、三产均衡发展,1993—2000年第三产业比重持续增加、第一产业下降、第二产业基本维持在同一水平;2001年以后,第一产业比重显著减小,第二产业比重增加,第三产业比重除2010年外,维持不变。2010年第二产业呈现跳跃性增加,是由于该国大量出口工业型产品增加导致。总之,自2001以后第一产业、第三产业产业比重相对减弱、工业比重相对提升,最终进入了工业化初期阶段。三种产业比例从1993年的27.8∶31.2∶40.0变化为2010年的25.6∶58.8∶16.7(图3.19)。

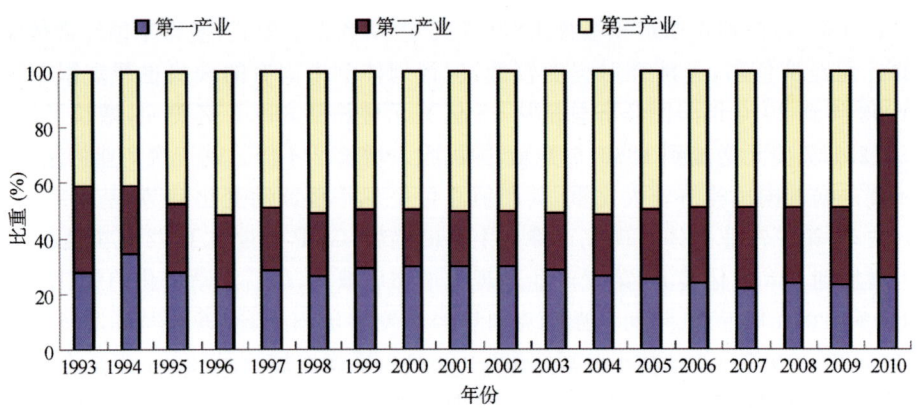

图3.19 1993—2010年乌兹别克斯坦三种产业结构演变

3.4.3 土库曼斯坦

土库曼斯坦国土面积 48.81 万 km^2,占中亚地区总面积的 12.2%,是仅次于哈萨克斯坦的中亚第二大国。自然资源主要以油气为主,据 2003 年《世界资源矿产资源年评》中的数据显示,土库曼斯坦天然气探明储量 24.3 万亿 m^3,占整个中亚地区储量的 35.1%,是中亚地区天然气资源储量最丰富的国家,石油探明储量达 0.8 亿 t,居中亚第三位。独立以来经济持续增长,到 2010 年国民生产总值达 173.6 亿美元,经济密度 3.56 万美元/km^2,人均 GDP 3348 美元,属中等偏下收入国家(图 3.20)。

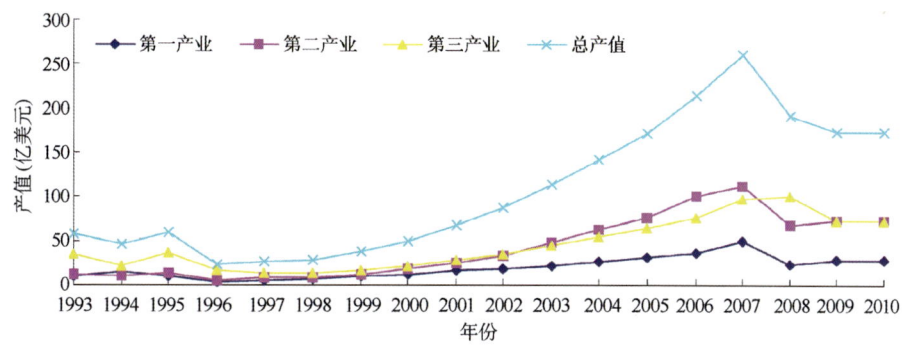

图 3.20　1993—2010 年土库曼斯坦国民经济发展情况

(1)经济发展现状

土库曼斯坦自独立后,经过近 20 年的发展,其经济总量从 57.25 亿美元增加到 173.56 亿美元,占中亚地区经济总量比重由 6.75% 增加到 10% 左右。土库曼斯坦的经济总量呈先减小,而后稳步上升的波动变化趋势。就三次产业来看,第一产业产值由 10.4 亿元减小到 3 亿元,最终增加到 27.9 亿元;第二产业从 1993 年的 12.2 亿元,减小到 4.7 亿元,最终增加到 72.5 亿元;第三产业产值从 34.7 亿美元减小到 12.8 亿元,最后又增加到 73.1 亿美元;其中 1998 年、2008 年受国际金融危机的影响经济呈现下降趋势。

(2)产业结构演变

由于 1993—2010 年土库曼斯坦三次产业产值呈现不同的变化规律,因此土库曼斯坦三次产业结构演变也表现出波动变化阶段(1993—1996);二产业稳步增加、一、三产业逐渐减小阶段(1998—2006);二产业稳定、一产业、三产业波动变化阶段(2008—2010)三个阶段。1993—1996 年由于土库曼斯坦刚刚独立,经济呈现下降趋势,尤其是工业显著衰退,所以二产比重相对较小,这一阶段三次产业发展规模为三产业>一产业、二产业(一、二产业规模近似),并呈现波动变化,年均产业之比为 20.1∶20.6∶59.4;1997—2006 年伴随着土库曼斯坦经济改革初步取得成功,经济取得了较快发展,尤其以石油天然气为主的能源行业发展极为迅速,第二产业比重由 20.6% 增长到 43.4%,增长了 22.8 个百分点,而第一、三产业比重呈现下降趋势;2007—2010 年,由于国际金融危机的影响导致土库曼斯坦的对外贸易出现大幅萎缩,所以第二产业比重呈现减小趋势。最终到 2010 年三次产业比重呈现三产业(42.1)=二产业(41.8)>一产业(16.1),表现出以工业、服务业为主导的经济格局(图 3.21)。

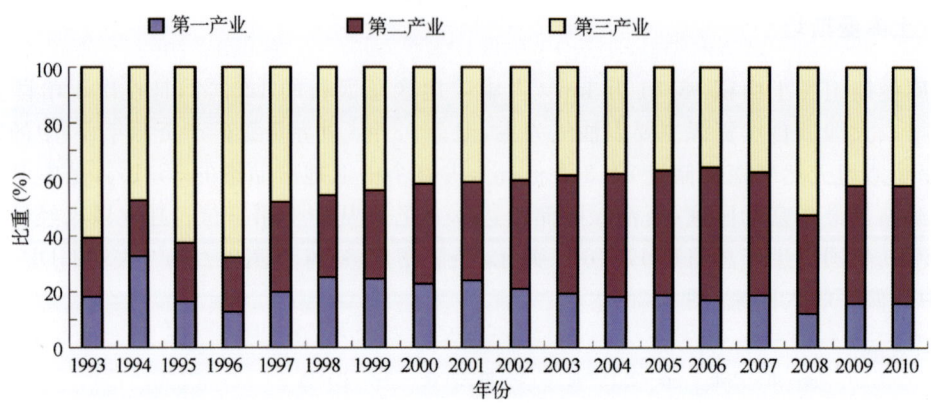

图 3.21 1993—2010 年土库曼斯坦三种产业结构演变

3.4.4 吉尔吉斯斯坦

吉尔吉斯斯坦国土面积约 19.9 万 km², 占中亚地区总面积的 4.96%; 境内多山, 全境海拔在 500 m 以上, 其中 1/3 的地区在海拔 3000～4000 m 之间 (吉力力, 2006); 其以山地为主的地貌类型, 导致耕地资源相对贫乏。吉尔吉斯斯坦境内湖泊众多, 水资源丰富, 在中亚地区仅次于塔吉克斯坦, 居第二位。但该国在能源、矿产资源方面相对较为贫乏, 据 2003 年《世界资源矿产资源年评》数据显示, 吉尔吉斯斯坦石油储量和天然气储量分别为 0.05 亿 t、56.6 亿 m³, 现有优势矿产有金、钨、锡、汞、锑、铁等, 其中锑的储量居世界第三, 锡、汞、黄金产量占中亚较大比重 (吉力力, 2006)。独立以来吉尔吉斯斯坦经济持续增长, 到 2010 年国民生产总值达 46.2 亿美元, 经济密度 2.33 万美元/km² (图 3.22)。

(1) 经济发展现状

吉尔吉斯斯坦自独立以后, 积极推行市场经济改革, 由于经济规模较小, 经济发展呈现出与中亚其他国家不一样的变化特征, 总体变化趋势呈现先平稳增加后因 1998 年金融危机影响略有减小, 自 2001 年以后经济稳步增加, 到 2008 年达到最大值, 2009 年由于全球金融危机再次呈现波动下降。总的来说, 吉尔吉斯的经济规模呈现上升趋势, 但其占中亚地区经济规模的比重并没有呈现太多的变化, 国内生产总值从 6.7 亿美元增加到 46.2 亿美元, 占有比重从

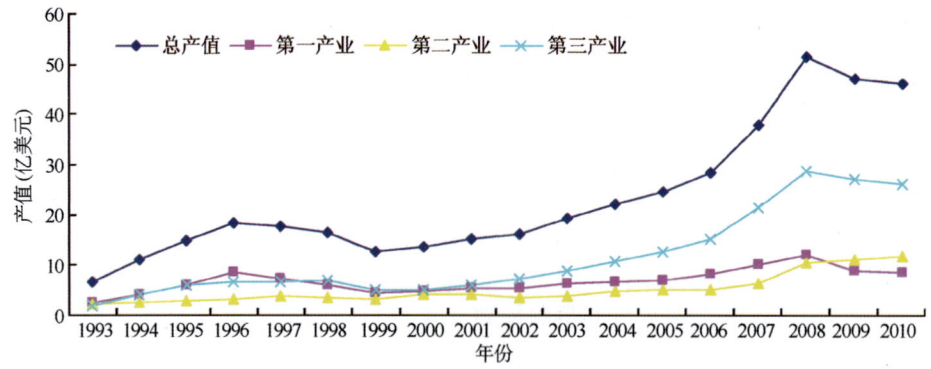

图 3.22 1993—2010 年吉尔吉斯斯坦国民经济发展情况

1%增加到2%。从产业发展来看,由于耕地资源贫乏,农业稳定在一个范围里,基本维持不变;第二产业受资源的限制,呈现波动变化;第三产业稳步上升,尤其在2000年以后,伴随着吉尔吉斯斯坦成为世界贸易组织成员国,服务业取得了较快发展(图3.22)。

(2)产业结构演变

伴随着吉尔吉斯斯坦三种产业产值的发展,其国家三种产业结构演变也呈现三个不同的阶段:(1)第二产业发展滞后阶段(1993—1996):这一时期吉尔吉斯斯坦第一、三产业在国民经济中所占比重相对较大,第二产业比重较低;(2)第二产业略有增加阶段(1997—2000):这一阶段受制于亚洲金融危机影响,对外贸易的下降导致了第三产业产值比重相对减小,第二产业伴随着国内国际市场的稳定取得了一定的发展;(3)第三产业稳步增加阶段(2001—2010):伴随着吉尔吉斯斯坦成为世界贸易组织(WTO)成员国,吉尔吉斯斯坦的对外贸易取得了较大的发展,促进了第三产业的稳步增长。三种产业比重,由1993年的39.1∶30.8∶30.1演变到2010年的18.5∶25.0∶56.4,其中服务业产值比重增加了26.3个百分点,农业比重下降最大,下降了近20个百分点,最终演变成为三产＞二产＞一产的产业发展格局,表现出以服务业为主导的经济格局(图3.23)。

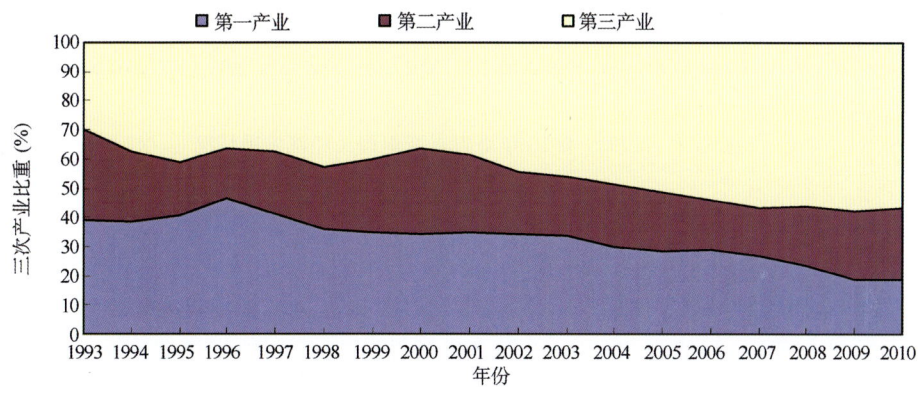

图3.23　1993—2010年吉尔吉斯斯坦三种产业结构演变

3.4.5　塔吉克斯坦

塔吉克斯坦国土面积约14.31万km^2,占中亚地区总面积的3.58%,是中亚地区国土面积最小的国家;境内山地和高原占90%,其中约一半在海拔3000 m以上,被称为"高山之国"。塔吉克斯坦水资源丰富,居中亚地区第一位;但能源资源较为贫乏,占中亚地区的比重不足1%,且主要以水电为主,水电在能源结构所占比例大约在90%以上(吉力力,2006)。该国经济相对基础薄弱,结构较为单一,苏联解体后的政治经济危机以及多年内战使塔国民经济遭受严重破坏。独立初期,塔吉克斯坦由于通货膨胀严重,国家经济迅速下降,2000年以后经济才取得稳步增长,到2010年国民生产总值达56.4亿美元,经济密度3.94万美元/km^2,人均GDP达740.8美元,是中亚较为贫穷的国家(图3.23)。

(1)塔吉克斯坦经济发展现状

塔吉克斯坦其经济总量呈现先急剧下降而后缓慢上升的趋势(图3.24),1993年由于货币政策不稳定,通货膨胀严重,其经济总量高达682.5亿美元,这一定程度上与苏联时期该国的经济地位有关系;此后随着经济秩序的稳定,到1995年其经济总量降至5.68亿美元,2010年其经济总量也才回升至56.42亿美元,占中亚地区经济比重仅为2.6%。其经济发展经历了:1)跳跃下降(1993—1995)阶段,造成这一现象发生的原因,一方面是由于前苏联时期,塔吉克斯坦的国民经济分工导致,另一方面独立初期本国货币政策不稳定,由通货膨胀导致的经济虚高。2)逐步上升阶段(1996—2010),这一阶段哈萨克斯坦经济发展呈现缓慢持续上升,二三产业比重逐步增加,尤其是第三产业发展,带动了国民经济的增长。就三种产业发展来看,第一产业基本维持不变,第二产业略有增加,第三产业则上升趋势明显(图3.24)。

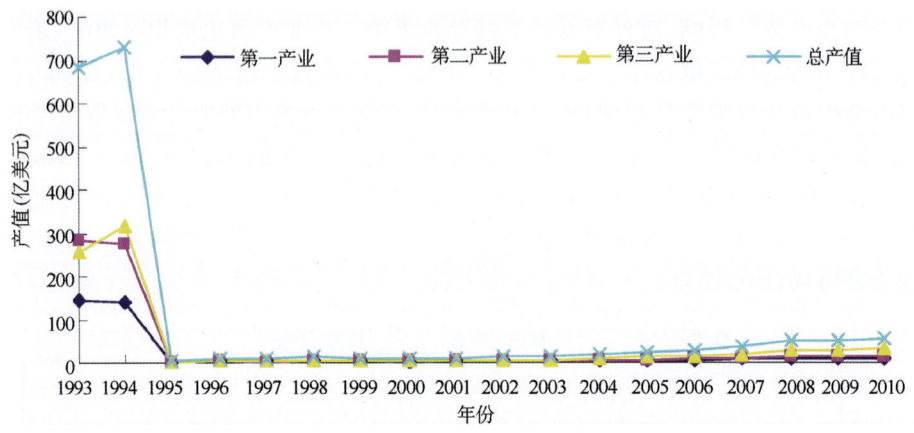

图3.24　1993—2010年塔吉克斯坦国民经济发展情况

(2)三种产业结构的演变

就三种产业比重来看,塔吉克斯坦第一产业比重呈现出先上升,后下降的趋势,其比重由21.0%先上升到36.7%,最后降低到18.7%;第二产业比重呈现稳定发展趋势,第三产业比重呈现先减小后增加趋势,其比重由37.3%先减少到26.0%最后稳步增加到58.4%。三次产业结构从二产＞三产＞一产,先演变成一产＞三产＞二产,最后变成三产＞二产＞一产,三次产业之比由1993年的21.0∶41.7∶37.3演变到1996年的36.0∶28.3∶35.7,最后变化为18.7∶22.8∶58.4(图3.25)。

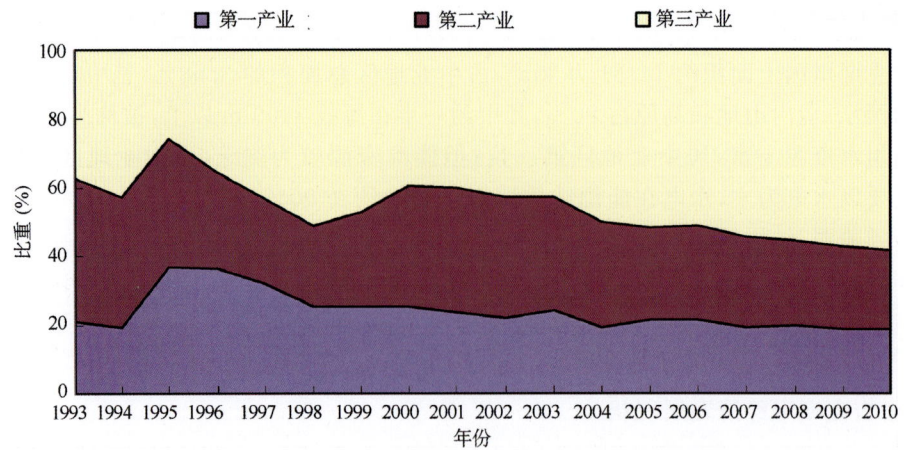

图3.25　1993—2010年塔吉克斯坦三种产业结构演变

参考文献

常庆.2001.中亚五国经济体制与发展模式探讨.新疆社会科学,(1):65-71.
国土资源部信息中心.2005.世界矿产资源年评:2003—2004.北京:地质出版社.
胡红萍.2004.中亚国家经济形势分析.中亚五国－俄罗斯与东欧市场研究,(10):20-26.
吉力力－阿不都外力,杨兆萍.2006.俄罗斯和中亚五国资源开发现状与潜力分析.干旱区地理,29(4): 588-597.
刘启芸.2006.列国志－塔吉克斯坦.北京:社会科学文献出版社.
施玉宇.2005.列国志－土库曼斯坦.北京:社会科学文献出版社.
孙壮志,苏畅,吴宏伟.2004.列国志－乌兹别克斯坦.北京:社会科学文献出版社.
王嘎.2004.试论中亚五国经济转轨过程中的社会结构分化.俄罗斯中亚东欧研究,(6):65-70.
王海燕.2005.中亚五国经济发展的趋势分析.新疆社科论坛,(4):16-22.
吴宏伟,于树一.2009.中亚地区经济特点及与世界经济的比较研究.新疆师范大学学报(哲学社会科学版), 30(3):62-68.
杨建梅.2005.中亚五国简况.中亚信息,(1):22-25.
杨莉.2006.中亚国家油气资源开发状况.俄罗斯中亚东欧研究,(9):14-18.
姚大学,王泽壮.2005.中亚五国经济发展模式.中亚五国－俄罗斯中亚东欧市场,(4):22-26.
赵常庆.2004.列国志－哈萨克斯坦.北京:社会科学文献出版社.

第 4 章 人口结构与迁移

4.1 人口发展特征

4.1.1 中亚人口的现状

根据中亚五国的统计资料,2010 年中亚地区总人口为 6284 万人,人口密度为 16 人/km²,比 1993 年增加 1053 万人,年平均增长率约为 1.08%,增速缓慢(图 4.1)。其中哈萨克斯坦 1613 万人,占中亚总人口的 25.67%;塔吉克斯坦 762 万人,占 12.13%;吉尔吉斯斯坦 541 万人,占 8.61%;乌兹别克斯坦 2850 万人,占 45.35%;土库曼斯坦 518 万人,占 8.24%。

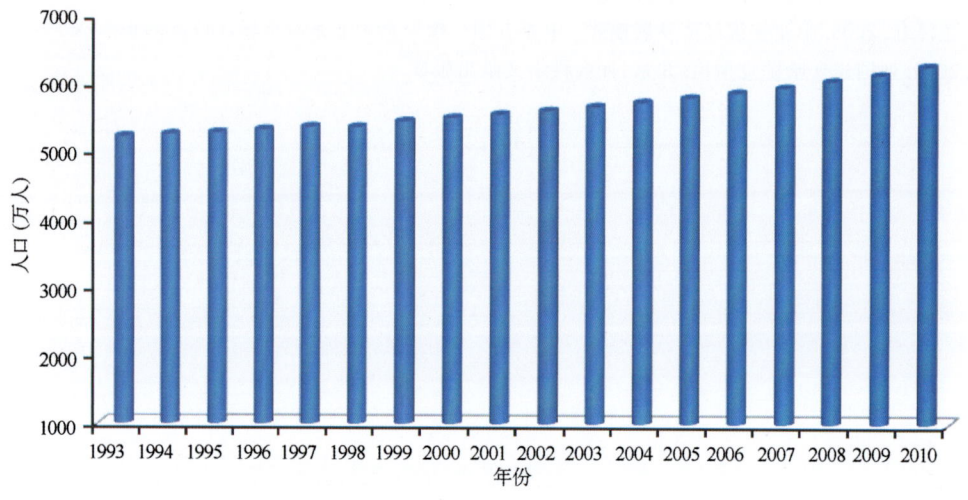

图 4.1 中亚地区 1993—2010 年总人口变化情况
数据来源:中亚各国统计年鉴(1993—2010 年)

分国家来看,截至到 2010 年 7 月 1 日,哈萨克斯坦总人口达到了 1613 万人,比 1993 年减少了 25 万人,总人口数量在独联体国家中位居第四位,前三位分别为俄罗斯、乌克兰和乌兹别克斯坦。塔吉克斯坦总人口为 762 万人,与 1993 年相比,增加了 204 万人。吉尔吉斯斯坦总人口为 541 万人,仅比 1993 年增加了 89 万人。乌兹别克斯坦总人口数量为 2850 万人,比 1993 年增加了 665 万人,是五个国家中近 20 年来人口数量增长最快的国家,人口数量在独联体国家中位居第三位,仅次于俄罗斯和乌克兰(中国驻乌兹别克斯坦共和国大使馆经济商务参赞处,2012)。土库曼斯坦总人口为 518 万,比 1993 年增加 119 万人。从表 4.1 和图 4.2 可以看出,在这五个国家中,乌兹别克斯坦的人口最多,而哈萨克斯坦是五国中唯一的人口总量呈现减少趋势的国家。

第 4 章 人口结构与迁移

表 4.1 中亚各个国家人口变化比较（单位：万人）

国家	1993 年	2010 年	变化的数量
哈萨克斯坦	1638	1613	−25
塔吉克斯坦	557	762	205
吉尔吉斯斯坦	452	541	89
乌兹别克斯坦	2185	2850	665
土库曼斯坦	399	518	119

数据来源：中亚各国统计年鉴（1993—2010 年）

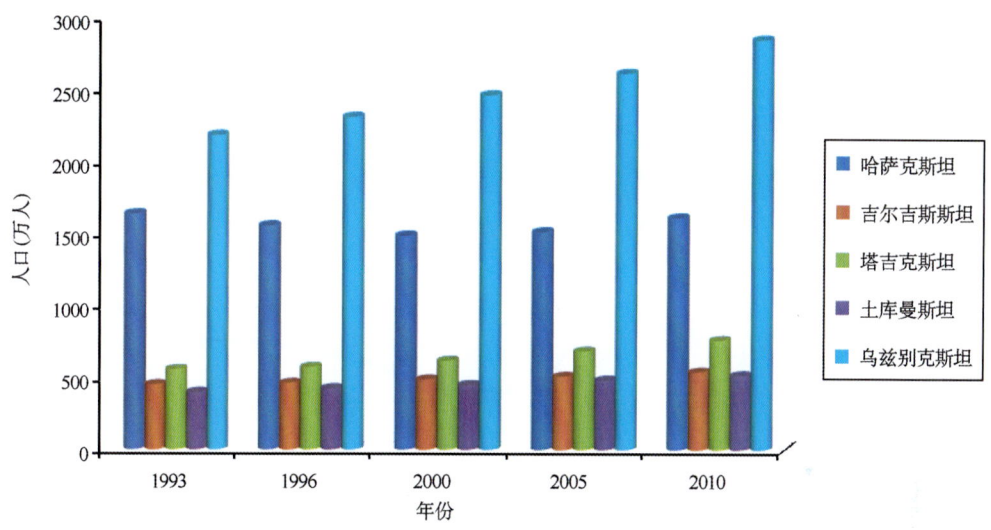

图 4.2 中亚各国主要年份人口总数的变化
数据来源：中亚各国统计年鉴（1993—2010 年）

4.1.2 中亚人口增长特征

(1) 人口总体增长速度缓慢，但人口年均变化率幅度较大

从图 4.3 上看，1993—2010 年期间中亚地区人口增长幅度较为平缓，1993 年区域总人口为 5231 万人，2010 年年底达到 6284 万人，平均每年增加 68.81 万人，人口年均增长率为 1.08%。但从图 4.4 可以看出，由于中亚各国在这期间实行的人口政策不同，造成人口年增长率变化幅度大，其中在 1993—1999 年期间，人口年增长率变化起伏程度相对较大，整个过程大致分为"三升三降"六个阶段。下降时期为 1993—1994 年、1997—1998 年、2000—2002 年三个阶段，这三个阶段人口年增长率呈现明显的下降趋势，其中 1993—1994 年和 1997—1998 年这两个时期人口年增长率变化幅度比较大，都下降了 0.4 个百分点，在 1994—1996 年、1998—1999 年、2001—2010 年期间属于人口年增长率上升阶段，其中以 1998—1999 年间人口年增长率增长幅度最高，上升了 0.8%，2001 年以后中亚地区人口年增长率变化较为平缓。

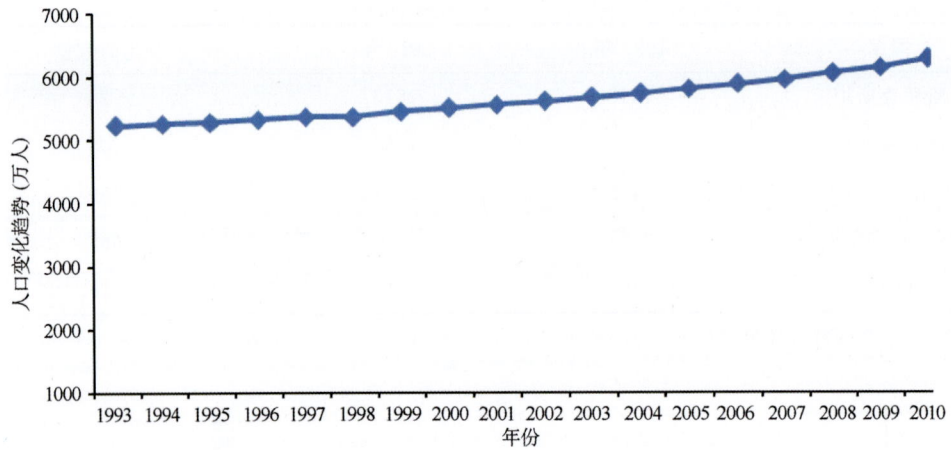

图 4.3 中亚地区 1993—2010 年总人口变化趋势

数据来源：中亚各国统计年鉴(1993—2010 年)

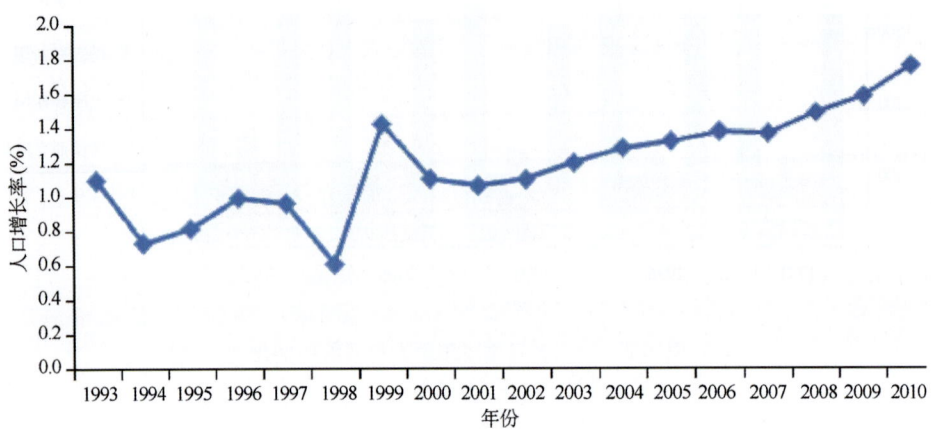

图 4.4 中亚地区人口年增长率变动情况

数据来源：中亚各国统计年鉴(1993—2010 年)

从中亚各国总人口变化情况看，1993—2010 年，中亚五国中，只有哈萨克斯坦共和国的总人口变化比较大，总人口呈"U"形曲线变化，人口年变化率起伏大，其中 1993 年总人口数最多，达到 1640 万人，1999—2003 年间总人口数量变化最小，人口增长情况基本稳定，2004 年以后，哈萨克斯坦共和国的人口变化呈现逐年上升的趋势（图 4.5）。

其他四个国家 1993—2010 年总人口均呈现逐年增长的趋势（图 4.6），其中乌兹别克斯坦的人口数量增长最多，总人口增加了 665 万；塔吉克斯坦的增速最高，年均增长率达 1.86%；吉尔吉斯斯坦和土库曼斯坦两国国的总人口变化幅度相对较小，增速也比较一致，1993—2010 年间基本保持缓慢增长（表 4.2）。

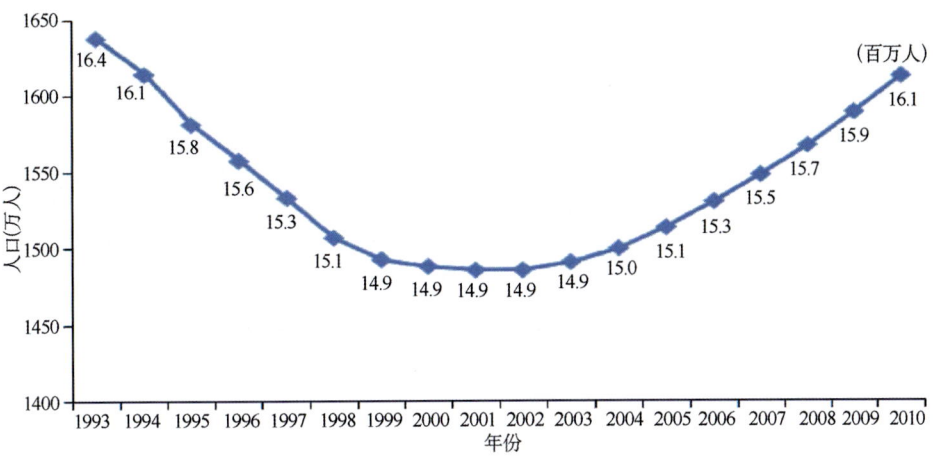

图 4.5 1993—2010 年哈萨克斯坦总人口变化情况

数据来源:中亚各国统计年鉴(1993—2010 年)

表 4.2　1993、2010 年中亚四国总人口变化情况　　　(单位:万人、%)

国家	1993 年	2010 年	年变化率(%)
吉尔吉斯斯坦	452	541	1.08
塔吉克斯坦	557	762	1.86
土库曼斯坦	399	518	1.55
乌兹别克斯坦	2185	2850	1.58

数据来源:中亚各国统计年鉴(1993—2010 年)

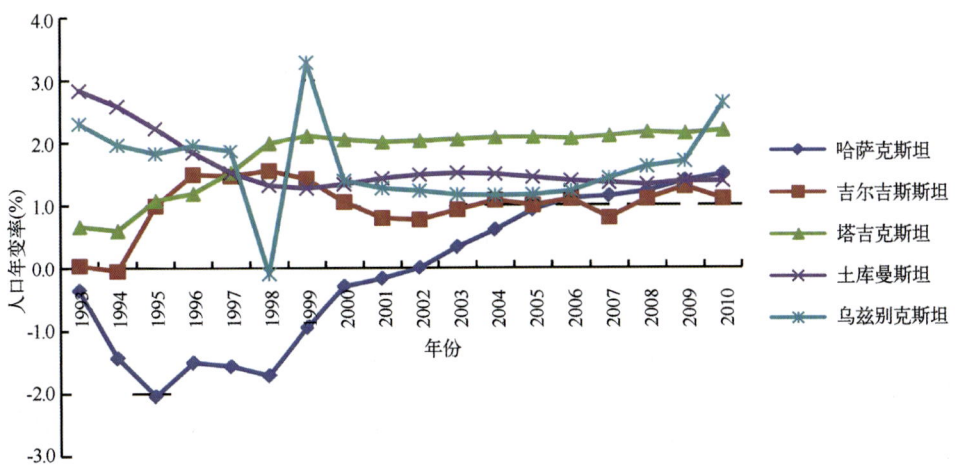

图 4.6　中亚地区各国人口年增长率变化情况

数据来源:中亚各国统计年鉴(1993—2010 年)

(2) 人口出生、死亡、自然增长情况

由于目前关于中亚各国人口自然增长率方面的统计资料比较欠缺,根据已掌握的数据资料进行整理和归纳可以得出(图4.6),中亚地区人口增长情况总体呈现"高出生率、低死亡率、高自然增长率"的发展态势(图4.7)。2000年,中亚地区的人口出生率为22.1‰,死亡率是7.6‰,而到了2009年,中亚地区的人口出生率为24.3‰,与2000年相比增长了2.2‰,死亡率却下降了0.7‰。

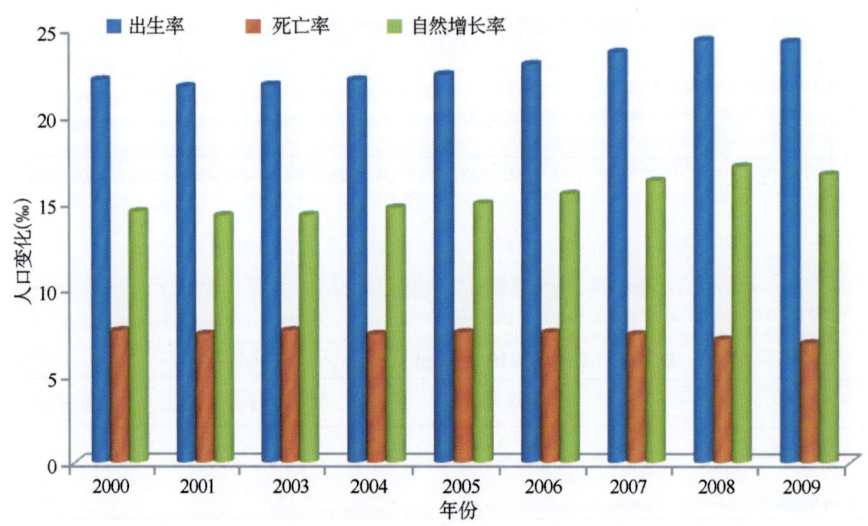

图4.7 中亚地区主要年份人口出生率、死亡率和自然增长率变化情况

数据来源:中亚各国统计年鉴(1993—2010年)

根据对已掌握的数据进行分析可以看出,在这五个国家中,塔吉克斯坦的人口出生率位居第一,达到了27.9‰,其次是吉尔吉斯斯坦,人口出生率最低的国家是哈萨克斯坦和土库曼斯坦,出生率均为22‰;哈萨克斯坦的人口死亡率最高(8‰),土库曼斯坦位居第二,乌兹别克斯坦的人口死亡率最低(4.9‰)。从图4.8中可以明显地看出,塔吉克斯坦的人口自然增长率最高,最低的是哈萨克斯坦。塔吉克斯坦的人口增长速度比较快,相对而言,哈萨克斯坦的人口自然增长速度要远低于塔吉克斯坦。

哈萨克斯坦独立前曾是原苏联人口自然增长率最高的地区之一。进入90年代后,哈萨克斯坦人口出生率逐年下降,从1990年的22.1‰下降为1999年的14‰,与出生率的情况相反,死亡率从1990年的7.8‰上升为1997年的10.1‰,出生率的下降和死亡率的上升导致了哈萨克斯坦20世纪90年代人口自然增长率下降较快,从1990年的14.3‰下降到1997年的4.6‰,1999年更是达到了4.3‰。

20世纪90年代乌兹别克斯坦共和国人口自然增长率出现下降趋势,人口增长在经历过1991年的高峰后,自然增长量和人口增加量均开始下降。与高峰时的1991年相比,1998年的人口自然增长率下降了11.1‰,自然增长数降低了17.99万人,人口增加量也减少了13.53万人。但人口总量的增长仍然比较稳定,从表4.3中可以看到,每年的自然增长数和人口增加量均在40万左右。

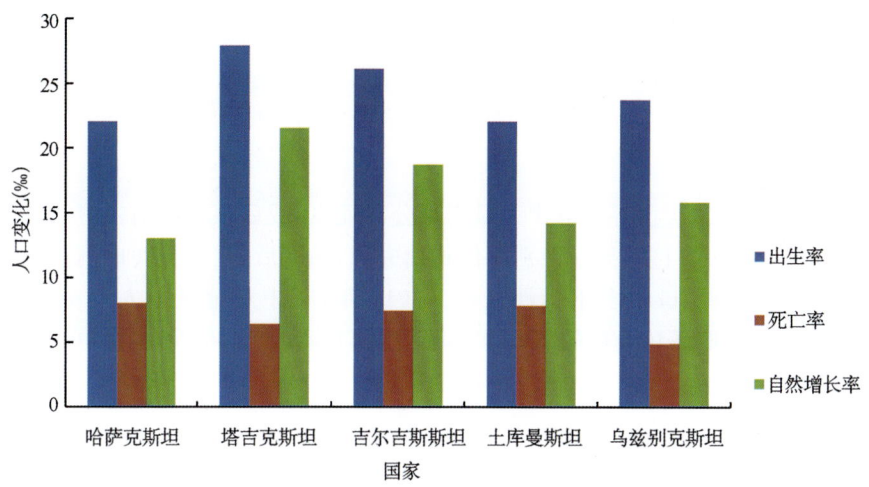

图 4.8　中亚人口出生、死亡、自然增长情况（2009）
（注：哈萨克斯坦共和国的数据来源于哈萨克斯坦国家统计局，其他四国的数据来源于世界银行）

表 4.3　1980—1998 年主要年份乌兹别克斯坦人口增加情况　　　　（单位：万人）

年份	增加人口数量	自然增长数
1980	37.94	42.11
1985	48.75	54.74
1990	38.59	56.71
1991	49.86	59.31
1992	49.59	57.04
1993	48.98	57.40
1994	36.98	50.93
1995	44.48	53.26
1996	43.65	50.49
1997	42.37	46.54
1998	36.33	41.32

数据来源：乌兹别克斯坦共和国国家统计局

　　吉尔吉斯斯坦独立前后，人口出生率和自然增长率呈下降趋势，死亡率变化则不大。20世纪90年代，吉尔吉斯斯坦总人口数量虽然每年都在上升，但实际上平均每年人口自然增长数量在下降。1990年吉尔吉斯斯坦的人口出生率为29.1‰，2000年为19.7‰，1990年的人口自然增长率为22.2‰，2000年降至12.8‰。人口死亡率在独立以后出现短暂的上升，1994年达到高点，之后逐年下降，1991年人口死亡率为6.9‰，1992年为7.1‰，2009年约为7.4‰。总体上看，人口死亡率变动幅度不大。

4.2 人口构成

4.2.1 性别构成

苏联时期,由于第二次世界大战中大量男性公民死亡,战后很长时期内中亚地区国家的人口中男性人口少,女性人口多,男女性别比例长期失调,独立后,这种男女比例失调的局面逐步缓和,但始终还是女性人口稍多于男性人口。2010年,在中亚地区总人口中男性人口约为3089.54万人,占中亚地区总人口的49.17%,女性人口为3194.46万人,占中亚地区总人口的50.83%,男女比例约为49∶51,女性人口略高于男性人口(表4.4)。

表 4.4 中亚地区主要年份男女性别比例变化情况　　　　　　　　　　(单位:%)

地区	2008 年	2009 年	2010 年
中亚地区	48.8∶51.2	48.9∶51.1	49.2∶50.8
哈萨克斯坦	48.1∶51.9	48.1∶51.9	48.2∶51.8
塔吉克斯坦	49.3∶50.7	49.3∶50.7	49.2∶50.8
吉尔吉斯斯坦	49.4∶50.6	49.4∶50.6	49.3∶50.7
土库曼斯坦	49.3∶50.7	49.3∶50.7	49.2∶50.8
乌兹别克斯坦	49.7∶50.3	49.7∶50.3	49.7∶50.3

数据来源:世界银行网 World Bank, World Development Indicators,2010-10-16.

从各个国家来看,根据已掌握的数据资料,在中亚五个国家中,男女性别比例差异最大的是哈萨克斯坦,1991年至2010年的男女性别比例始终是48∶52,只是每年性别构成上有微小的变化,这是由于第二次世界大战导致哈萨克斯坦的男性人口大量死亡,致使该国男性人口减少,造成了性别比例差异明显。中亚其他国家中,乌兹别克斯坦的男女比例差别最小、也是最稳定的,近几年男女性别比例始终是49.7∶50.3,塔吉克斯坦、吉尔吉斯斯坦和土库曼斯坦的男女性别比例近几年有所变化,但基本保持在49∶51,总体上表现为女性人口稍多于男性。以吉尔吉斯斯坦为例,第二次世界大战结束以后,女性人口所占比例要远大于男性,1959年男性人口占总人口的47.2‰,1979年占48.5%,1999年达到49.4%,1959年女性人口占总人口的52.8%,1979年女性人口占51.5%,到1999年达到50.6%,基本趋势是男性人口比重上升,女性人口比重下降(表4.4)。

4.2.2 年龄构成

人口年龄构成是指一个国家或地区总人口中不同年龄段人口的比例关系。中亚地区人口统计将年龄构成分为低龄人口(0~14岁)、青壮年(15~64岁)和老龄人口(65岁以上)。独立以后随着人口的增长和变化,人口年龄构成也发生了变化。该地区人口年龄构成变化总的趋势和特点是低龄和老龄人口在逐渐减少,青壮年人口比重在急剧上升(表4.5)。

表 4.5　2008—2010 年中亚地区各年龄段人群所占比例　　（单位:%）

年份	0～14 岁	15～64 岁	65 岁以上
2008	31.79	63.78	4.41
2009	31.18	64.47	4.28
2010	30.67	65.12	4.19

数据来源:世界银行网 World Bank，World Development Indicators.

从整个中亚地区来看，2008—2010 年间 14 岁以下人口占总人口的比重呈现减少的趋势，从表 4.6 中可以清楚地看出，14 岁以下人口占总人口的比重从 2008 年的 31.79% 降低到了 2010 年的 30.67%，可见，目前中亚地区低龄人口的比重正在逐渐下降;65 岁以上的人口占总人口的比重也在逐渐降低，15～64 岁之间的人口比重最大，主要体现在青壮年人口的急剧增加。中亚地区人口年龄结构大致表现为低龄和老龄人口逐渐减少，青壮年人口数量急剧上升(表 4.6)。

表 4.6　中亚地区人口年龄结构特点

地区	2010 年居民人口数(万人)	各年龄段所占百分比(%)		
		0～14 岁	15～64 岁	65 岁及以上
中亚地区	6284	30.67	65.12	4.19
哈萨克斯坦	1613	28.7	64.5	6.8
塔吉克斯坦	762	36.99	59.53	3.48
吉尔吉斯斯坦	541	30.05	65.52	4.43
土库曼斯坦	518	29.23	66.65	4.12
乌兹别克斯坦	2850	29.36	66.28	4.35

数据来源:世界银行网 World Bank，World Development Indicators，2010 年中亚五国的主要社会经济指标

根据世界银行网的数据资料显示，2010 年 0～14 岁人口占中亚地区总人口的 30.67%，其中塔吉克斯坦 0～14 岁人口占中亚地区总人口的 36.99%，在吉尔吉斯斯坦占 30.05%，在土库曼斯坦占 29.23%，在乌兹别克斯坦占 29.36%，在哈萨克斯坦约占 29%，表 4.6 能够比较清楚地反映出中亚地区及各个国家的人口年龄结构特点。中亚国家中塔吉克斯坦 14 岁以下人口占总人口的比重最大，超过 35%，哈萨克斯坦最少，还不到 30%。哈萨克斯坦 65 岁以上人口占总人口的比重最大，接近 7%，可以看出哈萨克斯坦即将进入老龄化阶段。塔吉克斯坦 65 岁以上人口占总人口的比重最低，还不到 4%。与俄罗斯、白俄罗斯及乌克兰等国家相比，整个中亚地区老龄化程度不高，青壮年人口比重较大。

4.2.3　职业构成

人口就业结构可以反映一个国家或地区对劳动力资源的利用情况，同时也反映了城镇化、工业化程度及其经济发展的水平。随着经济发展，中亚地区人口就业结构也发生了变化。自中亚五国独立以后，日益增加的劳动适龄人口以及外来人口的大量涌入，使得中亚地区各国都面临着较为严重的失业问题(王嘎，2003)。

根据中亚各国统计资料显示,2004年中亚地区就业人口总数为2328.4万人,其中从事农业的人口占就业人口的37.1%,从事工业生产的人口占12.5%,从事其他行业的人口占50.4%。与1996年相比,从事农业的人口比重基本稳定,没有发生太大的变化,从事工业生产的人口下降了约1.1%。农业仍然是中亚地区劳动力的主要行业,这是因为中亚地区经济发展相对滞后,基本还是以农业生产为主(表4.7)。

表4.7 中亚地区就业构成情况

项目	1996年	2004年
就业人口(千人)	20243	23284
失业人口(千人)	1221	985
从事农业人口比重(%)	37.1	37.1
从事工业人口比重(%)	13.6	12.5
从事其他行业人口比重(%)	49.3	50.4

数据来源:中亚各国统计年鉴(1993—2010年)

分国家来看,1996—2004年,哈萨克斯坦、塔吉克斯坦和土库曼斯坦的农业就业人口比重呈现上升趋势,从事农业的人口增幅比较大,其中哈萨克斯坦和塔吉克斯坦就业结构变化比较相似,都表现为从事农业人口的比重增加,从事工业以及其他行业的人口出现较为明显的下降趋势。与之相比,土库曼斯坦则表现为从事工业生产的人口比重大幅度的增加,吉尔吉斯斯坦和乌兹别克斯坦与其他三个国家的就业结构呈现完全不同的变化,在这期间这两个国家的农业就业人数比例下降比较明显,例如2004年乌兹别克斯坦从事农业的人口比重是31%,相比1996年下降了近10%,吉尔吉斯斯坦则从事工业生产的人数大量增加(表4.8)。

表4.8 中亚地区各国1996、2004年人口就业构成变化情况

地区	1996年			2004年		
	农业(%)	工业(%)	其他(%)	农业(%)	工业(%)	其他(%)
中亚地区	37.1	13.6	49.3	37.1	12.5	50.4
哈萨克斯坦	20.0	16.1	60.0	30.0	12.1	50.0
塔吉克斯坦	59.3	10.4	30.3	66.6	5.6	27.8
吉尔吉斯斯坦	47.1	14.6	38.3	38.9	17.6	43.5
土库曼斯坦	45.6	10.3	44.1	48.2	13.8	38.0
乌兹别克斯坦	41.0	13.0	46.0	31.0	13.0	56.0

数据来源:中亚各国统计年鉴(1993—2010年)

4.3 人口素质

人口素质是指人口所具有的不同方面的性质,它由个体素质和社会素质构成。个体素质是个人在工作、生活和社会交往中所具备的自身条件,包括身体素质、思想素质、文化素质和科技素质等,不同的个体素质进行组合,就形成了统一的社会人口素质。人口素质的高低,既依

赖于每个社会成员个体素质的高低,也依赖于不同素质个体人口的构成比例,以保持社会的整体功能。身体素质是人口素质的基础,而文化素质则是人口素质的核心,两者都是在特定的历史条件下,生产力发展水平以及与之相应的生产关系所决定的(张小雷,2010)。近年来,随着社会经济的发展,中亚地区的人口总体素质有了较大的提高。但是,另一方面中亚地区的人口素质与世界的其他国家相比较,仍然存在着差距;而且,中亚地区各个国家之间也存在着很大的差异。

4.3.1 人口身体素质

从人口身体素质来看,苏联解体以前,中亚地区的人口死亡率和婴儿死亡率都非常高,孕产妇死亡率也比较高,人口出生时预期寿命低。苏联解体,中亚各个国家独立以后,随着中亚地区的经济发展,各项医疗技术的提高以及对健康的关注,中亚地区的人民健康状况得到了极大的改善,人口质量有了显著的提高。

从中亚各国来看,自独立以后,塔吉克斯坦营养不良患病情况有所改善,根据世界银行统计数据显示,该国1990年以来居民的营养不良患病率有所降低,2002年患病率最高,达到了54%,2002年后,该国政府非常重视医疗技术、人民生活质量方面的改善,人民群众的营养和健康状况有所提高。截至2008年,该国的营养不良患病率降至26%。塔吉克斯坦婴儿死亡情况近几年也有所好转,1974年该国的婴儿死亡率为101.95‰,独立以后,婴儿死亡率降至89‰,2010年又下降到了52.2‰;人口平均预期寿命由独立以前的62岁提高到了2010年的67岁,无论是患病率、婴儿死亡率还是人口平均预期寿命情况都比该国独立以前有所好转(中国驻塔吉克斯坦共和国大使馆经济商务参赞处,2013)。

2006年吉尔吉斯斯坦婴儿死亡率从1974年的106.5‰降至1995年的52.6‰,又下降到了2010年的32.8‰;同时,该国的人口平均预期寿命由2006年的67.6岁提高到了2009年的69.1岁(中国驻吉尔吉斯斯坦共和国大使馆经济商务参赞处,2013)。

土库曼斯坦的婴儿死亡率由1980年的105.5‰下降到2010年的46.9‰,人口平均预期寿命由1976年的不到60岁提高到了2010年的65岁左右(中国驻土库曼斯坦共和国大使馆经济商务参赞处,2010)。

乌兹别克斯坦人口平均预期寿命由1993年的66岁提高到2010年的67.76岁,1974年婴儿死亡率最高,为100.83‰,独立以后降至1995年的57.17‰,近几年又下降到了2010年的43.8‰(中国驻乌兹别克斯坦共和国大使馆经济商务参赞处,2010)。

根据掌握的资料可以看出,自苏联解体以来,哈萨克斯坦的人口身体素质在不断地提高,婴儿死亡率、人口死亡率等也都有所下降,人口平均预期寿命有提高的趋势。

综合以上分析可以看出,中亚地区各个国家的人口身体素质呈现逐渐好转的趋势,婴儿死亡率、孕产妇死亡率、营养不良患病率都呈现不同程度的下降,人口平均预期寿命有不断提高的趋势。

4.3.2 人口文化素质

这里所说的文化素质,主要是指人口群体的科技水平、文化知识水平等;对人口文化素质状况进行衡量的主要依据是文化程度(文盲率、识字率)。

从整个中亚地区看,随着近几年社会经济的快速发展,中亚地区也越来越重视居民的文化教育素质,从各个方面强化人口受教育水平,提高人口的文化素质,已掌握的数据资料显示,中亚地区的人口文化素质在逐渐提高。

从中亚各个国家来看,哈萨克斯坦的人口文化素质提升主要表现在以下几个方面:在1999年人口普查和2009年人口普查的10年间,哈萨克斯坦的教育水平大幅提升,获得博士学位者增加了2816人(1999年为2233人,2009年为5049人),获得副博士学位者增加了7113人(1999年为10393人,2009年为17506人)。2009年人口普查的资料显示,与1999年人口普查时相比,15岁以上居民受高等教育者增加了7.7%(2009年为20.4%,1999年为12.7%),受高等肄业教育者增加了1.5%(2009年为3.2%,1999年为1.7%),受中等专业教育者增加了3.1%(2009年为25.7%,1999年为22.6%)(中国驻哈萨克斯坦共和国大使馆经济商务参赞处,2012)。

2009年,吉尔吉斯斯坦15岁以上成年人口的识字率为99.24%,比1999年平均上升了5%,其中15岁以上女性识字率变化相对较大,1999—2009年间上升了0.86%;2010年该国的初等教育完成率达到96.57%,与2003年相比,初等教育完成情况提高了近6%。近几年,该国的失学儿童也从2009年的2431400人减少到了2010年的1849000人(中国驻吉尔吉斯斯坦共和国大使馆经济商务参赞处,2013),可见,近几年来吉尔吉斯斯坦非常重视人口教育素质的提高。

塔吉克斯坦15岁以上成年人口识字情况比较稳定,近几年涨幅不大,2000—2009年仅增长了0.2%;2000—2010年间失学儿童变化情况有较大的好转,2000年该国的失学儿童人数超过270万人,2010年失学儿童减少了约120万人(中国驻塔吉克斯坦共和国大使馆经济商务参赞处,2013),总的来说,塔吉克斯坦人口教育素质也在逐渐提高。

由于数据资料的获取难度比较大,土库曼斯坦的人口文化素质方面的数据只掌握了近十年来15岁以上成年人口的识字率情况,1995—2009年间土库曼斯坦15岁以上成年人口识字率变化不大,仅增长了约0.8%,其中15岁以上女性人口识字率变化比较大,增长了约1.2%,男性识字率情况比较稳定(中国驻土库曼斯坦共和国大使馆经济商务参赞处,2010)。

2009年,乌兹别克斯坦15岁以上成年人口识字率达到99.34%,比2000年增长了2.4%,变化幅度较大,其中主要表现在女性人口上,15以上女性识字率从2000年的95.84%增长到2009年的99.09%(中国驻乌兹别克斯坦共和国大使馆经济商务参赞处,2010)。

总体来说,虽然中亚国家的人口文化素质远远低于世界人口文化素质的平均水平,但根据近几年数据分析,中亚地区人口文化素质呈现快速提高的趋势。

4.4 人口分布与密度

4.4.1 人口分布

人口分布是指人口的空间分布状况。人口分布的特点反映了在一定社会生产方式下的生产力分布状况,它是一种复杂的社会经济现象,受自然、社会、经济、历史等各种因素的制约,是历史长时期形成的结果。人口分布的现状及其沿革对地区经济和社会发展会产生较大的影响;反之,地区经济与社会发展也会对人口的分布产生重大的影响(张小雷,2010)。

中亚地区人口分布的总体特征是地区差异大、分布极不平衡。主要表现在以下几个方面:

南部,从土库曼斯坦的塔沙乌兹到其他地区,从塔吉克斯坦的北部到南部,无论公路还是铁路都要经过乌兹别克斯坦的领土(王嘎,2003)。

其他社会经济因素,诸如重大人口政策和经济政策的变动、战争、灾荒、疫病、传统观念等均对中亚地区人口的分布产生影响。

(3)民族因素

由于中亚是个多民族聚居地区,各个国家的民族以主体民族为主,如中亚地区乌兹别克族人口最多,大都集中于乌兹别克斯坦境内,使得乌兹别克斯坦的人数分布众多。从中可以看出,民族因素也是中亚地区的人口分布不均衡的主要因素之一。

在中亚地区,由于受到中亚各国主体民族的民族主义冲击及各国主体民族的"优先发展"政策的影响,中亚地区其他民族的逐渐外迁也影响了这些国家人口的发展和分布。在中亚地区,当地民族排挤非当地民族的因素对人口分布起到了一定的作用。例如乌兹别克斯坦生活着各种不同的民族人口,由于各种不利民族团结的思潮和其他政治因素,使得民族矛盾日益激化,发生了一些比较严重的民族冲突事件,这也造成了大量的非当地民族人口外迁入别的国家,造成人口分布的不均衡性。

(4)政治因素

政治因素对人口分布的影响也相对比较大。在中亚地区,苏联国家的解体,各个国家的政府更迭,以及中亚一些国家出台的不利于非主体民族发展的政策等,这些都是直接影响中亚地区人口分布状况的政治因素。例如中亚五国独立后,各国均确立了主体民族优先发展的政策,并以法律的形式固定下来。主体民族在选拔干部、招工、招生、教育、医疗、住房等方面享有优先权。这也进一步助长了主体民族的大民族主义发展,而其他的非主体民族受到排挤,从而迫使非主体民族的人口外迁,这也是引起人口分布不均的主要因素之一。

4.5 人口迁移

跨国移民在许多国家都存在,但在苏联解体以后中亚地区出现的移民浪潮无论是其规模还是其影响在全世界移民历史上都是罕见的。苏联解体后,在中亚地区出现了一股跨境移民浪潮,尽管近年来移民的规模和数量均有较大幅度的下降,但移民活动始终没有停止。这股移民浪潮表现为双向流动:一方面是原来居住在中亚国家的居民离开中亚地区,前往其他国家;另一方面是原来居住在其他国家的公民在某些条件的吸引下迁移到中亚地区国家。其中人口外迁是中亚国家人口流动的主流。

中亚地区自古以来就聚居着众多民族,沙俄及苏联时期的大规模移民,使中亚地区的民族成分更加趋于多样化。20世纪20年代中期,苏联开始了史无前例的民族国家划界运动,该运动于1963年结束,中亚五国从法律意义上得到确立,使得哈萨克、乌兹别克、吉尔吉斯、塔吉克和土库曼这五个民族在中亚各国内分别获得了主体民族的地位。苏联解体以后,中亚国家政治秩序与社会生活处于剧烈的变动之中,中亚地区再次成为人口迁移的热点地区,这主要体现在人口迁出方面(王嘎,2003)。

4.5.1 人口迁移总体概况

中亚地区出现迁出与迁入的逆差是从20世纪70年代中后期开始的,我们可以把中亚地

产生影响,因为人类生存要求地理环境要在一定程度上满足当地居民的生理和物质要求。纬度过高或过低对人类生活都不相宜,高纬度地带的限制尤为严酷,寒冷、土壤冻结、光照不足使土地得不到开发,地势高、起伏大也妨碍人类居住;干燥气候和湿热气候都有碍于人口分布,随着科技与医学的进步,湿热环境的不利影响正在克服,但干旱的环境仍然是人类活动的重大障碍。中亚地区生态和自然环境对人口分布的影响相当明显,不同生态和自然条件下人口的分布形成鲜明的对比。此外,中亚地区的生态极其脆弱,人为的和自然发生的灾害都会使居民被迫迁移(吴宏伟,2004)。

中亚地区地形地貌总体上呈现东南高、西北低。在塔吉克斯坦帕米尔地区和吉尔吉斯斯坦西部天山地区山势陡峭,海拔在 4000~5000 m,荒漠、绿洲在海拔 200~400 m,丘陵、草原在海拔 300~500 m,而东部山区在海拔 1000 m 左右。中亚地区绵在着温带最壮观的山地,冰川超过 4000 条,总面积达 11000 km²,其中最大的费德钦科冰川长 71 km,它包括 33 条支流、面积达 900 km²,而山脚下却是一片一望无际的干旱炎热的荒漠,崇山环抱的山谷盆地和撒在广袤荒漠中的绿洲是中亚最富有生命力的地方(百度文库,http://wenku.baidu.com/view/10eb3b7f1711cc7930b71606.html),也是人口较为密集的区域。

中亚地区深居内陆,远离海洋,降水稀少,主要以温带大陆性气候为主。冬冷夏热,全年少雨,气候干旱。中亚五国绝大部分属于干旱区,许多地方年降水量不足 100 mm,个别地方甚至终年无雨,只有哈萨克斯坦北部和东南部山区以及塔吉克斯坦和吉尔吉斯斯坦两国小部分山区有一定降水量,在 500~600 mm(李厚建,2003),这一重要的自然因素在一定程度上影响了中亚地区的人口分布,使得这些地区周边聚集了较多的人口。

除地形地貌因素和气候因素会影响中亚地区人口分布以外,河流、湖泊的分布也会对人口分布产生一定的影响。在中亚地区,人口大部分分布在阿姆河、锡尔河以及额尔齐斯河流域,在这些流域中,人口分布相对较为密集,人口密度也较为高。

(2)经济因素

虽然自然因素对人口分布有巨大的影响,但它只是提供了人口分布的可能性;人口分布是一种社会现象,特别是经济因素对人口分布具有决定性的影响。经济因素主要是社会经济条件和发展水平,一般来说,经济发展水平较高的地区通常是人口稠密的地区。在许多情况下,中亚人口分布并不是一个独立的现象和过程,它在相当程度上要受经济因素的影响。苏联解体后,中亚各国经济都出现了不同程度的下降,一些地区人民的生活水平倒退,在跨国移民以及国内人口流动中经济因素起了相当大的作用。

农业是国民经济和社会发展的基础,在历史上,农业生产布局状况与人口分布有着密切的内在联系,发达的农耕区往往是人口稠密地区。20 世纪以来,特别是二次大战后,世界农业生产力发生急剧变革,大多数农村劳动力逐渐向城市和工矿地区集中。

中亚地区国家的主要经济来源是油气资源的开采、出口。除吉尔吉斯斯坦和塔吉克斯坦两国没有油气资源以外,其他三国均分布有较为丰富的石油天然气等资源,相比农业来说,油气资源的经济收入远远高于农业生产,出于这种经济利益原因,在中亚地区的哈萨克斯坦、乌兹别克斯坦以及土库曼斯坦分布着大量的人口。

此外,交通运输业的发展扩大了人类活动的空间范围,并促使交通沿线的人口日益稠密,表现比较明显的是乌兹别克斯坦附近人口分布较为密集。例如,中亚国家的领土多被高山峻岭和广袤的沙漠所阻隔,不少地区要同外界联系只能借助邻近国家。从吉尔吉斯斯坦北部到部、乌兹别克斯坦西部以及土库曼斯坦的大部分区域人口分布极少。其中,由于土库曼斯坦境内大部分地区为不适宜人类生存的卡拉库姆沙漠,因而人口是中亚五国中最少的一个,人口密度平均约为 11 人/km²,沙漠地区不到 1 人/km²。在吉尔吉斯斯坦共和国,人口密度最高的地区是楚河州与奥什州,北部楚河盆地人口密度达到 70~110 人/km²,东北部海拔 2500 m 以上的高山地区人烟稀少,平均仅有 1 人/km²(图 4.9)。

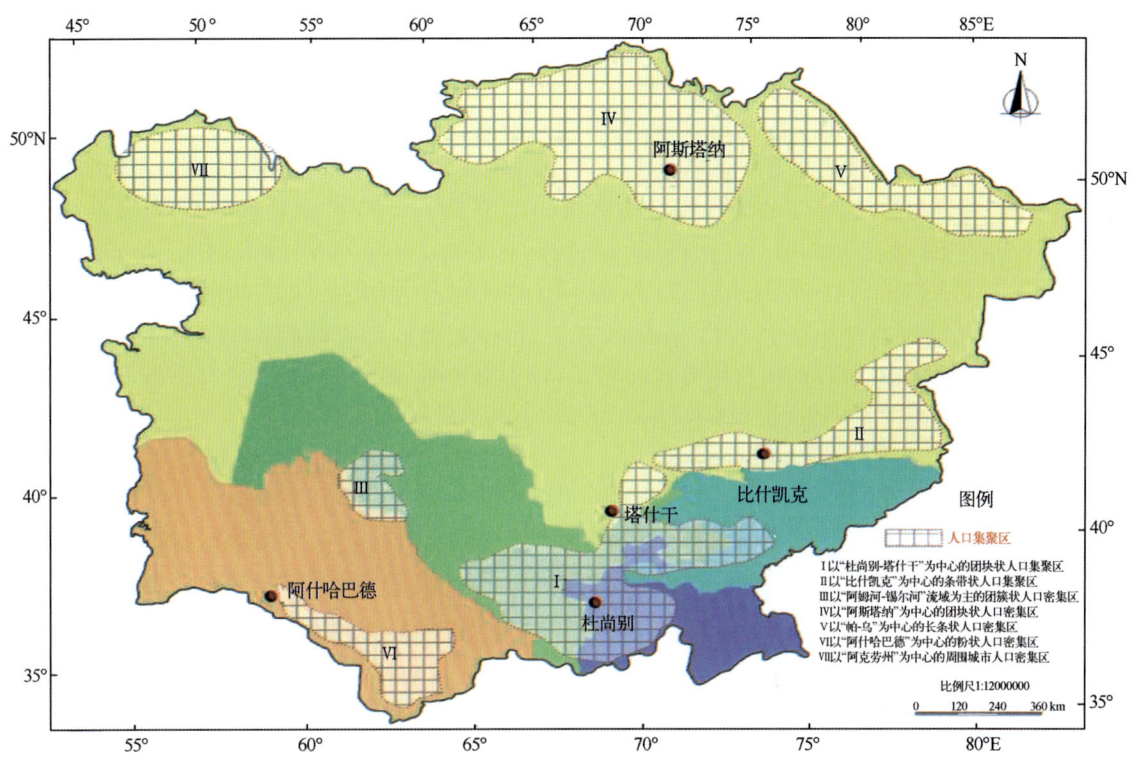

图 4.9　中亚地区人口密度分布
注:图件以国家测绘局审核标注图号:GS(2008)2676 号地图为底图绘制。

4.4.3　影响中亚人口分布地区差异的主要因素

地球上的人口分布是人类改造、利用自然,与自然界发生联系和相互作用的产物,人口的分布受自然条件和自然资源的强烈制约。气候适宜、土壤肥沃、资源丰富、交通便利的地区往往成为人口密集区。然而,人具有自然和社会双重属性,随着社会的进步,劳动工具的更新,人类对于自然界的支配作用逐步加强,人与人之间的联系逐渐增多,社会性不断增强。人类的各种有目的的活动同样受到社会经济条件的制约。所以,社会经济条件也必然影响着人口的分布(张小雷,2010)。中亚地区人口的分布也是受自然、经济、民族和政治等等原因的影响,各个时期不同因素的作用大小不同,对人口分布的影响力也有所变化。

(1)自然因素

自然地理环境是人口分布的自然基础,它为人类提供了空间场所。自然因素对人口分布的影响表现在许多方面,例如:气候因素、地形因素、地质地貌和水体因素等都可以对人口分布

第一，人口明显集中分布于一些自然条件比较好的盆地、河谷地区，分布在干旱地区和荒漠地区的人口极其稀少。受中亚地区地形、地貌特征的影响，人口大部分集中于乌兹别克斯坦的东南部、哈萨克斯坦的北部，并且主要集中于平原、丘陵地带。在卡拉库姆沙漠、克孜尔库姆沙漠及哈萨克斯坦中部的荒漠几乎是渺无人烟，而绿洲及大城市周围聚集了大量人口，如富庶的费尔干纳盆地人口密度高达 300～400 人/km²（百度文库，http://wenku.baidu.com/view/10eb3b7f1711cc7930b71606.html）。2002 年乌兹别克斯坦共和国平均人口密度为 59 人/km²，克孜勒库姆沙漠不到 1 人/km²。塔吉克斯坦大部分地区属于山区，所以人口分布也会因海拔高度不同而出现不均衡的情况，在地势较低的河谷地带人口非常密集，经济发展水平也比较高，85％以上的居民生活在占全国面积 35％的河谷地带，而在山坡地带和高山地区人口非常稀少，有的地区甚至基本上属于无人区；全国 80％以上的居民生活在海拔 1000 m 以下的城市、村镇和乡村，15％的居民生活在海拔高度 1000～2000 m 的地区，只有 5％左右的居民生活在海拔 2000 m 以上的地区（百度文库，http://wenku.baidu.com/view/10eb3b7f1711cc7930b71606.html）。第二，各个国家中，居住在乌兹别克斯坦的人口相对比较多，2010 年乌兹别克斯坦的总人口为 2850 万人，占中亚地区总人口的 45％，人口密度约为 64 人/km²；其次是哈萨克斯坦居住人口较多，占中亚整个地区总人口的 26％，这两个国家的人口，共占中亚地区人口的 70％以上（2010 年）。

4.4.2 人口密度

中亚地区人口密度的地域差异极其显著。从表 4.9 可以看出，整个中亚地区的人口密度为 16 人/km²，其中人口密度最高的乌兹别克斯坦约 64 人/km²，其领土面积仅占中亚地区总面积的 1/10，人口密度却是中亚整个地区的近 4 倍；其次是塔吉克斯坦 54 人/km²，是中亚地区平均人口密度的 3.4 倍；哈萨克斯坦总面积为 272.49 万 km²，占中亚地区的 70％，是世界上面积最大的内陆国家，也是中亚五国中领土最大的国家，该国人口密度仅为 6 人/km²，是中亚五国中人口密度最低的国家，属于地广人稀的国家之一。

表 4.9 中亚地区国土面积、人口统计情况

地区	领土面积（万 km²）	人口数量（万人）	占中亚地区的人口（％）	人口密度（人/km²）
中亚地区	399.4	6284	100	16
哈萨克斯坦	271.7	1613	26	6
塔吉克斯坦	14.3	762	12	54
吉尔吉斯斯坦	19.9	541	9	27
土库曼斯坦	48.8	518	8	11
乌兹别克斯坦	44.7	2850	45	64

数据来源：国际统计年鉴 2011

通过以上数据分析表明，中亚地区人口分布极不均衡，人口密度的地域差异极其明显。就整个中亚地区来说，人口主要分布在乌兹别克斯坦的东南部和哈萨克斯坦的西北部及其附近区域，这里人口分布相对比较集中，人口密度较高，由于中亚地区的自然地理因素，中亚地区中

区整个移民过程划分为以下几个阶段：

第一阶段是从20世纪70年代末到80年代末。从这一时期开始中亚地区部分国家向外移民人数开始多于迁入移民人数，但一直比较稳定。中亚国家一些主要外来民族在这一时期（1979—1989年）的增减情况为：俄罗斯人在哈萨克斯坦、吉尔吉克斯坦两国人数上升，在乌兹别克斯坦、塔吉克斯坦、土库曼斯坦三国人数下降，由于哈萨克斯坦俄罗斯人数量增加较多，所以中亚地区该民族在这期间人口净增加了20.7万人；鞑靼人在哈萨克斯坦共和国人数上升，在乌兹别克斯坦、吉尔吉克斯坦、塔吉克斯坦、土库曼斯坦四国人数下降，增减相抵，这期间中亚地区净减少鞑靼人5.7万；犹太人在哈萨克斯坦、乌兹别克斯坦、吉尔吉克斯坦、塔吉克斯坦四国中均有下降（土库曼斯坦情况不详），共减少人口1.8万；德意志人口数量在哈萨克斯坦增加，在乌兹别克斯坦、吉尔吉克斯坦两国保持不变，在土库曼斯坦、塔吉克斯坦两国人口数量减少，由于哈萨克斯坦增加人口较多，所以这期间中亚地区增加德意志人5.2万人，乌克兰人在乌乌兹别克斯坦、塔吉克斯坦两国人口增加，在哈萨克斯坦、吉尔吉斯斯坦、土库曼斯坦三国人口减少，增减相抵，中亚地区该民族人口增加4万（王嘎，2003）。总体上说这一时期除乌克兰人在哈萨克斯坦人数有不同程度的增加以外，以及个别民族在中亚个别国家人数略有上升外，总体呈现下降趋势。

第二阶段是从1989年开始至1991年，这一时期是苏联动荡加剧的时期，中亚地区各种社会矛盾日益尖锐和突出，再加上中亚地区多数国家都先后颁布了旨在加强主体民族地位的政策和措施，导致外迁居民逐渐增多。

第三阶段是从1991年至今，总体上看，这一时期的移民规模巨大，移民人数众多，具有较强的民族特征，以俄语居民为主，并且移民方向比较明确，基本上是迁往独联体国家，主要以俄罗斯、乌克兰等为主。

4.5.2 人口迁移现状

从苏联时期的20世纪70年代开始，迁入与迁出中亚地区的移民就开始出现负数，即迁出中亚地区的人数远远多于迁入中亚地区的人数，到苏联解体以前的1989年前后更多的居民迁出了中亚地区，这是和当时苏联的历史背景相联系的。在这期间，主要是由于中亚五国相继出台了有关本国的政策法律，不利于非主体民族的发展，才使得大量非主体民族人口外迁。苏联解体以后，随着经济状况的逐渐恶化，加之各国不断出台了一些新的政策法律，出现了更大规模的移民浪潮。

20世纪90年代初期和中期，中亚地区的人口迁移主要还是发生在中亚国家内部，但也有相当数量的人口从该地区迁到独联体其他国家，或者从独联体其他国家迁入该地区。移民的相对数量和绝对数量都在中亚各国中居于首位的是哈萨克斯坦，而且它与原苏联所有加盟共和国都发生移民关系，在这一点上，它有别于中亚的另外四个国家。

由于资料有限以及中亚各个国家统计的数字有较大的出入，所以很难确定中亚地区具体移民的数据。从中亚各个国家来看，哈萨克斯坦是中亚迁移人口数量最多的国家（表4.10）。

据有关资料统计，1991—2006年间，从哈萨克斯坦共迁出324.71万人，从表4.13中可以明显地看出，1991—2003年间，哈萨克斯坦的人口净迁移均为负数，其中2000年的人口迁出数量最多，达到12.3万人，2004年以后，哈萨克斯坦的人口净迁移呈现正向增长，说明这期间哈萨克斯坦的人口迁移主要是以迁入人口为主，迁入人口数量开始大于迁出人口（蒲开夫，2010）。

表 4.10　哈萨克斯坦主要年份的人口迁移统计　　　　　　（单位：人）

年份	迁出	迁入	差额（迁入-迁出）
1991	228473	170787	-57686
1995	309632	71137	-238495
2000	156816	33621	-123195
2004	65530	68319	+2789
2005	52139	74807	+22668
2006	33914	67386	+33472

数据来源：根据蒲开夫等著"独立后哈萨克斯坦的人口和社会发展"整理

塔吉克斯坦、吉尔吉斯斯坦和乌兹别克斯坦三国主要是以人口迁出为主，1990—2010年间，塔吉克斯坦、吉尔吉斯斯坦和乌兹别克斯坦三国的人口净迁移数如表4.14所示。2010年，乌兹别克斯坦的人口迁出数量最多，达到51.8万人。此外，在这一时期，有相当多的吉尔吉斯斯坦公民移居哈萨克斯坦，有一部分哈萨克斯坦公民移居乌兹别克斯坦和吉尔吉斯斯坦，也有一些乌兹别克斯坦公民迁居哈萨克斯坦和吉尔吉斯斯坦。根据已掌握资料表明，2006年哈萨克斯坦的人口净迁移人数为33472人（表4.11）。

表 4.11　中亚主要国家人口净迁移情况　　　　　　（单位：万人）

	1990年	1995年	2000年	2005年	2010年
塔吉克斯坦	-9.1	-29.6	-33.0	-42.0	-29.6
吉尔吉斯斯坦	-15.0	-27.0	-2.8	-25.0	-13.2
乌兹别克斯坦	-42.0	-37.0	-40.0	-78.6	-51.8

资料来源：世界银行 world Bank，World Development Indicators.

在大量居民迁出中亚地区国家的同时，也有数万人迁往中亚国家。据统计，从1991年至1997年上半年，有36839个哈萨克家庭、近16万人迁到了哈萨克斯坦。据政府初步统计，2003年回迁的哈萨克人有5002人。独立后的最初几年是境外哈萨克人回迁的高峰期，近几年来，前往哈萨克斯坦的人数呈下降趋势。

在中亚地区，虽然有一定数量的人口迁入，但总的趋势还是以外迁为主，这一点在哈萨克斯坦和塔吉克斯坦表现得最为突出。

4.5.3　人口迁移特征及影响

中亚地区是苏联境内一个重要的人口迁入地，大量的移民促进了该地区的人口增长，也改变着该地区的民族分布状况。20世纪80年代以来，尤其是苏联解体前后到90年代中期，随着苏联社会政治与经济体系的崩溃、民族矛盾的加深、生存环境的恶化等各方面消极因素的出现，中亚各国的人口迁移十分剧烈，无论是在规模上还是数量上，人口迁出问题都比人口迁入问题更为显著。

人口迁移问题越来越受到中亚各个国家的重视，从整个中亚地区人口迁移的过程来看，人口大规模的迁入迁出表现出以下一些特征：

1)从迁移的整个过程看,中亚地区的迁出人口远大于迁入人口。
2)从移民的民族构成来看,大多数移民是非当地的主体民族。
3)大量的迁出人口主要是迁往独联体国家,其中迁往俄罗斯国家的中亚地区人口较多。
4)迁出的人口当中,大多是医生、教师、科学家、工程师等具有高技术的人才。

这股移民浪潮对中亚地区国家也产生了一些潜在的影响。对迁出国而言,尤其是中亚地区的国家,迁出的人口中大多数为医生、教师、科学工作者等受过高等教育的人才,如此大的移民浪潮,致使中亚地区国家大量人才缺失,经济损耗严重,给迁出国的经济造成了巨大的损失。对迁入国而言,大量的移民涌入国家,政府需要投入大量的资金、设备、物资来安置这些移民,结果使得迁入国背负着沉重的经济负担,使得国家经济方面受到重创,而且移民迁入本国以后,因各种因素(如就业、教育、住房问题等)与当地居民发生矛盾冲突,会使社会民族问题恶化,引发一系列社会问题(王嘎,2003)。

今后中亚移民的发展趋势如何,主要取决于中亚各国的政治经济形势的变化,特别是经济状况能否日趋好转,也取决于中亚各国民族政策的调整与落实。

参考文献

李厚建.2003.论中亚五国民族问题政策及其影响.新疆大学.

蒲开夫,张永明等.2010.独立后哈萨克斯坦的人口和社会发展.新疆大学学报(哲学·人文社会科学版),**38**(1):91-96.

世界银行. World Development Indicators[EB\OL]. http://search.worldbank.org/all? qterm=World Development Indicators,2010-10-16.

王嘎.2003.中亚地区民族人口迁移及其社会后果.世界民族,(2):33-40.

吴宏伟.2004.中国中亚人口问题研究.北京:中央民族大学出版社.

张小雷,李国江.2010.新疆人口发展战略研究.新疆:新疆人民出版社.

中国百度文库.中亚五国情况-民族人口分布特点. http://wenku.baidu.com/view/10eb3b7f1711cc7930b71606.html.

中国驻哈萨克斯坦使馆经济商务参赞处,哈萨克斯坦人口状况. http://kz.mofcom.gov.cn/article/ddgk/zwjingji/201203/20120308027774.shtml/,2012-3-21.

中国驻吉尔吉斯斯坦使馆经济商务参赞处,吉尔吉斯斯坦人口. http://kg.mofcom.gov.cn/,2013-1-25.

中国驻塔吉克斯坦使馆经济商务参赞处,塔吉克斯坦的人口及民族构成. http://tj.mofcom.gov.cn/,2013-5-31.

中国驻土库曼斯坦使馆经济商务参赞处,土库曼斯坦人口. http://tm.mofcom.gov.cn/,2010-7-11.

中国驻乌兹别克斯坦使馆经济商务参赞处,乌兹别克斯坦概况. http://uz.mofcom.gov.cn/,2010-2-25.

第 5 章 城市化与城镇体系

城市是社会生产力发展到一定历史阶段的产物,城市发展是社会经济发展的重要标志,在中亚实施现代化的进程中,城市化是推动社会经济发展的强大动力,而且正发挥着越来越重要的作用。

5.1 城市的形成和发展

中亚地处欧亚大陆交界,作为东西交流和古丝绸之路的必经之地,其历史地理位置极为重要,这段时期人群的迁徙流动以及相互间贸易往来对城市的形成和快速发展具有重要作用(王嘎,2004)。以哈萨克斯坦共和国为例,城市设立、城市功能以及城市的发展状况如表 5.1 所示。

中亚地域范围内城市空间分布较为均衡,其中大、中城市众多,包括阿斯塔纳、阿拉木图、塔什干、比什凯克、阿什哈巴德、杜尚别、卡拉干达、西姆肯特、阿克套、纳曼干、奥什、苦盏、撒马尔汗等 26 个,小城市发展也相对较快。总体上大中小城市比例相对适中,总体发展较为协调。经过独立后 20 余年的发展,中亚五国经济逐步走上稳定增长的道路(徐海燕,2002;岳书光,2008)。随着经济改革的不断深入,市场体制的逐步健全,中亚五国有望成为新丝绸之路上的璀璨明珠(杨雷,2010;常庆,2001;赵常庆,2001)。

表 5.1 哈萨克斯坦城市的形成和发展状况

城市名称	所属州府	形成时间(年份)	城市面积(m^2)	城市人口(万人)	地理位置	城市性质	城市功能及经济发展重点
塔拉兹	江布尔州	古城,约 1 世纪	150	35	南部	州府城市	磷矿开采及加工
希姆肯特	南哈萨克斯坦州	古城,约 12 世纪	347	64	南部	州府城市	有色金属、机械制造、石油加工、食品业、化工
乌拉尔	西哈萨克斯坦州	1613	700	22	西北部	州府城市	能源、机械加工、食品业
乌斯季卡缅诺戈尔斯克	东哈萨克斯坦州	1720	210	32	东部	州府城市	能源、矿山开采
塞米巴拉金斯克	东哈萨克斯坦州	1782	210	30	东部	重点城市	水泥、肉类加工、制革、建材、机械加工
彼得罗巴甫洛夫斯克	北哈萨克斯坦州	1807	221	20	北部	州府城市	钻井设备生产
阿斯塔纳	阿克莫拉州	1830	722	74	北部	首都	新兴城市,贸易、通信、运输、建筑

续表

城市名称	所属州府	形成时间（年份）	城市面积（m²）	城市人口（万人）	地理位置	城市性质	城市功能及经济发展重点
阿拉木图	阿拉木图州	1854	332	143	南部	直辖市	大型交通枢纽、金融中心、贸易、建筑业
巴甫洛达尔	巴甫洛达尔州	1861	637.8	33	北部	州府城市	金属加工、采矿、石油开采及运输
科克舍套	阿克莫拉州	1862	400	14.6	北部	州府城市	交通枢纽
克孜勒奥尔达	克孜勒奥尔达州	1867	240	20	南部	州府城市	纸浆加工、建材、新兴石油开采及加工
阿克托别	阿克托别州	1880	400	36	西北部	州府城市	重工业、轻工业、酿酒
阿特劳	阿特劳州	1885	—	20	西部	州府城市	石油业
科斯塔奈	科斯塔奈州	1893	240	21	北部	州府城市	食品业、金属加工业、轻工业
卡拉干达	卡拉干达州	1934	550	47.5	中部	州府城市	矿山开采、食品业、机械及有色金属加工业
塔尔迪库尔干	阿拉木图州	1944	74	14	东部	州府城市	重工业
热兹卡兹甘	卡拉干达州	1954	86	8.5	中部	重点城市	铜开采及加工业
杰兹卡兹甘	卡拉干达州	1954	550	47.5	中部	重点城市	铜开采和加工业
曼格什套	曼吉斯套州	1961	165	25.6	西部	州府城市	油气加工和港口运输
卡普恰盖	阿拉木图州	1970	—	3.9	东南部	旅游城市	位于伊犁河畔，重点开发旅游

说明：城市人口统计数据为 2010 年

5.2 城市化水平及其特征

5.2.1 城市化发展水平

中亚五国城市化发展经历了原苏联时期和独立（1991年）以后的阵痛时期。总体上，2009年中亚城镇人口总数达到 2576 万人，人口城镇化水平为 42.29%。由于中亚地域范围广阔，地势地貌形态多样，中亚五国资源和人口分布不均衡，各国经济发展水平千差万别。因此，中亚的城市化发展在五个国家层面也表现出了明显的地域差异(吴瑾等,2007)。

哈萨克斯坦人口在中亚五国中排第二位,土地面积居第一位(在独联体国家居第二位),是个地广人稀的国家。2009年年底,居民总数为1589万人,人口密度为6人/km²。1960—2009年的50年间,城镇人口由441.8万人增至922万人,城镇人口比重从44.2%增至58.2%。

吉尔吉斯斯坦土地面积不大,人口密度较大。2009年年底,居民总数为532万人,人口密度为27人/km²。1960年,城镇人口为74.3万人;1980年城市化率为38.6%。1989年,城镇人口比重开始下降,到2000年,城市化率为35.4%,2009年城市化率达到36.4%。

塔吉克斯坦是中亚五国中土地面积最小的国家,其人口却居第三位。2009年,居民总数为695万人,人口密度为48.6人/km²。1960年,城镇人口为69.1万人;1970年,城镇人口比重最高,达到36.9%;之后,城镇人口比重不断下降,2009年降至26.5%。

土库曼斯坦领土面积在中亚排第二位,人口却是中亚最少的国家。2009年,居民总数为511万人,人口密度为10.5人/km²。1960年,土库曼斯坦城镇人口达73.9万人,城市化率为46.4%,1971年后略有下降,2009年城市化率达到50.94%。

乌兹别克斯坦是中亚国家中人口最多、人口密度最大的国家,人口与资源的关系比较紧张。2009年,居民总数为2777万人,人口密度为62.1人/km²。1960年,城镇人口为291万人,城市化率34%。2009年城市化率为36.9%(表5.2)。

表5.2 2009年中亚城市化水平 (单位:万人,%)

地区	人口数量	人口城市化水平(%)	城镇人口 数量	城镇人口 比重(%)	乡村人口 数量	乡村人口 比重(%)
中亚五国	6091	42.29	2576	42.29	3505	58.21
哈萨克斯坦	1589	58.2	922	58.2	661	41.8
吉尔吉斯斯坦	532	36.4	194	36.4	338	63.6
塔吉克斯坦	695	26.5	184	26.5	511	73.5
乌兹别克斯坦	2777	36.9	1022	36.9	1751	63.1
土库曼斯坦	498	50.94	254	50.94	244	49.06

资料来源:World Bank, World Development Indicators, 2010-10-16.

5.2.2 城市化发展阶段

根据城市化进程的阶段性规律,比较分析中亚五国城市化发展的阶段,由图5.1所示的1993—2009年中亚城镇人口比重变化,可以得出:中亚总体人口城市化水平介于40%~45%,处在城市化发展中期阶段,城市化水平17年来变化幅度不大。其中,哈萨克斯坦城市化率在44%~58%,处于中期阶段,整体高于中亚其他四国的城市化水平;吉尔吉斯斯坦城市化率在34%~39%,刚进入中期阶段;塔吉克斯坦城市化率在25%~37%,处于初级阶段向中期阶段过渡时期;土库曼斯坦城市化率在44%~50%,处于快速发展的中期阶段;乌兹别克斯坦城市化率在34%~41%,刚进入中期阶段(图5.1)。

除了哈萨克斯坦,20世纪70、80年代,其他中亚四国城镇人口比重都有所下降。究其原因,主要在于之前有大量的俄罗斯人在此聚集形成城市,后来因政治、文化、经济等原因,俄罗

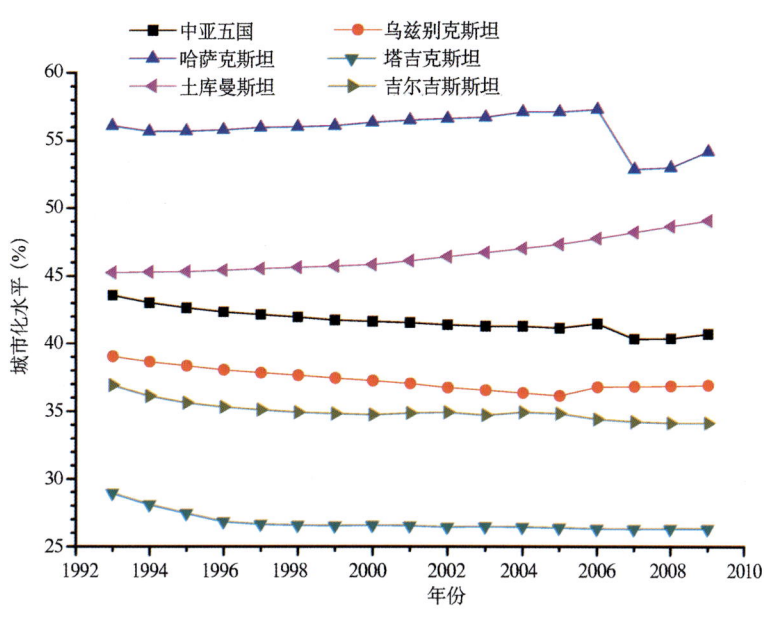

图 5.1　1993—2009 年中亚城市化水平

斯人大量外流,导致城镇人口比重下降(吴一丁等,2002)。

5.2.3　城市化基本特征

城市化水平是衡量一个国家或地区现代化程度和社会经济进步状况的重要标志,同时也是国家和地区经济发展、产业结构调整的主要推动力量及其必然结果。城市化水平受很多因素的影响,这些因素包括国土大小、人口数量、历史基础、自然资源、经济结构以及划分城乡人口的标准等。在所有因素中,城镇人口比重变化、人均 GDP 水平状况以及产业结构分布对城市化特征有很好的诠释(周一星,2003;李清娟,2003)。受前苏联影响,中亚城市化过程是从发展重工业开始的,这与英美等西方发达国家的工业革命以轻纺工业为主导展开的过程存在显著差异(如表 5.3 所示)。

表 5.3　中亚与西方发达国家城市化的差异

国家类型	发达国家	中亚五国
起步时间	早	晚
目前速度	慢	较缓慢
城市化水平	高	比较低
所处阶段	后期	前期或中期
与经济发展关系	相适应	城市化发展与经济发展不协调
主要原因	经济发展和工业化	城市经济畸形发展,人口增长过快,农村劳动力过剩
后果	出现逆城市化现象	产生很多社会问题

(1) 城镇人口比重变化

自 20 世纪 60 年代以来,哈萨克斯坦城镇人口比重基本高于其他中亚国家,上升幅度也最大；土库曼斯坦、乌兹别克斯坦、吉尔吉斯斯坦略微下降,而土库曼斯坦城市化水平又高于乌兹别克斯坦、吉尔吉斯斯坦两国;塔吉克斯坦城镇人口比重下降幅度最大,从20世纪70年代后基本处于下降趋势。

(2)人均GDP水平状况

中亚五国经济发展与城市化是密不可分的,通过表5.4的数据表明:1990年,哈萨克斯坦的人均GDP为1647美元,城市化水平达56.3%,是中亚地区城市化率最高的国家,随着经济的发展,2009年哈萨克斯坦GDP达到中亚GDP总量的一半多,人均GDP增至6870美元,城市化水平仍居中亚第一。2009年土库曼斯坦GDP总量和人均GDP均为20世纪90年代的4倍。1995年以后,塔吉克斯坦和吉尔吉斯斯坦两国经济发展也较快,GDP总量和人均GDP均大幅提升,但总体经济总量和人均GDP仍远低于中亚其他国家,城市化水平也相对较低。

表5.4 1990—2009年中亚五国人均GDP与城市化比较   （单位:美元,%）

年份	哈萨克斯坦		吉尔吉斯斯坦		塔吉克斯坦		土库曼斯坦		乌兹别克斯坦	
	人均GDP	城市化率	人均GDP	城市化率	人均GDP	城市化率	人均GDP	城市化率	人均GDP	城市化率
1990	1647	56.3	605	37.8	496	31.7	881	45.1	651	40.1
1995	1288	55.9	362	36.3	213	28.9	593	45.3	586	38.4
2000	1229	56.3	279	35.4	139	26.5	645	45.8	558	37.3
2001	1491	56.5	308	35.5	173	26.5	774	46.1	457	37.2
2002	1658	56.6	322	35.6	194	26.5	963	46.4	383	37.1
2003	2068	56.6	381	35.6	244	26.4	1271	46.7	396	36.9
2004	2874	56.9	434	35.7	322	26.4	1432	47.0	465	36.8
2005	3771	57.1	478	35.8	354	26.4	1673	47.3	547	36.7
2006	5292	57.4	546	36.0	424	26.4	2093	47.7	643	36.7
2007	6772	47.7	726	36.1	552	26.4	2544	48.2	830	36.8
2008	8514	57.9	974	36.3	751	26.5	3374	48.6	1022	36.8
2009	6870	58.2	860	36.4	716	26.5	3904	49.1	1182	36.9

资料来源:世界银行数据库

(3)产业结构分布

中亚五国独立后,经过20多年的技术、设备、资金和人才引进与全面开放的发展,各国逐步建立形成了较为合理的产业体系,大部分国家都进入了工业化发展阶段。到2009年年底,哈萨克斯坦、乌兹别克斯坦、吉尔吉斯斯坦、土库曼斯坦、塔吉克斯坦第一、二、三产业的比重分别为5.3∶40.2∶54.5;20.9∶32∶47.1;29.2∶19.3∶51.5;12.3∶53.5∶34.2和22.4∶23.7∶53.9(吉尔吉斯斯坦为2008年的数据)。

从20世纪80年代到2009年,中亚各国的第一产业比重下降,而第三产业比重有所上升。各国工业生产都呈增长态势,工业发展最快的是哈萨克斯坦、塔吉克斯坦、土库曼斯坦三国。2009年,哈萨克斯坦非农产值占GDP的比重最高,达到94.7%;第二产业比重为40.2%;第三产业比重高达54.5%,其服务业水平相当发达,这与其城市人口比重较高是分不开的。

经济结构城市化水平最低的是吉尔吉斯斯坦,其农业在国民经济中所占比重较高。此外,由于带动经济增长的是金属工业、农产品加工业、玻璃工业、化学工业、木材加工业和轻工业等,吉尔吉斯斯坦政府大力支持和保护轻工业发展,却不够重视对重工业的发展。因此,过低的第二产业比重也影响其城市化水平的提高。

中亚五国属资源经济地区,其特点是要求生产、生活的高效率,在低效率下将无法承载人口和经济的快速发展。城市是生产、生活高效率的体系,而中亚五国城市数量偏少、规模较小,农村富裕人口又不能有效向城市转移,造成农村劳动生产率低下,城乡经济差距拉大,城市集聚和辐射功能不能有效体现。

综上所述,现阶段中亚五国城市化特征概括为:

1) 城市化速度较快,开始呈现加速发展的态势;
2) 工业基础薄弱:城市化水平的提高,工业发展是基础,而中亚五国城市工业基础相对薄弱,工业化和城市化发展不能形成循环推进;
3) 与经济发展关系不相协调:区域经济合作开展有待进一步推进,经济迅速发展离不开城市化快速发展的基础,城市化与经济发展不协调局面急需改进;
4) 产业结构发生调整:劳动力结构和产业产值结构开始由第一产业向第二产业、第三产业转移;
5) 城市建设部分加快:基础设施不断完善,城市规模不断扩大;
6) 生态环境保护不断强化:城市生态环境得到初步改善,但仍存在很多问题,总体形势不容乐观。

5.3 城市体系基本特征

5.3.1 城市体系的地域空间结构

(1) 中亚城市体系的空间分布特征

受历史、地理、自然条件和社会经济发展等多因素的影响,中亚城市分布呈现自东南向西北由密到疏的空间分布特征。城市的空间分布沿河流、湖泊分布特征显著,尤其集中分布于阿姆河、锡尔河和费尔干纳河以及里海和咸海附近。沿河流城市分布空间上呈条带状,在费尔干纳河谷地区则形成连绵状的巨型城市集聚区(成守德等,2010)。中亚三大区域(图5.5)中,南部区域城市总数占近50%,特别是首都和直辖市的分布占去了83.33%;东北部区域城市总数次之占31.33%,其中口岸城市分布较多占44.44%;中西部区域城市数量最少仅占19.33%,其中首都、直辖市和口岸城市在该区域均无分布。总体上,中亚不论城市数量,还是高等级的大中城市都集中分布在位于中亚南部区域的费尔干纳河谷地区,城市人口密度也以该地区最为稠密,达到 $50 \sim 500$ 人/km^2。

表 5.5 中亚三大区域城市分布表

项目		中亚	东北部区域		南部区域		中西部区域	
			数量	%	数量	%	数量	%
国土面积(万 km²)		400.48	—	—	—	—	—	—
城市数(个)		150	47	31.33	74	49.33	29	19.33
其中	首都和直辖市	6	1	16.67	5	83.33	0	0.00
	重点城市	20	6	30.00	10	50.00	4	20.00
	一般城市	32	7	21.88	18	56.25	7	21.88
	乡镇	83	29	34.94	36	43.37	18	21.69
口岸城市		9	4	44.44	5	55.56	0	0.00

说明:(1)东北部区域包括:哈萨克斯坦东北部全部区域;南部区域包括:吉尔吉斯斯坦全部、塔吉克斯坦全部、乌兹别克斯坦东南部以及土库曼斯坦东南部区域;余为中西部区域。

(2)里海及其附近海域部分未包含在内。

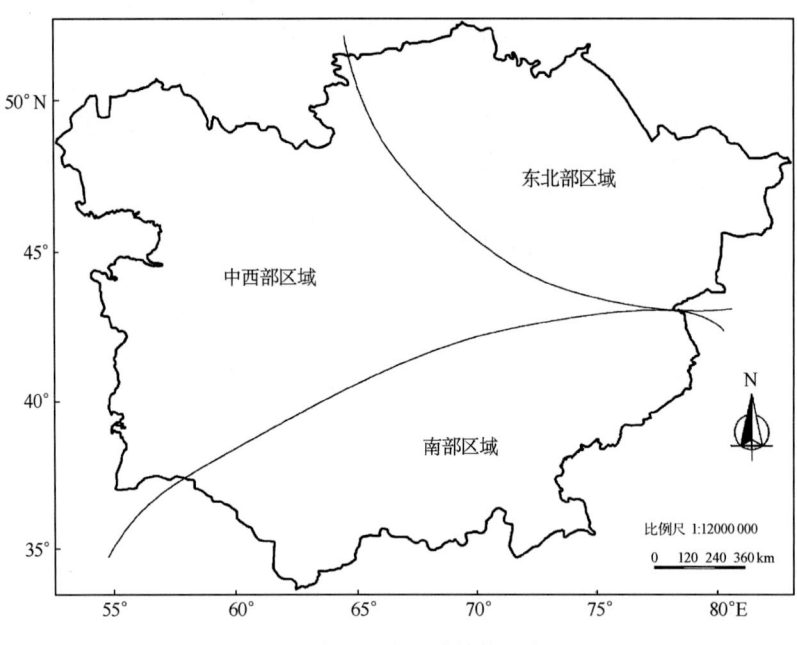

图 5.2 中亚三大区域结构示意图

注:图件以国家局审核标注图号:GS(2008)2676 号地图为底图绘制。

(2)中亚城市体系的地理分布特征

上述中亚城市体系的空间分布特征,一方面固然是各区域和国家社会、经济、人口和历史等人文因素综合作用的结果,另一方面则是受地理条件深刻影响的反映。因此,中亚城市体系的地域空间结构也具有相应的地理分布特征(表 5.6)。

表 5.6 中亚城市的地理区位因素及代表城市

城市的地理区位		区位特征及原因	代表性城市
平原、盆地和谷地的中心		以平原、盆地作为腹地,种植业基础好,农产资源丰富,中心城市发达	塔什干(Tashkent)、比什凯克(Bishkek)
山前洪积、冲积平原		山地与平原的邻接地带,地势平坦、土壤肥沃、资源丰富,为城市发展提供了优良环境	吉利斯坦(Gulistan)、撒马尔罕(Samarkand)
交通便利的交接位置	谷地	位于河谷平原、山间盆地或谷底,临河分布是其共有特点	纳伦(Naryn)、马雷(Mary)
	海湾	陆地与海洋的临界地带,依托港湾和便利的海运条件发展成港口城市	阿特劳(Atyran)、巴尔坎纳巴德(Balkanabat)
	河口	是全流域物质吐纳之口,拥有广大的腹地,在河口港基础上发展起来的大城市数目较多	乌拉尔(Oral)、卡什卡河(Qashqadaryo)
	河流交汇处	河流交汇点、码头、港口等的城市良好的区位基础;大量人流、物流、信息流在此聚集和中转,腹地广阔	塔拉兹(Taraz)、克孜勒奥尔达(Qyzylorda)
	铁路枢纽	通达性好,城市腹地范围大,地理位置优越	阿斯塔纳(Astanan)、杜尚别(Dushanbe)
	交界点	不同生产方式的交界点易发展成贸易城市	阿拉木图(Almaty)、热兹卡兹甘(Zhezkazgan)
资源禀赋		矿产资源易形成矿业城市;旅游资源易形成旅游城市	阿克套(Aqtau)、卡拉干达(Qaraghandy)

(3) 形成中的城市集聚区

在中亚沿海和沿河流河谷地区,由于优越的地理位置和雄厚的社会经济基础,逐渐发展为中亚城市分布最密集的地区,也是城市集聚区形成、发展的主要区域。

目前,中亚已经或正在形成的城市集聚区有:1)中亚东北部区域自东向北已经形成乌(斯季卡缅诺戈尔斯克)－卡(拉干达)－阿(斯塔纳)－科(克什套)－彼(得巴浦洛夫斯克)带状城市集聚区;2)中亚中东部区域正在形成以比什凯克和阿拉木图为双中心的包括塔尔迪库尔干、卡拉巴尔塔、托克马克、卡拉科尔等城市在内的组团型城市集聚区;3)中亚南部费尔干纳河谷地区以塔什干为中心,纳曼干、苦盏、奥什、西姆肯特为重点城市,包括别卡巴德、玛尔古兰、安集延、费尔干纳、贾拉拉巴德、吉扎克、吉利斯坦和塔拉兹等在内的中亚巨型块状城市密集区;4)中亚中部沿锡尔河两岸和咸海沿岸分布的突(厥斯坦)－扎(纳科尔干)－克(孜勒奥尔达)－朱(萨雷)－奥(捷克比)等城市组成的条状城市密集区;5)中亚中西部沿阿姆河两岸分布的钦(拜)－霍(杰伊利)－努(库斯)－达(绍古兹)－乌(尔根奇)－土(库曼纳巴德)－铁(尔梅兹)等城市组成的条状城市集聚区;6)以阿什哈巴德为核心,以土(库曼巴希)－马(雷)铁路为骨干,包括巴尔坎纳巴德、卡赞吉可、希尔达尔、巴哈尔登、别兹梅因、安纳乌、卡卡、捷詹等城市组成的"一"字形条状城市密集区;7)以阿克套为中心的里海东部城市集聚区;8)以杜尚别为中心,包括库尔干秋别、努雷克、库洛布、科法尔尼洪、沃塞等城市在内的首都块状城市集聚区(图5.3)。

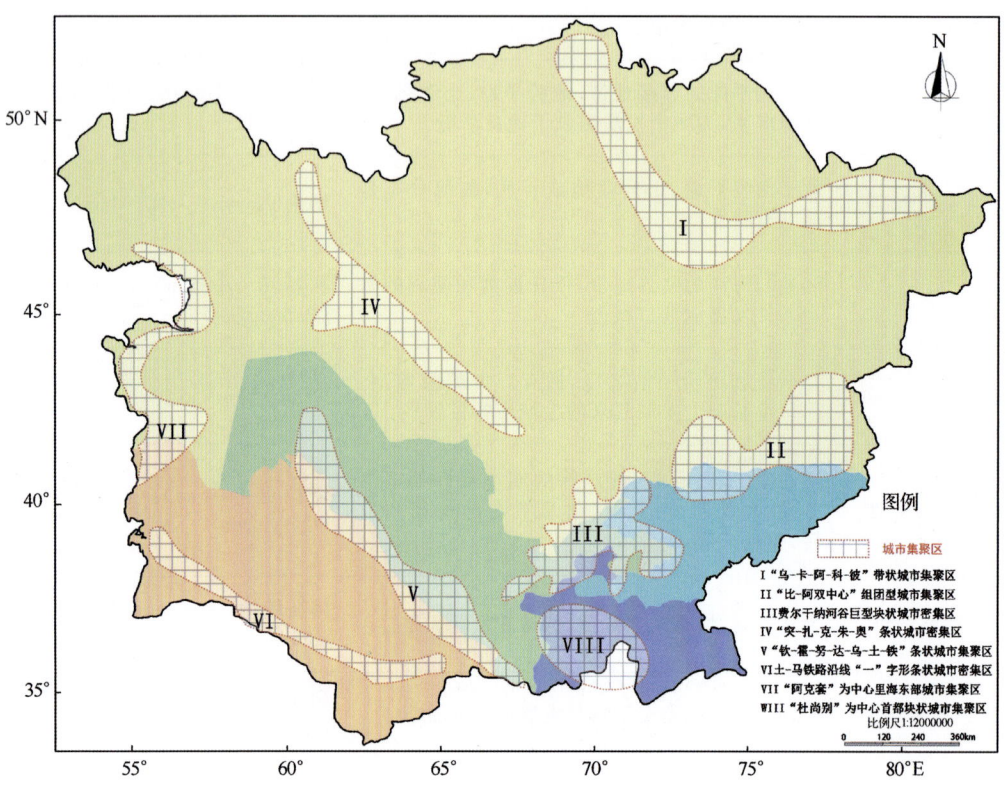

图 5.3　中亚城市集聚区

注:图件以国家局审核标注图号:GS(2008)2676号地图为底图绘制。

此外,以阿斯塔纳、卡拉干达、阿拉木图、乌斯季卡缅诺戈尔斯克、纳曼干、奥什、库尔干秋别、土库曼纳巴德、达绍古兹、巴尔坎纳巴德、曼格什套、阿什哈巴德等城市为中心的次级城市集聚区也在逐步形成中。中亚城市空间分布如图5.4所示。

5.3.2　城市体系等级规模结构

(1)城市体系的等级层次系统

苏联解体以后,中亚五国的城市虽出现了多元化发展趋势,许多工业中心、商业中心、旅游中心和经济中心不断涌现,但总体上城市体系的等级系统仍较为明显,体现了经济与政治管理的高度一致性(吴传钧,1998)。受原苏联行政管理体系的影响,目前中亚及各国的城镇体系呈现出六个等级层次,即首都－直辖市－州府城市－地区中心或州辖市－市辖区或州属市－乡镇(口岸城市)。

(2)城市体系的规模系统

世界上,现行的城市规模等级划分以人口规模为依据,将城市分为四个等级。第一级:特大城市,非农业人口规模大于100万;第二级:大城市,人口规模50万～100万;第三级:中等

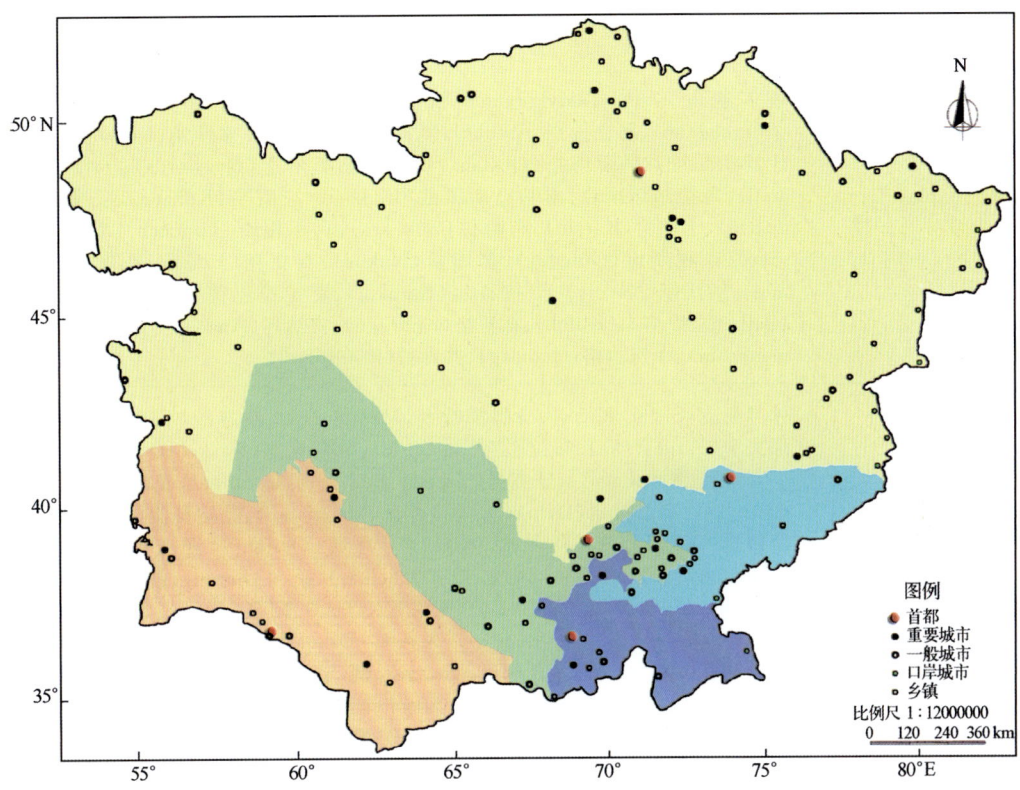

图 5.4 中亚城市空间分布(2008 年)

注:图件以国家局审核标注图号:GS(2008)2676 号地图为底图绘制。

城市,人口规模 20 万~50 万;第四级:小城市,人口规模小于 20 万。结合中亚城市发展的实际,为了研究的需要,将中亚城市规模等级重新调整为 4 级,依人口规模,依次为 100 万以上、10 万~100 万、5 万~10 万和 5 万以下。行政划分上对应:1 级主要为首都和直辖市;2 级主要为州府城市和地区中心(重点城市);3 级主要为州府城市辖区或州属市(一般城市);4 级主要为乡镇(口岸城市),如表 5.7 所示。

表 5.7 中亚城市的体系等级层次系统(2008)

层次	等级	城市数	城市名称
首都和直辖市	1	6	阿斯塔纳(Astana)、阿拉木图(Almaty)、塔什干(Tashkent)、比什凯克(Bishkek)、杜尚别(Duschanbe)、阿什哈巴德(Ashkhabad)
重点城市	2	20	卡拉干达(Qaraghandy)、乌斯季卡缅诺戈尔斯克(Ust-Kamenogorsk)、希姆肯特(Shymkent)、铁米尔套(Temirtau)、热兹卡兹甘(Zhezkagan)、阿尔卡雷克(Arkalyk)、巴甫洛达尔(Pavlodar)、塔拉兹(Taraz)、科克舍琴(Kokshetau)、彼得罗巴甫洛夫斯克(Petropavlovsk)、阿克套(Aqtau)、纳曼干(Namangan)、撒马尔罕(Samarkand)、奥什(Osh)、库尔干秋别(Qurghonteppa)、苦盏(Khudzhand)、马雷(Mary)、巴尔坎纳巴德(Balkanabat)、达绍古兹(Dashoguz)、土库曼纳巴德(Turkmenabat)

续表

层次	等级	城市数	城市名称
一般城市	3	32	塔尔迪库尔干（Taldykorgan）、济良诺夫斯克（Zyryanovsk）、舍甫琴柯堡（Shevchenko）、阿克托别（Aqtobe）、阿特劳（Atyrau）、库尔莎雷（Kulsary）、巴尔喀什（Balkhash）、科斯塔奈（Qostanay）、克孜勒奥尔达（Qyzylorda）、卡拉套（Karatall）、乌拉尔（Oral）、埃基巴斯图兹（Ekibastuz）、浩罕（Kokand）、安集延（Andizhan）、卡尔希（Karshi）、布哈拉（Bukhara）、乌尔根奇（Urgench）、安格连（Angren）、吉利斯坦（Gulistan）、努库斯（Nukus）、吉扎克（Jizzax）、铁尔梅兹（Termez）、纳沃伊（Navoiy）、卡拉科尔（Karakol）、贾拉拉巴德（Jalal Abad）、巴特肯（Batken）、库洛布（Kulob）、霍罗格（Khorugh）、安纳乌（Anau）、土库曼巴希（Turkmenbashi）、库姆达格（Gumdag）、共青城（Komsomol）
乡镇	4	75	休琴斯克(Shchuchinsk)、马姆柳特卡(Mamlyutka)、泰恩沙(Tayynsha)、谢尔盖耶夫卡(Sargeyevka)、布拉耶沃(Bulayevo)、卡斯克连(Kaskelen)、伊塞克(Isyk)、卡普恰盖(Kapchagav)、铁克里(Tekeli)、乌什托别(Ushtobe)、安德烈耶夫卡(Andreyevka)、乌洽拉尔(Ucharal)、曼格什套(Mangistau)、扎纳奥津(Zhanaozen)、赫罗姆套(Khromtau)、阿尔加(Alga)、十月城(Oktjabr)、舒巴尔库杜克(Shubarkuduk)、恩巴(Emba)、切尔卡尔(Chelkar)、萨兰(Saran)、沙赫京斯克(Shakhtinsk)、萨特帕耶夫(Satpayev)、阿塔苏(Atasu)、阿拜(Abay)、卡尔卡拉林斯克(Karkaralinsk)、鲁德内(Rudnyy)、朱莎雷(Dzhusaly)、奥捷克比(Aytece-Bi)、奥拉尔斯克(Aral'sk)、卢戈沃耶(Lugovaye)、楚(Shu)、阿克赛(Aksay)、塞米巴拉金斯克(Semipalatinsk)、谢莫纳伊哈(Shemonaikha)、斋桑(Zaysan)、阿亚古兹(Ayagoz)、马坎奇(Makanchi)、肯套(Kentall)、突厥斯坦(Turkestan)、阿雷斯(Alys)、连格尔(Lenger)、恰尔达拉(Chardara)、卡甘(kagan)、别卡巴德(Bekabad)、钦拜(Chimbay)、阿尔马雷克(Almatyk)、赫里夏勃兹(Shakhrisabz)、扬吉尤尔(Yangiyul)、昆格勒(Kungrad)、马尔吉兰(Margilan)、奇尔奇克(Chirchik)、帕什肯(Pskent)、锡尔河(Syrdarya)、卡尔卡巴德(Khalkabad)、楚期特(Chust)、卡山塞(Kasansay)、卡拉巴尔塔(Kara-Balta)、纳伦(Naryn)、塔拉斯(Talas)、乌兹根(Uzgen)、卡拉森(Kara-Sun)、塔什库米尔(Tash-Kumir)、喀尔宾(Kerben)、阿拉布卡(Ala-Buka)、彭吉肯特(Panjakent)、科法尔尼洪(Kofarnihpn)、怒雷克(Norak)、沃塞(Vose)、沙尔图兹(Shahrtuz)、约洛坦(Yeloten)、别兹梅因(Byuzmeyin)、锡尔达尔(Sirdar)、巴哈尔登(Bakherden)、库尼亚乌尔根奇(Keneurgench)

说明：中亚与中国新疆相对应的9个口岸城市未包括

(3)城市体系的等级规模分布特征

截至2008年，中亚五国城市数共计133个，其中各级城市的个数分别为6个、20个、32个和75个（表5.8），各级城市数的比例大体上为1∶3∶5∶13，四个等级城市所占城市总数百分比为：4.5%∶15%∶24.1%∶56.4%。

中亚五国，哈萨克斯坦各级城市数的比例大体上为1∶5∶6∶22，四个等级城市所占城市总数百分比为：2.9%∶16.2%∶17.6%∶63.2%。乌兹别克斯坦各级城市数的比例大体上为1∶2∶11∶14，四个等级城市所占城市总数百分比为：3.6%∶7.1%∶39.2%∶50%。吉尔吉斯斯坦各级城市数的比例大体上为1∶1∶3∶8，四个等级城市所占城市总数百分比为：7.7%∶7.7%∶23.1%∶61.5%。塔吉克斯坦各级城市数的比例大体上为1∶2∶2∶5，四个等级城市所占城市总数百分比为：10%∶20%∶20%∶50%。土库曼斯坦各级城市数的比例大体上为1∶4∶4∶5，四个等级城市所占城市总数百分比为：7.1%∶28.6%∶28.6%∶35.7%。

表 5.8 中亚五国城市等级分布情况

层次	等级	中亚五国	乌兹别克斯坦	吉尔吉斯斯坦	塔吉克斯坦	土库曼斯坦	哈萨克斯坦
首都和直辖市	1	6	1	1	1	1	2
重点城市	2	20	2	1	2	4	11
一般城市	3	32	11	3	2	4	12
乡镇	4	75	14	8	5	5	43
合计	/	133	28	13	10	14	68

概括来讲,中亚城市体系的等级规模具有如下特征:1)城市以中小城市为主,规模在100万人以上的大城市比例偏少;2)不同等级的城市比例较为适中,金字塔形结构分布较为明显;3)城市在空间分布上不均匀,主要集中于阿斯塔纳为中心的中亚北部区域、阿什哈巴德为中心的中亚西南部区域以及塔什干为中心的费尔干纳河流域,特别是在费尔干纳河谷地区形成了连绵状的巨型城市集聚区。

5.3.3 城市体系职能组合结构

根据中亚城市发展现状特征,将其职能划分为如下基本类型(表5.9)。

表 5.9 中亚城市基本职能类型

地域主导作用	类	型
(1)以行政职能为主的综合性城市	行政中心城市	国家级中心城市
		区域级中心城市
		地方级中心城市
(2)以交通职能为主的城市	综合交通枢纽城市	水陆空综合运输枢纽城市
		水陆运枢纽城市
		陆空运枢纽城市
	部门交通性城市	铁路枢纽城市
		港口城市
	口岸城市	水运口岸城市
		空运口岸城市
		陆运口岸城市

续表

地域主导作用	类	型
(3) 以工业职能为主的城市	重型工业城市	石油加工工业城市
		机械制造工业城市
		钢铁工业城市
		电力工业城市
		煤矿工业城市
		化学工业城市
		冶金工业城市
	轻型工业城市	食品工业城市
		纺织工业城市
		皮革工业城市
		其他类型轻工业城市
(4) 以流通职能为主的城市	贸易中心城市	地方贸易中心城市
		对外贸易中心城市
	旅游中心城市	地方旅游城市
		国际旅游城市

资料参考：吴传钧主编《中国经济地理》，北京：科学出版社，1998

中亚地域广阔，自然环境背景、政治条件以及各国历史发展面临的机遇和挑战不同，不同国家以及中亚的不同地区城市体系的职能类型和职能结构有较大差异，每一个地区城市体系职能机构都有几个反映地域城市体系职能特点的主要产业部门（吴传钧，1998；何俊芳，2001；许涛，2001；刘伟建，2006），形成城市体系职能的地域组合类型（图 5.5）。

影响中亚城市职能地域组合特点的因素有：1) 对区域经济发展起主导作用的大型矿产资源的开发和利用。城市体系职能构成与大型矿产资源开发直接相关，大型矿产资源的开发可促进相关加工行业的发展，形成具有一定组合特点的地域城市体系职能结构。如卡拉干达地区煤炭和钢铁工业基地，里海附近阿克套地区石油加工基地。2) 区域自然资源条件。区域城市体系职能最初形成与区域自然资源条件密切相关，尤其是农业生产条件对轻加工工业城市体系的形成有重要作用。如费尔干纳河谷地区有利的农业生产条件，为塔什干周边以纺织工业为主的轻工加工工业的发展提供了便利。3) 地方产业政策的引导。受地域分工的需要，在地方产业政策的引导下，部分产业开始向特定的地区倾斜布局，形成不同的区域城市体系职能组合类型。如为打造卡拉干达工业区和中亚工业区需要，中亚北部形成以煤炭、钢铁、机械制造和纺织工业为主的职能组合类型；中亚东南部形成化学、纺织和食品加工占重要地位的城市体系职能类型（表 5.10）。

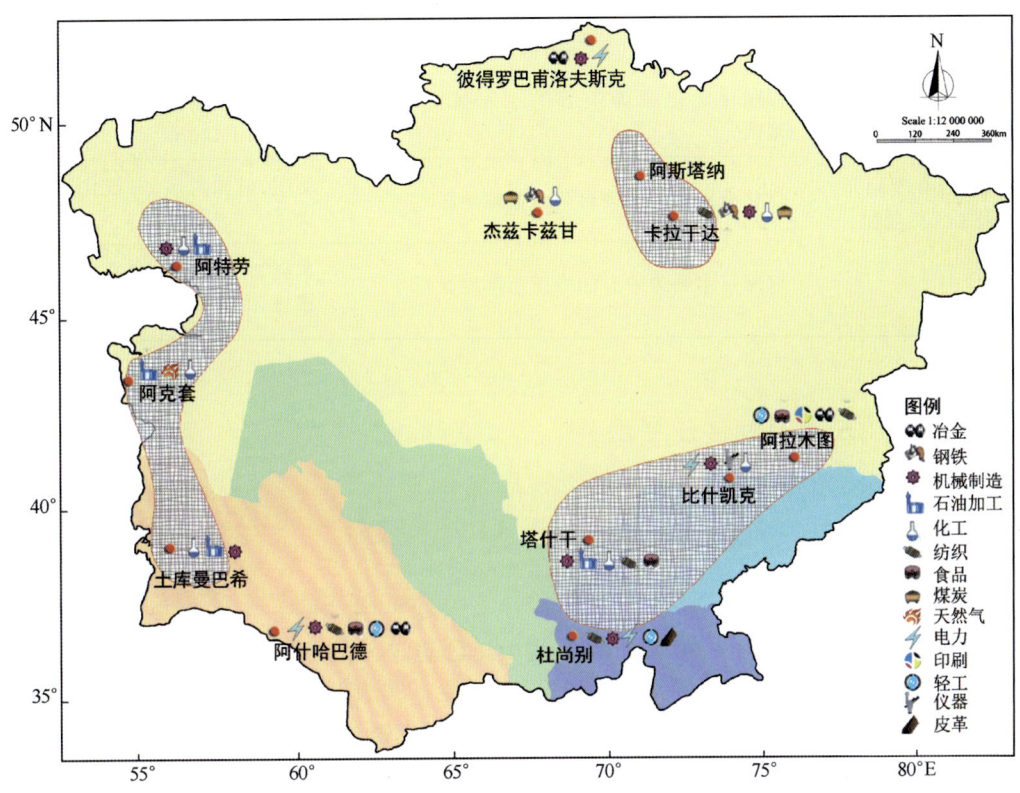

图 5.5 中亚城市体系职能地域组合

注:图件以国家局审核标注图号:GS(2008)2676号地图为底图绘制。

表 5.10 中亚城市职能地域组合

城市职能地域组合类型	主要分布区域	职能组合结构
综合性	以卡拉干达为中心的中亚北部地区	钢铁、机械制造、煤炭、纺织、化工
	以塔什干为中心的费尔干纳河谷地区	机械制造、化学、化工、纺织、食品加工
	以阿克套为中心的中亚西部地区	石油、天然气、化工
工矿和重加工工业型	以彼得罗巴甫洛夫斯克为中心的哈萨克斯坦北部地区	冶金、电力、机械
	以杰兹卡兹甘为中心的哈萨克斯坦中部地区	煤炭、钢铁、重化工
机械和化工工业型	以阿特劳为中心的哈萨克斯坦西部地区	石油、化工、机械制造
	以土库曼巴希为中心的土库曼斯坦西部地区	机械工业、化学工业
	以比什凯克为中心的吉尔吉斯斯坦北部地区	电力、机械、仪器、电器制造

续表

城市职能地域组合类型	主要分布区域	职能组合结构
机械、化工和轻加工工业型	以阿什哈巴德为中心的土库曼斯坦中部地区	电力、机械制造、金属加工、纺织、食品加工、轻工
	以杜尚别为中心的吉萨尔盆地地区	纺织、机械制造、电气化工、轻工、皮革
	以阿拉木图为中心的中亚东部地区	木材加工、轻工、食品工业、印刷、建材、冶金、纺织、农产品加工

5.4 重点城市及其发展存在问题

5.4.1 重点城市

(1)阿斯塔纳

阿斯塔纳是哈萨克斯坦共和国的首都,其历史已超过一个半世纪。1832年8月22日西西伯利亚总督的阿克莫林斯克外部行政区在这里设立。30年后,根据俄罗斯内务部1862年5月7日发布的命令,在军事要塞旁边形成的阿克莫林斯克镇被赋予城市的地位。从那时起,阿克莫林斯克市就一直是沙俄和前苏联时期许多行政区划单位的中心:1869—1920年是阿克莫拉州阿克莫拉县的中心(当时的州府城市是鄂木斯克市),1920—1928年是阿克莫拉省的中心,1928—1930年是阿克莫拉区(苏联时期)的中心,1930—1932年是共和国直属的区中心,1932—1939年是卡拉干达州一个区的中心,1939—1960年是阿克莫拉州的中心,1960—1965年是采林内边疆区的行政中心,从1965年到1997年12月又成为采利诺格勒州(1992年更名为阿克莫拉州)的中心。现在,阿斯塔纳市不仅是共和国的首都,还是阿克莫拉州和市郊采利诺格勒区的中心,人口66.17万人(2009年)。

阿斯塔纳冬季漫长、寒冷、少雪,夏季炎热、干燥,属大陆性气候。冬季长达5~5.5个月,有时寒期可达245 d,通常在11月中旬左右开始形成积雪,积雪期长达130~140 d;1月份的平均气温为-17℃,最冷的冬季绝对气温曾达-52℃。多年平均积雪厚度为30 cm。每年的沙尘天气有30 d左右,雾天为6 d,经常刮西南风。每年的日照时数为2200 h,无霜期为120 d。7月份的平均气温为20℃,最高气温曾达42℃。年均降水量为300 mm,其中的30%发生在春季,36%在秋、冬季。7月份的降水量最大(45 mm),12月的降水量最小(16 mm)。

阿斯塔纳是哈萨克斯坦的大型工业中心,这里有重要的机械加工企业(主要生产农机及其配件、牧业机械及饲料加工设备)、金属加工企业、磨粉碾米企业、食品加工企业,还形成了强大和发达的建筑业。

阿斯塔纳是全国重要的交通中心,是具有重要战略意义的铁路、公路和航空枢纽,它将中亚、哈萨克斯坦南部及东南部与俄罗斯、哈萨克斯坦北部连接起来。1998年阿斯塔纳对飞机场进行了彻底改造和扩建,现在来自世界各国的任何型号的飞机都可以在这里降落。目前,已经开通了从该市到哈萨克斯坦及俄罗斯许多城市的空中交通线路,以及通往德国、土耳其、波兰、巴基斯坦、阿拉伯联合酋长国的航班。

阿斯塔纳是全国的第二大科教和文化中心,拥有牢固的社会文化基础。市内有18家医院和29所门诊部,有2所医科学校和1所医学院培训医务人员。有49所幼儿教育机构、43所普通教育中学、7所职业技术学校、9所中等专业学校、2所综合大学、2所科学院(农业科学院和医学科学院)、5所私立大学、1所内务部的职业培训学校。该市还有3座博物馆、2家剧院、3家大型文化馆、几家俱乐部、电影院和图书馆、1个文化休息公园、2座体育馆、3座游泳馆、10座运动场。现在正在修建国家博物馆和图书馆,改造共和国宫。哈萨克斯坦第一座40层高的摩天大楼也将投入使用,楼内设有贸易金融服务中心。

哈萨克斯坦共和国总统及政府对城市建设采取了强有力的专项措施,阿斯塔纳市的城市风貌、经济生产、社会文化等领域在很短的时间内就发生了惊人的变化。它将成为哈萨克斯坦共和国美丽的现代化都市、全国的政治中心及第二大科学文化中心。

(2)阿拉木图

阿拉木图历史悠久,古代中国通往中亚的丝绸之路就经过这里。阿拉木图是哈萨克斯坦前首都和经济、文化中心,阿拉木图州首府。它位于外伊犁阿拉套山脉北麓,人口138.47万人(2009年),居民以俄罗斯人居多,其次是哈萨克、乌克兰、鞑靼、维吾尔等族。因盛产苹果于1921年改称今名(哈萨克语意为"苹果城")。1991年12月苏联解体后,它成为独立的哈萨克斯坦共和国首都。由于阿拉木图地处边疆地区,城市扩展余地有限,1994年哈萨克斯坦决定迁都。1997年12月10日,阿拉木图由昔日的首都变成一个直辖市,它由六个行政区组成,分别是阿尔马林区、阿乌埃佐夫区、博斯坦德克区、热特素区、麦杰沃区和图尔克西布区。

阿拉木图属大陆性气候,冬季积雪较少,气候较温和;夏初(4—6月)和夏末(9—10月)气温适中,7月和8月是夏季最热的月份,降水却很少。1月份的平均气温-8℃,7月份的平均气温是22~24℃。年均降水量为600 mm,大部分降水发生在春季。阿拉木图市处在地震活动带上,1887年和1910年曾发生过大地震。

阿拉木图在哈萨克斯坦经济领域占据着重要地位,这里有许多大型的机器制造、金属加工、木材加工、轻工、食品工业、印刷、建材生产等企业,生产轧压设备、金属切削机床、自动化仪器仪表、汽车和拖拉机配件、电机和低压电器、有色冶金企业专用技术设备等。生产的肉制品、奶制品、磨粉碾米业产品、烟草制品、水果罐头、糖果点心、葡萄酒、甜酒和白酒、茶叶、棉布、地毯、针织品、裘皮制品、缝纫制品、鞋类和家具等,对于哈萨克斯坦整个经济的发展具有重要意义。

阿拉木图是哈萨克斯坦最重要的交通枢纽。就像古代有许多商队经阿拉木图沿着丝绸之路去往欧洲一样,现在又恢复了经阿拉木图与中亚国家、甚至与俄罗斯及中国的紧密经贸联系。在这方面,突厥斯坦-西伯利亚铁路干线(1929年7月19日第一趟列车沿这条铁路到达阿拉木图)和阿拉木图国际机场发挥了重要作用。此外,阿拉木图还有四通八达的公路,向西可到达哈萨克斯坦的南部和西部地区,继而通向乌兹别克斯坦;向东可达哈萨克斯坦东部地区,继而进入俄罗斯西伯利亚地区;向北可达哈萨克斯坦中部、北部、东北部地区,继而通向俄罗斯的西西伯利亚、乌拉尔及中部地区;向南经霍尔果斯口岸进入中国。许多来自欧洲国家、土耳其、伊朗、巴基斯坦、中国等国家的大型货运汽车经常从阿拉木图经过。

阿拉木图是哈萨克斯坦的金融和文化中心。近些年来,哈萨克斯坦经济的快速发展又让阿拉木图迎来黄金发展期,一座座现代化高楼大厦拔地而起。让人心动的是阿拉木图在追赶现代化的同时,拒绝了污染和烟囱,排斥了大都市的喧嚣和浮躁,到处呈现出和谐宁静的气氛。阿拉木图市在哈萨克斯坦金融服务领域占据绝对主导地位,全国几乎所有商业银行的总部、大部分保险公司和养老基金公司、中央银行、证券交易所都设在该市。按照市政当局的发展规划,阿拉木图要按国际标准建成区域性金融中心和商务中心,建成最具便利条件的商业城市,同时也是理想、安全的休闲城市。阿拉木图市仍保留着自己巨大的工业、金融、精神和文化潜力,将继续对全国各方面的活力产生非凡的影响。

(3)塔什干

塔什干历史悠久,有文献记载的历史达 1500 多年。8 世纪开始成为穆斯林城市,是古"丝绸之路"上重要的商业枢纽之一。11 世纪起称为塔什干(意为"石头城");1220 年划入成吉思汗帝国版图;从 13 世纪起,它先后归属波斯帝国、帖木儿帝国、布哈拉汗国和浩罕汗国;1865 年被沙俄军队占领并成为突厥斯坦辖区首府;1930 年起直到苏联解体为乌兹别克苏维埃共和国首都;1991 年 9 月 1 日起成为独立的乌兹别克斯坦共和国的首都。

塔什干属于半干旱的大陆性气候。每年 6—9 月是漫长而炎热干旱的夏季,而每年的 12 月到来年 2 月是短暂而寒冷的冬季。塔什干 6 月到 8 月的温度非常高,平均年降雨量在 100~200 mm,降雨大部分集中在冬季和春季,7 月到 9 月为干旱期。

塔什干是乌兹别克斯坦最大的工业城市,是全国农业机械和纺织机械的生产基地,工业产值占全国工业总产值的 25%。主要工业部门有电力、航空、机械制造、金属加工、建材、轻工等。著名的大企业有塔什干契卡洛夫航空生产联合企业、"塔什干拖拉机厂"生产联合企业、农业机械厂、纺织机械厂等。主要的出口产品有丝绸、棉花、纺织品、石油、煤、铜、硫磺、大米,以及电视机零部件、汽车、拖拉机等制造业产品。

塔什干是全国重要的科教和文化中心,科教文化设施齐全,有 15 所高等院校,最著名的是建于 1920 年的塔什干国立大学。有一个科学院,多个剧院和博物馆。

塔什干是中亚最大交通枢纽之一,公路、铁路、航空运输发达。市内有 9 个火车站。1973 年开始修建地铁,是中亚唯一建有地铁的城市。如今地铁总长度达 34.9 km,分 3 条线路,共有 29 个地铁站。其他公共交通也比较方便。塔什干几乎同独联体各国的首都均通航班,与北京、首尔、德里、卡拉奇等国外大城市也都有直达国际航线。

塔什干是中亚地区的第一大城市,也是中亚人口最多的城市,人口达到 230 万人。作为乌兹别克斯坦政治、经济、文化和交通中心,按照城市规模大小,是独联体内仅次于莫斯科、圣彼得堡和基辅的第四大城市,在总统和政府的坚强领导下,塔什干经济发展迅速,社会安定,人民安居乐业,城市建设日益繁荣,塔什干发展必将成为中亚城市发展的增长极,带动整个中亚区域的发展步伐,给整个区域增添亮丽的色彩和勃勃生机。

(4)比什凯克

比什凯克是吉尔吉斯族人自古以来对该市的称呼,其吉尔吉斯语的意思是"搅拌马奶的棒子"。1878 年俄国人将该地称为必茨伯克(俄文:Пишпек),1926 年吉尔吉斯加入苏联,成为其中一个加盟共和国——吉尔吉斯苏维埃社会主义共和国。比什凯克亦成为此加盟共和国首府,为纪念在吉尔吉斯出生的苏联和吉尔吉斯共产党军事家米哈伊尔·伏龙芝,当地政府将比什凯克改称为伏龙芝(俄文:Фрунзе)。吉尔吉斯于 1991 年脱离苏联独立,吉尔吉斯斯坦政府于同年 2 月 7 日恢复比什凯克的地名。

比什凯克（原伏龙芝市）是吉尔吉斯共和国的首都，政治、经济、文化、科学中心，主要的交通枢纽。

比什凯克属于典型的大陆性气候，夏季干燥炎热，7月最高气温有时达到40℃以上，冬季平均气温为－7℃，全年平均气温不超过10℃。全年降水量400 mm，该市阳光充足，平均一年当中有322个晴天，日照将近2590 h，城区多风，城市处于多震地带。阿拉－阿尔恰河、阿拉米丁河和楚河大渠穿城而过。

比什凯克是中亚地区一个重要工业城市，电力、机械、仪器、电器制造是工业主导部门。经济以工业、服务业和小商品零售业为主。

比什凯克是重要的交通枢纽。铁路直达莫斯科、伊尔库茨克、塔什干、贾拉拉巴德、塞米巴拉金斯克、雷巴奇耶等城市。航空运输发展迅速，连接莫斯科、圣彼得堡、新西伯利亚、基辅、塔什干、阿拉木图等50多个城市。公路交通四通八达，首都同各州首府和区中心都通长途汽车，市内有公共汽车、电车、出租车、私人小汽车等，城市交通很方便。

比什凯克是全国的文化和科学中心，市内文化机构林立。1987年就有图书馆258座，藏书共3550万册，其中大型图书馆有国家图书馆、科学院图书馆和少年图书馆。全市有文化宫和俱乐部18座，电影院16座，此外还有博物馆、剧院、体育宫等文体设施。博物馆有共和国历史博物馆、造型艺术馆等。剧院有国家模范歌剧芭蕾舞剧院、国家模范话剧院、俄罗斯话剧院、木偶剧院和马戏剧场以及音乐馆等，这些建筑门前一般都有广场、花圃、雕塑、喷泉，构成一幅幅城市风景画。

(5) 阿什哈巴德

阿什哈巴德一词最早见于19世纪中叶的历史文献，意为"爱之城"，当时为土库曼人的一支捷詹人的城堡。该市始建于1881年，当年沙俄组建后里海军区，在此设立行政中心。到一战前夕，成为沙俄与伊朗的贸易重镇。1925年后，为土库曼苏维埃社会主义加盟共和国首府。1948年10月，阿市发生里氏9～10级大地震，死亡16万人，整个城市几乎完全被摧毁。现在的城市是在废墟上重建的。1991年土库曼斯坦独立后，作为国家首都和政治、经济和文化中心，兴修了总统府、议会大厦、国际机场、中立门、大清真寺和能容纳6万余人的体育场等大型设施，城市面貌发生了很大变化。阿什哈巴德，位于土库曼斯坦南部的阿哈尔绿洲，占地300 km²，由科佩特达格、阿扎特内克和尼亚佐夫3个区组成。

阿什哈巴德属大陆性气候，夏季漫长，炎热干燥；冬季短暂，温暖少雪。1月和7月的平均气温分别为4.4℃和27.7℃。昼夜温差较大，日照充足。

阿什哈巴德市作为全国工业中心，该市拥有电力、食品加工、轻工、机械制造和金属加工等工业部门，工业产值占全国的11%。工业产品主要有针织品、棉布、玻璃、奶制品、面包类食品、糖果点心、饮料等。

阿什哈巴德是全国的政治和文化中心，科学、文化和新闻事业较为发达。国家科学院下辖十五个分支研究机构。有国立马赫图姆库里大学、医学院和工学院等十余所高等学府。全市共有4家剧院、7家影院、5家博物馆。有《中立的土库曼斯坦报》、《复兴报》、《土库曼斯坦报》、《阿什哈巴德 晚报》等十余家报社，两套电视节目。

阿什哈巴德也是土库曼斯坦乃至于中亚地区的重要交通枢纽。市内有横贯东西通往中亚的铁路，卡拉库姆大运河流经该市，有通往全国的公路和现代化的国际航空港、设施良好的机场，与独联体各国、伊朗、巴基斯坦、印度、德国、土耳其、英国、阿联酋和泰国等40多个国家和地区直接通航。

进入新世纪,根据国家规划,阿什哈巴德的建筑风格不仅体现了本民族和东方的建筑艺术,还呈现了当代城市的建设风格。随着城市建设步伐的加快,阿什哈巴德将变得越来越美丽,成为土库曼斯坦人民的骄傲。阿什哈巴德在新世纪将以自己的基础设施成为"中亚最大的实业中心"。

(6)杜尚别

杜尚别历史较短,是在一个村子的基础上兴建起来,自1925年起称市。1925年以前称基什拉克(意为村),1925—1929年称杜尚别(原译为久沙姆别,意为星期一,因每周星期一的集市而得名),1929—1961年称斯大林纳巴德,1961年后改称杜尚别。该市于1929年成为塔吉克苏维埃社会主义共和国(前苏联加盟共和国)的首都。现今为塔吉克斯坦首都,该市分为4个区:索赫曼苏尔区(前铁路区)、费尔达弗希区(前中央区)、萨马尼区(前十月区)、锡诺区(前伏龙芝区)。

杜尚别位于瓦尔佐布河及卡菲尔尼甘河之间的吉萨尔盆地,海拔750～930 m,面积125 km^2;1月平均气温为1℃,7月为28℃。

杜尚别市是全国的工业中心,工业总产值占全国的1/3。大型工业企业有杜尚别棉纺织联合企业、钢筋混凝土构件厂、杜尚别机器制造厂、塔吉克水利工程设备联合企业、杜尚别专业自动化试验工厂、杜尚别"帕米尔"电冰箱生产联合企业、杜尚别制砖生产联合企业、杜尚别挖掘机修造厂、汽车修理厂、杜尚别油漆涂料厂、杜尚别塑料制品及非标准型设备厂、杜尚别机械修理厂、杜尚别农业电气化试验厂、杜尚别蚕种设备厂、纺织机械厂、塔吉克斯坦黄金采选联合企业、塔科布萤石开采联合企业、杜尚别水泥生产联合企业、石棉水泥制品联合企业、"东方"动力设备修理厂、电力网中心企业等。轻工企业有杜尚别饮料和矿泉水厂、杜尚别卷烟厂、木材加工厂、卫生工程设备厂、制药厂、针织厂、织袜厂、制鞋厂、头巾厂、糖果点心厂、克鲁普斯卡娅丝绸联合企业、杜尚别印刷联合企业、粮食产品联合企业等。

杜尚别市是全国的科学及文化教育中心。科研机构有共和国科学院(成立于1951年,有16个科研机构)。非科学院系统的科研所有:塔吉克农科所(附设4个试验站)、果树葡萄和蔬菜研究所、土壤研究所、畜牧和兽医科研所、塔吉克养羊业科研所、流行病学和卫生学研究所、塔吉克水利技术和土壤改良研究所、科学技术和技术经济情报科研所、计划经济和数学方法研究所、塔吉克自动化系统研究所、建筑基础和地下建筑研究所、塔吉克农业经济和体制研究所、塔吉克马铃薯研究所等。高等院校有塔吉克国立大学、国家医科大学、塔俄斯拉夫大学、农业大学、师范大学、理工大学、伊斯兰大学、工艺大学、外语学院、体育学院、艺术学院、商学院、税务法律学院等。文化设施包括:7座剧院,其中有以艾尼(塔吉克作家、学者、社会活动家)的名字命名的芭蕾舞歌剧院(建于1939—1946年)、马雅科夫话剧院、拉胡提话剧院、11座电影院及音乐厅、马戏场等。有5个体育场、1个体育馆、7个游泳池。博物馆众多,有地方史志博物馆、造型艺术博物馆、民族学博物馆、地质博物馆、艾尼文学博物馆、图尔松扎德(塔吉克诗人、社会活动家)文学博物馆等。

杜尚别还是塔吉克斯坦公路、铁路和航空运输枢纽,有至莫斯科、阿拉木图、比什凯克、阿什哈巴德、叶卡捷琳堡、新西伯利亚、莎迦、卡拉奇、德黑兰等地的国际航线。市内无轨电车单线长125.8 km。杜尚别市与莫斯科市(俄罗斯)、卢萨卡市(赞比亚)、博尔德市(美国)、萨那市(阿拉伯也门)、克拉根福市(奥地利)、拉合尔市(巴基斯坦)等城市结为友好城市。

杜尚别城市环境优美,基本上是一个没有工业污染的城市,这里楼房建设略显粗糙,虽总体上给人一种小城市的感觉,但却是多种文化交汇之处,在经济发展和文化提升方面展现了蓬勃生机。

5.4.2 重点城市区域中心性分析

对于中亚重点城市的区域中心性分析表明:中亚地区存在两个经济、人口、城市地位相近的城市,本节运用引力模型对两市与其相邻国家首都城市间的相互影响进行一般性分析。基于阿斯塔纳和塔什干两个区域中心城市在经济活动、政治作用、交通地位等相互间联系方式方面存在的相似性,采用典型引力模型进行测算:

$$R_{ij} = \frac{\sqrt{p_i \cdot v_i} \cdot \sqrt{p_j \cdot v_j}}{d_{ij}^2}$$

式中 i 为中心城市,j 为其相邻城市,$j=1,2,3,\cdots,n$,R_{ij} 为城市间引力强度,也称为城市间的经济联系量,是用来衡量城市(区域)间经济联系强度的大小,它既能反映中心城市对周边次级城市的辐射能力,也反映这些城市对辐射力的接受程度;p_i、p_j 为城市 i 和城市 j 的城市人口;v_i、v_j 为城市 i 和城市 j 的地区生产总值;d_{ij} 为 i 城市到 j 城市之间的交通距离。该式中的引力强度与城市间距离成反比,与城市的人口和经济量成正比,R 值越大,说明两城市之间的相互作用量越大。

中亚共有城市 178 座,由于多数中小型城市人口和经济规模太小且数据难以获取,故只对重点城市(5 个国家的首都阿斯塔纳、塔什干、比什凯克、杜尚别和阿什哈巴德以及哈萨克斯坦的原首都阿拉木图)进行分析。

表 5.11 中亚重点城市人口、经济概况

城市	人口（万人）	排序	面积（km²）	排序	GDP（亿美元）	排序	人口密度（人/km²）	排序
阿斯塔纳	71	5	722	1	100	3	958	6
阿拉木图	142	2	324.8	2	399	1	4152	4
塔什干	214	1	256	4	331	2	8370	1
比什凯克	84	4	127	5	37	5	6581	2
杜尚别	68	6	124.6	6	13	6	5453	3
阿什哈巴德	91	3	300	3	62	4	3030	5

注:数据来源于维基百科、商务部外贸司官网。

从表 5.11 中可以看出,阿拉木图和塔什干在人口、城市面积和经济状况方面,超过其他 4 座城市,综合考虑交通条件、地理位置、科教文化和政策因素的影响,将阿拉木图所在现哈萨克斯坦首都阿斯塔纳和塔什干两座城市大致定位一个等级;其余 4 座城市中,除苹果之城阿拉木图是哈萨克斯坦前首都和经济、文化中心外,其余 3 座(比什凯克、杜尚别和阿什哈巴德)均为国家的行政、科技文化和交通中心。因此,总体而言,这 4 座城市在发展级别上应属于同一层次。

表 5.12 是中亚中心城市阿斯塔纳市和塔什干市与其他城市的经济联系强度,城市间交通距离以 Google earth(谷歌地球)地图上距离为准。表 5.12 是经测算后得出的 R 值,可以看出,交通距离对于城市间经济联系量的影响较大,阿斯塔纳是全国重要的交通中心,是具有重要战略意义的铁路、公路和航空枢纽,它将中亚、哈萨克斯坦南部及东南部与俄罗斯、哈萨克斯

坦北部连接起来。但由于阿斯塔纳市距离其他城市较远,同时按铁道和公路路线,其交通地位不如塔什干市,这也抵消了阿斯塔纳市的部分作用力,因此在对其他城市的经济影响方面要低于塔什干市。塔什干市与其周边的城市则具有更强的相互作用力;加之塔什干历史悠久,有文献记载的历史已达1500多年,从8世纪开始便成为穆斯林城市,是古"丝绸之路"上重要的商业枢纽之一。目前是中亚第一大城市,又是中亚最大交通枢纽之一,公路、铁路、航空运输发达,在铁路、机场等基础设施方面的条件优于阿斯塔纳市。所以综合考虑确定:阿斯塔纳市和塔什干市作为中亚区域的一级发展中心;其他4座城市为功能相异的次级发展中心:机器制造、金属加工、木材加工、轻工、食品工业、印刷、建材生产－阿拉木图,电力、机械、仪器、电器制造、金属加工－比什凯克、阿什哈巴德,制造、棉纺织业、种植业和农产品深加工－杜尚别。

表 5.12　中亚中心城市 R 值比较　　　(单位:百万人·亿美元/km²)

中心城市	相邻城市	R 值	中心城市	相邻城市	R 值
阿斯塔纳	阿拉木图	2.13	塔什干	阿斯塔纳	2.14
	塔什干	2.14		阿拉木图	44.82
	比什凯克	0.13		比什凯克	4.72
	杜尚别	0.02		杜尚别	3.72
	阿什哈巴德	0.07		阿什哈巴德	2.02

5.4.3　城市发展存在问题

城市建设和城市发展是地区现代化建设的重要组成部分。中亚城市在建设和发展的过程中,由于城市化水平低、工业基础薄弱,城市发展表现出非理性和无序性增长的趋势,总体上不利于综合国力和人民生活水平的提高。中亚城市在发展过程中还面临很多困境,存在很多问题。

(1)城市化发展水平低

城市化虽然是人们十分熟悉和普遍关注的话题,但理解起来却不是这么简单。

第一,城市化必须在工业化达到一定水平后才会产生,或者说,工业化是城市化的基础条件。

对于中亚五国而言,不仅城市化水平低下,而且工业化水平也不高。因此,不能轻视工业化基础条件建设的观念下盲目推进城市化发展。另外,中亚各国经济发展水平具有很大的不平衡性,这主要源于工业化水平的地区不平衡性所致。

第二,城市化对工业化的拉动功能是存在的,但不能过度估价城市化对工业化的带动功能。

城市化对工业化带动能力的提升必须具备两个前提:一是该地区或该城市具有产业基础或区位条件、人力资本,即具有相对比较优势条例;二是该地区或该城市具有产业集聚能力,特别是新兴产业或高新技术产业集群发展能力。

第三,提供充裕的就业机会和提高生活环境质量,是决定城市化绩效高低的主要因素。

中亚经济发展水平相当较低,不能像发达国家和地区那样提供充裕的就业机会,生态环境仍存在恶化的趋势,居民生活环境质量不能得到有效的提升。

(2) 城市等级规模不显著

城市的快速发展,给中亚经济社会面貌带来了巨大的改变。城市等级规模结构也出现了新的问题。大城市(包括特大城市)和小城镇发展迅速,整个规模结构呈两极分化、畸形发展的趋势。城市等级不合理,规模结构特征不显著。

(3) 城市产业结构亟需优化升级

产业结构的不合理主要体现在生产结构、产业组织结构和产业技术结构以及三次产业分布等方面。受此影响,产业结构存在:1)产值结构和就业结构严重扭曲,农业滞留劳动力过多;2)农业产业结构不合理;3)工业基础薄弱,吸纳就业能力有限;4)加工工业水平低,市场有效需求不足;5)高增长行业的地位尚不突出和稳定;6)服务业产业化发展缓慢,市场化程度低,发展严重滞后等问题。因此,城市产业结构有待进行调整,急需优化升级。

(4) 城市基础设施建设水平低

政府对城市基础设施建设的投资少,导致道路交通设施、市政公共设施、科教文卫设施、居民生活服务设施等城市基础设施建设力度不够,基础设施覆盖范围小,空间分布分散,不利于城市的长远发展和城市居民生活水平的提升。

(5) 城市生态环境有待进一步改善

中亚城市生态环境,通过采取相应系列整顿措施,已经有所改善,但生态环境的改善是一个周期较长的工程,治理机制的建立和运转需要一个过程,在城市发展过程中,影响生态环境恶化的事件时有发生。"环境是生存力,环境就是效益",一个好的发展环境对推进城市建设步伐至关重要。因此,在今后很长一段时期内,城市生态环境的改善,仍是影响和制约城市发展的关键问题。

参考文献

常庆.2001.中亚五国社会变化与社会发展模式.东欧中亚研究,(1):30-36.
常庆.2002.中亚五国独立十年:成就与问题.东欧中亚研究,(1):71-76.
成守德,刘通,王世伟等.2010.中亚五国大地构造单元划分简述.新疆地质,28(1):16-21.
何俊芳.2001.中亚五国的语言状况.世界民族,(1):55-61.
李清娟.2003.产业发展与城市化,上海:复旦大学出版社.
刘伟建.2006.中亚五国金融体系探究.西安金融,(8):3-5.
王嘎.2004.试论中亚五国经济转轨过程中的社会结构分化.俄罗斯中亚东欧研究,(6):65-70.
吴传钧.1998.中国经济地理,北京:科学出版社.
吴瑾,吴一丁.2007.中国新疆与中亚五国城市化水平比较.俄罗斯中亚东欧市场,(10):28-31.
吴一丁,毛可贞.2002.新疆区域经济实证研究,北京:中国财政经济出版社.
徐海燕.2002.经济全球化进程中的中亚五国.新疆社科论坛,(3):63-65.
许涛.2001.中亚五国发展回顾与跨世纪展望.现代国际关系,(1):34-37.
杨雷.2010.中亚局势的现状与前景.现代国际关系,(3):32-37.
岳书光.2008.中亚五国宪法概况.黑龙江科技信息,(8):175.
赵常庆.2001.评中亚五国独立十年.兰州大学学报(社会科学版),29(3):50-57.
周一星.2003.城市地理学,北京:商务印书馆.

第6章 农业生产布局

中亚五国有丰富的光、热、水、土资源,有发展大农业的独特资源优势。其中塔吉克斯坦和吉尔吉斯斯坦的水资源最为丰富,而哈萨克斯坦的土地资源最丰富,乌兹别克斯坦和土库曼斯坦的棉花与哈萨克斯坦的小麦生产对国际市场有着一定程度的影响(黄佛君,张永明,2008)。

6.1 农业空间分布

中亚北部和西部为平原,耕地面积大,中部、南部牧场辽阔,而东部为山地和高原牧场(图6.1)。中亚农业生产中,耕地分布在北部和西北部平原地区,牧场分布中部和南部地区,由于中亚平原地形面积广阔,耕地资源较丰富,加上热量充足,日照时间长,气温日较差大,降水稀少,有利于发展灌溉农业。

中亚的种植业主要分布于北部边界地区、阿姆河、锡尔河流域和南部山前地区,其中小麦分布在年降水量较多的半干旱地区,即北部边界地区。棉花分布于阿姆河、锡尔河流域上游地区和南部山前地区,水稻分布在灌溉条件好的阿姆河和锡尔河沿岸地区(王沛,2006)。

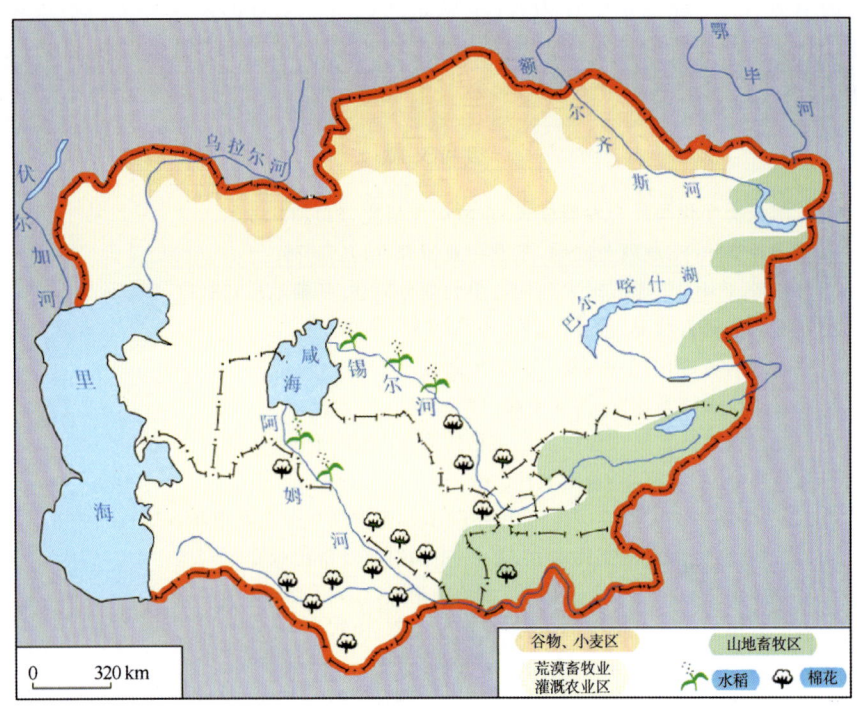

图 6.1 中亚农业生产空间分布图

注:图件以国家测绘局审核标注审图号:GS(2008)2676号。

中亚畜牧业主要分布于东部山地、高原牧场和中部广阔的荒漠畜牧业区。畜牧业以养羊业为主,细毛羊、羔皮羊等畜产品在中亚国家中占有一定的地位。

中亚五国虽然干旱缺水,但本区土地面积辽阔,人均土地面积高达120亩[①],其中哈萨克斯坦人均土地占有量为244亩,土库曼斯坦为202亩,吉尔吉斯斯坦为68亩,塔吉克斯坦为39亩,乌兹别克斯坦为33亩。区内热量资源充足,全年≥10℃积温3500～5500℃·d,无霜期180～230 d,土壤为质地疏松,透水性能良好并具有一定肥力的灰钙土,在灌溉条件下,有利于喜温作物的生长,且草原面积广阔,发展畜牧业生产具有良好条件,因此长期以来,农牧业一直是中亚各国最主要的经济部门。在苏联计划经济时期,依据地域生产综合体和专业化分工,中亚地区是粮食、棉花、蔬菜、瓜果以及畜牧初级产品的主产区。

中亚农作物品种繁多,主要有小麦、大麦、水稻、玉米、马铃薯、甜菜、棉花及蔬菜等。20世纪50年代大规模的垦荒运动,使哈萨克斯坦成为前苏联粮食的主要产地,粮食产量占前苏联粮食总产量的10%～19%。棉花是中亚最重要的经济作物。这里光照充足,配以必要的灌溉条件,对棉花生长十分有利,使本区成为仅次于美国和中国的第三大产棉区。乌兹别克斯坦是世界著名的产棉国,棉花产量占前苏联的2/3,被称为"白金之国"。土库曼斯坦棉花种植面积占耕地面积的一半,棉花产量仅次于乌兹别克斯坦居前苏联第二位,细纤维棉花产量占前苏联产量的28%,塔吉克斯坦的棉花产量占前苏联第三位,单位面积产量居前苏联第一位。此外,哈萨克斯坦、吉尔吉斯斯坦等国均有棉花种植。

中亚的畜牧业以养羊业为主,主要有细毛羊、半细毛羊、卡拉库尔羔羊等,也发展一些养牛业。60年代以前,本区畜牧业的经营方式多为粗放的游牧业,受自然条件所限,区内草原的载畜量很低。此后,由于加强了草原建设,扩大了饲料、饲草的种植面积,并结合水利建设,扩大水浇地面积,使中亚的畜牧业得到很大发展,各种畜产品产量成倍增长,成为前苏联最重要的畜产品供应基地,牧民们也逐渐由逐水草而居改为定居。此外,本区与畜牧业有关的肉类加工业、地毯编制业及养蚕业也都比较发达。如土库曼斯坦畜产总值占该国农业总产值的2/5,羔皮产量占原全苏联的20%,用细羊毛编制的地毯也享有盛名,蚕茧产量占原全苏产量的10%;吉尔吉斯斯坦细羊毛收购量占原全苏联第一,塔吉克斯坦的缫丝、地毯等也很发达(王沛,2006)。

6.2 农业增长过程

农业是中亚五国的基础性产业。1993年后,农业生产一度处于下滑的阶段,其中1993—1998年农业生产大幅度地下降,1998—2003年农业生产开始呈现逐步恢复的态势(关锐捷,王平生,2008),2004—2009年农业生产保持着平稳发展的态势(联合国粮食及农业组织,2012)。

农业生产指数是综合反映全部农产品产量动态变动的相对数,反映和研究农业发展速度的重要指标。从图6.2可以看出,哈萨克斯坦农业生产指数近几年才恢复到1993年的发展水平,塔吉克斯坦农业生产指数近年来也保持着90年代初的发展水平,而乌兹别克斯坦、土库曼斯坦和吉尔吉斯斯坦的农业生产指数有了明显的提升。

---

① 1亩=1/15 hm^2

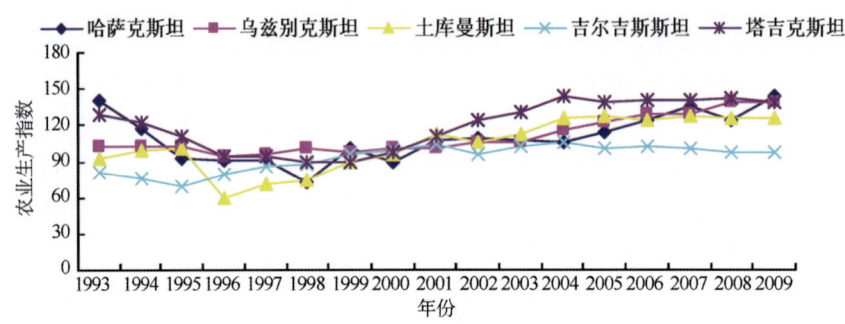

图 6.2 中亚农业生产指数演变图

6.2.1 农业经济增速

中亚五国的农业经济增长速度在整个 90 年代保持着较低增长水平,其中只有吉尔吉斯斯坦和乌兹别克斯坦的农业经济增长为正值,农业经济增速分别为 1.5% 和 0.5%,而土库曼斯坦、塔吉克斯坦和哈萨克斯坦的农业经济平均增速为负增长,哈萨克斯坦农业经济增速最低,仅为 -8.0%。可以看出,1990 年代中亚农业经济处于下滑和动荡过程。2000 年以来,伴随中亚农业经济的恢复,各国农业生产有了较快增长。在 2000—2010 年,中亚农业经济平均增速达到 5.9%。

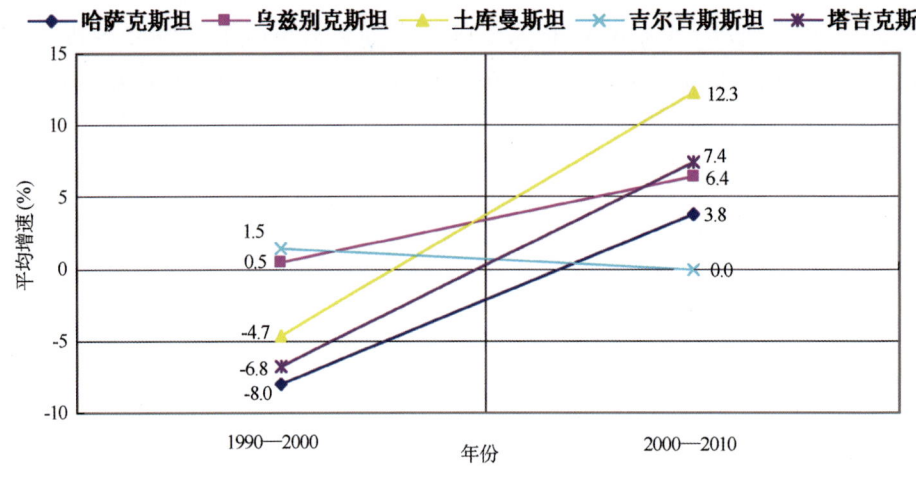

图 6.3 中亚农业经济增长速度

从图 6.3 可以看出,近 20 年来,中亚五国中,土库曼斯坦的农业经济增长速度最高,为 12.3%,此外,塔吉克斯坦和乌兹别克斯坦也实现了 5.0% 以上的增速,而哈萨克斯坦农业经济增速也达到了 3.8% 的发展水平。但是吉尔吉斯斯坦农业增速为 0,基本上没有实现增长,反而在进入 21 世纪的 10 年中,比 20 世纪 90 年代下降了 1.5 个百分点。

6.2.2 农业占国民经济比重

自 1993—2009 年,农业在中亚各国三种产业结构中的比重整体上趋于下降,这在一定程度上与中亚各国的工业化和城市化发展进程有关。随着中亚各国经济体制的改革和市场经济转型,各国的工业发展和服务业发展速度明显加快,经济结构的调整取得了明显的效果,伴随工业和第三产业的发展,农业等传统产业在国民经济中的地位日益下降。在1993—1998年,中亚各国国民经济处于波动演变阶段,在该阶段工业和服务业同处于转型经济过程当中,因此,农业在国民经济的比重没有发生重大的变化。1998—2003年,随着中亚各国国民经济的平稳增长,农业地位开始呈现下滑态势。2004年后,中亚农业在国民经济的比重趋向于稳步下降,至2009年仍旧保持着逐步下降的趋势(图6.4)。

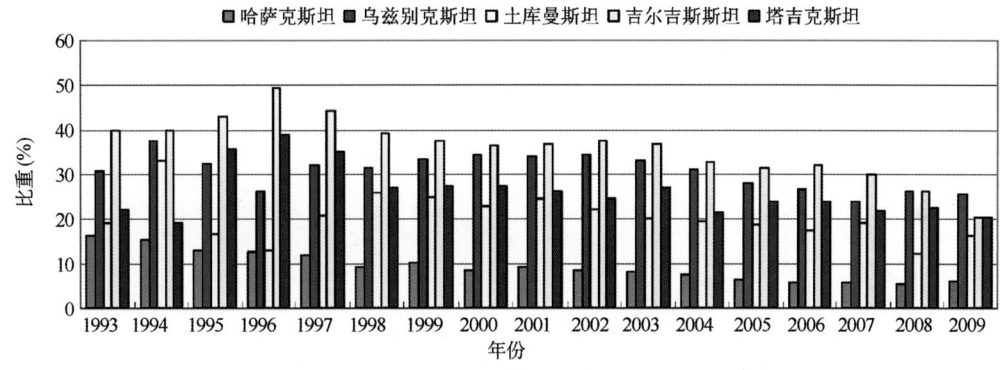

图6.4　1993—2009年中亚五国农业占GDP比重示意图

2009年,乌兹别克斯坦是中亚五国中农业比重最高的国家,农业产值约占国民经济的25%左右,塔吉克斯坦、吉尔吉斯斯坦和土库曼斯坦农业比重大致相同,约占国民经济18%～20%,哈萨克斯坦农业比重最低,约占国民经济7%。从发展变化看,从1993年来,吉尔吉斯斯坦的农业比重相对其他四国一直维持着较高的水平,而塔吉克斯坦的农业比重与20世纪90年代初比较,变化不是很明显。

6.3　农业产业结构

6.3.1　种植业

种植业以生产谷物、水果、蔬菜、油料作物和经济作物为主。中亚五国普遍都重视粮食生产,强调粮食自给,除塔吉克斯坦和吉尔吉斯斯坦外,其余三国粮食都能够基本自给。粮食生产以小麦、玉米和水稻为主。中亚小麦产量占全球的3.2%,哈萨克斯坦是全球最重要的小麦生产国和出口国之一,年生产小麦超过1500万t。水果和蔬菜是中亚国家比较短缺的农产品,只有乌兹别克斯坦能够为周边邻国和俄罗斯提供水果和蔬菜。油料作物主要是油菜、葵花,中亚五国油料基本不能自给,每年都需要从国外大量进口以弥补国内生产的不足;经济作物以棉花、甜菜和烟叶为主,其中棉花是最重要的经济作物,棉花是乌兹别克斯坦、土库曼斯坦和塔吉克斯坦农业的支柱产业。乌兹别克斯坦是世界第五大产棉国、第二大出口国,年产皮棉100万t以上,以中绒陆地棉和长绒棉为主。

中亚国家的农作物主要有小麦、大麦、水稻、棉花和葡萄等。哈萨克斯坦粮食产量最多,约占中亚国家的70%左右,其次是乌兹别克斯坦和土库曼斯坦。乌兹别克斯坦主产棉花、水稻、蔬菜和水果,棉花产值约占农业总产值的40%,是重要的出口物资,近年来果蔬也开始出口。在小麦种植面积方面,土库曼斯坦增加了约6倍,吉尔吉斯斯坦、塔吉克斯坦也分别增加了约70%和30%。

(1)小麦

小麦是中亚国家最主要的种植食物来源,在中亚各国的种植业结构中占有重要的地位,各国都普遍关注小麦的生产和粮食安全问题。中亚五国的小麦产量在20世纪90年代初约为1400万t,到2009年小麦产量翻了一倍,增加到2800万t左右。从图6.5可以看出,在1990年代中期和后期,中亚小麦生产处于波动期,尤其是1995年和1998年产量下滑到1000万t左右。1999年后,小麦生产进入稳步增长期,1999年产量突破1700万t,到2002年产量突破2000万t,而2007年则突破了2500万t(图6.5)。

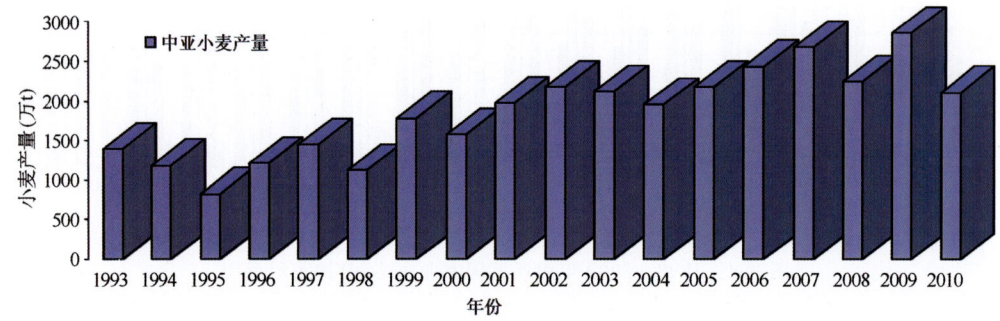

图6.5 中亚小麦产量

哈萨克斯坦是中亚的重要小麦生产基地,除了自给有余,小麦还是哈萨克斯坦重要的出口农产品之一。从表6.1可以看出,1993年以来,哈萨克斯坦的小麦生产基本上保持平均1000万t左右,2000年以来,粮食出口量一直维持在400~500万t。

乌兹别克斯坦小麦产量仅次于哈萨克斯坦,是中亚五国小麦生产增长最快的国家。20世纪90年代初的小麦产量仅为87.6万t,到2010年达到了673万t,近年来一直保持着产量逐年快速增长的态势。

土库曼斯坦小麦生产也实现了较好的增长,从1990年代初50万t增长到2010年300万t的规模。吉尔吉斯斯坦小麦生产停滞不前,在1990年代初的小麦产量为83万t,到2010年生产规模仅为81万t左右,对外依赖性较强(表6.1)。

表6.1 1993—2010年中亚五国小麦产量(万t)

年份	哈萨克斯坦	乌兹别克斯坦	土库曼斯坦	吉尔吉斯斯坦	塔吉克斯坦	合计
1993	1158.5	87.6	50.9	83.07	17.06	1397.13
1994	905.2	136.2	67.5	60.8	14.9	1184.6
1995	649	234.7	69.5	62.5	17	822.7
1996	767.8	274.1	45.3	96.4	23.9	1207.5
1997	895.4	307.3	70.6	127.3	45.2	1445.8
1998	474.6	355.6	124.5	120.3	38.8	1113.8
1999	1124.1	360.1	150.5	110.9	36.5	1782.1

续表

年份	哈萨克斯坦	乌兹别克斯坦	土库曼斯坦	吉尔吉斯斯坦	塔吉克斯坦	合计
2000	907.3	353.2	169	103.9	40.6	1574
2001	1270.6	368.9	176	119	38.7	1973.2
2002	1270	496.7	232.6	116.2	54.4	2169.9
2003	1153.7	543.6	248.7	101.3	66	2113.3
2004	993.6	537.7	260	99.8	63.1	1954.2
2005	1119.8	605.7	283.4	95	61.8	2165.7
2006	1346	609.9	326	84.02	64.03	2429.95
2007	1646.6	619.7	270	70.8	64.9	2672
2008	1253.8	614.6	231.7	74.6	65.9	2240.6
2009	1705.2	663.7	295.7	105.6	93.8	2864
2010	963.8	673	300	81.3	85.7	2103.8

(2) 棉花

20世纪80年代以前,中亚的植棉业已经达到了世界最先进的水平,在种子、土地、肥料、匀苗、灌溉、密度、植保及田间管理等方面都建立了一整套规范的农艺体系。中亚五国中,乌兹别克斯坦、土库曼斯坦和塔吉克斯坦为主要产棉国,但在独立后,三国的棉花产量均出现较大幅度的下降,直到2005年左右才恢复到1990年代初的水平(表6.2)。

表6.2 1993—2010年中亚五国皮棉产量(万t)

年份	哈萨克斯坦	乌兹别克斯坦	土库曼斯坦	吉尔吉斯斯坦	塔吉克斯坦	合计
1993	6	132.1	40.2	1.3	18	197.6
1994	7.2	125.8	38.5	1.6	16.7	189.8
1995	6.8	126.5	37.9	1.7	13	185.9
1996	7.9	108.1	13.1	2.1	11.9	143.1
1997	6.6	108	19	2.4	11	147
1998	6.2	114.7	15.8	2.2	11.5	150.4
1999	6.6	102.1	23.4	2.4	9.7	144.2
2000	9.5	97.5	23.2	2.8	9.3	142.3
2001	11.2	101.5	36	3.5	14.5	168.7
2002	9.03	100.8	23	3.5	16.5	152.83
2003	13.2	94.5	23.5	3.5	17.2	151.9
2004	14	115	33	4	17.2	183.2
2005	15.6	125	33	3.9	15.1	192.6
2006	14.5	117.1	23	3.8	14	172.4
2007	11.04	113	32.6	3	13.9	173.54
2008	11.3	122.6	33	3.1	11.6	181.6
2009	9.7	112.8	25	1.6	9.7	158.8
2010	9.2	113.6	36	2.4	10.2	171.4

(3)土豆

土豆是中亚农产品中生产规模较大的产品之一,在中亚种植业生产中占有重要的地位。自 1990 年代以来,中亚各国的土豆生产都保持着不同程度的增长,总产量规模从 1993 年的 230 多万 t 增加到 2010 年的 650 多万吨。可以说土豆生产是中亚农产品中生产波动较少,发展较好的特色农产品。

中亚土豆生产发展最快的国家有乌兹别克斯坦和吉尔吉斯斯坦,两国土豆生产自 90 年代以来一直保持着较好的增长态势,到 2010 年生产规模均增加了 100 万 t 以上。乌兹别克斯坦土豆产量从 1993 年的 47.2 万 t,猛增到 2010 年的 162 万 t,吉尔吉斯斯坦土豆产量从 30.8 万 t 增长到 2010 年的 133.9 万 t。此外,哈萨克斯坦、土库曼斯坦和塔吉克斯坦土豆产量也有不同程度的增长(表 6.3)。

表 6.3　1993—2010 年中亚五国土豆产量(万 t)

年份	哈萨克斯坦	乌兹别克斯坦	土库曼斯坦	吉尔吉斯斯坦	塔吉克斯坦	合计
1993	229.6	47.2	3.2	30.8	14.7	325.5
1994	204	56.7	3	31.1	13.4	308.2
1995	171.9	44	2.1	43.1	11.1	284.9
1996	165.6	51.3	2.1	56.2	10.7	285.9
1997	147.2	69.2	1.7	67.7	12.8	298.6
1998	126.2	69.1	2.6	77.3	17.4	292.6
1999	169.4	65.7	2.8	95.7	23.9	357.5
2000	169.2	73.1	8.9	104.5	30.3	386
2001	218.4	74.4	12	116.8	30.8	452.4
2002	226.8	77.7	14	124.4	35.6	478.5
2003	230.8	83.4	16	130.8	47.3	508.3
2004	226.1	89.5	16.7	136.2	52.7	521.2
2005	252.1	92.4	17.4	114.1	55.5	531.5
2006	236.1	102.1	18	125.4	57.3	538.9
2007	241.4	118.8	24.6	137.3	66.2	588.3
2008	235.4	139.8	24	133.4	67.9	600.5
2009	275.5	152.4	24.6	139.3	69.1	660.9
2010	255.4	162.9	24.5	133.9	76	652.7

(4)番茄

中亚光热资源丰富,为番茄生产提供了重要的气候和地理条件。番茄是中亚具有区域特色的农产品,自 20 世纪 90 年代末以来,保持着较好的发展态势,2010 年产量规模接近 400 万 t。

中亚各国中,乌兹别克斯坦是番茄生产的重要基地,也是产量超过百万吨的唯一国家,其产量规模占到中亚整个番茄生产的 62%。1993 年该国番茄产量为 111 万 t,2006 年超过了

150 万 t,2009 年超过了 200 万 t 规模。其他国家番茄生产均有不同程度的增长,其中哈萨克斯坦番茄产量接近 60 万 t,土库曼斯坦和塔吉克斯坦番茄产量约 30 万 t(表 6.4)。

表 6.4 1993—2010 年中亚五国番茄产量(万 t)

年份	哈萨克斯坦	乌兹别克斯坦	土库曼斯坦	吉尔吉斯斯坦	塔吉克斯坦	合计
1993	31	111.9	12	6.1	15.7	176.7
1994	28	109.5	16.8	5.5	15.8	175.6
1995	30.8	100	16.3	6.3	15.9	169.3
1996	14.6	91.9	12.7	8	12.8	140
1997	18.1	87.8	9.1	9.8	11.3	136.1
1998	24.9	88.5	13.3	11.9	10.7	149.3
1999	30.1	98.5	13.9	13.8	12.4	168.7
2000	38.7	97	17.3	15.5	11	179.5
2001	44.7	102.2	15	16.5	12.9	191.3
2002	44.8	107.9	22.5	10.1	15.5	200.8
2003	44.7	141	24.7	14.3	16.9	241.6
2004	49.1	124.5	25	16.8	19.8	235.2
2005	51.6	131.7	27.7	17.1	20.9	249
2006	51.1	158.3	28.2	17.1	22.1	276.9
2007	51.5	168	31.7	18	24.7	293.9
2008	54.9	193	31	18.7	26.7	324.3
2009	58.1	211	32.7	19.4	31	352.2
2010	59.3	234	32.5	19.2	33.8	378.8

6.3.2 畜牧业

中亚畜牧业为人们的日常生活提供肉、皮毛和鲜奶。畜牧业以养羊、养牛、养马为主,养蚕和养禽也占有一定的比例。哈萨克斯坦具有优越的发展畜牧业的自然条件。畜牧业包括养羊、牛、猪、马、驼、禽等,其中养羊业和养牛业较为发达。畜牧业在土库曼斯坦经济中占重要地位,其中以养羊业为主,羊羔皮在国际市场上有很高的声誉。该国还有世界闻名的阿哈尔捷金马,养蚕业也很发达。吉尔吉斯斯坦具有良好的发展畜牧业的自然条件,因此养牛和养羊业的商品生产较发达,羊的数量居中亚国家之首,羊毛产量居中亚国家第三位,同时也是中亚地区肉、奶和奶制品的主要出口国。乌兹别克斯坦对传统的畜牧业进行了一系列变革,采用人工配种、栏圈饲养等方法,提高了畜牧业的集约化水平。目前,乌兹别克斯坦畜牧业以生产毛、肉为主,出口大量的羔皮,肉类产量居中亚各国第二位。年产高质量的羔羊皮约 160 万张,居世界第二位。此外,养蚕业也较发达,年产蚕茧约 1.8 万 t,居世界第六位。畜牧业是塔吉克斯坦农业中较重要的产业之一,包括养牛、羊、猪、禽、兔、蜂和鱼等,但比较优势均不明显。

(1)鲜牛奶

中亚畜牧业产品中,产量最高的产品为鲜牛奶。作为传统的畜牧业地区,中亚的奶产量的增加是以中亚各国普遍养牛为基础是密切相关的,广阔的草原为养牛业提供了良好的自然条件。随着中亚工业化和城市化的发展,养牛业形成了肉牛养殖和奶牛养殖并重的局面,同时也为牛奶生产提供了良好的生产保障。此外,随着饲料产业的发展和奶制品加工业的发展也加速了对奶产量的市场需求,因而各国都重视牛奶生产,扩大乳牛的养殖规模。从图6.6可见,2010年,中亚鲜牛奶产量达到1553.6万t,其中乌兹别克斯坦和哈萨克斯坦鲜牛奶产量较高,分别为612万t和534.7万t,占整个中亚鲜奶产量的73%。另外,土库曼斯坦的鲜奶产量也超过200万t规模,2010年产量达到215万t。

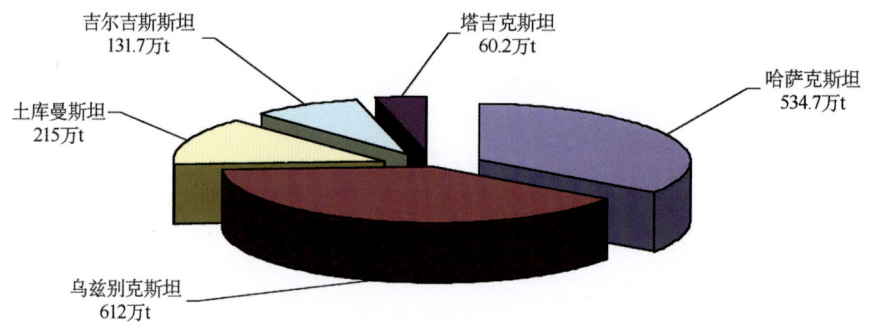

图6.6　2010年中亚五国鲜牛奶产量

(2)牛肉

牛肉在中亚畜产品结构中占有重要的地位,除了塔吉克斯坦之外,其他四个国家养牛业均形成了一定的养殖规模,2010年,整个中亚牛肉产量超过百万吨规模。其中乌兹别克斯坦牛肉产量最高,为66.4万t,哈萨克斯坦次之,为40.6万t(图6.7)。

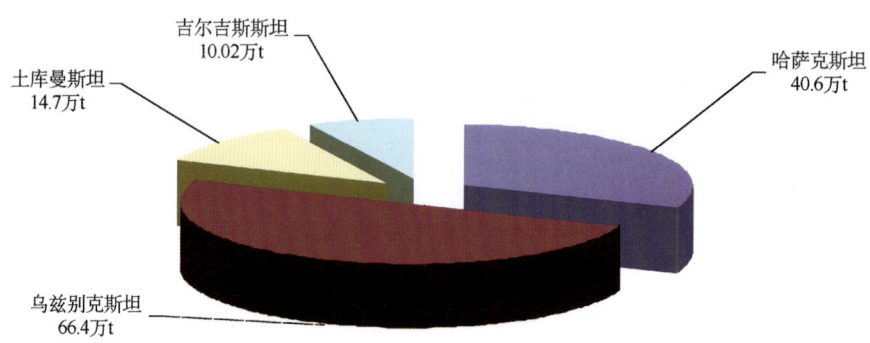

图6.7　2010年中亚四国牛肉产量

6.3.3　林果业

中亚生产的林果产品主要有杏、葡萄、樱桃、李子、桃、苹果、梨等水果和核桃等干果、仁果。由于经济发展和技术水平的差异,中亚国家这些林果产品的品种、质量、口感、色泽以及商品化程度、加工产品等方面有明显的差异性。近年来,随着中亚各国经济的快速恢复和发展,林果业也得到了不断发展,但各国生产的林果产品均不能满足本国需求,各国林果业发展也极不平衡。

乌兹别克斯坦具有发展果园及葡萄种植所需的土壤和气候条件,生产的主要林果有葡萄、苹果、杏、樱桃、桃、梨、李子、柿子及一些仁果、核果等干果,是中亚水果生产大国,水果、葡萄、瓜的产量居中亚第一,2000—2006年林果产量从145万t增加到207万t,占中亚的比重从61%增加到66%。人均林果产量78 kg,居中亚国家第一。林果产品除满足本国市场需要外,还大量出口到周边国家、俄罗斯及波罗的海沿岸国家。杏、李子、葡萄、樱桃等是重要的出口产品,其中杏在国际市场的占有率达8%。

塔吉克斯坦也是中亚林果生产的主要国家,主要林果有葡萄、苹果、杏、桃、李子、樱桃、无花果及核桃等。2000—2006年产量从28.32万t增加到31.3万t,占中亚林果的比重从12%降到10%。人均林果47.48 kg,居中亚第三。除香蕉、柑橘、枣等外,其他林果产品基本上处于净出口贸易状态。

吉尔吉斯斯坦瓜果种植历史悠久,林果产品加工和出口具有良好的条件和基础,在前苏联时期就向其他加盟共和国大量供应水果罐头。生产的林果主要有苹果、杏、葡萄、梨、樱桃、李子、油桃及一些浆果等。2000—2006年林果产量从18.83万t增加到20.14万t,而比重从8%降低到6%。人均林果38.81 kg,不足世界上发达国家林果人均消费量的一半。近年来虽然瓜果产量有不断增长的趋势,但由于加工企业面临资金不足、销售不畅等问题,优势在衰减。除樱桃、杏、核桃、桃等出口外,其他林果基本上处于进口或净进口贸易状态。

哈萨克斯坦是中亚面积最大的国家,其南部山前地带是水果和葡萄的重要产区,林果主要有苹果、葡萄、梨、樱桃、杏、油桃、山莓等,人均林果产量16 kg,仅为发达国家水果消费量的20%,特别是在冬季和春季,市场上的水果几乎全部依靠进口供给。而且近年来林果产量从25.65万t下降到24.86万t,比重从11%降到8%,绝大部分林果产品均处于进口或净进口贸易状态。

土库曼斯坦气候及土壤条件也很适宜葡萄等水果、瓜类园艺作物生长,葡萄和瓜果含糖量高达28%。生产的林果主要有葡萄、苹果、杏、油桃、李子等。林果产量从21.83万t增加到28.78万t,占中亚林果的比重稳定在9%,人均林果产量58 kg,居中亚第二。除杏和葡萄主要出口外,其他林果产品也处于净进口贸易状态。

6.4 农产品对外贸易

6.4.1 农业贸易特征

中亚五国农产品出口种类比较单一,纺织纤维(包括棉花、羊毛、蚕丝)和小麦是其主要的具有世界影响力的出口农产品,其中尤以哈萨克斯坦的小麦出口和乌兹别克斯坦的棉花出口最具特色。进口的农产品主要是粮食、植物油、糖、肉、瓜果蔬菜等(关锐捷,王平生,2008)。

从农产品贸易对象来看,中亚五国最主要的贸易伙伴是俄罗斯,一般都占各国的30%左右。其他重要的贸易伙伴在欧洲和亚洲。欧洲的贸易国主要有瑞士、英国、德国、意大利和法国,亚洲主要有韩国、伊朗、土耳其和中国。中国是中亚五国重要的贸易伙伴,近年来双边贸易增长迅速。中国主要向中亚五国出口粮食、水果、蔬菜、禽蛋和一些小型农机具,进口棉花、羊毛、皮革原料等。

长期以来,中亚国家在粮食和棉花等土地密集型产品具有出口比较优势,而在以劳动和资本集约型为主的加工食品、糖、油料、水果和反季节蔬菜方面较为紧缺。以哈萨克斯坦为例,该国的油料作物仅能满足国内市场需求的75%,水果仅能满足30%,反季节蔬菜仅能满足4%,甜菜仅能满足6%,67%的肉类依赖于进口。国内的蔬菜生产主要有土豆、莲花白、西红柿、黄瓜、洋葱等,其他夏季时令蔬菜以及反季节蔬菜主要从中国和乌兹别克斯坦进口(中华人民共和国商务部,2012)。

6.4.2 农业进口贸易

根据世界粮农组织的数据,中亚五国主要进口的农产品有小麦、糖原料、面粉、鸡肉和葵花油。2009年,中亚各国小麦进口量达到129.8万t,糖原料进口量116.5万t,面粉进口量144.2万t,葵花籽油进口量20.8万t,鸡肉进口量15.6万t。其中,哈萨克斯坦本身作为重要的粮食基地,不进口面粉,而乌兹别克斯坦不进口鸡肉(图6.5)。

表6.5 2009年中亚主要进口农产品(t)

国别	小麦	糖原料	面粉	鸡肉	葵花籽油
哈萨克斯坦	78490	303841		108120	93037
乌兹别克斯坦	165511	562481	936977		60100
土库曼斯坦	300000	105400	18000	5650	8600
吉尔吉斯斯坦	341100	81154	77286	18901	29124
塔吉克斯坦	413100	112977	410100	24066	18000
合计	1298201	1165853	1442363	156737	208861

从表6.5看出,2009年塔吉克斯坦小麦进口量为41.3万t,其次为吉尔吉斯斯坦和土库曼斯坦,分别为34万t和30万t。在糖原料和面粉进口方面,乌兹别克斯坦需求较高,分别为56.2万t和93.6万t,而哈萨克斯坦鸡肉进口量和葵花籽油进口量中亚最高,分别为10.8万t和9.3万t。

6.4.3 农业出口贸易

中亚农业中主要的出口产品有皮棉和洋葱。2009年,中亚各国的皮棉出口量为44.4万t,是全世界出口皮棉的重要区域之一。洋葱出口规模也达到14.4万t(表6.6)。

表6.6 2009年中亚主要出口农产品(t)

国家	皮棉	洋葱(干)
哈萨克斯坦	69049	50458
乌兹别克斯坦	227118	30000
土库曼斯坦	62773	80
吉尔吉斯斯坦	21977	8936
塔吉克斯坦	63108	54605
合计	444025	144079

从表 6.6 看出,2009 年乌兹别克斯坦皮棉出口量最高,为 22.7 万 t,占整个中亚皮棉出口的 50%,另外,哈萨克斯坦、土库曼斯坦和塔吉克斯坦皮棉出口规模均在 6 万 t 左右。在洋葱出口方面,塔吉克斯坦和哈萨克斯坦出口规模均在 5 万 t 左右。

6.5 中亚各国农业生产概况

6.5.1 哈萨克斯坦

哈萨克斯坦地域辽阔,土地资源丰富,其农业具有长期开发的广阔前景。据 2010 年统计,哈萨克斯坦农业用地面积达 2.084 亿 hm^2,其中耕地面积为 2340 万 hm^2、农业灌溉面积为 355 万 hm^2。根据哈萨克斯坦农业部公布的资料,在过去 10 年国家对农业部门的扶持总量增长了 22 倍,2010 年的扶持资金约为 16 亿美元。由于国家扶持农业部门的机制发生了变化,2010 年对农业固定资本的投资额比 10 年前增长了 7 倍,与此同时私人投资的比重超过了 60%。2010 年哈萨克斯坦农业总产值为 14000 亿坚戈,比 2000 年增长了 2.5 倍。

(1)种植业生产和布局

在苏联时期的垦荒使哈萨克斯坦播种面积迅速扩大,粮食产量大幅度增长,提高了种植业在农业中的比重和地位,使其成为原苏联主要商品粮生产基地之一。

农作物播种面积稳定在 1650 万 hm^2 的水平,其中小麦的种植面积为 1450 万 hm^2。近 4 年以来,哈萨克斯坦在面粉出口上居世界第一位,每年向国外市场出口约 300 万 t 粮食。近 5 年该国年均粮食产量达到 1700 万 t,比之前 5 年的平均产量高出 240 万 t。通过国库支持实施了一系列扶持有发展前景农作物生产、育种、品种试验和良种育种业。国家扶持还针对保护和检疫作物,降低柴油、化肥、除草剂成本,提供灌溉用水服务等。农业部门指出,近年来正在开展扩大饲料作物种植面积的工作。根据对提高种植业产品质量和产量进行补贴的计划,2007—2010 年哈萨克斯坦从国库划拨了 666 亿坚戈。在农业种植领域重点发展了水资源节约技术,使用类似技术的粮食作物种植面积达到 1160 万 hm^2,占粮食作物种植总面积的 70%,计划将利用滴灌技术的作物种植面积达到 1720 万 hm^2。

哈萨克斯坦北部各州是谷物的主要产区(如科斯塔奈州、北哈萨克斯坦州、阿克莫拉州和西哈萨克斯坦州、阿克托别州北部地区)。哈萨克斯坦南部和东部山前地带是谷物的第二个产区。这里的谷物主要分布在旱地和水浇地。在哈萨克斯坦谷物类作物中,小麦占绝对优势,占播种面积的 75%。近 30 年来,小麦播种面积不断由北部向中部延伸。

水稻播种面积主要分布在哈萨克斯坦南部,80% 的水稻产自克孜勒奥尔达州(锡尔河流域)以及阿拉木图州和南哈萨克斯坦州。

哈萨克斯坦经济作物主要分布在南哈萨克斯坦(水浇地)、北哈萨克斯坦和东哈萨克斯坦(主要是旱地)。甜菜多产于阿拉木图州和江布尔州,棉花多产于南哈萨克斯坦州,主要分布在锡尔河、阿雷斯河、肯列斯河流域灌溉地。油料作物向日葵主要产于额尔齐斯河沿岸地区(东哈萨克斯坦州)。哈萨克斯坦南部山前地带是水果和葡萄的重要产区,特别是锡尔河、楚河、伊犁河、额尔齐斯河谷地瓜田作物的种植面积较大。随着一些城市的发展,在城郊区域也建立了一批蔬菜和土豆生产基地。

(2) 畜牧业生产和布局

哈萨克斯坦发展畜牧业具有优越的自然条件:一是牧场辽阔,二是草场多分布在北部各州,这里既有可靠的牧草基地,又可获得大麦、燕麦作为饲料。南哈萨克斯坦拥有高载畜率的山区牧场,是繁殖牛的重要地区。养羊业在东哈萨克斯坦阿拉木图、江布尔、南哈萨克斯坦和克孜勒奥尔达等州比较发达。在哈萨克斯坦干旱的中部和西部,肉脂兼用养羊业较发达,而东部和北部是细毛羊的主产区。

根据农业部提供的数据,从 1990—2010 年各产业中的牛存栏数从 975.72 万头减少到 616.04 万头,其中奶牛从 336.8 万头下降到 277.88 万头。与此同时,超过 80% 的牛都属于个体经济。例如,2010 年初个体经济拥有的牛为 501.11 万头,还有 13.6% 的牛属于农场,只有 5% 的牛在农业企业。与此相应,当前肉类的主要生产商也属于农村经济,其肉类产量占全国肉类总产量的比重达 79.4%。农场的肉类产量约占 9.5%,农业企业约占 11.1%。哈萨克斯坦独立以来,该国肉类生产下降的幅度要大于牛存栏数下降的幅度:其中牛肉产量下降了 44.4%,从 70.96 万 t 减少到 39.61 万 t;相反牛肉和肉类产品进口却达到 1.936 万 t,占全国产量的 4.8%,1990 年进口量仅为 6000 t。与此同时肉类产品的出口量也大幅缩减,如果说 20 世纪 90 年代初哈萨克斯坦每年向国外市场出口 18.45 万 t 肉的话,那么到发生经济危机的 2009 年这个数字已经降至 20 t。

到目前为止哈萨克斯坦家禽养殖业联盟共联合了大约 70 家经济单位和机构,其中有 56 家养禽厂,其中的 37 家以产蛋为主,另外 19 家以产肉为主。哈萨克斯坦养禽厂每年产蛋量达 28 亿枚,完全满足市场对这类产品的需求。禽肉生产的形势目前进展还不太顺利,尽管 2005 年之后产量有所提高。2006—2007 年该国养禽厂共生产了约 6.5 万 t 禽肉,2008 年和 2009 年禽肉产量分别为 5.7 万 t 和 6.61 万 t,现在哈萨克斯坦养禽厂生产 10.3~10.5 万 t 禽肉,进口限额为 11 万 t。

哈萨克斯坦农工综合体的改革已经完成,当前所面临的是在已建立的法律基础和积累的改革经验上实施大型项目。此外,随着农业进一步的发展,也出现了许多需要及时解决的问题,诸如发展粮食出口的基础设施、更新改造拖拉机停车库、改变补贴政策支持先进农业机械设备租赁、发展供肉食的畜牧业、建立饲料基地等,这些都是农业部未来需要解决的问题。

6.5.2 乌兹别克斯坦

乌兹别克斯坦是中亚五国中农业综合实力较强的国家,不论是农业基础设施的建设,还是农牧业生产部门的发展,都形成了相对完备的农业经济体系。乌兹别克斯坦灌溉农业历史悠久。自古以来,乌兹别克斯坦境内的农业特别是灌溉农业就很发达。据 2010 年统计,乌兹别克斯坦农业用地面积达 0.2665 亿 hm²,其中耕地面积为 430 万 hm²、农业灌溉面积为 422 万 hm²。植棉业是乌兹别克斯坦传统的农业优势部门。因为该国的气候、土地和水利条件适宜于发展植棉业,构成了中亚棉花产量规模的主要份额。另外,乌兹别克斯坦还生产瓜果、蔬菜、蚕茧、绵羊毛、卡拉库尔羊皮等。

2000 年以来,乌兹别克斯坦农业总产值基本保持 5.5% 左右的增长速度,乌兹别克斯坦是世界第五大产棉国,第二大出口国,2006 年乌籽棉产量为 360 万 t;乌兹别克斯坦还是中亚重要的水果和蔬菜产地,年产瓜果 250 万 t 左右,各种蔬菜 400 万 t 左右,主要出口地区为俄罗斯和哈萨克斯坦;乌兹别克斯坦养蚕业很发达,年产蚕茧约 1.6 万 t,占世界第六位;乌兹别克斯坦畜牧业历史悠久,出产和出口大量羔皮,年产高质量的卡拉库尔羔皮约70万张,占世界第二位。

2007年,乌兹别克斯坦国内生产总值为28.186万亿苏姆(合223亿美元),同比增长9.5%。其中农业产值达8.98万亿苏姆(合71.12亿美元),同比增长6.1%。农业产值占国内生产总值的31.9%,种植业和养殖业为主要农业产业。其中种植业产值为4.95万亿苏姆(约合39.2亿美元),占农业产值的55.1%;养殖业产值为4.04万亿苏姆(约合31.9亿美元),占农业产值的44.9%。

(1)种植业

2007年,乌兹别克斯坦农作物种植面积356.1万 hm^2。其中粮食作物153.9万 hm^2(小麦138.3万 hm^2),棉花145.2万 hm^2,分别占43.2%和40.8%。粮食产量约677.2万t,其中小麦619.7万t,比重高达91.5%以上;籽棉产量371.6万t。植棉业是乌兹别克斯坦比较专业化的部门,棉花产量在苏联时期占全苏棉花总产量的70%,如今则居世界前列。乌兹别克斯坦还是中亚重要的蔬菜产地,每年生产各种蔬菜270万～300万t。2006年瓜果、蔬菜产量达470万t,主要有番茄、黄瓜、葱、洋白菜、胡萝卜、食用甜菜、茄子、辣椒等。

(2)畜牧业

乌兹别克斯坦有2 650万 hm^2 的沙漠牧场,畜牧业以生产毛、肉为主,所产的羔羊皮闻名世界。从全国看,羊的总存栏数保持稳定,牛存栏数有所增长。2006年,全国共有牛589万头,其中奶牛282万头,肉牛307万头,绵羊为878万只,鸡为1 670万只。2006年主要畜产产量:肉类67.9万t,奶类485.6万t,蛋类16.5万t。乌兹别克斯坦的养蚕业也比较发达,蚕茧产量在苏联时期占全苏蚕茧总产量的50%以上;2007年蚕茧产量约为2.15万t。

塔什干州棉花和粮食种植业、蔬菜园艺业相当发达。畜牧业以发展肉奶生产为方向。另外,养马业也有相当的规模。锡尔河州农业的主要部门是植棉业。纳曼干州基本农作物是棉花,还种植粮食、蔬菜、葡萄、瓜果等作物,养蚕业也有相当的规模。畜牧业以养牛为主,山前地带养牛。安集延州农业生产主要是植棉业、果园业、蔬菜、粮食种植业。

6.5.3 土库曼斯坦

土库曼斯坦地域广阔,其面积在中亚五国中居第二位,仅次于哈萨克斯坦。土库曼斯坦现有农业用地3261万 hm^2,其中可耕地面积为185万 hm^2,农业灌溉面积为180万 hm^2,牧场和草场占农业用地的大部分。

土库曼斯坦农业以灌溉为主,在20世纪50—60年代将阿姆河水西引,修建了卡拉库姆运河,解决了沿河流域50多个城镇、200多个农场和居民生活用水问题,灌溉了44万 hm^2 土地和大片草场。

植棉业是土库曼斯坦种植业的传统部门,棉花的主要产地为穆尔加布和捷詹绿洲、科佩特山的山前地带以及阿姆河下游的南部地区。土库曼斯坦的谷物种植业不发达。独立后,土库曼斯坦制定了粮食发展纲要,调整农作物种植结构,扩大谷物面积,适当压缩棉田面积。谷物面积和产量具有了成倍增长。土库曼斯坦的气候和土壤适宜于葡萄、水果、瓜类等园艺作物的生长。葡萄和瓜果的含糖量高达28%。

畜牧业在土库曼斯坦经济中占有重要地位。畜牧业以养羊业为主,其中卡拉库尔羊约占羊只总数的70%,其羔皮产量约占原苏联的20%,在国际上享有很高声誉。养蚕业是农业中的一个传统部门。尤其是阿姆河中游各地养蚕业很发达。养蚕规模在中亚国家中,仅次于乌兹别克斯坦。

6.5.4 吉尔吉斯斯坦

农牧业是吉尔吉斯斯坦国民经济的基础部门。据2010年统计,吉尔吉斯斯坦农业用地面积达1061万 hm²,其中耕地面积为127万 hm²、农业灌溉面积为101万 hm²。

吉尔吉斯斯坦农业以生产细毛羊、半细毛羊、肉类、棉花、甜菜和烟叶为主,这种生产格局延续多年。其中棉花主要集中在奥什州和贾拉拉巴德州。植棉业是这两个州农业的主要部门,棉田占其全部播种面积的20%。烟叶的主要产区是楚河谷地和塔拉斯谷地,奥什州也种植烟叶。吉尔吉斯斯坦西部和西北部适宜种植甜菜,曾是中亚最大的甜菜生产基地。

吉尔吉斯斯坦过去曾大面积种植饲料作物,最多时达50万 hm²,加上谷物饲料,种植面积达80万 hm² 左右,占农作物总面积的60%。多年生饲草以苜蓿和驴喜豆为主,谷物饲料主要是春大麦。土豆种植较普遍,其种植面积和收获量在中亚地区居于前列。

自然气候条件有利于发展畜牧业,该国83%的农用地(960万 hm²)都是长满牧草的天然高山牧场,牧场占全国农业用地的89%。通过牧场收获到300~400万 t 的廉价饲料,满足畜牧业60%~89%的饲料需求。几十年中,吉尔吉斯斯坦对羊的品种不断进行改良,饲养的细毛羊和半细毛羊占97%以上。养牛业饲养的主要是阿拉套牛和阿乌利埃阿塔牛两个优良品种。近年来吉尔吉斯斯坦畜牧业产品生产发展和农业领域的牲畜存栏数均呈现稳定增长的趋势。各类牲畜存栏量的稳定和逐步增长,牲畜的繁殖和选择育种工作的改善保证了牲畜业产品生产的增长速度。

作为肉类和鸡蛋补充来源的家禽存栏量为450万只,楚河州的家禽存栏量所占比重最大(占35%),其次是伊塞克湖州(15.9%)、贾拉拉巴德州(17.3%)和奥什州(15.6%)。

6.5.5 塔吉克斯坦

塔吉克斯坦国土面积在中亚各国中是最小的。据2010年统计,各类农用地面积为1399万 hm²,其中耕地为74万 hm²、农业灌溉面积为71万 hm²。

种植业以植棉业为主,粮食作物以种植小麦、大麦、水稻、玉米为主。棉花是最主要的经济作物,以种植优质细纤维棉花著称。其他作物有土豆、蔬菜、水果等。

畜牧业是塔吉克斯坦国民经济中的一个重要部门,但也是一个薄弱环节。它是农业的重要组成部分。2007年,该国农业总产值达到46.13亿索莫尼,比上年增长6.5%。其中,畜牧业产值13.85亿索莫尼,占农业总产值的30%,比上年增长7.6%。

独立后塔吉克斯坦所有牲畜的数量均有下降(表6.7)。其中猪的数量下降幅度最大,即从独立当年的13万头下降为600头,即下降了99.5%,直到现在仍未恢复到独立当年的水平。其他两种牲畜(即牛和羊)中期虽有下降,但最近几年都已达到或超过了独立当年的水平。而且,由于这两种牲畜的数量较大,对整个国家畜牧业(包括牲畜总头数、畜产品的产量以及畜牧业产值等)的拉动作用也比较显著。

表 6.7 1991—2008 年塔吉克斯坦各类牲畜头数(百万头)

年份	1991	1995	2000	2002	2003	2004	2005	2006	2007	2008
牛	1.39	1.15	1.06	1.14	1.22	1.28	1.36	1.42	1.87	1.78
羊	3.36	2.49	2.22	2.43	2.59	2.76	3.04	3.2	3.99	4.12
猪	0.13	0.006	0.001	0.0005	0.0006	0.001	0.0006	0.0006	0.0005	0.0006

参考文献

布娲鹣·阿布拉.2008.中亚五国农业及与中国农业的互补性分析.农业经济问题,(3):104-109.
关锐捷,王平生.2008.哈萨克斯坦、吉尔吉斯斯坦农产品市场考察报告.农业经济问题,2008(4):101-105.
黄佛君,张永明.2008.中亚五国农业资源开发和农业改革.俄罗斯中亚东欧市场,(7):28-33.
联合国粮食及农业组织网站:http://www.fao.org/index_zh.htm.2012.7.19.
王沛.2006.中亚五国概况.乌鲁木齐:新疆人民出版社.
中国社会科学网:http://www.cssn.cn/[China.2012.8.20.
中华人民共和国商务部网站:http://www.mofcom.gov.cn/.2012.7.28.

第 7 章 制造业发展及空间组织

中亚区域拥有丰富的石油、天然气、煤炭、有色金属等,矿产资源,为发展现代工业体系,尤其是制造业奠定了坚实的基础。

7.1 制造业的发展和演变

7.1.1 独立以前制造业的发展

中亚地区的制造业是在前苏联时期发展起来的。自苏联卫国战争开始到二战结束期间,前苏联中部地区的部分制造业搬迁至中亚地区,带动当地经济的发展。20 世纪 50 年代,中亚五国相继建设了一批能源、有色金属、黑色金属和化学品生产企业,成为前苏联重要的制造业中心之一。在战前的第一个五年计划中,中亚地区建立了完整的工业体系,发展了金属和非金属冶炼业、机械制造业。80 年代,中亚各制造业部门产品相对丰富,但受宏观环境影响,在 90 年代发展停滞不前。

受前苏联推行的"劳动分工"政策影响,中亚五国的制造业结构相对单一,轻重工业比例失调,以重工业为主,轻工业发展缓慢(赵常庆,2004)。

中亚五国制造业以煤炭、石油和水电发展为基础。卡拉干达盆地是前苏联第三大煤田(苏联经济地理,1983),位于哈萨克斯坦中部,主要提供焦炭,用于前苏联有色冶金生产和哈萨克本国消费;石油资源主要集中在恩巴(Emba)、涅比特达格(Nebit-Dagh)和费尔干纳河谷地区;水电资源则主要集中在希姆河上游、阿姆河和额尔齐斯河。哈萨克斯坦是苏联时期主要的金属冶炼基地。由于铜储量蕴藏丰富,20 世纪 50 年代,苏联在哈萨克斯坦建立了铜冶炼基地。同时,哈萨克斯坦也是前苏联锌和铅冶炼的主要生产地。在随后的发展中,阿拉木图逐渐成为主要的机械制造中心城市(苏联经济地理,1983),而塔什干和比什凯克也成为主要的农机生产中心。塔吉克斯坦制造业以有色金属工业、机器制造业、化学工业为主,其经济结构单一,为原材料供应基地,但该国所需的油料、燃料、轻工业产品、日用消费品和部分粮食及食品都依赖进口(刘启芸,2004);乌兹别克斯坦建立了较为齐全的工业体系,但制造业偏重原料生产(孙壮志等,2004)。中亚在苏联时期经济对外依附性很大,其工业产品主要销往俄罗斯。

中亚是前苏联主要的棉花产地(胡振华,2006)。伴随着农业发展,大型棉纺织加工企业、水果和蔬菜加工企业相继建立,创建了以生产丝绸和布匹为主的大型纺织工业。到 1960 年时,中亚各国籽棉的产量比 1955 年有了大幅度的提高,费尔干纳、塔什干、杜尚别、阿什哈巴德等城市已经成为苏联重要的棉纺织加工中心。阿拉木图和塔什干已经成为中亚地区主要的食品加工基地。

7.1.2 独立以后制造业的发展

自中亚各国独立以后,整个经济经历了独立初期的衰退和停滞期后,迅速发展。中亚工业和制造业也迅速发展,工业增加值由1992年的165亿美元增加到2010年的833亿美元,制造业增加值由1994年的71亿美元增加到2010年的289亿美元(2010年不包含土库曼斯坦制造业数据)。截至2010年,中亚五国国民经济生产总值达到2133.3亿美元(当年价),工业增加值833亿美元,占GDP的46.5%,其中制造业增加值占GDP的11.5%,工业增加值的27.4%(不包含土库曼斯坦)。中亚制造业主要包括钢铁、有色金属冶炼、建材、化工石化、轻纺和食品等行业。

从中亚各国制造业发展情况来看,也是在独立初期经历衰退期后开始发展。哈萨克斯坦制造业增加值1994年为41.33亿美元,1999年衰退到23.76亿美元,随后快速发展,2010年达到185.4亿美元,是中亚制造业实力最强、规模最大的国家。乌兹别克斯坦制造业实力在中亚仅次于哈萨克斯坦,位居第二位,1994年制造业仅有16.80亿美元,2010年增加到30.97亿美元,占其国内生产总值的8.9%;土库曼斯坦制造业1994年仅为7.04亿美元,2004年增加到13.99亿美元;塔吉克斯坦和吉尔吉斯斯坦制造业在中亚规模较小,2010年吉尔吉斯斯坦和塔吉克斯坦制造业增加值分别为7.36亿美元和4.82亿美元(图7.1)。

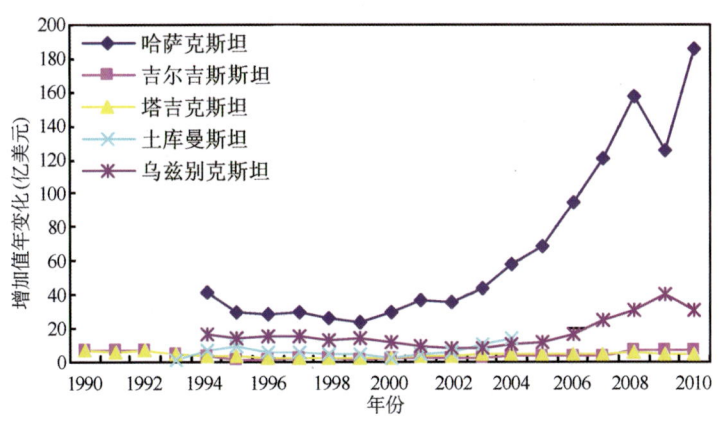

图7.1 中亚五国制造业增加值年变化

从中亚五国制造业所占份额看,1994—2004年哈萨克斯坦制造业始终保持在60%左右,之后其份额又进一步提高。土库曼斯坦制造业份额增长最快,由1994年的9.8%增加到15.6%,其增加值也超过了乌兹别克斯坦,排名第二。乌兹别克斯坦的份额有所下降,2000—2004年,在中亚其他国家制造业快速发展的同时,乌兹别克斯坦的制造业出现了停滞和衰退,其在中亚的份额由23%下降到11.7%(表7.1)。

表7.1 1994—2004年中亚五国制造业份额及变化(%)

国家	1994年	2000年	2004年
哈萨克斯坦	57.7	60.9	63.9
吉尔吉斯斯坦	4.8	5.0	3.8
塔吉克斯坦	4.1	5.4	5.0
土库曼斯坦	9.8	5.8	15.6
乌兹别克斯坦	23.5	23.0	11.7

7.2 制造业的产业构成

中亚制造业主要包括冶金工业、化学工业、石油加工业、机械制造业、食品工业,以纺织和服装业、皮革及其制品业和纸浆造纸业为主的轻工业、建材工业。除去这几大类产业外,其余产业产值所占比例均较小。以哈萨克斯坦为例,2003年上述七大产业占其制造业全部产值的98%,因此,重点对中亚这七大产业及结构进行分析。

2003年,中亚五国工业总产值317.55亿美元。剔除能源矿山开采业和电力及水的供应产业产值,中亚2003年制造业产值约为155亿美元(当年价,以下相同)。其中,食品工业约37亿美元,占制造业比重的24%;轻工业约23.1亿美元,占制造业的14%;石油加工与石油制品业18.2亿美元,占制造业的11%;化学工业与建材业13.1亿美元,占制造业的8%;冶金工业47.1亿美元,占制造业的29%;金属制品和机械制造业15.1亿美元,占制造业的9%。

各国产业结构不尽相同,区域间差异较大。食品工业是中亚制造业的传统产业,是国民经济的基础产业。哈萨克斯坦的食品工业在五国一家独大,产值达到22.4亿美元,乌兹别克斯坦和土库曼斯坦排列二三位,为6.2亿美元和5亿美元,吉尔吉斯斯坦和塔吉克斯坦最小,为2.1亿美元和2.3亿美元。乌兹别克斯坦由于人口基数相对较大,人均食品工业产值最低,产品无法满足国内市场的需求,食品进口占到全国市场的20%(图7.2)。

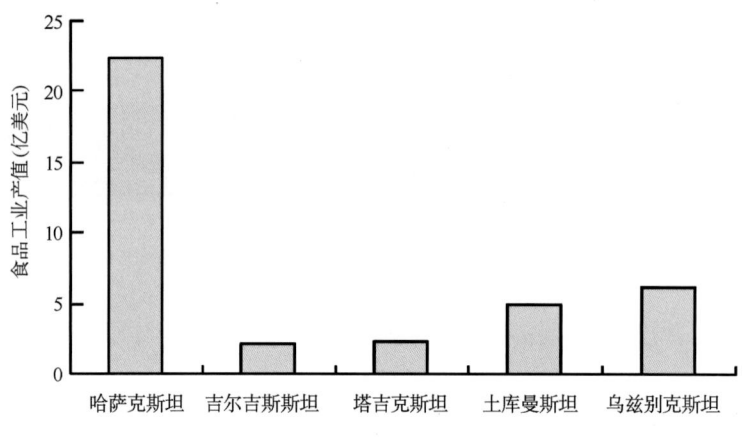

图7.2 2003年中亚五国食品工业产值

中亚纺织工业主要以棉纺织业和毛纺织业占主导地位。乌兹别克斯坦有沿阿姆河的绿洲和费尔干纳谷地的广阔高产耕地,棉花的产量位于中亚之首,纺织工业在中亚地区最为发达。哈萨克斯坦和土库曼斯坦也有一定的棉花产量,为其轻工业提供原材料;吉尔吉斯斯坦和塔吉克斯坦山区面积大而耕地较少,无法为轻工业提供足够的原材料,因此其轻工业总量较小(图7.3)。

中亚的石油和天然气资源主要集中在里海及其附近的陆地区域,因此靠近里海的哈萨克斯坦、土库曼斯坦和乌兹别克斯坦三国成为中亚发展石油加工业的主要国家。因吉尔吉斯斯坦因和塔吉克斯坦远离主要石油产区,石油产量较小,石油加工工业的规模也较小(图7.4中未列出2003年吉尔吉斯和塔吉克的石油加工业产值)。从图7.4中可以看出,哈萨克斯坦石油加工业产值最高,为10.6亿美元,土库曼斯坦次之,为4.6亿美元。乌兹别克斯坦较低。2003年以后,随着全球油价的不断上涨,哈萨克斯坦和土库曼斯坦不断增加石油和天然气产量,从而进一步带动两国石油加工工业的增长。

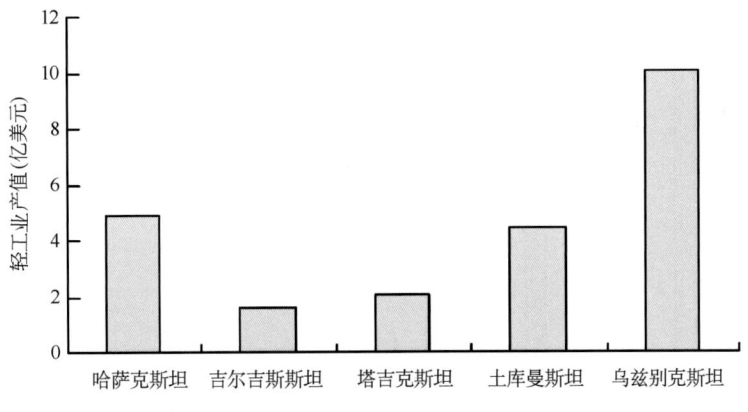

图 7.3　2003 年中亚五国轻工业产值
数据来源:根据中国驻中亚各国大使馆商务参赞处资料整理

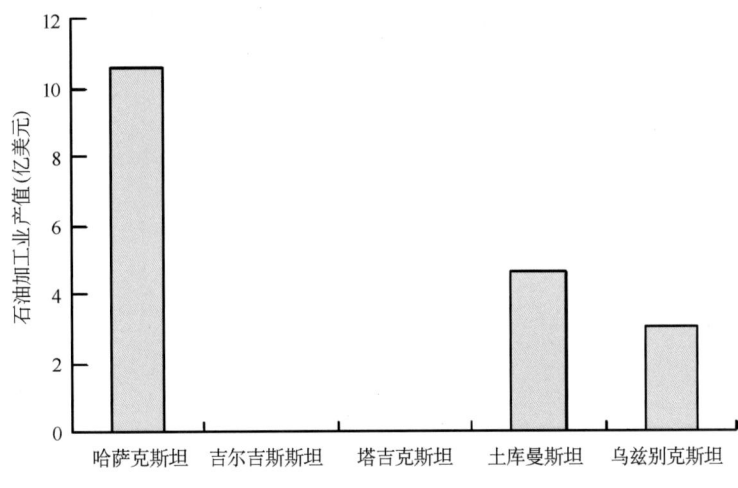

图 7.4　2003 年中亚五国石油加工工业产值

化学工业和建材业是重工业和建筑业的基础产业,其状况反映了一个国家重工业的发展水平和建筑业的繁荣程度。前苏联时期实行的区域分工政策,使得中亚地区的化学工业有了一定的发展。从图 7.5 中可以看出,中亚五国的化学工业和建材业间差异同样明显,其中哈萨克斯坦产值最高,为 6.63 亿美元,其次是土库曼斯坦和乌兹别克斯坦,为 3.49 亿美元和 2.81 亿美元,而塔吉克斯坦的化学与建材工业不足 1 亿美元,这与哈萨克斯坦和乌兹别克斯坦较好的化学工业基础密切相关。水泥产业也有相应的区域差异,从图 7.6 中可以看出,乌兹别克斯坦的水泥产量最高,其次为哈萨克斯坦,其余三国产量均较小。

冶金工业是中亚制造业的主导产业之一,中亚地区丰富的黑色和有色矿产资源,为中亚五国的冶金工业提供了保障(图 7.7)。2003 年,中亚五国中以哈萨克斯坦的冶金业最为发达,规模达到 30.71 亿美元,吉尔吉斯、乌兹别克和塔吉克三国冶金业的产值均在 5 亿美元上下(未掌握土库曼冶金工业数据)。哈萨克斯坦的卡拉干达盆地是前苏联重要的煤炭产地,在该区域的铁米尔套建立的钢铁厂是中亚地区最大的钢铁厂。哈萨克斯坦蕴含丰富的铜矿和黄金资源,是苏联第一个生产金属铜的地方;国际市场对哈萨克斯坦黄金的需求逐年增加,也带动了该国有色冶金工业的发展。吉尔吉斯和塔吉克斯坦山区矿产资源也较为丰富,使得冶金工业成为工业经济的支柱,2003年冶金工业产值分别占两国工业总产值的41.4%和45.1%。

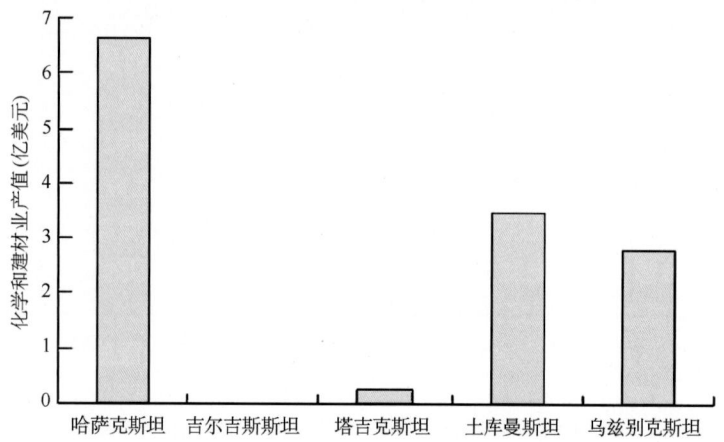

图7.5　2003年中亚五国化学和建材业产值

数据来源:根据中国驻中亚各国大使馆商务参赞处资料整理

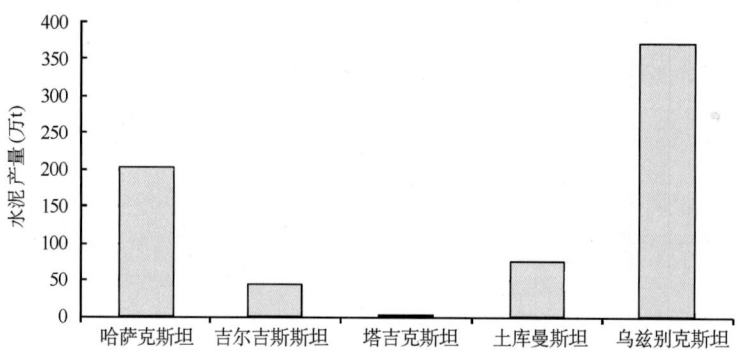

图7.6　2001年中亚五国水泥产量

数据来源:独联体国家统计年鉴2001

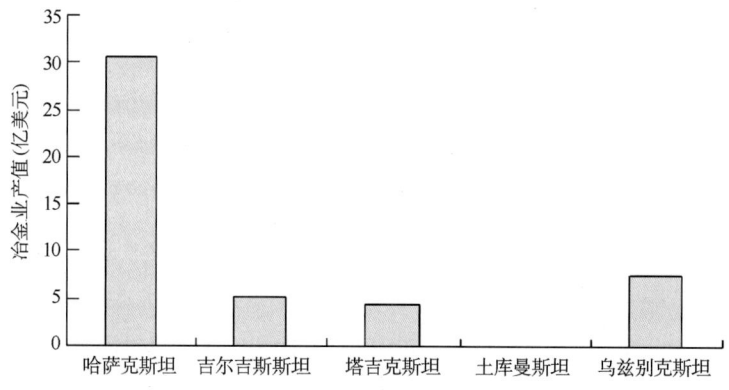

图7.7　2003年中亚五国冶金业产值

数据来源:根据中国驻中亚各国大使馆商务参赞处资料整理

金属制品和机械制造业是中亚五国独立后发展最快的产业，也是带动中亚五国制造业走出经济衰退，重新快速发展的重要部门之一。以哈萨克斯坦为例，2009年机械制造业产值达到独立前1990年的2倍，是制造业中发展最快的产业。中亚五国金属制品和机械制造业以哈萨克斯坦和乌兹别克斯坦为主，2003年产值分别为7.77亿美元和5.12亿美元，其余三国规模较小，吉尔吉斯为0.61亿美元，塔吉克为0.09亿美元，土库曼为1.55亿美元。哈萨克斯坦的机械制造业主要集中在阿拉木图市，是中亚地区主要的机械设备制造业中心，而乌兹别克斯坦的塔什干主要生产农机设备。近年来，随着更多的金属制品和机械制造业企业在哈萨克斯坦和乌兹别克斯坦设立，推动了机械制造业的进一步发展(图7.8)。

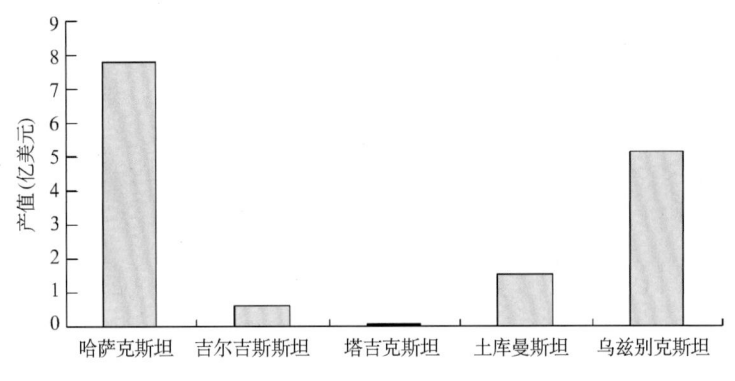

图7.8 2003年中亚五国金属与机械制造业产值
数据来源：根据中国商务部驻中亚各国参赞处资料整理

7.3 制造业发展过程

7.3.1 基于中亚地区资源基础，制造业有进一步重型化趋势

中亚五国独立后，为保证在经济衰退中的社会稳定，更加重视轻工业和生活必需品的生产，重点投资农业基础设施领域，带动了一些服务于农业生产的化学工业和机械设备制造业快速发展，并推动了轻工业、食品工业等相关产业的发展。

中亚地区的重工业也是在具有优势的能源和矿产资源基础上发展起来的。中亚地区矿产资源丰富，哈萨克斯坦卡拉干达盆地是前苏联三大煤炭基地之一，金矿、铜矿、稀有金属矿产蕴藏丰富，具有发展冶金工业的优势。卡拉干达建立的炼焦和冶金生产综合体是前苏联时期哈萨克斯坦主要的制造业企业。塔吉克斯坦和吉尔吉斯斯坦水电资源和矿产资源丰富，使得冶金工业和水电工业成为其经济的支柱产业。进入21世纪，随着里海油气资源的开发，中亚的石油加工与冶炼工业也得到了进一步的发展。以土库曼斯坦为例，该国石油加工业的产能逐年扩大，2005年，土库曼斯坦汽油、柴油产量分别从1998年的68.2万t和157.5万t，提高到167.7万t和184.2万t。2000年以后，土库曼斯坦炼油企业在经过技术改造后，新增了生产聚丙烯和润滑油的能力，2005年二者的产能分别达到8.1万t和5.1万t(表7.2)。

表 7.2　土库曼斯坦近年来石油产品产量(单位:万 t)

石油产品	1998 年	1999 年	2000 年	2001 年	2002 年	2003 年	2004 年	2005 年
汽油	68.2	86	98	119.7	172.2	209.4	209.3	167.7
柴油	157.5	134.7	145.3	147.5	150.9	191.2	180.3	184.2
重油	221.4	149.8	154.9	130.4	90.6	116.1	84.6	
液化气	2.2	3.1	3.5	11.1	21.2	29.5	36	39.5
聚丙烯	0	0	0	5	5.5	7.5	8.6	8.1
润滑油	0	0	0	0	1	2.2	5	5.1

数据来源:中国驻土库曼斯坦大使馆商务参赞处,2006 年

近年来,随着全球能源价格的上涨和世界主要经济体对矿产资源的需求,中亚地区的制造业有进一步重型化的趋势,重工业成为制造业的主导。以哈萨克斯坦为例,冶金工业在制造业中的比重在 2003 年到 2008 年的短短五年之内由 40％提高到 45％,机械制造业比重由 6％提高到 8％。2000 年,乌兹别克斯坦在首都塔什干也建立了中亚第一个汽车发动机制造厂,2005—2009 年四年间乌兹别克斯坦的机械制造业在制造业中的比重由 19％上升到 25％。2008 年,乌—美合资的"通用—乌兹"汽车制造公司成立,使得乌兹别克斯坦的汽车制造能力进一步提升。塔吉克斯坦优先发展的行业同样以重工业为主,塔吉克斯坦国家制定的经济发展规划中,水利水电业、化学工业和冶金工业成为其主要发展的方向。虽然石油加工产业在中亚各国中所占比例还较小,但随着里海石油天然气资源的开发,该产业发展空间巨大。

7.3.2　轻工业规模稳定,分布不均衡,部分产品依赖进口

轻工业在中亚的分布并不均衡,主要集中在哈萨克斯坦和乌兹别克斯坦。哈萨克斯坦以食品工业为主,产值占中亚地区全部产值 1/2,2003—2008 年间食品工业产值由 2700 亿坚戈增长到 8000 亿坚戈。乌兹别克斯坦的服装和皮革等轻工业发达,布匹和鞋的产量为中亚之首,产量分别占到中亚全部产量的 65.5％和 77.3％。哈萨克斯坦产量位于第二位,其他三国产量相对较小(图 7.9,图 7.10)。

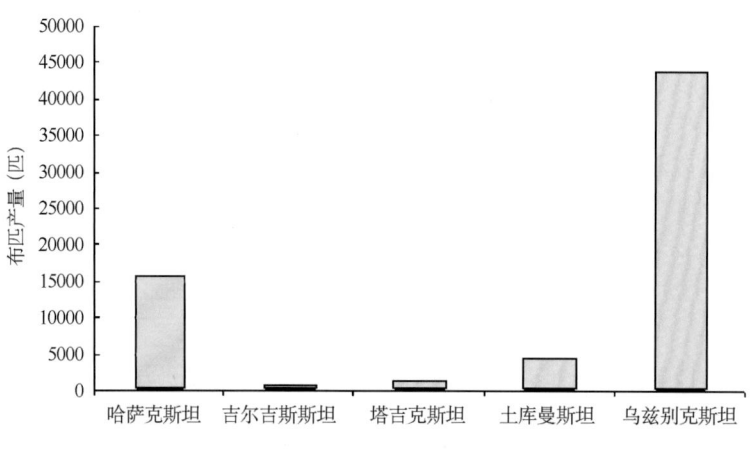

图 7.9　中亚五国 2001 年布匹产量

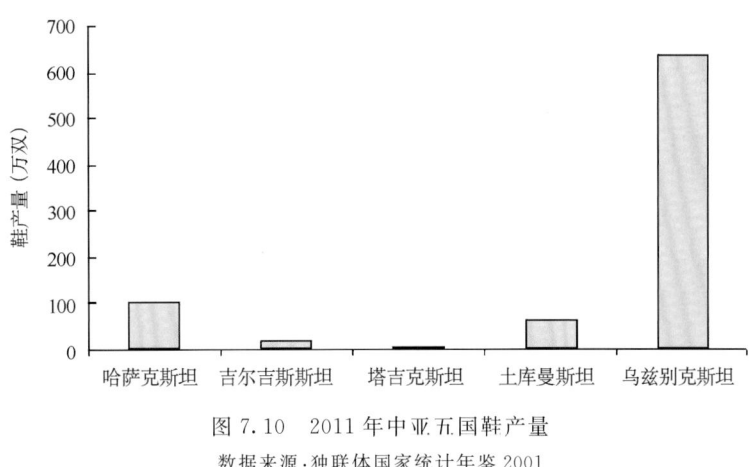

图 7.10　2011 年中亚五国鞋产量
数据来源：独联体国家统计年鉴 2001

近年来中亚地区轻工业规模总体稳定，但各国态势各不相同。以乌兹别克斯坦为例，食品工业在 2005 年以后快速发展，其在工业中的比重由 12% 上升到 17%，建材工业由 5% 上升到 7%。但其他国家的轻工业发展并不乐观，塔吉克斯坦轻工业在工业中的比重不断降低，发展速度低于冶金等优势工业的发展，2003 年到 2009 年间，塔吉克斯坦轻工业占工业的比重由 20.3% 下降到 12.2%。在哈萨克斯坦的加工工业中，轻工业是唯一一个生产不断下滑的行业。从 2000 年至 2007 年，纺织和服装业在工业总量中的比重从 2% 降到了 0.6%。中亚国家食品和轻工业是制造业的传统产业，但生产能力有限，无法满足中亚地区对部分商品的需求。哈萨克斯坦的轻工业无法满足国内需求，其产品正在被逐渐"挤出"本国市场（陈桂英，2012）。在乌兹别克的进出口贸易中，食品占进口商品的 12.5%。

7.3.3　制造业发展依赖外国投资和技术支持

外国直接投资、国际援助和跨国公司在中亚地区生产网络的布局是中亚各国制造业发展的主要动力之一。无论在轻工业领域还是重工业领域，中亚各国制造业在 2000 年以后的快速发展均离不开外商投资和技术的支持。中亚各国刚从独立后的经济衰退中恢复过来，百废待兴，主要制造业部门还依靠苏联时期建立的企业维持，这些大型企业技术落后，缺少资金和技术提高其生产效率。各国不得不加快经济改革步伐，打开国门，吸引国外投资和技术。外商投资最先进入的是中亚优势产业——矿产和能源的开采业，在中亚各国分别建立大型的能源企业，冶金工业得以快速发展。据哈萨克斯坦工业与新技术部数据，1993—2009 年底哈萨克斯坦制造业累计直接外商投资 154.12 亿美元，占总额的 10.51%（李洁，2012），该领域 71.46% 的外资集中于冶金与金属加工且份额逐渐加大。其中，有色金属冶炼累计引资 78.33 亿美元，占到制造业引资总额的 50.8%；黑色金属冶炼累计引资 30.73 亿美元，占 19.94%；其他产业的投资额度相对较低，哈萨克斯坦农产品加工在制造业引资中为 14.34 亿美元，在该行业的占比为 9.3%。

在能源产业的带动下，中亚各国经济得以快速发展，政府经济实力快速增长，也将更多的资金投向其他产业领域。同时，世界发展银行也对中亚各国提供资金和物质的帮助，促进相关产业发展和基础设施的建设。据统计，独立后到 2002 年土库曼斯坦引进外资总额高达 230 亿美元，在中亚国家中名列前茅（东欧中亚研究所，2004）。吉尔吉斯斯坦 2004 年加工工业外国投资的比重高达44.5%。以上说明外国投资在中亚五国制造业发展中的重要地位。

外国向中亚地区的投资主要以跨国公司建立中亚国家和外国资本合资企业的形式为主。乌兹别克斯坦人口规模大,劳动力相对廉价,制造业有一定基础,跨国公司将其看作面向中亚和俄罗斯市场的产品生产基地。2000年,外商便在首都塔什干建立了汽车发动机厂,之后又建立乌-美合资的"通用-乌兹"汽车制造公司,成为中亚地区最大的汽车生产基地。乌兹别克SINO公司也与韩国LG公司合作建设电冰箱生产线,共同生产家用电器(http://uz.mofcom.gov.cn/article/ddgk/zwrenkou/201101/20110107361820.shtml)。哈萨克斯坦的主要采油炼油企业也是由跨国公司直接建立。田吉兹雪弗龙公司是目前哈萨克斯坦最大的油气生产商,美国雪弗龙公司与哈萨克斯坦国家石油天然气公司各占50%股份。塔吉克斯坦水泥行业因设备老化,缺少资金致使其产量无法满足国内市场需求,从乌兹别克斯坦进口水泥的标号也并不适合塔吉克斯坦。目前,俄罗斯和捷克等国已对塔吉克斯坦水泥行业进行了专题调研,其中,捷克已和杜尚别水泥厂建立了合资企业,决定对老厂进行现代化改造,并研究在塔吉克斯坦建立新的水泥厂。

7.4 中亚各国制造业概况

7.4.1 哈萨克斯坦

(1)制造业发展和演进

哈萨克斯坦的工业是在苏联时期发展起来的,最初建立的企业以矿产开采为主,随着二战战备和20世纪50年代苏联工业的大发展,哈萨克斯坦地区的制造业逐步建立起来。50年代,在制造业方面建立了一批能源、有色金属、黑色金属生产企业,使哈萨克斯坦成为苏联有色金属、能源、黑色金属的重要生产基地,形成了几个制造业专业化城市。阿拉木图是大型机械设备制造中心,食品和轻工业中心;西姆肯特是南哈萨克斯坦的中心城市,铅冶炼中心,重要的棉花加工工业基地。塔拉兹主导产业糖制品生产和磷肥、机械制造业;古里耶夫(现:阿特劳)是全国石油工业中心,渔业和鱼产品加工工业。彼得罗巴甫洛夫斯克是食品工业中心。卡拉干达是哈萨克第二大城市,煤机设备制造中心,紧邻的铁米尔套是金属冶炼城市。

哈萨克斯坦的经济在独立后经历了体制转轨和危机阶段、复苏阶段以及经济回升阶段。独立后,哈萨克斯坦的工业与制造业始终处于下滑状态,制造业受到了很大程度上的打击。直到1996年才开始恢复增长,2008年哈萨克斯坦的工业才恢复到1990年水平。2008年经济危机对哈萨克斯坦的制造业影响巨大,造成哈萨克斯坦制造业产值明显下滑,各项制造业产品的产量也有所下滑,客、货小汽车的产量下降到2004年水平。2010年,哈萨克斯坦制造业增加值185.4亿美元,占工业增加值的30.9%,占全国GDP的12.4%(表7.3)。

表7.3 哈萨克斯坦工业生产和制造业增长率(%)(1991—2010)

年份	1991年	1995年	2000年	2005年	2010年
工业	-3.8	-9.8	15.5	4.8	9.6
制造业	3.0	-16.3	17.4	7.6	13.9

数据来源:哈萨克斯坦国家统计网

(2) 制造业发展的区域差异

苏联时期哈萨克斯坦分为5个经济区,独立后,在向市场经济转型的过程中,哈萨克斯坦根据本国的特点将全国分为8个经济区。北哈萨克斯坦经济区由北哈萨克斯坦州和科斯塔奈州组成,工业比较发达,制造业以轻工食品工业为主;东哈萨克斯坦经济区有东哈萨克斯坦州组成,该区域为工业发达地区,工业产值占全国的12%,主要制造业包括有色金属、畜产品加工等产业;东北哈萨克斯坦经济区由巴甫洛达尔州组成,该经济区制造业以冶金、石油加工、机械制造为主,主要工业布局在巴甫洛达尔-埃基巴斯图兹区域生产综合体中;东南哈萨克斯坦经济区由阿拉木图州和阿拉木图市组成,该区域工业总产值占全国的17%,拥有机械制造、农工综合体、轻工业和有色金属工业等产业;南哈萨克斯坦经济区由哈南部三州组成,制造业以机械制造、有色金属冶炼、化学和石油化工、轻工和食品工业为主;西南哈萨克斯坦经济区是哈国主要的石油和天然气产区,制造业以石油加工和石化工业为主;西北哈萨克斯坦经济区有阿克托别州和西哈萨克斯坦州组成,工业总产值占全国7%,制造业以化学、石油开采、轻工食品工业为主;中哈萨克斯坦经济区有阿克莫拉州、卡拉干达州和阿斯塔纳市组成,该经济区为哈国最大的经济区,工业总产值占全国的27%,制造业占27.4%,制造业强项为煤炭工业、有色金属工业、化学工业和矿山机械制造业,主要工业城市为卡拉干达市和阿斯塔纳市(赵常庆,2004)。

表 7.4 哈萨克斯坦分区域制造业产值(2003,2010,单位:百万坚戈,%)

区域	经济区	2003 产值	2003 比重(%)	2010 产值	2010 比重(%)
北哈萨克斯坦	北部经济区	19821	1.6	61282	1.6
科斯塔奈	北部经济区	26900	2.2	131102	3.4
巴普洛达尔	东北经济区	136999	11.3	567851	14.8
东哈萨克斯坦	东北经济区	125782	10.3	463239	12.0
阿拉木图市	东南经济区	126007	10.4	359661	9.4
阿拉木图州	东南经济区	103464	8.5	299869	7.8
江布尔	南部经济区	38029	3.1	91090	2.4
克孜勒奥尔达	南部经济区	6370	0.5	36310	0.9
南哈萨克斯坦	南部经济区	110100	9.0	211872	5.5
阿克托别	西北经济区	45566	3.7	168698	4.4
西哈萨克斯坦	西北经济区	23312	1.9	83015	2.2
阿克劳	西南经济区	56569	4.6	254307	6.6
曼吉斯套	西南经济区	8353	0.7	60944	1.6
阿克莫拉	中部经济区	30582	2.5	127489	3.3
阿斯塔纳市	中部经济区	25461	2.1	84838	2.2
卡拉干达	中部经济区	316293	26.0	843090	21.9
全国合计		1217121	100.0	3844658	100.0

数据来源:哈萨克斯坦国家统计网

从表7.4可以看出,近年来哈萨克斯坦制造业集聚日益明显。2003年,制造业产值排名前3位的州制造业总产值占全国的47.6%,有5个州的制造业比重超过10%;到2010年,制造业产值前3位的州总产值占全国的比重略有上升,为48.7%,仅有3个州的制造业比重超过10%。从空间上说哈萨克斯坦的制造业主要集中在哈萨克斯坦东、中部的地州,包括东部的巴普洛达尔、东哈萨克斯坦、阿拉木图市、阿拉木图州、中部的卡拉干达州,这5州的制造业产值超过全国总产值的66%。2010年与2003年相比,各地州制造业总产值均大幅度增长,且制造业进一步向该国东北部地区集聚。

从哈萨克斯坦主要制造业产品的生产区域来看,轻工业在全国各经济区均有分布,金属加工和电子、机械制造业在全国专业分工明显。电视接收器、录音机、洗衣机等电子产品生产全部集中在阿拉木图市和阿拉木图州;客运小汽车主要集中在东哈萨克斯坦州,货运小汽车主要集中在阿克莫拉州;精炼铜主要集中在卡拉干达州和阿拉木图市,其产量占到全国精炼铜的95%;铅冶炼主要集中在东哈萨克斯坦州,并有进一步集聚的趋势,2003—2010年,该州冶炼铅的产量从全国的79%提高到97%;黄金和纯银的冶炼集中在卡拉干达州和东哈萨克斯坦州,其中东哈萨克斯坦州的产量占到70%以上,该州也是矿金的主要产地,阿克莫拉、卡拉干达、科斯塔奈等州有一定产量;轧钢生产全部集中在卡拉干达;水泥生产集中在东哈萨克斯坦州、卡拉干达州和南哈萨克斯坦州,这3个州占全部产量的95%以上;磷肥主要集中在阿克莫拉和江布尔,产量各占全国产量的一半;氮肥2003年时集中在江布尔、曼吉斯套、卡拉干达3州,后在曼吉斯套新建了大型氮肥厂,使得其产量占到了全国产量的90%以上;石油冶炼与加工业主要集中在南哈萨克斯坦、阿特劳、巴甫洛达尔等州。

目前哈萨克斯坦已经形成了几个具有鲜明特征的制造业集聚中心,以阿拉木图市为核心的电子产品集聚中心;以卡拉干达和东哈萨克斯坦为核心的钢铁、煤炭和有色金属冶炼加工基地;南哈萨克斯坦和江布尔为核心的石油加工与化肥生产基地。

(3) 各行业发展概况

2000年以后,哈萨克斯坦的经济发展战略是以能源工业为主,大力发展有色金属和黑色金属的采炼和深加工,但其受1997年金融危机和2008年金融危机的影响,主要有色金属的产量并未明显提高,黄金、轧钢、铅锌等金属产品的产量保持稳定,仅有矿金的产量增长明显(表7.5)。

表7.5 哈萨克斯坦主要制造业产品产量(2003—2010)

产品	单位	2003年	2006年	2010年
焦炭及干馏煤	10^3 t	2631.0	2627.5	2526.8
汽油	10^3 t	1841.4	2345.3	2925.9
化肥	10^3 t	140.3	106	200.6
医药制剂(产值)	千坚戈	4025072	8148061	2611890
水泥	10^3 t	2581.1	4880.2	6682.6
铁合金	t	1401136	1614317	1701790
轧钢	t	3837781	2999610	2899808

续表

产品	单位	2003 年	2006 年	2010 年
纯银	t	804874	796234	548990
锻造黄金	kg	9906	9011	13456
铝	t	1419761	1514749	1867309
精炼铜	t	432511	427723	323368
液压泵	个	7990	17556	26187
小汽车	辆	2731	4468	3686

数据来源:哈萨克斯坦国家统计网

1)机械制造业

哈萨克斯坦的机械制造业在近些年里,尤其是在国家进入经济高速增长、工业积极发展的时期发挥了重要的作用。2000—2006 年,机械制造业是哈萨克斯坦增长最快的制造业部门,2003 年哈萨克斯坦的机械制造业产值达到 185.1 亿坚戈,产品进口额达到 8370 万美元,出口额达到 4.718 亿美元,全行业工人人均创造产值 25.54 万坚戈。机械制造业较强的前后项联系能有效带动其他相关产业的发展。在机械制造业的带动下,国家原有的科研潜力也得以发挥,各经济部门在建立伙伴关系和形成一体化结构的过程中,组织能力也有所提高,逐渐形成了一套创新体制。

食品工业的增长极大地促进了畜牧业和饲料业领域设备的生产。2011 年拖拉机保有量 15.48 万台、联合收割机 4.46 万台、各种割草机 4.75 万台、农用货车 9.5 万辆、播种机 34.89 万台。但农业机械的磨损率较高,且更新率较低。借助于 2000 年以来快速发展的油气市场,油气设备生产企业发展也相对顺利。1998 年哈萨克斯坦石油天然气设备制造业只能生产二十几种设备,且大多为部件和配件。但经过多年的发展,2010 年哈萨克斯坦 24 个国内企业已经能够生产 286 种石油天然气设备(包括钻探、专用设备和各种液体泵),产值超过 2 亿美元。石油加工设备的生产也逐渐扩大,产值由 2003 年的 2.25 亿美元增长到 11.07 亿美元(表 7.6)。从全国的分布来看,西哈萨克斯坦州、北哈萨克斯坦州和阿拉木图市是主要的生产地,其中阿拉木图市的生产增长最快,2010 年,其产值占全国同类产品的 64% 以上(岳萍,2004)。

表 7.6 哈萨克斯坦石油加工设备的生产(单位:千坚戈)

地区	2003	2010
全国	215053	1107464
西哈萨克斯坦州	60757	47372
北哈萨克斯坦州	118517	350049
阿拉木图市	35779	710043

数据来源:中国商务部驻哈萨克斯坦参赞处

尽管国内外市场对电力设备的需求增长很快,哈萨克斯坦这些专业设备也具有竞争优势,生产增长迅猛,但其他一些设备的生产在逐渐缩减。例如,蒸汽发电机、燃气发电机和水力涡轮发电机的生产数量减少了 40%,移动式发电站减少了 38.5%,大型电力机械减少了 7.4%,

轻工业设备的生产缩减了27%，家用电器生产也急剧下滑，其中，洗衣机和电视机的生产下滑幅度最大，达50.3%，其次是收音机和电熨斗，下滑了32%，电动剃须刀9%。纺织业的衰退也使得纺织市场对相应设备的需求减少，导致织布机产量下滑。2001年，哈萨克斯坦织布机的产量为52台，而2003年仅有15台，其中一个重要原因是哈萨克斯坦国内的纺织、针织企业与外国同类企业相比不具备竞争优势。2002年哈萨克斯坦针织类服装进口额达1.83亿美元，纺织类服装的进口额为3.35亿美元，与此同时，针织服装和纺织服装的出口额分别为6180万美元和1.35亿美元。

哈萨克斯坦机械制造业中较为有发展前景的是汽车制造业、能源、交通设备的生产以及石油工业设备和农业设备的生产。2005年哈萨克斯坦机械制造业开始增长，初期的增长并非是投资增长促成的，而是在继续维持生产能力、固定资产过度损耗的情况下实现的，因而这种增长是暂时的，是不稳定的。2006年以后投资对于哈萨克斯坦机器制造业的崛起起到促进作用。为实现机车现代化，哈萨克斯坦铁路公司与国际机车制造业巨头美国通用电气公司（General Electric）签订了进口合同，购买了一批现代化的内燃机车用柴油发动机组，从2004年开始对127台内燃机车进行现代化改造。2006年哈萨克斯坦巴甫洛达尔拖拉机厂与俄罗斯运输机械集团公司在巴甫洛达尔市建立了内燃机车组装厂——哈萨克斯坦火车头，双方各持有50%的股份。2006年10月18日，第一台调度机车下线。

东哈萨克斯坦州是哈萨克斯坦最重要的加工工业中心之一。该州机械制造业产值及其增长速度在哈萨克斯坦占据着领先地位。21世纪初，东哈萨克斯坦州机械制造业产值占到了哈萨克斯坦工业总产值的26%～28%，2005年东哈萨克斯坦州机械制造业和金属加工业在哈萨克斯坦工业产值中所占的比重达23.8%。因此，在对该地区的工业结构和制度进行改革时应当对机械制造业给予充分的重视。

2）石油加工业

哈萨克斯坦石油加工业2000年以后稳步发展，但发展速度落后于其他产业，产值由2002年的850.1亿坚戈增长到2008年的2105.6亿坚戈，但在制造业中的比例由8.1%下降到6%。哈萨克斯坦有3个石油炼厂（阿德劳炼厂、帕甫洛达尔炼厂、齐姆肯特炼厂），总设计加工能力1860万t，实际利用仅有50%。2004年3个炼厂共加工原油939万t，比2003年增长7.1%。其中，生产柴油277.9万t，汽油192.3万t，重油248.3万t，航空煤油282.8万t，液化气122万t，沥青4.99万t。目前哈本国生产的油品质量差、品种少，汽油品种和数量均不能满足市场需要，缺少润滑油，其他燃料油有一定出口。3个天然气加工厂（哈萨克天然气加工厂、让纳诺尔天然气处理厂、田吉兹天然气加工厂）总设计加工能力为62.5亿m^3/a（徐春明，2010）。

哈萨克斯坦石化工业基础较弱，国内原油大部分由外国石油公司生产，大部分出口国外，只有少部分运往本地炼油厂加工。哈萨克斯坦油气处理技术仅限于在炼厂将石油和天然气分离，缺乏进一步利用。炼油厂生产能力仅为50%，也无法提供石化工业所需要的原料。在炼油领域，由于炼油厂设备陈旧，炼制不出足够的高标号汽油和航空煤油，40%还需从俄罗斯进口。到目前为止，哈萨克没有自己的大型沥青厂、化肥厂等。目前化工产品在哈萨克斯坦消费市场上所占的比例不到15%，而发达国家达到了50%～60%。哈萨克斯坦对化工产品的需求主要依靠进口来解决，因此，发展石油深加工、延长产业链、提高产品附加值，满足国内市场和出口的需求是哈萨克斯坦后危机时代的重要发展战略之一。哈萨克斯坦政府致力于恢复现有石化加工企业的生产,在已完成的《2010年发展哈萨克斯坦石化工业纲要》、《至2015年发展哈萨克斯坦石化工业和化学工业构架》等框架下对企业进行现代化改造,在靠近原材料产地地区建立新型现代化生产企业。此外,哈萨克斯坦政府还研究制定新的石油化学领域发展规划。计划到2014年前完成阿特劳、希姆肯特和巴甫洛达尔三大炼油厂现代化技术改造和设备更新,将总体生产能力提升到1700万t/a(2008年为1230万t),达到国产高质量汽油和航空燃油能够满足国内市场需求的目标。到2011年底建成哈第一座大型沥青厂(中信公司承建),生产欧洲最高标号的沥青供应全国公路建设。兴建硫酸厂,为铀矿等矿产品加工业提供足够的辅料。2014年前,建成一座大型硫磺存储中心,使资源得到有效的保值和升值。

3) 轻工业

在哈萨克斯坦的加工工业中,轻工业是唯一一个生产不断下滑的行业。从2000年至2008年,纺织和服装业在工业总量中的比重从2%降到了0.2%。目前,哈萨克斯坦轻工产品正在被逐渐"挤出"本国市场。2007年哈萨克斯坦纺织和服装业产值为355亿坚戈,比2006年下降了15.3%。

2008年,哈萨克斯坦政府通过了健康发展轻工行业的决议。例如在南哈萨克斯坦州建立了自由经济区,在最近五年期限内,将预计新增一万个就业岗位,区内免征企业所得税、土地和财产税,实行增值税零税率(中国驻哈萨克斯坦使馆经济商务参赞处,2008)。

4) 冶金工业

黑色金属工业是哈萨克斯坦重要工业部门之一。独立后,哈萨克斯坦黑色冶金产品产量明显下降,铁矿石由1991年2199.3万t降至2000年的1616.1万t,钢产量由1991年489.6万t降至2000年的479.7万t,轧钢由1990年495.5万t降至2000年369.1万t,铁合金由1991年119.28万t降至2000年97.98万t。2000年钢产量相当于1989年的70%,钢材相当于1989年74%,铁矿石相当于1980年的63%。2010年,哈萨克斯坦有铁矿石开采企业46个,其中大中型企业6个,职工9.95万人,黑色冶金企业2个,皆为大中型企业,有职工6.3万人。

该国大型钢铁企业有卡拉干达钢铁联合企业、哈萨克斯坦钢铁厂、阿拉木图钢铁厂、阿克托别铁合金厂、阿克苏铁合金厂等,其中阿克苏铁合金厂占全国铁合金产量的81%。卡拉干达钢铁联合企业是哈萨克斯坦黑色金属工业的旗帜,主要生产薄铁板,其产品销往世界30多个国家。阿克苏铁合金厂是最大的铁合金出口厂,60%的产品出口,年创汇10亿美元以上。黑色金属生产企业的设备技术水平较差,哈萨克斯坦钢铁企业的产品80%用铁矿石炼制,而美国只有20%。2000年,哈萨克斯坦一吨钢可出0.77 t钢材,而日本、英国、德国能出0.83~0.94 t钢材。

5) 食品工业

哈萨克斯坦食品工业整体上发展较为薄弱,主要有面粉加工业、糖业等。随着近年来哈萨克斯坦小麦的丰产,面粉生产企业成为哈萨克斯坦国内小麦的最大买家。每年出口的农产品加工品中,面粉占80%。哈萨克斯坦每年出口面粉100万~200万t,占全世界面粉出口总量的14%,已成为世界最主要的面粉出口国之一。面粉主要生产地区是科斯塔奈州(22.7%)、南哈萨克斯坦州(19.7%)、卡拉干达州(11.4%)、北哈萨克斯坦州(9%)、东哈萨克斯坦州(7.3%)和阿克莫拉州(6.9%)。

哈萨克斯坦食糖生产却不尽理想。国内食糖的需求量远大于自身的产量,据海关统计,哈萨克斯坦每年进口白糖及原料约需450亿坚戈。造成供需矛盾的主要原因是哈萨克斯坦内食糖原料即甜菜生产供应严重不足。甜菜种植属劳动密集型产业,劳动力的不足及生产成本的增长又严重制约了甜菜的生产。这样一来,俄罗斯和白俄罗斯价格便宜的食糖就进入了哈萨克斯坦国内市场。农业部建议出台新的国家扶持措施,其中包括国家制定甜菜收购保护价等,2016年前这些措施的效果将会显现(赵彦军,2011)。

6)化学工业

化学工业发展对国家经济具有重要意义,它不仅与居民生活质量息息相关,同时也是国家技术进步和稳定发展的带动因素之一。2005年哈萨克斯坦化工工业处在萎缩的边缘,营利大幅下滑。2009年经济危机时亏损十分严重,主要产品的生产极不稳定,产量时高时低。为保障化工部门的稳定和平衡发展,政府制定了发展化学工业的五年规划,希望通过增加化肥及其他主要化工产品产量,进一步丰富其种类,并开发新生产项目,最终将产量提高1倍,部分化工产品将重新出现在国内市场上,甚至出口海外市场。

在这一过程期间,一些中小型企业在阿克托别州、阿特劳州和南哈萨克斯坦州相继出现。目前哈萨克斯坦有50多家化工企业,2万多员工。这些公司主要是中型企业,在工业创新中发挥了积极作用。哈萨克斯坦化工部门中,无机化学产品(盐、酸、碱、气体),以及矿物肥料(磷肥、氮肥、复合肥料)生产技术较为先进。近两年,国内化工产业产量出现上升趋势。根据哈萨克斯坦国家统计署数据,2009年化工产品产值达855亿坚戈,2010年达1041亿坚戈。2009年实物量增长指标为75.7%,2010年为121.4%。2010年巴甫洛达尔苛性碱股份公司的化工生产线生产出了苛性钠、氯、盐酸、次氯酸盐等新产品,之前这些化工品只能从俄罗斯、乌兹别克斯坦和乌克兰进口。2011年化工部门在加工业中的份额提高了0.4%,就业人数增长5000人,固定资本投资增长13.27亿坚戈,产品多样性得到了发展,部门竞争力得到提高。

7.4.2 吉尔吉斯斯坦

(1)制造业发展演变

从20世纪30年代,吉尔吉斯斯坦才开始了工业现代化的过程,卫国战争时期部分苏联中部地区的工业转移到吉尔吉斯斯坦,促使其制造业快速发展。1980年,吉尔吉斯斯坦的大小工业部门已达130多个,制造业部门的产品变得丰富起来。从80年代起,吉尔吉斯斯坦的工业同全苏的工业一样,其发展速度明显减慢,有的工业部门甚至停滞不前。

吉尔吉斯斯坦独立后经济经历了严重的衰退,2000年以后经济才开始复苏。复苏2年后又进入5年的衰退期,之后缓慢增长(甚至负增长),直到2007年,工业与制造业才恢复增长。截至2010年,制造业仅为1990年水平的20%左右。2010年制造业增加值7.36亿美元,占全国GDP的27%,占工业增加值的61%(图7.11)。

(2)各行业发展概况

吉尔吉斯在整个工业生产中占有比较重要地位的是:有色冶金业、食品工业、磨粉碾米和混合饲料工业、轻工业、机器制造和金属加工工业、建筑材料工业,2001年,这几个产业在工业中的比重分别为43.6%、13.1%、8.0%、5.8%、5.2%和3.0%(中亚五国志)。

从1997—2001年吉尔吉斯斯坦主要制造业产品产量的变化可以看出,受到经济波动的影响,该国产品产出不稳定,总体上重工业相对稳定,轻工业萎缩。机械制造业的主要产品电灯、电视和计算机均在稳定增长,但是轻工业的织物、鞋的产量却是明显萎缩的(表7.7)。

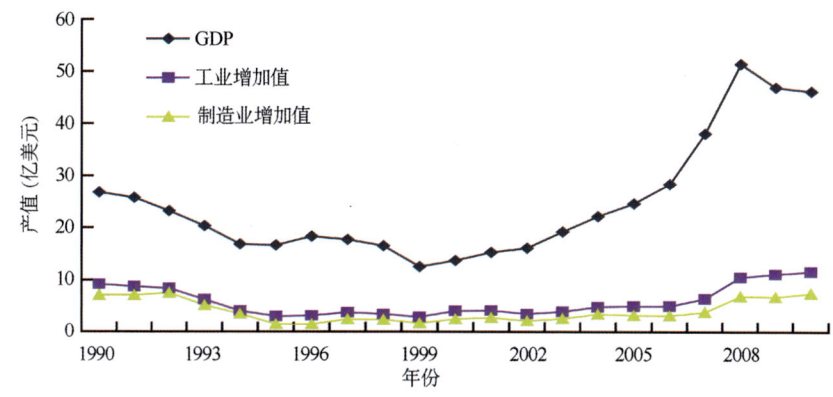

图 7.11　吉尔吉斯斯坦 GDP、工业增加值与制造业增加值的关系
数据来源：世界银行统计数据

表 7.7　1997—2001 年吉尔吉斯斯坦主要制造业产品产量

产品	单位	1997 年	1998 年	1999 年	2000 年	2001 年
汽油	万 t	16.46	5.31	7.52	6.19	4.78
柴油	万 t	2.81	3.56	5.37	3.04	4.34
重油	万 t	3.76	4.11	4.64	4.49	3.98
电灯泡	百万个	179.8	199.9	212.7	232.4	252.8
电视	台	—	4011	1337	2835	6152
计算机	台	990	351	317	835	1349
水泥	万 t	65.82	70.94	38.63	45.29	46.89
织物	亿 m²	0.252	0.168	0.14	0.087	0.08
鞋	万双	43.63	19.64	8.8	13.69	19.08

数据来源：《俄罗斯东欧及中亚统计年鉴 1999、2000、2001》

1）食品和农产品加工部门

食品和农产品加工业是吉尔吉斯斯坦最重要的生产部门之一。2001 年全行业产值占到当年工业总产值的 22.8%。主要包括制糖、糕点和糖果加工、粮食和饲料加工、啤酒和非酒精饮料酿造、奶制品加工、食用油加工、果蔬加工、甜酒酿造、油脂加工和烟草加工等。食品和农产品加工业的原材料基本来自国内，其产品也主要面向国内市场，俄罗斯投资控股的奶制品厂是该行业中规模最大的企业，产品不仅在本地有较高的市场占有率，还向其他独联体国家（哈萨克斯坦）出口。

粮食和饲料加工业产值占该国工业总产值的 8.5% 左右，主要产品是面粉，以私营小企业和合资企业为主，产值占该行业的近 40%。一些较大型的原国有面粉厂则开工率不足。造酒业是国家重要的税收来源，政府对烈性酒和酒精生产实行专营和生产许可制度，对进口酒精和烈性酒实行配额许可证管理，征收高额关税（包括消费税）。由于该国产酒多为低档酒，每年需从国外进口各类中、高档酒，进口量最大的是啤酒，主要来自德国和俄罗斯。烟叶是吉尔吉斯斯坦主要经济作物之一,烟草产品也是吉重要的出口商品(主要对俄罗斯出口)。吉尔吉斯斯坦共有6家较大的烟草发酵厂,每年可加工5万t烟叶。与德国合资的"Reemtsma-Kyrgystan"卷烟厂是吉目前最大的烟卷生产企业,该企业2000年投产,年产烟卷30亿支左右(中国商务部驻吉尔吉斯商赞处,2003)。

畜牧业和肉制品加工行业曾经是吉尔吉斯的支柱产业,不但有能力自给自足,还向俄罗斯等原苏联加盟共和国输出肉类产品。苏联解体后,该国畜牧业生产大幅滑坡,每年需从俄罗斯及欧洲其他国家进口部分肉和肉制品。

2001年由于奶牛饲养和奶制品生产行业的改革进行得比较成功,吉尔吉斯斯坦的原奶产量和牛奶加工制品的产量均有显著增长,现有生产能力除满足国内需求外,还可向哈萨克斯坦等出口。

2)石油加工工业

吉尔吉斯斯坦所需的天然气、汽油、柴油、煤油、润滑油等石油产品大部分(约90%)需从俄罗斯、哈萨克斯坦和乌兹别克斯坦进口。目前,吉尔吉斯斯坦仅有贾拉拉巴德一家炼油厂,现该厂逐步恢复生产,产品已实现大量出口。

3)纺织服装业

拥有各种所有制形式的企业70多家,是吉尔吉斯斯坦轻工业的重要组成部门,其比重约占整个轻工业的80%,主要产品有棉纱、毛料和棉布、生丝线和混纺丝绸面料、毡毯类制品、无纺面料、地毯和地毯制品、针织品和袜子类制品。

4)建材业

建材业产业规模较小,2006年产值仅占工业产值比重的8.4%,从业企业约300余家,主要产品包括水泥、石棉瓦、石棉管道、混凝土预制件、平板玻璃、外墙砖等。

7.4.3 塔吉克斯坦

(1)制造业发展和演变

苏联时期,塔吉克的经济取得了较大的发展,20世纪60—80年代建成了一系列大型水电站和热电站,电力工业成为工业的支柱产业,同时制造业中有色金属工业、机器制造业、化学工业都得到了较快的发展。目前主要工业部门有电力工业、有色冶金工业、机器制造业、化学工业等。但经济结构单一、对外依赖性强,主要是原材料供应基地,该国所需的油料、燃料、轻工业产品、日用消费品和部分粮食及食品都依赖进口。经济布局极不合理。北部费尔干纳盆地是塔吉克经济的中心地带,主要工业区也都集中在杜尚别和苦盏市(列国志·塔吉克斯坦)。

塔吉克斯坦独立后,国民经济濒临崩溃,工业农业生产严重衰退,按不变价计算,1999年国民生产总值仅相当于1990年水平的35%。自2000年起,经济才开始呈现恢复性增长,2010年国民生产总值达到56.4亿美元(图7.12)。2010年,塔吉克斯坦制造业增加值4.82亿美元,占国内生产总值的9.5%,占工业增加值的43.2%。塔国制造业经济,经历了先衰退后增长的过程,2010年塔国制造业增加值恢复到1990年水平的76%(以不变价计算)。

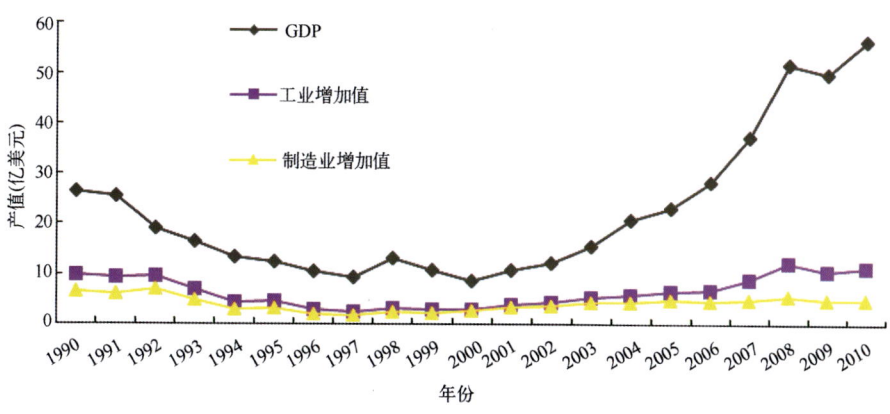

图 7.12 塔吉克斯坦 GDP、工业增加值和制造业增加值的关系
数据来源：世界银行统计数据

(2) 各行业发展概况

塔吉克斯坦各地区经济发展很不平衡，一些高山地区难以耕作，工业也很少，北部费尔干纳盆地是塔吉克斯坦的制造业集聚地区。

从制造业结构来看中，有色冶金工业和机械制造业在国民经济中占有举足轻重的作用，是制造业的主导部门。机械制造业和金属加工业占工业总产值的 10%，主要生产机床、变压器、纺织机械设备、拖拉机、农机工具、电冰箱等。轻工业和食品工业其产值占该国工业产值的 2/3，以纺织业、织毯业为主。由于重、轻、农比例失调，难以协调发展，所以粮食和日用消费品短缺，长期处于供不应求的状态（根据列国志·塔吉克斯坦相关资料整理）。

从制造业分部门产值指数来看（见表 7.8），2000 年以后，塔吉克斯坦各部门制造业均发展迅速。以机械制造和金属加工业发展最为迅速，2009 年产值是 2003 年的 1426 倍，其中的机械制造业产值是 2003 年的 5200 倍，服装制造业产值达到 2003 年产值的 934 倍，带动了整个制造业的复苏。传统产业如有色冶金和纺织业发展平缓，在 2003—2009 年间平均增长在 10% 以上。在 2008 年的金融危机，新兴机械制造、服装等产业未受到影响，而传统的冶金和纺织业却出现下滑。

表 7.8 2004—2009 年塔吉克斯坦分部门制造业产值指数（单位：上一年=100）

产业	2004 年	2005 年	2006 年	2007 年	2008 年	2009 年
有色冶金业	114.8	120.7	131.1	132.8	127.9	118.2
机械制造和金属加工业	201.1	225.6	318.5	465.6	539.6	392.8
机械制造业	248.1	274.6	397.9	551.9	705.3	494.4
石油加工及相关化学品	165.7	149.8	137.1	114.1	116.3	41.2
林业,木材加工等	133.8	158.6	213.5	269.7	361.7	358.4
木材加工	134.7	158.8	214.7	272	363.9	351.2
建材	114.7	168.3	209.9	279.6	251.1	256.9

续表

产业	2004年	2005年	2006年	2007年	2008年	2009年
玻璃陶瓷制品	108.5	111	130.5	136.2	141.6	147.5
玻璃制造	101.5	103.9	129.6	133.8	139	142.6
轻工业	113.2	126.7	116.2	134	115.2	104.9
纺织品	112.8	122.7	111	128.8	109.4	97
服装制造	135	312.5	375.9	337.6	361.9	482.4
皮革和鞋的制造	117	106.2	121	142.3	254	378.2
食品工业	117.3	151.4	162.1	197.1	201.8	190.5
加工食品	115.8	153	164.6	203.3	208	188.9
肉类和奶制品的生产	134.9	145.2	149.7	161.7	166.9	194.3
鱼的生产	70.2	54.5	62.3	71	67.5	75.9
面粉和饲料加工	114.7	111.9	110.3	114.8	114.2	118.9

根据《塔吉克斯坦统计年鉴2010》俄文版数据整理

1) 冶金工业

塔吉克斯坦冶金工业是国民经济的主导产业,占全部工业总产值的45%以上。铝是国民经济支柱产业,在GDP中一直占有较高比重。2005年共生产铝锭37.96万t,其中出口34.26万t(约占总量的90.3%),创汇5.634亿美元,铝产值占全年工业总产值的比重达41%和62%。截至2007年,仅有一家铝厂,即塔吉克铝厂,它是塔吉克斯坦具有战略意义的企业之一,是中亚唯一的铝厂,生产能力41.2万t/a。近年来,由于技术设备落后,流动资金不畅导致原料供应不足,处于亏损状态。随着俄罗斯铝业公司的介入,其产量在逐渐回升。

2) 水泥行业

塔吉克斯坦目前只有一家水泥厂——杜尚别水泥厂。该厂建于20世纪50年代,设计生产能力为100万t/a,加工方法为湿式,由于设备磨损严重,缺乏更新和改造资金,2005年的年实际产量只有其生产能力的15%~25%,约20万t。为弥补水泥市场存在的供需缺口,塔吉克斯坦每年还从乌兹别克斯坦的别卡巴德水泥厂进口水泥,并新建一批水泥厂。这些新建水泥企业多以合资方式实现,例如,捷克与杜尚别水泥厂建立了合资企业,对老生产线进行改造和升级,伊朗、俄罗斯等国也参与了塔吉克斯坦水泥行业的发展。

7.4.4 土库曼斯坦

独立后土库曼斯坦经济也经历了衰退期和复苏阶段。1993年是独立后该国制造业最艰难的一年,其占GDP的比重仅为5%,1997年亚洲金融危机,使得刚恢复的制造业再次衰退,2000年才再次恢复。2010年国民生产总值达到200亿美元(图7.13)。相当于1990年水平的2.7倍。1996年至今,全球石油价格的大幅上涨,刺激和推动土国石油和天然气的生产和出口,这是其近几年经济快速发展的重要原因。

第 7 章 制造业发展及空间组织

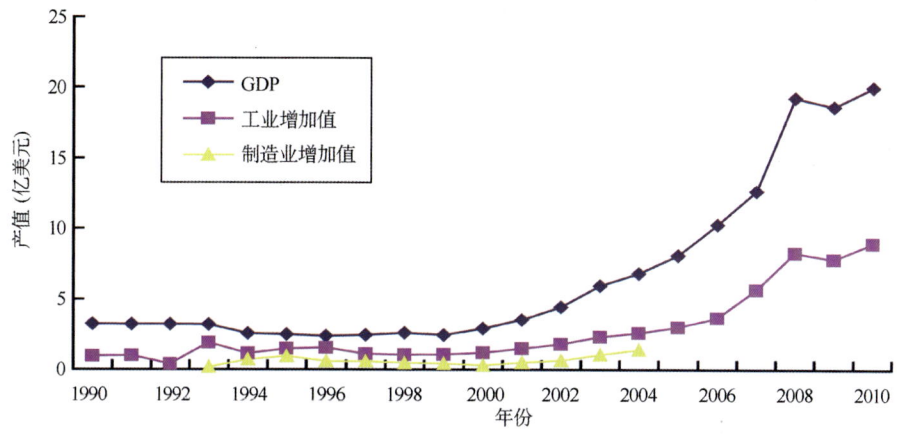

图 7.13 土库曼斯坦 GDP、工业增加值和制造业增加值的关系变化
数据来源:世界银行统计数据

土库曼斯坦的主要制造业包括石油加工工业、化工和化学制品工业、机械制造工业、建材工业和轻工业几大部门。土库曼斯坦制造业结构中石油加工业占 16.2%,轻工业占 39.1%,食品工业占 20.9%,建材工业占 12.2%,化工和石化占 6.2%,机械制造和金属加工占 5.4%。

(1) 石油加工业

土库曼石油加工潜力逐年扩大,主要加工企业为土库曼西部的元首市石油加工综合体和东部的谢伊金炼油厂,主要石油产品为:汽油、柴油、重油。2004 年,土库曼共加工石油 672 万 t,其中元首市石油加工综合体加工 586 万 t,谢伊金炼油厂加工 86.2 万 t。近年来,土库曼液化气、聚丙烯、润滑油的生产能力也在不断提高。

目前,液化气主要出口伊朗和阿富汗,主要采取公路和铁路运输。为了提高运力,在元首港、谢拉赫斯和谢尔赫塔巴德火车站进行现代化新油库建设,扩大运输车场。2004 年,伊朗 PARS ENERGY 公司与"土库曼油气"国家康采恩签订在基亚雷港建设 3000 万 t 储油罐和压力站项目合同,并将建设连接元首市石油加工综合体的运输管道,工程造价为 9150 万美元。

(2) 机械制造业

原苏联解体后,土库曼斯坦产业结构不合理性显露无遗,石油天然气工业是其支柱产业,机械制造等产业则几乎一片空白,除生产通风器、油气设备配件和各类泵等小型机电产品外,大部分需进口。自 1992 年至 2002 年,土库曼斯坦进口机电产品 74.26 亿美元(表 7.9)。

在土库曼斯坦的整个机电市场中,石油机械制造业的发展相对较快。2002 年中国公司在土库曼石油机械设备供应和油田服务等领域开展合作,"土库曼石油"国家康采恩和"土库曼天然气"国家康采恩分别与兰州石油化工机器总厂、中油技术开发公司、新疆国际实业公司及中国铁路物资成都公司签订了一些钻机和油井大修设备的供货合同。自 1994 年至 2002 年,上述企业已向土库曼斯坦出口总额超过 1 亿美元的石油钻采设备,包括钻机 8 台、修井机 19 台。此外,"哈里伯顿"公司、俄罗斯"国际石油"公司、瑞士"New Rizon"公司及乌克兰的企业也都积极为土库曼供应石油机械设备。

表7.9 土库曼斯坦2002年分类机电进口额与主要产品

类别	进口额（亿美元）	占机电进口总额的比例（%）	主要产品
钢制品和铝制品	2.55	34	各类管、钢轨、法兰盘、传送带、夹具、燃气轮机、进气道、钢丝绳、电线、型材、钢板和垫圈等
机械设备	2.04	28	钻采设备、摘棉机、螺旋输送机、纺织机械、阀门和节气门等
陆上运输工具	1.27	17	拖拉机、货车、牵引车、起重机、板簧和加油车等
飞机零配件	1.16	15.7	
火车车厢等	0.21	3	内燃机车、移动式集装箱、油槽车等
船舶	0.13	2	

(3) 化学工业

土库曼拥有丰富的矿产资源和能源。独立后，土库曼斯坦在对这些资源进行广泛合理开发的基础上，形成了本国的化学工业（表7.10），能够生产氮肥、磷肥、硫酸、碳化钾、各种盐类、矿物化肥和有机合成物、碘、硫酸盐、工业碳、酸、塑料制品等40多种化工产品，其中碘、碘制品、硬石膏、硫酸钠、水氯镁石、硫酸镁、工业碳等多种化工产品出口国外（中国驻土库曼斯坦商务经济参赞处，2002）。

表7.10 土库曼斯坦化工企业与主要产品

序号	企业名称	主要产品
1	马雷氮肥厂	硝酸铵、合成氨、氮酸、液体碳酸
2	土库曼纳巴德化工厂	过磷酸钙、氮磷酸盐、有机矿物化肥、磷酸石膏、硫酸、硫酸铝、聚乙烯薄膜、聚乙烯袋、氧气、斑脱岩粉
3	土库曼矿物生产联合体	硫磺粉、硬石膏石、墙砖、医用石膏、碎石、洗沙、石灰、水泥、电焊条、碳化钾、天青石浓缩物、天青石加重剂
4	加拉博卡斯磷酸盐厂	磷酸钠、水氯镁石、磷酸钾、硫酸镁、芒硝、海盐
5	巴尔干纳巴德碘厂	工业碘
6	哈扎尔化工厂	工业碘、工业碳、碘酸钾盐、漂白剂、石蜡
7	博亚达克碘厂	工业碘
8	古弗雷杜兹联合体	食盐、碘盐
9	波利弥兹工厂	塑料制品

数据来源：中国商务部驻土库曼斯坦大使馆经济参赞处网站

(4) 纺织工业

土库曼斯坦独立之后，政府非常重视纺织业的发展，将大量预算资金和外国投资都用于发展纺织业，总投资额近10亿美元。阿什哈巴德纺织综合体，是独联体最大的纺织企业，生产棉纱、布匹和缝制品，年产值达7600万美元。元首牛仔布综合体，主要生产牛仔面料和牛仔服装，是独联体国家中最早得到ISO9002国际认证的企业之一，年产纱线近1万t、织布1200万米、牛仔服装300万件,90%产品出口东欧、美国、土耳其、伊朗及独联体各国,10%用于内销,年产值达4000万美元。

2003年,该国纺织品出口额为2.5亿美元,同比增长40%,其中90%的纺织品远销美国、加拿大、法国、德国、俄罗斯、意大利、土耳其、中国、乌克兰等国(表7.11)。羊毛制品和针织品占纺织品出口总量的50%(中国驻土库曼斯坦商务经济参赞处,2004)。

表7.11　2003年土库曼斯坦主要出口纺织品品种及数量

名称	产量	名称	产量
棉纱	3.53万t	其中牛仔布	1040万m
针织布	3000 t	针织制品	2050万件
棉布	1670万延米	成衣	530万件

数据来源:中国商务部驻土库曼斯坦大使馆经济参赞处网站

(5)医药制造业

土库曼现有4个制药厂,均为制剂厂,主要生产各种制剂、加工甘草根及生产甘草口服液、植物和动物药用原料以及向残疾人提供假肢矫形器械,生产品种较少。国内进口药品约占市场份额的35%。

7.4.5　乌兹别克斯坦

乌兹别克斯坦资源丰富,但制造业相对落后。在苏联时期建立了较为齐全的工业体系,但其偏重于原料生产,独立后建立了一系列新的工业部门,引进先进的生产工艺和设备,1995年工业基本恢复到1990年水平。乌兹别克斯坦主要的两个制造业中心为塔什干和撒马尔罕,塔什干以机械制造业为主,撒马尔罕主要为轻工业和科研教育产业。

在独立后,乌兹别克斯坦制造业产业结构也发生明显变化,化肥、黑色金属、水泥、化学纤维、机床、拖拉机等传统产品大幅度下降;该国引进跨国公司的先进技术,生产电视机、录像机、小汽车等电子产品,在原有重工业升级的基础之上,兴建了包括棉纺、织毯、丝织等轻工业企业,可以生产高附加值产品,并出口轿车、飞机、彩电、录像机、化工产品等,2010年制造业增加值30.97亿美元,在工业中的比例基本稳定,保持在40%左右(图7.14)。

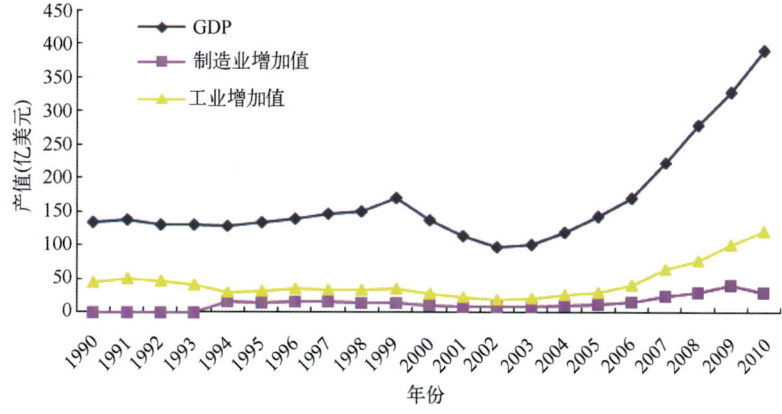

图7.14　乌兹别克斯坦GDP、工业增加值和制造业增加值的关系

数据来源:世界银行统计数据

乌兹别克斯坦主要的制造业行业包括：冶金工业、机械制造业、化学和石化工业、纺织工业和食品工业，2009年的产业构成比例分别为：14.7%、16.9%、4.9%、12.7%和11.7%。其中机械制造业包括家电制造、农业机械制造、汽车制造和飞机制造等部门（表7.12）。

表7.12 乌兹别克斯坦制造业分行业产值与指数（指数前一年=100）

分产业工业产值	2005年		2006年		2007年		2008年		2009年	
	亿苏姆	指数	亿苏姆	指数	亿苏姆	指数	亿苏姆	指数	亿苏姆	指数
黑色冶金	253.2	108.3	327.7	111	653.2	199.3	690.5	105.7	684.1	108.4
有色冶金	1845	97.4	2704.8	99.1	3135.5	115.9	2975.6	94.9	3265.2	102.6
化工和石化行业	569.5	109.6	714.6	119.6	1096.8	153.5	1186.2	108.2	1326.2	111
机械制造和金属加工	1405.6	129.7	1985.6	125.7	3100.3	156.1	3828.6	123.5	4541.8	117.4
木材,木纸浆和造纸工业	94.9	123	109.2	118.4	154.4	141.9	185	119.8	296.7	119.1
建材行业	422.4	111	587.2	112.2	1067.1	181.7	1171.7	109.8	1325.5	108.7
轻工业（纺织）	1845.1	112	2153.4	108.2	2861.6	132.9	3050.1	106.6	3408.4	106
食品工业	913.5	111.2	1267.1	128	1953.6	154.2	2504.8	128.2	3135.8	108.2
消费品	2945.1	117.7	4069.7	120.6	6318.5	155.2	7436.5	117.7	8809.0	113.9
合计	10294.3	—	13919.3	135.2	20340.9	146.1	23030.0	113.2	26792.7	116.3

数据来源：《乌兹别克斯坦统计年鉴2005—2009》

（1）冶金工业

乌兹别克斯坦有中亚地区最发达的冶金工业。黑色金属冶炼以废旧金属原料为主，2009年生产钢材73.17万t，轧材68.71万t，主要分布在别卡巴德。有色金属中的铜、铅、锌、钨、钼以及硬合金方面都有冶炼企业，主要集中在阿尔马雷克等地。2009年，黑色冶金工业产值占工业产值2.4%，有色金属冶金占11.7%。

乌兹别克主要的冶金企业包括纳沃伊冶金联合体、阿尔马雷克冶金联合体和黄金生产联合公司，同时还有乌兹别克耐火抗热材料厂、乌兹别克再生材料厂、安格连化学冶金厂等其他冶金公司。新开发产品有新型硬合金、小型钻头、钨丝、铜合金、金属工具、铠装合金材料、铝材。乌兹别克有三大生产黄金和其他稀有金属的企业，分别为纳沃伊冶金联合体、阿尔马雷克冶金联合体和黄金生产联合公司，其冶金工业和生产能力在中亚地区位列第一。

（2）石油化学工业

化学和石化工业在工业总产值中始终保持在5%左右。90年代石油化工产品主要是优质化肥和农药，同时是独联体主要的硝酸铵、氨水、硫磺生产国之一。2000年以后化学工业主要生产化肥、合成树脂、塑料和化纤等。2010年1—9月，乌兹别克斯坦化学工业产值7164亿苏姆（约合4.39亿美元）。其中，氮肥产量73.64万t，磷肥产量10.21万t，钾肥产量5000 t。化工出口产品包括氮磷肥、甲醇、硝酸钠、氯化钾等，主要销往吉尔吉斯、哈萨克、伊朗、格鲁吉亚等国（中国商务部驻乌兹别克斯坦参赞处，2011）。

（3）机械制造工业

乌兹别克斯坦的机械制造工业有许多部门，共有300多家企业，其中94家为大型机械厂。2010年，机械制造业占工业总产值的14%，固定资产比重为16%，行业从业人数占全国工业就业人数的30%。机械制造业内有电力设备、飞机制造、无线电技术、电子机械、重型机械等部门,还有汽车制造、无线电通讯、电器产品、日用技术等新兴部门。机械制造业主要集中在塔什干、撒马尔罕、安集延等城市。

乌兹别克斯坦主要的机械产品有电力设备、飞机、电子机械、重型机械、大中型马力拖拉机、棉花种植、采收和加工机械、蔬菜加工设备、水果加工设备。中亚地区2/3的机器制造产品是在乌兹别克生产的,也是中亚地区唯一生产丝织和纺纱设备的国家。

(4) 轻工业

轻工业产值是乌兹别克斯坦国家外汇收入的主要来源。轻工业较为发达的部门是纺织业(丝绸、棉纺),轻工业产值占工业总产值的12.7%,固定资产比重为4.7%,主要产品有棉纱、棉布、毛料、丝绸、织针品、地毯及毡毯制品、陶瓷制品等。

棉花加工是乌兹别克斯坦纺织工业的基础,从2006年起乌政府宣布出售220个倒闭的国有纺织企业资产,将其卖给私人资本,以鼓励其自由发展。2006—2009年外国投资者共投入2.8亿美元收购乌倒闭纺织企业资产,其中包括印度"Spentex Industries"8100万美元购买塔什干"Toytepa"纺织公司,韩国"大宇国际"6800万美元收购"费尔干纳"纺织公司等。

(5) 食品工业

食品工业有335家大中型企业,2009年,食品工业占工业总产值的11.5%,固定资产比重为4.7%,主要产品为面包、面包制品、通心粉、糖果、植物油、动物油、蔬菜和水果罐头、葡萄酒、白酒、肉及肉制品、奶及奶制品、鱼及鱼产品、烟草制品。

(6) 建筑材料工业

2009年,乌兹别克斯坦建筑材料工业占工业生产总值的4.9%,可生产的建材品种主要有水泥、钢筋混凝土结构及其构件、石棉水泥瓦、水泥预制件、石膏、石灰、沥青、玻璃、陶瓷、瓷砖、建筑用砖、大理石、软质铺料、陶板、墙料、防水和隔热材料等。乌兹别克建材公司所属企业生产的建材产品市场占有率达70%以上。

水泥和建筑用砖是乌建材领域支柱产业,2001—2010年间,水泥产量由370万t增长到680万t,砖的生产也达到20亿块,为中亚地区产能最大的国家。产品除满足国内市场需求外,还部分出口俄罗斯、哈萨克斯坦、土库曼斯坦、伊朗等周边国家。

参考文献

陈桂英. 关税同盟——哈萨克轻工业振兴的机遇[EB/OL], http://kz.mofcom.gov.cn/article/ztdy/201202/20120207955372.shtml.

胡振华. 2006. 中亚五国志. 北京:中央民族大学出版社.

李洁. 2011年哈萨克引进外国直接投资情况[EB/OL], http://www.mofcom.gov.cn/aarticle/i/dxfw/jlyd/201205/20120508104717.html.

刘启芸. 2004. 列国志-塔吉克斯坦. 北京:社会科学文献出版社.

汽车制造业(零部件组装)[EB/OL]. http://uz.mofcom.gov.cn/article/ddgk/zwrenkou/201101/20110107361820.shtml.

孙壮志,苏畅,吴宏伟,等. 2004. 列国志-乌兹别克斯坦. 北京:社会科学文献出版社.

徐春明. 2010. 哈萨克斯坦石油产业概述[EB/OL]. 中国驻哈萨克斯坦经济商务参赞处. http://kz.mofcom.gov.cn/article/ztdy/201003/20100306802733.shtml.

岳萍.2008.哈萨克斯坦的机器制造业中亚信息,(5):14-18.

赵常庆.2004.列国志－哈萨克斯坦.北京:社会科学文献出版社.

中国科学院地理研究所,等.1983.苏联经济地理.北京:科学出版社.

中国社会科学院东欧中亚研究所.2004.2003年岁末文集.北京:社会科学文献出版社.

中国驻土库曼斯坦大使馆经济商务参赞处.吉尔吉斯农业发展现状及对外合作潜力之二——食品和农产品加工部门[EB/OL]. http://kg.mofcom.gov.cn/article/ztdy/200310/20031000139300.shtml.

中国驻土库曼斯坦大使馆经济商务参赞处.土库曼纺织工业发展趋势浅析[EB/OL]. http://tm.mofcom.gov.cn/article/ztdy/.

中国驻土库曼斯坦大使馆经济商务参赞处.土库曼斯坦化学工业简介[EB/OL]. http://tm.mofcom.gov.cn/article/ztdy/200207/20020700011016.shtml.

中国驻乌兹别克斯坦大使馆经济商务参赞处.工业[EB/OL].2011 http://uz.mofcom.gov.cn/aarticle/ddgk/zwrenkou/200209/20020900039992.html.

第8章 能源生产与消费

中亚五国矿产资源丰富,尤其是石油、天然气、煤炭资源储量大,布局相对集中,吸引了不少外国公司在能源开采和加工领域投资。中亚地区的燃料动力能源(石油、天然气和煤炭)工业主要分布在哈萨克斯坦、土库曼斯坦和乌兹别克斯坦,3个国家的能源总产量占中亚五国的98%以上,吉尔吉斯斯坦和塔吉克斯坦的石油、天然气和煤炭资源均较少,能源资源在这两国所占比重极少。

8.1 能源开采和加工业

由于中亚地区能源的资源禀赋条件不同,空间分布也不均衡,导致了各国能源开采加工业的发展重点不同,存在较大的区域差异(图8.1)。

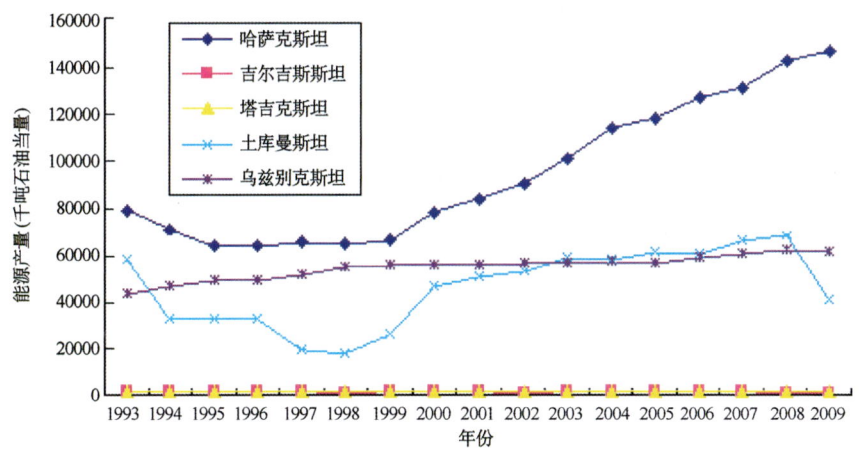

图8.1 1993—2009年中亚五国能源产品产量

哈萨克斯坦能源资源丰富,石油、天然气、煤炭探明储量的价值达1万亿美元左右。作为中亚最大的能源资源国和生产国,石油天然气工业是其最重要的工业部门之一,石油产量和煤炭产量均在中亚五国中占有绝对比重,近年来,能源产量已占中亚五国总产量的一半以上。2009年油气资源产值占GDP的比重为25.61%,燃料能源(石油、天然气、煤炭)出口额占全国商品出口总额的70.59%(WTO)。同时,哈萨克斯坦的原油产量在中亚五国中占有较大比重,1993—2009年均占中亚五国原油总产量的60%以上,比重最小年份1995年也为60.36%。因开发投资力度的加大,哈萨克斯坦的原油产量大幅增加,2009年达64355千吨,是1993年(19572千吨)的近3.3倍(图8.2)。

土库曼斯坦地处里海岸边,是世界上能源资源最丰富的国家之一,被称为21世纪的能源基地,80%的领土蕴藏着丰富的石油、天然气等重要能源,油气开采业发展潜力巨大(国土资源部信息中心,2009),逐渐成为油气勘探开发的主要热点地区。近年来土库曼斯坦的油

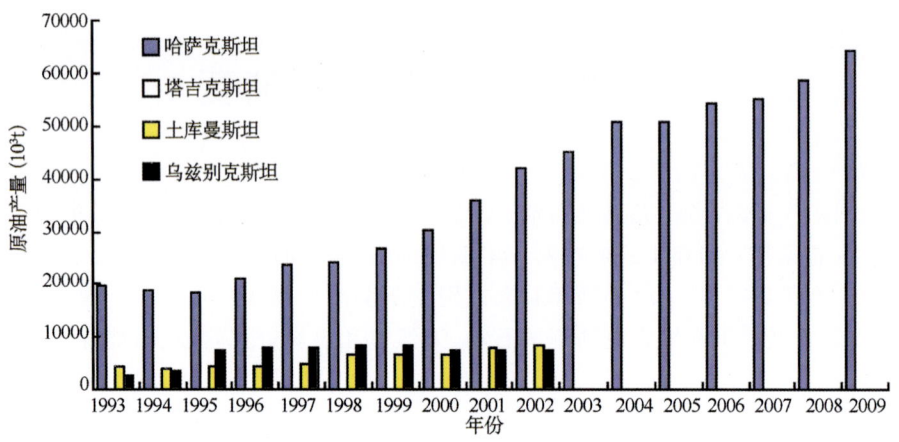

图 8.2　1993—2009 年中亚四国原油产量

气资源产值占国家经济总量的比重一直较大,2000—2008 年在 40% 以上,2009 年该比重为 19.47%。

吉尔吉斯斯坦开采有大型的煤矿床,煤炭产量在中亚国家中首屈一指,但石油和天然气资源很贫乏。水力资源较为丰富,是电力生产的主要来源。能源供应主要靠进口,从乌兹别克斯坦进口天然气,从哈萨克斯坦进口煤炭、石油和石油产品。

塔吉克斯坦能源资源短缺,石油和天然气比较贫乏,但水力、煤炭等资源十分丰富,目前燃料主要依赖进口,水力发电是其主要能源,占国内能源消费总量的 80%(聂书岭,2005)。2009 年塔吉克斯坦石油天然气产值仅占 GDP 的 0.17%(表 8.1)。

表 8.1　中亚五国的优势能源

序号	国家	优势能源
1	哈萨克斯坦	石油、天然气、煤炭、铀
2	乌兹别克斯坦	天然气、石油、煤炭、铀
3	吉尔吉斯斯坦	水力、煤炭
4	塔吉克斯坦	水力、褐煤、铀
5	土库曼斯坦	石油、天然气、煤炭

中亚五国的电力产量以哈萨克斯坦最多,乌兹别克斯坦次之,其他 3 国的电力产量相对较少。电力主要来自煤炭、石油、天然气和水力发电,其中哈萨克斯坦、土库曼斯坦和乌兹别克斯坦以石油、天然气和煤炭发电为主,吉尔吉斯斯坦和塔吉克斯坦以水力发电为主。

8.1.1　石油、天然气开采加工业

受哈萨克斯坦原油产量的影响,中亚五国的原油总产量一直呈增长趋势,2002 年原油总产是 1993 年的 2 倍以上,并持续增长,2009 年是 1993 年的近 3 倍。哈萨克斯坦、乌兹别克斯坦和土库曼斯坦的石油天然气工业产值占各国生产总值的比重相对较大。1993 年哈萨克斯坦的油气工业产值占 GDP 的比重为 10.11%,由于石油和天然气产量的增加,该比重

也上升明显,到 2009 年达 25.61%。乌兹别克斯坦和土库曼斯坦的油气产值比重相对稳定,均保持在 20% 左右。吉尔吉斯斯坦和塔吉克斯坦两国的油气产值比重则基本低于 1%(图 8.3)。

中亚五国的天然气总产量变化不大,1993 年为 644.06 亿 m³,2005 年为 826.65 亿 m³,其变化主要受土库曼斯坦和哈萨克斯坦的影响,其中土库曼斯坦年产量在 300 亿 m³ 以上,所占比重在 70% 左右,是世界十大天然气开采国之一,天然气储量与产量在世界上占有重要地位,主要出口石油、天然气、电力等,2009 年石油天然气产值占国内生产总值的 28.22%。

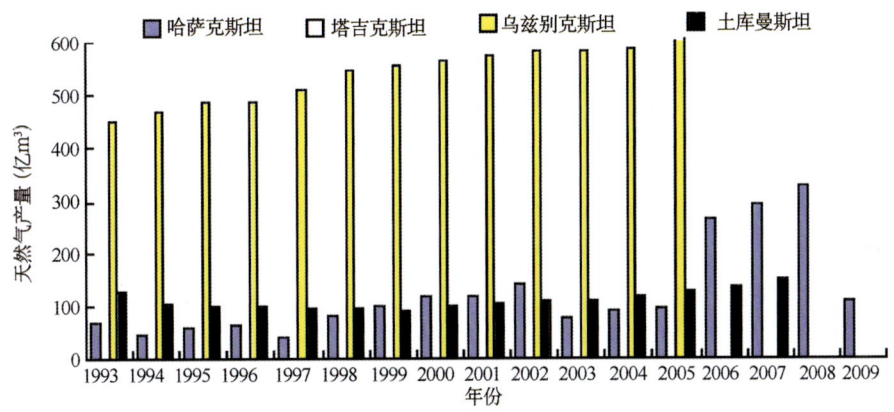

图 8.3　1993—2009 年中亚四国天然气产量

哈萨克斯坦的石油天然气储量丰富,油气开采已有上百年历史,目前正在开发的有 241 个矿田(岳萍,2007;杨建梅,2008)。有大型石油天然气开采企业 13 家,包括阿吉普哈萨克斯坦里海作业公司、田吉兹—谢夫隆石油合资公司、乌津石油天然气公司、曼吉斯套石油天然气公司、中石油—阿克托别石油天然气公司、卡拉恰干那克石油作业公司等。这 13 家企业正在开发的油气田有 78 个,占哈萨克斯坦 92% 的探明油气储量,其中阿吉普哈萨克斯坦里海作业公司、田吉兹—谢夫隆石油合资公司占有探明石油储量的 67%。其余 8% 的探明储量集中在 116 个油气田,主要由一些中小型公司开发。世界能源需求不断增长,促使哈萨克斯坦把油气资源开发作为优先投资方向,石油天然气开发领域的投资大幅增加,油气可采储量与开采量也逐年增加,石油开采量占世界第 6 位,原油产量以每年 7.72% 的速度稳定增长,天然气产量占世界第 25 位,其开采量年均增速为 3.13%。88% 的石油开采和 92% 的天然气开采集中在上述 13 家大型企业。

乌兹别克斯坦的能源生产在独立后发展迅速,初步实现了石油自给,且跻身世界十大天然气开采国之列,是少数几个能源基本能够自给自足的国家之一(张立生,2001;杨建梅,2006)。石油、天然气是乌兹别克斯坦的工业支柱,油气资源总估价超过 1 万亿美元。有 160 多处石油产地,其中最大的 6 个油田是坎达格、乌奇克孜尔、科卡廷、帕尔瓦塔什、雅舒阿拉米什克、沙里坎—科贾巴德。天然气开采主要集中在布哈拉州和卡什卡河州,最大的 3 个气田是扎尔卡克斯、穆巴列克和舒尔坦,天然气产量仅次于土库曼斯坦。但是由于乌兹别克斯坦是一个内陆国家,又缺乏足够的输油(气)管线,因而限制了外资的进入。

吉尔吉斯斯坦的油气储量很少,总体是一个能源短缺的国家(丝路,2000;王志刚,2005;张宁,2010),油气工业开发始于 1938 年,虽有近百年的油气开采史,但产量极低,产品主要在国内消费,油气开采产值不到工业总产值的 2%。国家石油天然气总公司是吉尔吉斯斯坦油气资源的主要开采者,垄断经营国内石油天然气资源的勘探、开发和开采,此外还有一些投资公司参与吉尔吉斯斯坦的油气开发。目前吉尔吉斯斯坦共有 4 座炼油厂,具有年处理 70 余万 t 石油的能力,但产量(表 8.2)远不能满足国内燃料市场需求,石油产品的自给率低于 30%。

表 8.2 吉尔吉斯斯坦的国内成品油产量统计

年份	2003	2004	2005	2006	2007
汽油(万 t)	2.50	1.93	1.32	0.98	1.20
柴油(万 t)	2.19	2.66	3.14	3.13	5.20
重油(万 t)	3.99	4.15	4.17	4.21	5.41

资料来源:www.stat.kg

土库曼斯坦是天然气的主要生产国,天然气工业产值占其全部工业产值的一半以上(国土资源部信息中心,2009;何娟,2011),是带动国民经济其他领域的龙头行业。拥有里海南部油田、南部海域、穆尔加勒盆地、卡拉库姆高地和阿木达里亚区域 5 个石油天然气产区,占其领土的 70%。全国已发现 149 个油气田,其中已开采的有 54 个。全国约 84.5% 的天然气由土库曼斯坦国家天然气集团生产,其余 15% 由国家石油集团开采。据独联体统计委员会的数据,2008 年天然气开采 661 亿 m³,石油储量相对较少,独立后土库曼斯坦的石油产量不断提高,现在每年约产 1000 万 t。土库曼斯坦国家石油集团生产的石油约占开采总量的 80%,其余部分由土库曼斯坦国家天然气集团和国家地质集团开采。2009 年土库曼斯坦的油气工业产值占国家 GDP 的 19.47%。油气加工企业主要有谢津炼油厂、土库曼巴希市石油加工综合体、巴尔坎纳巴特炼厂和切列肯炼厂 4 个,其中谢津炼油厂是全国最大的炼油厂。除成品油外,土库曼斯坦每年都生产大量液化气,而且大部分用于出口,2005 年产量约 40 万 t。石油运输方式有管道、轮船和铁路(公路)等,其中海运是最主要的出口方式。现有天然气管道约 8000 千米,目前正在使用、正在建设以及计划兴建的天然气出口管道主要有 5 条,包括中央—中亚管道、土—哈—俄沿里海管道、土—伊管线、中—土天然气管道和土—印管道。

塔吉克斯坦石油、天然气均严重依赖进口,进口依赖程度均高达 95% 以上。进口石油 97% 来自乌兹别克斯坦,天然气主要从乌兹别克斯坦及土库曼斯坦进口(聂书岭,2005)。目前,国内比较有开发前景的石油天然气产区有东苏别塔乌矿区、连甘矿区、卡沙库姆矿区、东奥利姆托伊矿区、亚尔吉兹卡克矿区和萨尔加松矿区,但由于矿层埋藏太深以及还未找到合适的战略投资商,这些矿区暂时还未开发。

8.1.2 煤炭

哈萨克斯坦是世界十大产煤国之一,在独联体国家中煤炭储量仅次于俄罗斯和乌克兰(新疆地质,2002;岳萍,2007;杨建梅,2008),产煤量占世界煤炭总产量的 2.2%,占中亚五国的 95% 左右。有 49 个煤田,197 个独立煤矿,有 34 家公司(1 家合资公司、5 家外国公司和 28 家本国公司)在进行煤炭开采作业。近年来由于煤炭需求量的变化,煤炭产量也呈现波动,先降后升,1993 年煤炭产量为 111880 千公吨,1999 年降至 58378 千吨,2009 年又回升至 95770 千吨(图 8.4)。

乌兹别克斯坦的煤储量为 20 亿 t,居中亚第 2 位,近年来煤炭产量呈逐年下降的趋势(张

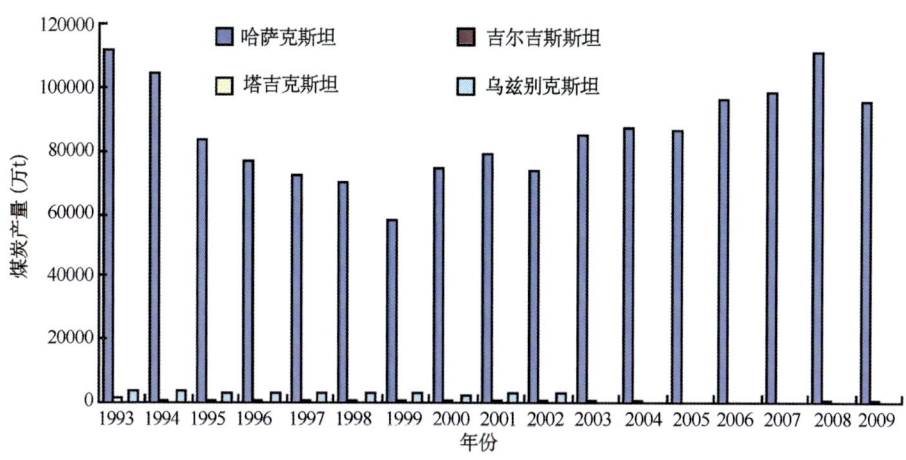

图 8.4 1993—2009 年中亚四国煤炭产量

立生,2001;杨建梅,2006)。煤炭开采主要有安格连煤矿、拜孙煤矿和沙尔贡煤矿,煤炭发热量低,灰粉大,主要用于热电站发电。

苏联解体前,吉尔吉斯斯坦每年产煤在 290 万~360 万 t,苏联解体后燃料工业遭受到暂时性危机,采煤量急剧下降,1993—2009 年每年产煤仅 30 万~80 万 t,2000 年采煤量 42.5 万 t,比 1990 年减少了 89%。2007 年煤炭开采仅占吉尔吉斯斯坦工业总产值的约 1.7%。吉尔吉斯斯坦国家煤炭集团负责全国煤炭的勘探、开采和销售,2002 年国有的吉尔吉斯煤炭总公司产煤 42.8 万 t,占全国煤炭产量 51.5 万 t 的 83.1%(王志刚,2005)。现有煤炭生产能力不能满足国内需求,每年需进口煤炭约 110 万 t,进口量约占国内总需求量的 4/5,主要从哈萨克斯坦(卡拉干达)进口。

原苏联时期塔吉克斯坦的煤炭主要依靠其他加盟共和国供应,境内只开采了 2 个煤矿。独立后煤炭产量与消费量均呈大幅度下降趋势,产量从 1993 年的 174 千吨降至 2000 年的 20 千吨,后有所增长,2009 年煤炭产量为 202 千吨,煤炭产值占 GDP 的 0.10%;消费量从 1992 年的 25.1 万 t 降至 1999 年的 1.39 万 t(聂书岭,2005)。

土库曼斯坦境内的煤炭蕴藏量不大,主要的烟煤产地是雅格曼和古吉坦斯克(国土资源部信息中心,2009),其产量和消费量较小。

8.1.3 电力

中亚五国的电力工业的生产规模以哈萨克斯坦最多,乌兹别克斯坦次之,其他 3 国的电产量均相对较小(图 8.5),发电主要来自煤炭、石油、天然气和水力发电。哈萨克斯坦以火电为主,电力工业产量随着煤炭产量的变化而先降后升,1993 年为 774 亿 kW·h,1999 年降至 475 亿 kW·h,2009 年回升至 787 亿 kW·h,但仍为中亚五国中生产规模最高的国家。其他四国的电力工业产量变化不大。各国的电力工业构成因其资源禀赋不同而具有差异。哈萨克斯坦、土库曼斯坦和乌兹别克斯坦是中亚五国的能源生产大国和出口大国,发电量主要来自石油、天然气和煤炭;吉尔吉斯斯坦和塔吉克斯坦的能源资源相对较少,能源产品主要依靠进口,而其水力资源丰富,水力发电占国家发电总量的比重较大。

电力工业是哈萨克斯坦的主要工业部门之一。火电是电力工业的主要来源,其中又以煤

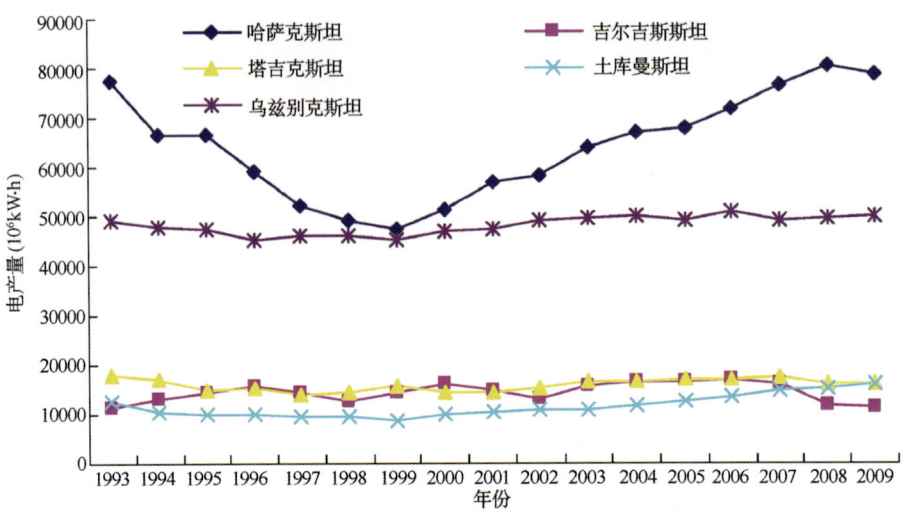

图 8.5　1993—2009 年中亚五国电力生产情况

炭发电比重最大。根据世界银行的统计数据,2009 年煤炭、天然气、水力、石油发电量占比结构为 75∶13∶9∶3。在埃基巴斯图兹煤田建有第一发电厂和第二发电厂,在一些州府和工业中心也有火电站,其中以阿克苏、阿拉木图、卡拉干达、塔拉兹等城市的电站规模较大。水电主要分布在额尔齐斯河、伊犁河和锡尔河上。额尔齐斯河上有乌斯季卡缅诺戈尔斯克水电站、布赫塔尔马水电站、舒尔宾水电站等,伊犁河有卡普恰盖水电站等,锡尔河有恰尔达利亚水电站。太阳能和风能等可再生资源十分丰富,风能资源足够用于工业发电(图 8.6)。根据联合国开发计划署等国际机构支持的研究结果表明,哈萨克斯坦风力发电的前景十分广阔,也拥有发展太阳能发电的条件(杨建梅,2006)。

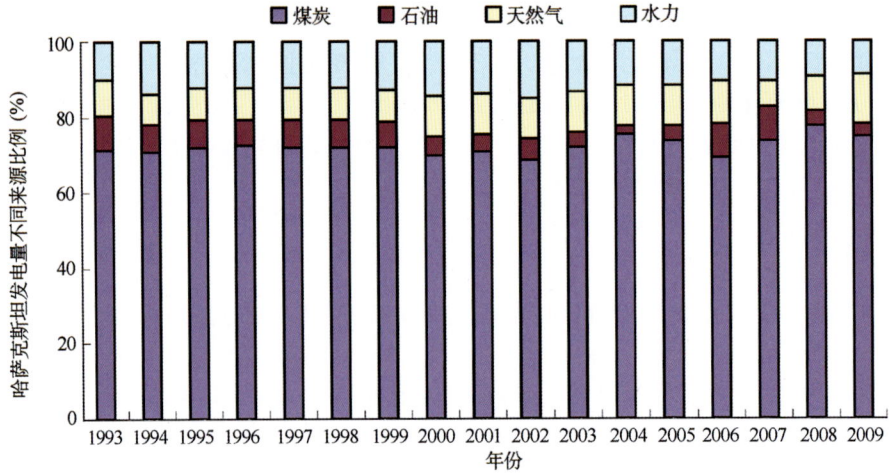

图 8.6　哈萨克斯坦发电量不同来源所占比例

乌兹别克斯坦的发电量约在 500 亿 kW·h,主要依靠天然气发电和水力发电,2009 年天然气和水力发电的比例分别为 75.14% 和 18.7%,煤炭和石油发电相对较少(图 8.7)。电力不仅能保证本国经济的需要,还可输出到邻国(杨建梅,2006)。

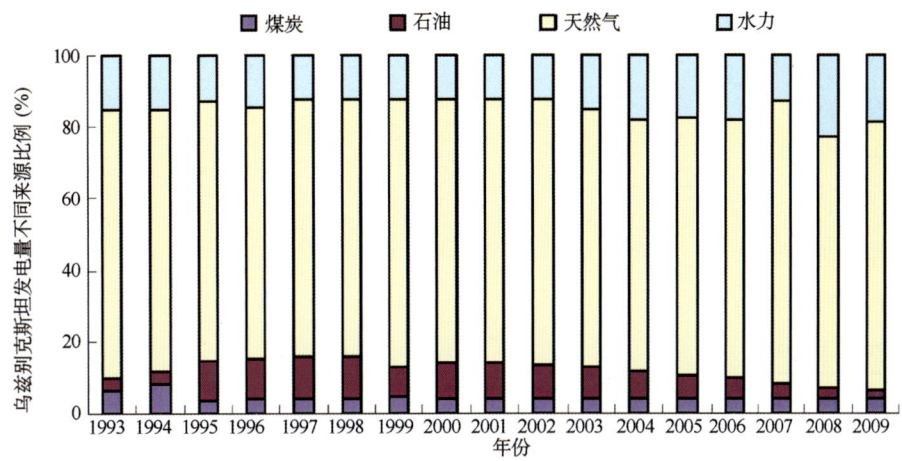

图 8.7 乌兹别克斯坦发电量不同来源所占比例

电力工业是吉尔吉斯斯坦的重要行业,是燃料动力工业的支柱,也是吉尔吉斯斯坦重要的出口商品之一(张宁,2010)。电力工业构成包括煤炭发电、天然气发电和水力发电,其中又以水电为主,1993—2009 年水力发电量占国家发电总量的比重均在 70% 以上,且呈上升趋势,最高年份 2008 年超过 90%,2009 年该比例为 89.28%,天然气发电比例在 10% 左右,近年该比例有所降低(图 8.8)。

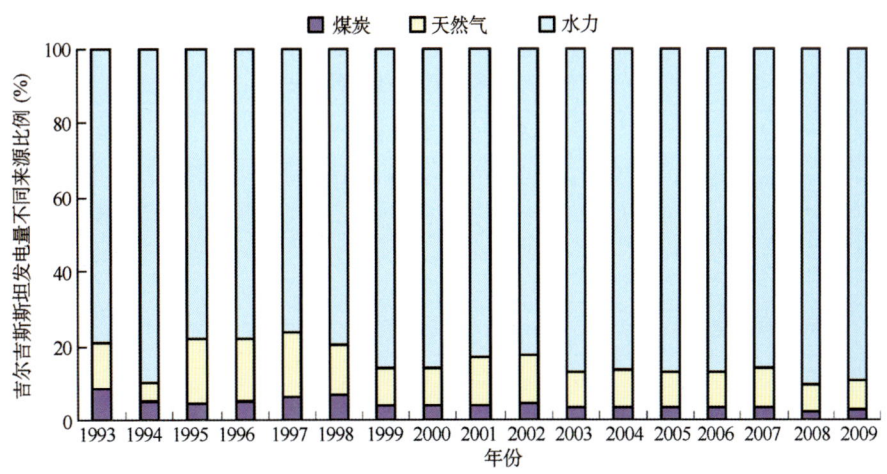

图 8.8 吉尔吉斯斯坦发电量不同来源所占比例

吉尔吉斯斯坦现有电站 18 个,其中水电站 16 个、热电站 2 个,总装机容量 3678 MW。拥有丰富的水力资源,尤其是纳伦河和萨雷贾兹河,水能蕴藏量在独联体国家中名列第三,仅次于俄罗斯联邦和塔吉克斯坦。目前在纳伦河上已经修建了 5 个水电站,发电量约占吉尔吉斯斯坦发电总量的 80% 左右,较大的电站有托克托古尔水电站(120 万 kW)、库尔普萨伊水电站(80 万 kW)、塔什库梅尔水电站(45 万 kW)和比什凯克热电站(58.8 万 kW)(表 8.3)。

表 8.3　吉尔吉斯斯坦的主要电站

	电站	发电机组结构机组数量×机组功率(MW)	机组容量(MW)
1	比什凯克热电站	1×25,2×35,1×50,2×60,1×65,3×86,1×90	678
2	奥什热电站	2×25	50
3	托克托古尔水电站	4×300	1200
4	库尔普萨伊水电站	4×200	800
5	塔什库梅尔水电站	3×150	450
6	莎玛尔德萨伊水电站	3×80	240
7	乌奇库尔干水电站	4×45	180

塔吉克斯坦的水力资源丰富,境内有许多河流和湖泊,集中有中亚地区 60% 以上的水力资源。水力发电是国家发电的主要能源,占国内发电总量的 96% 以上,其余部分来自天然气发电;2009 年塔吉克斯坦的发电量为 161.27 亿 kW·h,其中水力发电比例为 97.97%。目前塔吉克斯坦的水电潜力仍只开发了 17%,发展前景良好(聂书岭,2005)。

土库曼斯坦现有电站的总装机容量为 3057 MW,电站类型主要有使用油气的热电站和水电站。水电站目前仅金都库什水电站 1 个,热电站共有 6 个,即马雷热电站、土库曼巴希热电站、巴尔坎纳巴特热电站、阿巴丹热电站、谢津热电站和阿什哈巴德热电站(表 8.4),除巴尔坎纳巴特热电站用附近油气田生产的重油和天然气发电外,其他火电站均使用天然气作燃料。现有多条输变电线路,其中 500 kV 的输变电线路共有两条,分别为马雷—卡拉库尔与谢津—达绍古兹。

表 8.4　土库曼斯坦的主要电站

	电站名称	涡轮发电机数量和功率(MW)	发电能力(MW)
1	马雷热电站	7×210,1×215	1250
2	土库曼巴希热电站	1×50,2×60,2×210	590
3	阿什哈巴德热电站	2×127.1	254
4	阿巴丹热电站	1×25,2×50,1×123	248
5	谢津热电站	1×80	80
6	巴尔坎纳巴特热电站	4×12	46
7	金都库什水电站	3×0.4	1.2

8.2 能源产品消费

8.2.1 燃料动力能源

中亚五国的能源产品消费和能源生产关系密切,燃料动力能源消费总量随生产总量的变化,先降后升,1993 年中亚五国的燃料动力能源消费总量为 1.3 亿 t 石油当量,1997 年降至 1 亿 t 石油当量,之后逐年增长,到 2009 年为 1.4 亿 t 石油当量。哈萨克斯坦、乌兹别克斯坦和土库曼斯坦的燃料动力能源生产量较高,能源消费量和人均能源消费量也远高于吉尔吉斯斯坦和塔吉克斯坦,其中哈萨克斯坦的燃料动力能源消费以石油和煤炭为主,乌兹别克斯坦以大然气为主。乌兹别克斯坦的能源消费总量远高于土库曼斯坦,但因人口数量较大,其人均能源消费量低于土库曼斯坦(表 8.5,图 8.9)。而从增长变化情况看,1993—2009 年间乌兹别克斯坦、吉尔吉斯斯坦和塔吉克斯坦的能源消费水平变化不大,能源消费量在波动中保持稳定。

表 8.5 1993—2009 年中亚五国能源消费水平

	燃料动力能源消费量(千吨石油当量)				人均能源消费量(千克石油当量)			
	1993 年	2000 年	2005 年	2009 年	1993 年	2000 年	2005 年	2009 年
哈萨克斯坦	65274	35582	50739	65835	3997	2391	3350	4134
吉尔吉斯斯坦	3870	2402	2658	3011	852	489	517	566
塔吉克斯坦	3233	2149	2350	2318	576	348	364	342
土库曼斯坦	10721	14507	18511	19584	2686	3223	3899	3933
乌兹别克斯坦	46995	50741	46951	48809	2142	2058	1794	1758
中亚五国合计	130093	105380	121209	139557	—	—	—	—

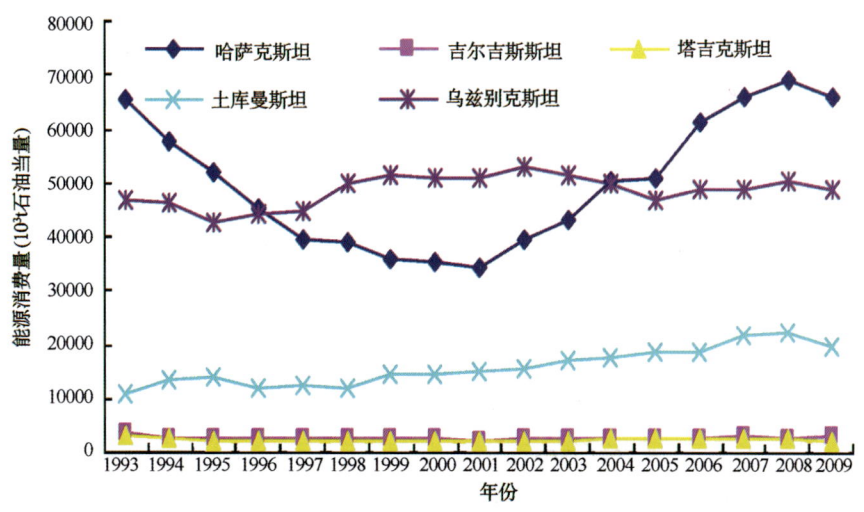

图 8.9 1993—2009 年中亚五国能源产品消费量

中亚五国燃料动力能源消费总量占能源生产总量的比重呈下降趋势,1993年为71.50%,2009年为55.81%,期间最高年份1994年达80.62%,最低年份2005年仅为50.95%(图8.10)。土库曼斯坦一直是能源出口大国,哈萨克斯坦近年来能源出口量也大幅增加,生产的能源产品大量用于出口,两国能源消费量占能源生产量的比重较低,低于中亚五国的平均水平(图8.11);能源资源较为缺乏的吉尔吉斯斯坦和塔吉克斯坦,其能源消费量远高于能源生产量,能源产品不能自给,能源需求主要依靠进口。2009年,哈萨克斯坦、土库曼斯坦、乌兹别克斯坦、塔吉克斯坦和吉尔吉斯斯坦能源消费量占能源生产量的比重分别为45.15%、47.88%、80.42%、154.39%和259.35%。

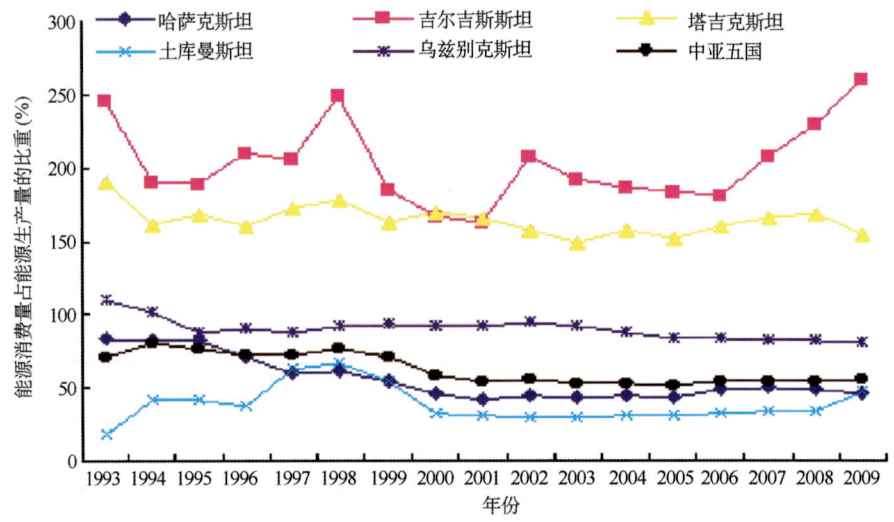

图8.10 1993—2009年中亚五国能源消费量占能源生产量的比重

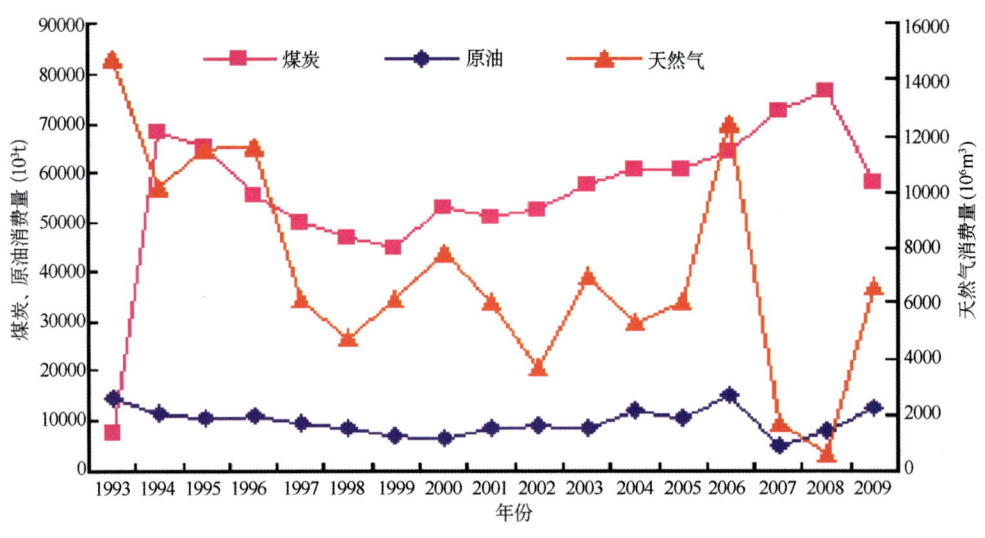

图8.11 1993—2009年哈萨克斯坦能源产品消费变化

能源利用效率存在显著的区域差异。能源资源丰富的国家,其能源利用效率则相对较低,土库曼斯坦和乌兹别克斯坦的单位产值能源消耗量远高于其他3国(图8.12)。1993年中亚五国的千美元GDP能源消耗量分别为736、521、373、960和1326 kg石油当量,最高的乌兹别克斯坦是最低的塔吉克斯坦的3.5倍;2009年中亚五国的千美元GDP能源消耗量分别为396、271、180、572和673 kg石油当量,最高的乌兹别克斯坦是最低的塔吉克斯坦的3.7倍。随着时间的变化,各国的单位GDP能源消耗也有所降低,2009年各国的单位GDP能源消耗量均降至1993年的50%左右。

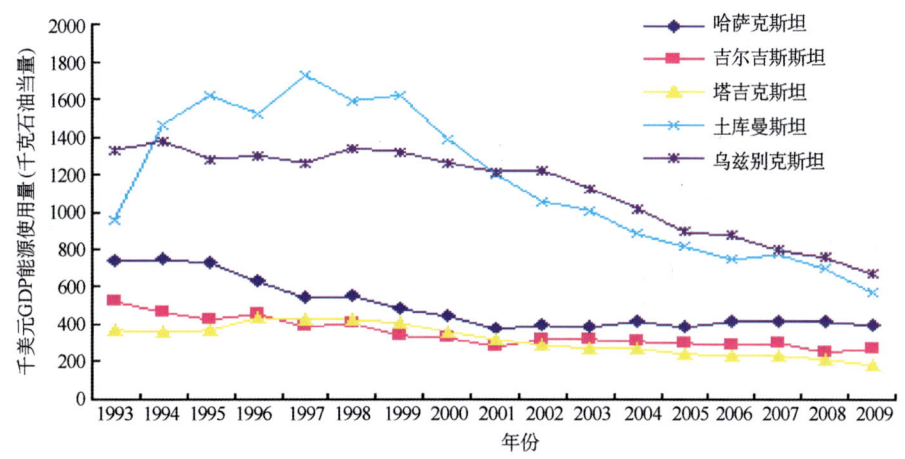

图8.12　1993—2009年中亚五国千美元GDP能源消耗情况

考察各国燃料动力能源(石油、天然气、煤炭)的消费量占国家能源消费总量的比重,由于吉尔吉斯斯坦和塔吉克斯坦两国的石油、天然气和煤炭资源较少,而水力资源相对丰富,两国的化石燃料消费比相对较低,塔吉克斯坦最低,较大部分的能源由水力资源提供。哈萨克斯坦、乌兹别克斯坦和土库曼斯坦的能源供应则主要是化石燃料,该比重均接近100%(图8.13)。

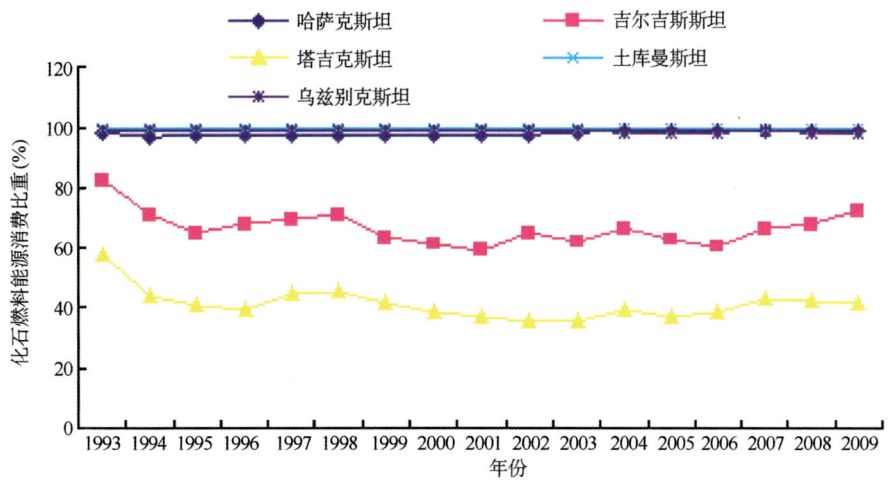

图8.13　1993—2009年中亚五国化石燃料能源消费比重

8.2.2 电力

中亚五国的电力消费情况随电力生产有所波动,1993 年五国电力消费总量为 1497 亿千瓦时,2009 年为 1501 亿千瓦时,期间最低年份 1999 年仅 113135 百万千瓦时。生产的电力部分用于出口,电力消费量占生产量的比重在 85% 左右,比重最高年份 1994 年为 92.20%,最低年份 2004 年为 83.71%(图 8.14)。

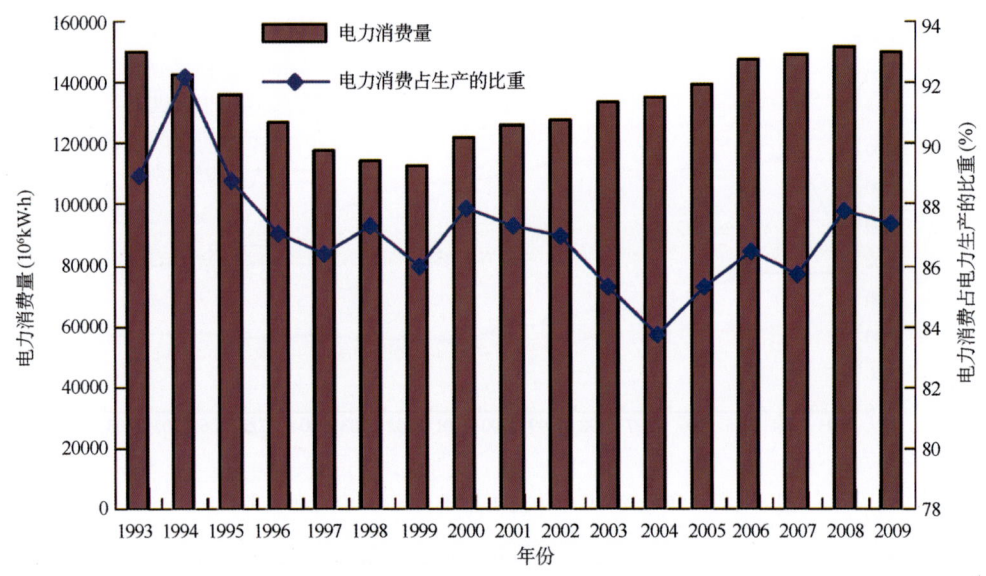

图 8.14 中亚五国电力消费量及其占生产量的比重

哈萨克斯坦和乌兹别克斯坦是中亚地区的人口大国,两国的电力消费量远高于其他 3 国。哈萨克斯坦的电力消费量波动较大,先降后升,1993 年为 74170 百万千瓦时,1999 年降至 42372 百万千瓦时,2009 年为 71585 百万千瓦时,是影响中亚五国电力消费量变化的主要原因。其他 4 国的电力消费水平变化不大,乌兹别克斯坦稳定在 40000~46000 百万千瓦时,塔吉克斯坦在 12000~14000 百万千瓦时,吉尔吉斯斯坦在 7000~11000 百万千瓦时,土库曼斯坦近年有所波动,2009 年为 12180 百万千瓦时,是 1997 年 5102 百万千瓦时的 2 倍以上(图 8.15)。

哈萨克斯坦的人均使用电量最低年份 1999 年为 2838 kW·h/人,最高年份 2008 年达 4689 kW·h/人,远高于其他 4 国,其波动变化与电力生产与消费总量保持一致。吉尔吉斯斯坦、塔吉克斯坦、土库曼斯坦和乌兹别克斯坦的人均使用电量差别不大,1993 年人均使用电量分别为 1903、2563、2073、2018 kW·h/人,2009 年分别为 1402、1985、2446、1636 kW·h/人(图 8.16)。

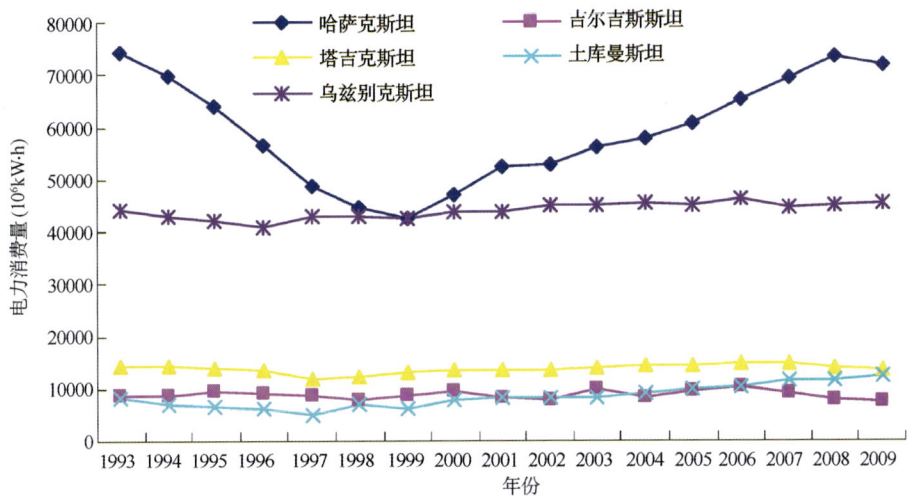

图 8.15　中亚各国电力消费量变化

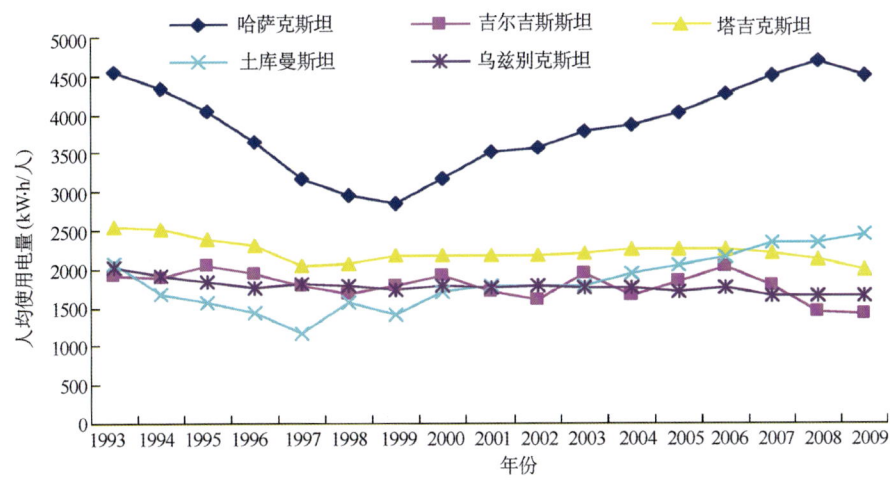

图 8.16　中亚各国人均电力消费量

哈萨克斯坦有着极为耗电的工业部门,需要大量的电力,国内各地区的电力自成系统,尚无全国统一电网,也影响电力的充分利用,因此其国内总产值的单位耗电量在世界名列前茅,几乎是发达国家的 10 倍多(杨建梅,2006),电力消费量占电力生产量的比重在 80% 以上,2009 年为 90.95%。由于电力不能自给,哈萨克斯坦还一度需要进口电力资源,2001 年以前每年约进口 170 万度,主要来自吉尔吉斯斯坦等国,2002 年后电力逐年能够实现自给。乌兹别克斯坦和塔吉克斯坦的电力消费占电力生产的比重也较高,均在 80% 以上,吉尔吉斯斯坦和土库曼斯坦的电力消费则相对较低,尤其吉尔吉斯斯坦 1994 年起一直低于 70%,土库曼斯坦 2000 年后稳定在 76% 左右,两国是中亚地区的主要电力出口国(图 8.17)。

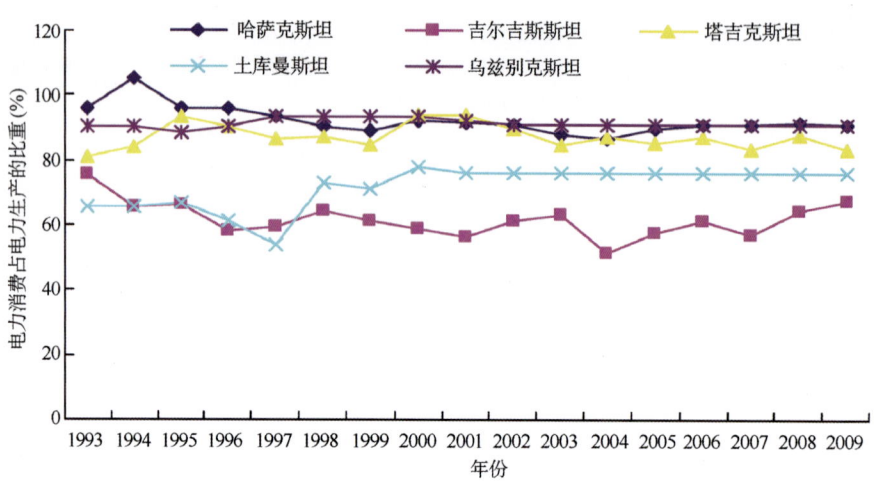

图 8.17　中亚各国电力消费占电力生产的比重

8.3　能源产品进出口贸易

8.3.1　石油、天然气产品

中亚五国一直是世界重要的能源出口地区,每年向外输出大量能源产品,能源产品成为哈萨克斯坦、土库曼斯坦和乌兹别克斯坦的重要外汇来源。尤其在 2000 年以后,中亚五国的能源净出口量大幅增加(图 8.18),2009 年燃料动力能源净出口总量为 1.1 亿 t 石油当量,是 1993 年的 2 倍;最高年份 2008 年中亚五国的能源净出口总量达 1.28 亿 t 石油当量,是最低年份 1994 年的 4.3 倍(图 8.18)。

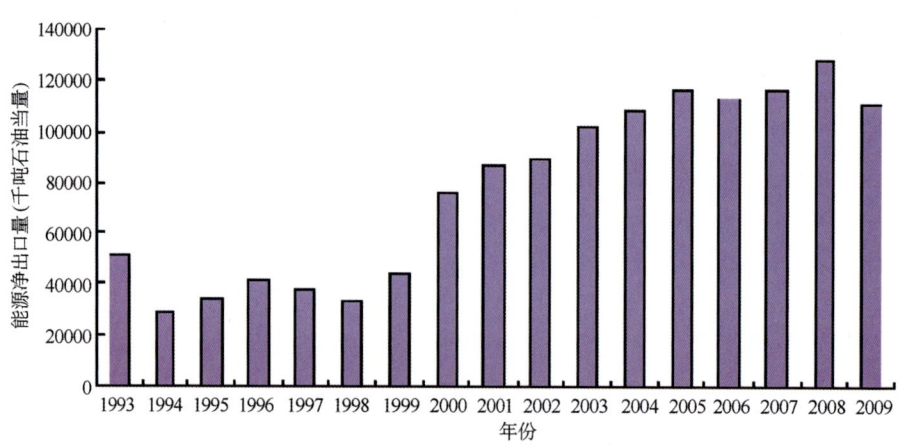

图 8.18　1993—2009 年中亚五国能源出口总量变化

1997 年以前,土库曼斯坦是中亚五国的主要能源出口国,1993 年能源净出口总量占五国的 90% 以上,近年来,随着哈萨克斯坦的快速发展,在中亚国家中的比例逐年下降。2009 年净出口量仅占19.29%(图8.19)。土库曼斯坦的能源出口主要是天然气,天然气和液化气在土库曼斯坦的日常生活中日益普及,用廉价的天然气作燃料使电力生产发展迅速,但每年国内消费天然气不足200亿 m^3(2008年消费190亿 m^3),其余全部出口,天然气开采量的90%多出口给独联体和西欧各国(表8.6)。近年来,土库曼斯坦的天然气净出口量逐年下降,1993年为3186百万立方米,2007年仅1460百万立方米。

表8.6 土库曼斯坦天然气出口方向(亿 m^3)

	2003年	2004年	2005年	2006年	2007年
产量	591	586	630	654	723
国内消费量	161	166	178	182	183
出口前苏联地区	400	370	394	420	460
出口伊朗	30	50	58	52	80

资料来源:EIU: Country Profile 2008 Turkmenistan

土库曼斯坦的海运出口港主要有土库曼巴希、奥卡雷姆和阿拉特扎。海运线路主要有三条,一是向西,利用阿塞拜疆的"巴库—第比利斯—杰伊汉"管道,运输量约占土库曼斯坦石油出口的60%,主要使用者是西方的石油公司和土库曼斯坦国家石油公司;二是向北到俄罗斯,运输量约占土库曼斯坦石油出口的15%,主要使用者是土库曼斯坦国家石油公司,主要出口港是奥卡雷姆和阿拉特扎;三是向南,利用伊朗的管线,经波斯湾出口,运输量约占土库曼斯坦石油出口的25%,主要使用者是土库曼斯坦国家石油公司和德拉贡石油公司。土库曼斯坦的天然气出口方向:一是向南,对阿富汗和伊朗等国出口;二是向西,以海运的方式经里海向欧洲出口;三是向北,通过管道,经乌兹别克斯坦、哈萨克斯坦和俄罗斯出口;四是向东,通过中—土天然气管道,经乌兹别克斯坦和哈萨克斯坦向中国出口。土库曼斯坦天然气占俄罗斯从中亚进口天然气总量的63.7%,全部通过"中央—中亚管道"运输。

哈萨克斯坦近年来逐渐成为中亚五国的主要能源出口国,能源产品出口长期给国家提供外汇收入,2009年能源净出口达8000万t石油当量,是1993年的6倍,占中亚五国能源净出口总量的72.37%,远高于1993年的25.39%。哈萨克斯坦主要出口产品是原油和煤炭。煤炭净出口量变化不大,占世界煤炭总出口量的3%,99.8%的煤主要出口到俄罗斯、吉尔吉斯斯坦、土库曼斯坦、乌兹别克斯坦、塔吉克斯坦和格鲁吉亚等独联体国家,其中最大买主是俄罗斯(新疆地质,2002)。在哈萨克斯坦的出口结构中,煤所占比重并不大,2000年仅为1.8%,而且呈逐年下降的趋势。原油产品净出口显著增加,1993年仅5013千吨,2009年达51193千吨,增长了近10倍,未来每年有能力出口1亿t原油。境内天然气分布不均匀,国内相当一部分天然气供应依靠合资企业以优惠价向国家提供,1998年以前为满足国内对天然气的需求,每年需要从土库曼斯坦、乌兹别克斯坦和俄罗斯进口天然气,到1999年以后,天然气产品开始出口,2008年出口量最大,达10686百万 m^3。

乌兹别克斯坦1993、1994年还是能源进口国,从1995年开始,国家能源满足自给,且能源产量开始出口国外,2009年能源净出口量达11885千吨石油当量,占中亚五国能源净出口总量的10.75%。天然气是乌兹别克斯坦的主要出口能源产品,天然气产量不仅可以满足乌兹别克斯坦的需要,而且可以向邻国出口,主要出口到哈萨克斯坦、吉尔吉斯斯坦、俄罗斯和塔吉克斯坦,近年来天然气净出口量显著增加,1993年为1625百万立方米,2005年为11300百万立方米。乌兹别克斯坦1996年以前每年均需进口石油产品,从1997年开始国内原油资源97%的需求都能得到保障,并有少量原油可供出口(图8.19)。

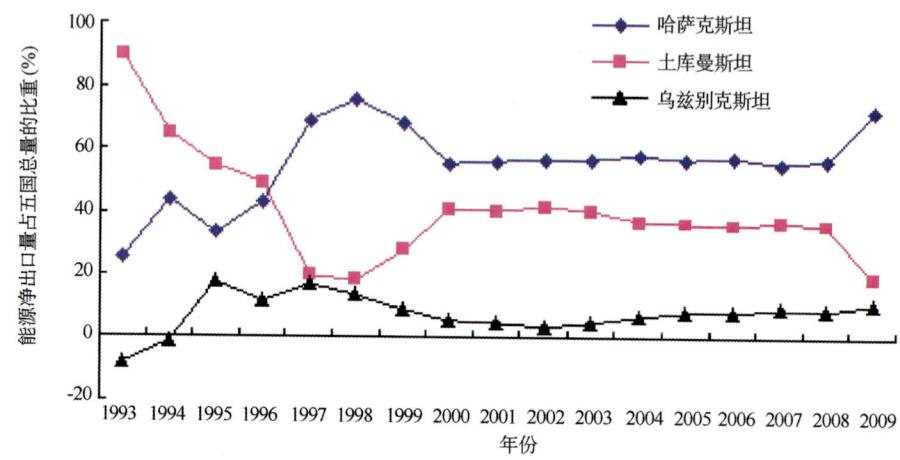

图8.19　1993—2009年主要能源出口国占中亚五国能源净出口量的比重

从各国能源出口量占能源生产的比重来看,土库曼斯坦一半以上的能源产品出口国外,除个别年份外,能源出口量占能源生产的比例均高于60%,最低年份1998年也达33.29%。哈萨克斯坦的能源产品出口比重逐年上升,1993年仅16.79%,2000年以后,该比例一直保持在50%以上,2009年升至54.85%;燃料产品出口额在国家商品出口总额中占有较大比重,1995年为24.94%,2000年后一直高于50%,2009年该比例达70.59%;燃料产品进口额占商品进口总额的比重则逐年下降,1995年为24.90%,2009年仅占10.06%。1995年以后乌兹别克斯坦的能源产品也部分用于出口,2009年能源产品出口比达19.58%(图8.20)。

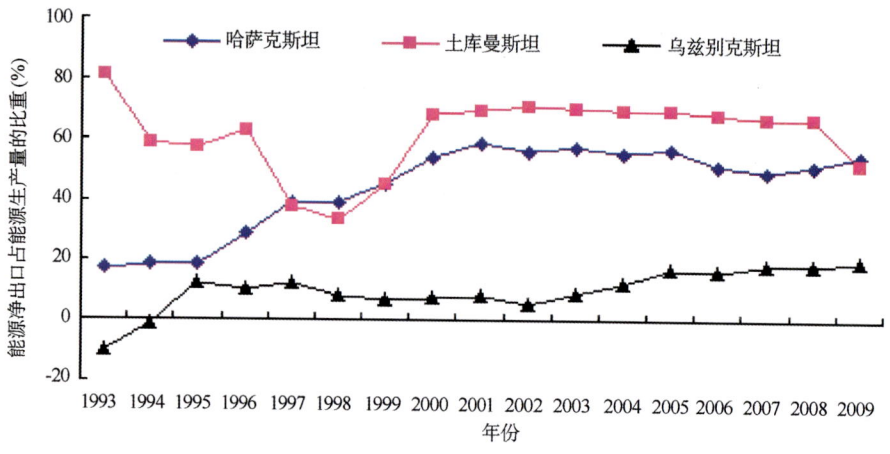

图8.20　能源净出口量占能源生产量的比重

吉尔吉斯斯坦和塔吉克斯坦的天然气、原油和煤炭等能源需求均主要依靠进口。1993—2009年,吉尔吉斯斯坦近一半的能源消费依靠进口,1993年为59.22%,2009年为61.44%,期间略有波动,2001年最低,为38.66%;燃料产品进口额在商品进口总额中占较大比重,1995

年为36.08%,2009年为3.85%。吉尔吉斯斯坦每年约95%的原油、天然气和石化制品需要依靠进口,石油和天然气主要从俄罗斯、哈萨克斯坦和乌兹别克斯坦进口(刘庚岑、徐小云,2003)。塔吉克斯坦的能源进口量占消费量的40%左右,1993年为47.36%,2009年为35.23%,2003年最低,为32.41%,2000年国家燃料产品进口额占商品进口总额的37.47%(图8.21)。

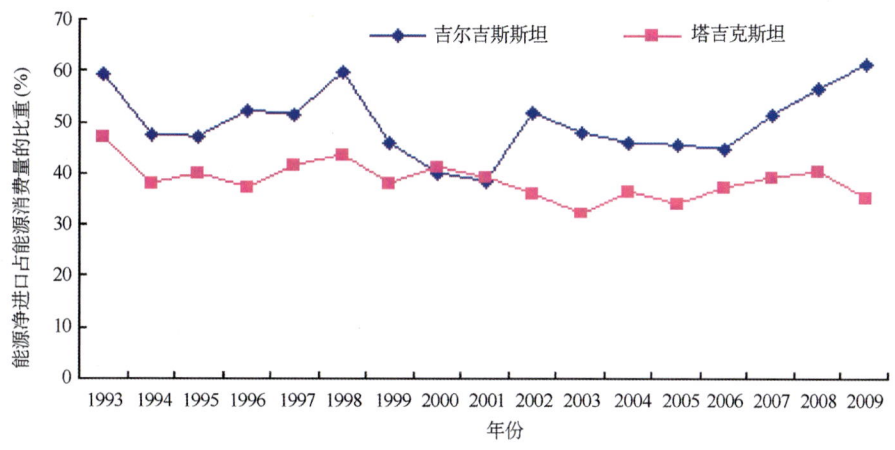

图8.21 能源净进口量占能源消费量的比重

8.3.2 电力进出口贸易

哈萨克斯坦的电力进出口情况变化巨大,独立初期为电力净进口国,1993年电力净进口量为11706百万千瓦时,电力进口量占电力消费量的15.78%,1994年电力净进口量最大达13031百万千瓦时,电力进口量占电力消费量的比重达18.65%,后进口量逐渐减小,到2003年电力基本满足国内需求,实现电力净出口,净出口量达1469百万千瓦时,之后基本实现国内电力自给。

吉尔吉斯斯坦和土库曼斯坦是中亚国家的电力出口国。除自用外,吉尔吉斯斯坦每年约有25亿度电力可供出口。因电力以水电为主,年发电量不稳定,丰水年发电量高,缺水年则低,因此剩余可供出口的电量也不稳定。吉尔吉斯斯坦1995年电力出口量占生产量的比重为11.35%,2004年该比重最大,达20.73%,后有所降低,2009年为8.80%;其电力净出口量1993年为1368百万千瓦时,2004年为3328百万千瓦时,2009年为977百万千瓦时(图8.22)。吉尔吉斯斯坦的电力主要出口对象是独联体成员,特别是周边邻国,如哈萨克斯坦、塔吉克斯坦、乌兹别克斯坦和俄罗斯等,近年来还积极寻求向中国和南亚国家出口。土库曼斯坦由于国家实行高福利政策,全国居民可以免费使用电力,除自用外还有少部分电力可供出口。土库曼斯坦的电力主要供应塔吉克斯坦、阿富汗、伊朗和土耳其。

塔吉克斯坦和乌兹别克斯坦的能源进出口情况较不稳定,电力进口量占消费量的比重和电力出口量占生产量的比重基本相当,均在30%左右。

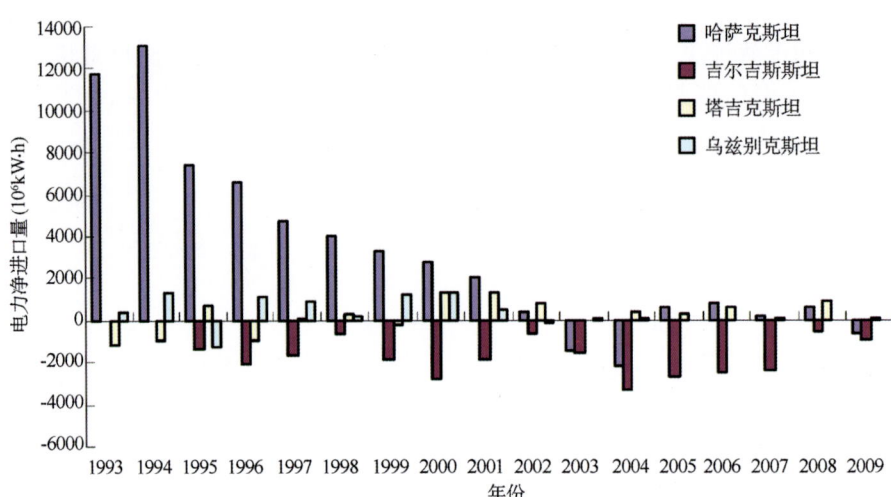

图 8.22 中亚五国电力净进口量

参考文献

弓小平等. 2002. 哈萨克斯坦共和国能源矿产资源潜力. 新疆地质,**20**(1):15.
国土资源部信息中心. 2009. 土库曼斯坦能源简介. 国土资源情报,**10**:37-42,65.
何娟. 2011. 中国与土库曼斯坦能源合作研究. 兰州大学硕士学位论文.
刘庚岑,徐小云. 2003. 列国志-吉尔吉斯斯坦. 北京:社会科学文献出版社.
聂书岭. 2005. 塔吉克斯坦的矿产资源. 中亚信息,**8**:23-24.
丝路. 2000. 吉尔吉斯斯坦的矿产业. 东欧中亚市场研究,**12**:30-32.
王志刚. 2005. 吉尔吉斯斯坦矿产资源及投资政策. 西部资源,**6**:43-45.
乌兹别克斯坦概况. http://news.xinhuanet.com/ziliao/2002-06/18/content_445959.htm.
杨建梅(编译). 2002. 吉尔吉斯斯坦共和国的矿产资源. 中亚信息,**5**:4-7.
杨建梅(译). 2006. 乌兹别克斯坦的能源利用简况. 中亚信息,**4**:20-21.
杨建梅(译). 2008. 哈萨克斯坦重要能源的储备、开采和引资情况. 中亚信息,**3**:12-14.
杨建梅. 2006. 哈萨克斯坦可再生能源的利用现状. 中亚信息,**1**:9-11.
岳萍. 2007. 哈萨克斯坦矿产资源开发状况. 中亚信息,**2**:9-14.
张立生. 2001. 乌兹别克斯坦的矿产资源与投资前景——随中国科学家代表团访问乌兹别克斯坦考察报告之一. 四川地质学报,**21**(4):205-214.
张宁(编译). 2010. 吉尔吉斯斯坦能源简介. 国土资源情报,**1**:30-36.

第 9 章　交通运输业发展与布局

9.1　交通运输业发展现状

　　交通运输业是区域开发和经济发展的基础调整和重要支撑。由于中亚五国属于内陆国家,远离出海口,对外交通运输的费用远高于海运国家,在一定程度上制约了国家对外贸易和参与全球经济一体化进程。据联合国资料,发展中国家市场上平均运输费和保险服务费占货物和劳务出口总额的 3.7%,而中亚国家的平均运输费用要比这一指标高出 4~8 倍,中亚各国进口货物的运输费用要比货物本身的价值高出 60%~65%。由于没有出海口,中亚国家必须把出口收入的 40% 用来补偿运输服务费和保险服务费(阿卜杜拉•哈希莫夫,2004)。

　　中亚的交通联系在近 120~130 年间主要是面向北方,以俄罗斯为中心向外辐射,即中亚通过俄罗斯的领土走向世界市场和国际交通运输线。近几年出现了多元化、网络化趋势,对公路、铁路、码头、飞机场和管道等实施了一系列建设、改建和恢复项目。中亚地区连接国际主要干线的交通运输体系已初步形成,与中国在内的周边国家建立了重要的交通基础设施通道:欧洲—东亚交通走廊,从俄罗斯联邦出发,横穿哈萨克斯坦和吉尔吉斯斯坦,抵达中国,包括 13600 km 长的公路和 12000 km 长的铁路;地中海—东亚交通走廊,从伊斯坦布尔出发,横穿阿塞拜疆、哈萨克斯坦、乌兹别克斯坦、塔吉克斯坦和吉尔吉斯斯坦,抵达中国,包括 9900 km 长的公路和 9700 km 长的铁路;俄罗斯联邦—中亚和南亚交通走廊,包括 6900 km 长的公路和 4800 km 长的铁路,从俄罗斯联邦的西西伯利亚和南西伯利亚地区出发,横穿阿富汗、哈萨克斯坦、吉尔吉斯斯坦、塔吉克斯坦和乌兹别克斯坦,抵达中东和南亚;东亚—中东和南亚交通走廊,包括 3700 km 长的公路和 2000 km 长的铁路,从中国出发,横穿吉尔吉斯斯坦、塔吉克斯坦和阿富汗,抵达中东和南亚;欧洲—中东和南亚交通走廊,包括 10600 km 长的公路和 7200 km 长的铁路,从俄罗斯联邦出发,横穿哈萨克斯坦、乌兹别克斯坦、塔吉克斯坦和阿富汗,抵达中东和南亚。

9.1.1　铁路

　　铁路通道是中亚国家对外经济往来的主要通道。由土库曼斯坦的捷詹到伊朗边境重镇马什哈德的 296 km 铁路于 1996 年建成通车后,使中亚铁路经此联络线和伊朗、土耳其铁路连成一片,可经伊朗将货物直接运抵印度洋。东段通过与阿拉山口口岸与中国新疆相连,推动了欧亚大陆桥铁路联运发展。东西两端铁路的扩建,使由中国的太平洋沿岸到伊斯坦布尔的货运期限比经苏伊士运河的海路缩短 1/3。

9.1.2　公路

　　公路是中亚各国内部运输的主体形式。但大多数公路修建于 20 世纪 60 和 70 年代的前苏联时期,年久失修,不符合现代技术标准,过境运输困难,一些山区路线常常被冬季的大雪覆盖,交通联系中断。独立后,中亚各国由于经济困难,将投资重点放在对现有线路的维护上,新公路的建设主要依赖外国投资。目前中亚地区改建和新建的公路主要有:阿特拉乌—别伊涅乌、阿拉木图—比什凯克、希姆肯特—克孜勒奥尔达、安集延—塔什干、库洛布—卡拉胡木—霍罗格—库勒买—喀喇昆仑、塔什干—撒马尔罕、昆格勒—别伊涅乌—阿特拉乌—阿斯特拉罕、杜尚别—库利亚布、铁尔梅兹—库姆库尔干—舍拉巴德、哈萨克斯坦—土库曼斯坦—伊朗、中国—吉尔吉斯斯坦—乌兹别克斯坦等。这些工程完成标志着可将中亚地区的货物运输到中国、伊朗、巴基斯坦和独联体国家。

9.1.3 航空

中亚五国是地处欧亚大陆腹地的内陆国家,航空运输业在发展国际经贸合作和旅游等方面发挥着重要作用。苏联时期,中亚已建成较为完整的国内航空网。独立后,为摆脱地理位置对发展外贸的限制,中亚五国积极发展国际航线,开通了中亚地区至其他独联体国家的航线,并与世界各主要城市通航,目前已连接世界上很多国家的首都、大城市和工业中心。中亚将"空中丝绸之路"不断延伸和完善,建立起便捷的国际运输通道。

9.1.4 管道

随着中亚地区石油天然气探明储量和产量的急剧增加,管道建设在中亚地区日益受到重视。中亚的管道系统大多是在苏联时期修建,如今也大部分被俄国控制,中亚为能拥有能源贸易的话语权,积极与其他国家合作修建管道,如中—哈石油管道,中—亚天然气管道等。目前中—亚的石油天然气主要出口到欧洲和中国,而输往欧洲主要通过俄罗斯的管道体系。输往中国的主要是通过两条跨国油气管线,其一中国—中亚天然气管线,横跨土库曼斯坦、乌兹别克斯坦、哈萨克斯坦、中国 4 国,输气能力 300 亿 m^3/a;其二中—哈石油管道建成投产之后,中—哈管道管输油量将达到 2000 万 t/a。中亚还在修建通往临近地出海口的管道,如巴库—第比利斯—杰伊汉管线、哈萨克斯坦—土库曼斯坦—伊朗管线,将哈萨克斯坦的石油运往土耳其和伊朗,然后通过船只转运至其他国家。

9.2 交通运输业存在的主要问题

中亚交通运输安全问题关系到中亚地区经济、社会发展及安全稳定,甚至是世界安全稳定的重要因素之一(边云霞,2007)。交通设施网络建设与发展受到众多因素的影响,自然本底、历史积淀、区域政策、资源开发和领土安全等都曾深刻影响了中亚五国交通设施的建设与网络构建。

(1)中亚自身的地理条件限制了交通运输的发展

世界上没有出海口的国家只有 29 个,中亚占 1/6,中亚各国首都距海港最近的都在 3000 km 以上。尤其是乌兹别克更是陷入他国重重包围之中,如欲通江达海,至少得跨越两个国家,是世界上两个倍加闭塞的国家之一(另一个是列支敦士登)。同时,中亚多山地,尤其是南部和西部的高山峻岭是交通运输建设的一大障碍。

(2)交通建设标准与国际标准不符

中亚五国所有基础设施是按照前苏联的标准建设,而全球化时代的经济运行规则是以西方国家为基础,使得中亚的基础设施难以与国际接轨,铁路表现得尤为突出,国际标准铁轨宽度 1435 mm,而独联体国家仍沿用 1520 mm 铁轨。

(3) 道路交通设施建设都以俄罗斯为中心

由于中亚国家原有公路多是建设在前苏联时期,所以无论是公路、铁路还是航空和管道运输,大都呈盲肠状,只有一个出口,即俄罗斯。中亚内部的交通网络几乎没有,大大限制了中亚各国内部间的经贸往来。

(4) 国内局势不稳阻碍交通运输发展

1991 年中亚五国陆续独立以后,中亚地区局势一直动荡不安。如独立之初塔吉克斯坦就爆发了连续五年的内战,从 1997 年起,乌、吉、哈等国宗教极端势力借伊斯兰教复兴之机兴风作浪,向世俗政权发起挑战,爆发一系列的"颜色革命"。宗教极端主义、民族分裂主义和恐怖主义导致国内局势动荡不安,政府的经济建设精力分散,公共事业投资减少,交通运输等基础建设缓慢。

(5) 缺乏有效的国际间合作协调

早在 1992 年,经过中亚到达欧洲各国的欧亚大陆桥的铁路部分已经全线贯通,这座大陆桥同海运和西伯利亚大陆桥相比距离要短,但直到今天,这个大陆桥仍没有成为连接西方的要道,原因就在于多个国家之间的合作渠道不畅通,造成通关手续复杂,货物积压,铁路标准不统一等问题长期悬而未决。同时中亚内部过境运输也常常受阻,以塔吉克斯坦为例,它的铁路区段间的相互连接就必须通过乌兹别克斯坦和土库曼斯坦境内的铁路实现,南北运输因过境他国常常受阻,交通运输的潜能没有被充分开发。

9.3 交通运输业发展布局

随着城市化进程的推进和能源资源的开发利用,公路网络依然是中亚五国的骨干部分,高速公路将是未来的发展方向。航空服务也将逐渐普及化,形成不同职能的机场体系。铁路将逐步成为普适化的道路,形成大运力、专用化的能源通道铁路网。通过新欧亚大陆桥,以及不断加强的对外经济联系与经贸合作,伴随着输油、输气管道的修建和光缆的铺设,综合交通运输体系将会成为中亚各国资源优势得以发挥的绿色通道。

9.3.1 公路运输

2009 年中亚五国公路里程总长 263200 km,主要集中在哈萨克斯坦和乌兹别克斯坦,这两个国家的公路里程占中亚五国的 66% 以上,吉尔吉斯斯坦、塔吉克斯坦和土库曼斯坦 3 国公路里程依次递减,所占中亚五国比例分别为 13%、12% 和 9%(图 9.1)。从路面状况看,中亚五国铺设道路占道路总量的百分比均较高,其中以吉尔吉斯斯坦最高,达 91.1%,哈萨克斯坦次之,2009 年土库曼斯坦的道路铺设率为 81.2%,是中亚五国道路铺设率最低的国家。从陆地每平方千米内公路的千米数即公路密度角度来讲,吉尔吉斯斯坦、塔吉克斯坦与乌兹别克斯坦 3 个国家公路网密度较大,布局较为紧凑,这 3 个国家的公路密度差别不大,平均每平方千米内拥有 18.4 km 的公路(图 9.2);哈萨克斯坦领土面积位居世界第九位,由于领土广阔,其公路网密度在中亚五国中最小。

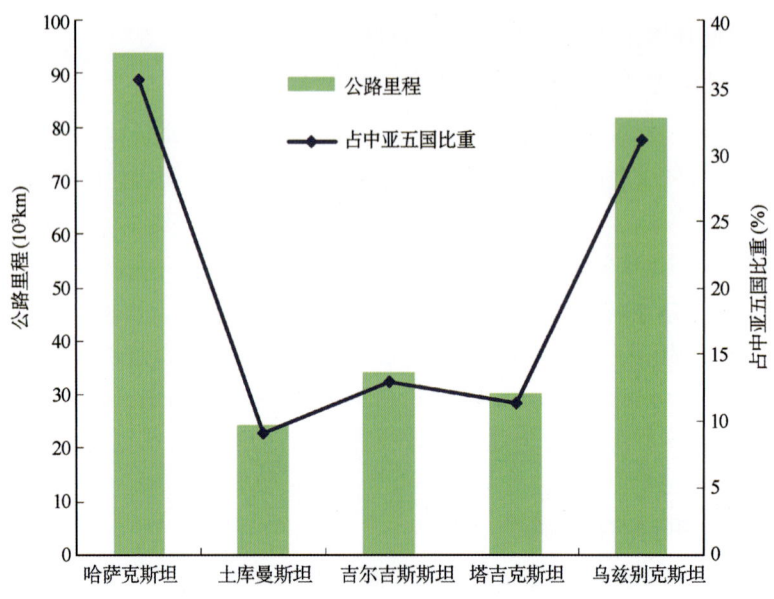

图 9.1　中亚五国公路里程及各国在中亚的地位

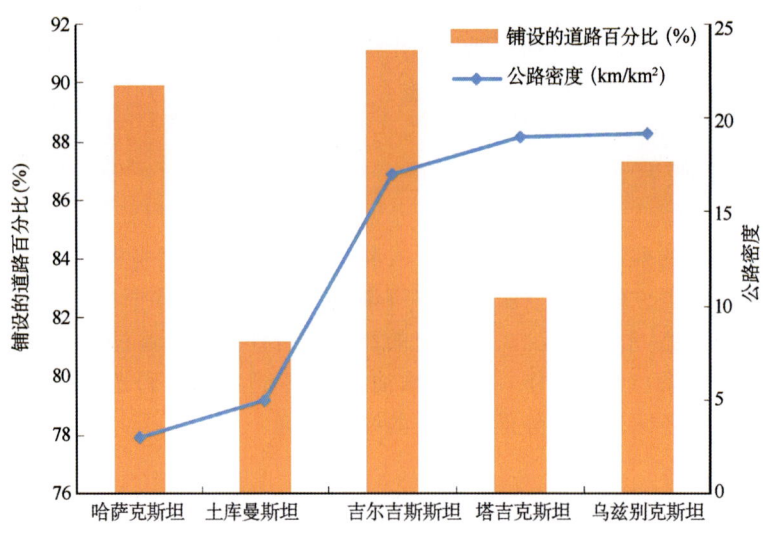

图 9.2　中亚五国公路质量及公路密度

哈萨克斯坦的公路布局由塔什干—希姆肯特—塔拉兹—比什凯克—阿拉木图—霍尔果斯（长 1150 km）、希姆肯特—克孜勒奥尔达—阿克托别—乌拉尔—萨马拉（长 2029 km）、阿拉木图—卡拉干达—阿斯塔纳—彼得罗巴甫洛夫斯克（长 1724 km）、阿斯特拉罕—阿特劳—阿克套—土库曼斯坦（长 1402 km）、鄂木斯克—巴甫洛达尔—塞米巴拉金斯克—迈卡普沙盖（长 1094 km）、阿斯塔纳—科斯塔奈—车里雅宾斯克（长 891 km）等 6 条总长 8258 km 的国际公路干线组成，承担着欧亚大陆之间过境货物运输的重要任务（图 9.3）。

第 9 章 交通运输业发展与布局

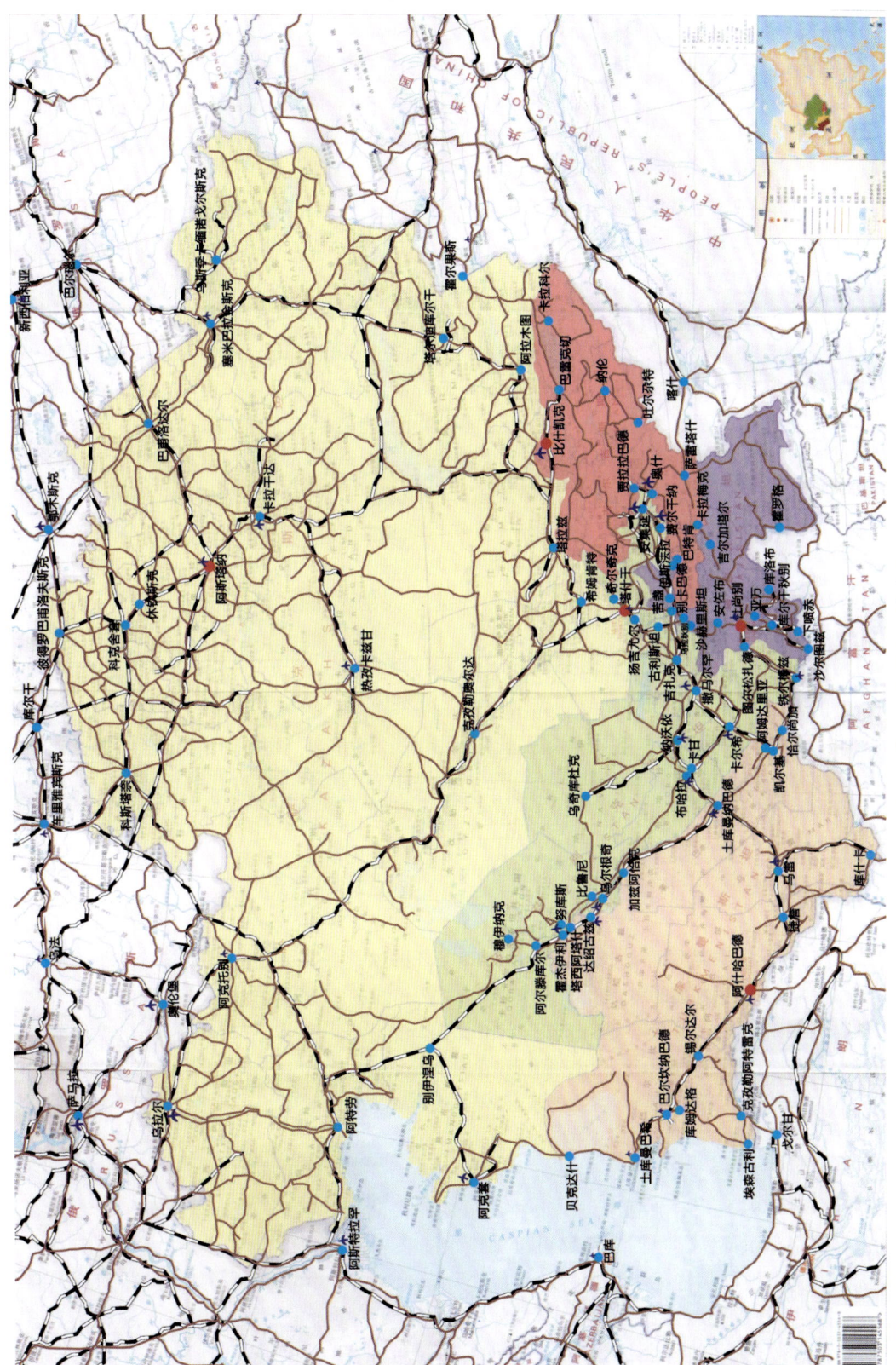

图 9.3 中亚五国交通运输布局

注:图件以国家测绘局审核标注图号:GS(2007)1821号地图为底图绘制

乌兹别克斯坦的公路网主要由以下六条路网构成：奇尔奇克—塔什干—扬吉尤尔—古利斯坦—乌拉秋别（塔吉克斯坦）、塔什干—扬吉尤尔—吉扎克—撒马尔罕—纳沃依—乌奇库杜克—比鲁尼、纳沃依—布哈拉—比鲁尼—努库斯—霍杰伊利—阿尔滕库尔—穆伊纳克—哈萨克斯坦、撒马尔罕—卡尔希—布哈拉—土库曼纳巴德、撒马尔罕—沙赫里萨布兹—卡尔希—阿姆达里亚（土库曼斯坦）、卡尔希—铁尔梅兹—杜尚别（塔吉克斯坦）。

吉尔吉斯斯坦境内有八条主要国际运输线路，分别是：比什凯克—纳伦—土尔尕特—喀什（吉—中）、奥什—萨雷塔什—伊尔科什坦—喀什（吉—中）、奥什—普里衮—巴特肯—伊斯法拉（吉—塔吉克）、比什凯克—塔拉兹—什姆肯特—塔什肯特—布哈拉（吉—乌兹）、奥什—贾拉拉巴德—安集延（吉—乌兹）、比什凯克—阿拉木图—卡拉甘达—阿斯塔纳—科斯塔奈—车里雅宾斯克—叶卡捷琳堡—下诺夫哥罗德—莫斯科—明斯克—欧洲（吉—哈—俄—白俄罗斯—欧）、比什凯克—科尔岱—卡拉甘达—阿斯塔纳—彼得罗巴甫洛夫斯克—秋明（吉—哈—俄）、比什凯克—希姆肯特—克孜勒奥尔达—阿克托别—奥伦堡（吉—哈—俄）。

塔吉克斯坦现有四条公路骨干线，均以首都杜尚别（Dushanbe）为中心，向周边国家辐射。塔中（国）公路：西起杜尚别—丹加拉—南部重镇库利亚布—巴达赫尚州首府霍罗格—塔中边境口岸阔勒买／卡拉苏（全长1009 km）；塔吉（吉尔吉斯斯坦）公路：西南起杜尚别—科法尔尼洪—吉尔加塔尔—卡拉梅克（全长368 km）；塔阿（阿富汗）公路：北起杜尚别—库尔干秋别—下喷赤（长185 km）；塔乌（兹别克斯坦）公路：南起杜尚别—安佐布—沙赫里斯坦—别卡巴德—吉扎克（总长410 km）。

土库曼斯坦的公路主干线以首都阿什哈巴德为中心，有通往哈萨克斯坦、伊朗、阿富汗、乌兹别克斯坦的公路通道。阿什哈巴德—锡尔达尔—巴尔坎纳巴德—土库曼巴希—贝克达什—哈萨克斯坦、阿什哈巴德—锡尔达尔—克孜勒阿特雷克—戈尔甘（伊朗）、阿什哈巴德—锡尔达尔—库姆达格—埃森古利—克孜勒阿特雷克—戈尔甘（伊朗）、阿什哈巴德—马雷—土库曼纳巴德—布哈拉（乌兹别克斯坦）、土库曼纳巴德—凯尔基—恰尔尚加—铁尔梅兹（乌兹别克斯坦）、阿什哈巴德—捷詹—库什卡—阿富汗。

9.3.2　铁路运输

2009年中亚五国铁路里程总长22858 km，63.5%的铁路线集中在哈萨克斯坦，乌兹别克斯坦和土库曼斯坦两个国家的铁路里程分别占到中亚五国的18.5%和13.5%，塔吉克斯坦和吉尔吉斯斯坦铁路里程数量最小，所占中亚五国比例分别为2.7%和1.8%（图9.4）。从陆地每平方千米内铁路的千米数来讲，乌兹别克斯坦的铁路网密度最大，土库曼斯坦、哈萨克斯坦、塔吉克斯坦的铁路网密度差别不大，且密度依次呈递减，吉尔吉斯斯坦的铁路网密度在中亚五国中最小。

哈萨克斯坦自1991独立以后，铁路运输系统开始独立运行。该国境内共有4条过境铁路干线：亚洲大陆桥（中国—哈萨克斯坦—土耳其）、欧亚大陆桥（中国—哈萨克斯坦—俄罗斯—欧洲）、中亚铁路和西部铁路。西部铁路可以用于水陆联运，通往阿克套海港，能满足哈萨克斯坦最大石油加工基地的运输需求。国内铁路线布局较合理，有6条铁路与邻国接壤，形成国际运输走廊，目前都在进行改建和扩建当中，具体为：中亚铁路交通走廊在南部与乌兹别克斯坦接轨，在北部与俄罗斯相通，全长2147 km，列车行驶时间11昼夜；西部铁路运输走廊全长832 km，货物全程运输时间9昼夜，起始于哈俄边境交界的阿克萨拉伊2号站，途经马卡特、

第 9 章 交通运输业发展与布局

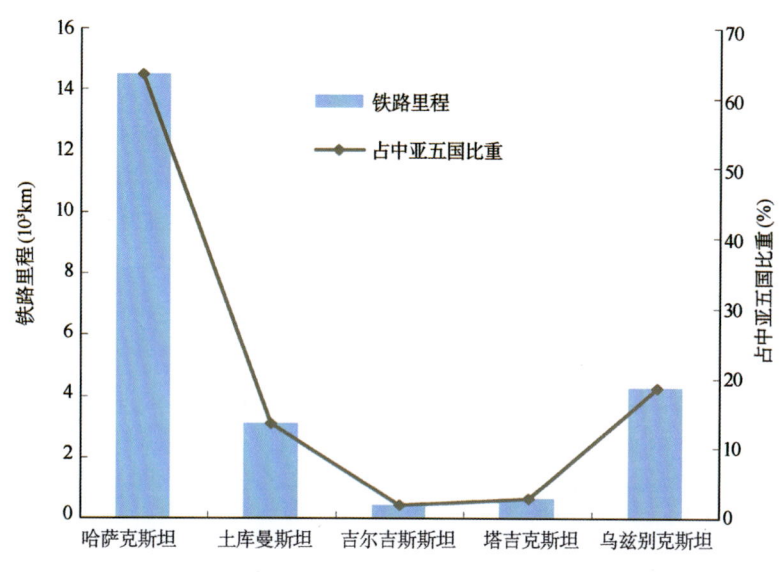

图 9.4 中亚五国铁路里程及各国在中亚的地位

别伊涅乌至阿克套港；中央铁路走廊全长 1831 km，列车运行时间为 9 昼夜，铁路线东起多斯特克，途径阿克托盖、阿拉木图、阿雷西、萨雷至阿加奇；北部铁路走廊全线长 1910 km，货物运输时间 10 昼夜，起始车站为多斯特克，途经阿克托盖、萨雅克、莫英德、阿斯塔纳、彼得罗巴甫洛夫斯克穿越俄罗斯，将欧洲与中国和东南亚连接起来；特拉谢卡走廊是一条欧洲西部—黑海的国际铁路运输走廊，中间穿越高加索和中亚里海地区，主要靠吸引国际金融机构和私人投资解决资金问题；哈萨克至伊朗走廊为连接哈萨克斯坦的乌津、土库曼斯坦的卡济尔卡、别列克特、艾特列克和伊朗的戈尔甘的跨境铁路线，修路前从哈萨克到伊朗必须穿行土库曼和乌兹别克两国，该铁路建成后不需要过境乌兹别克斯坦，因此可节省 2 天的路程直达伊朗位于里海的不冻港，该线全长 677 km，其中哈萨克斯坦 137 km、土库曼 470 km，伊朗 70 km。

由于苏联解体，统一的铁路系统被打破，在塔吉克斯坦国境内互不相连的 3 段铁路之间只有通过乌兹别克斯坦和土库曼斯坦才能实现互相连接，境况尴尬。3 段铁路总长度 950.7 km，其中干线 679.9 km，114 km 超期服役。北段铁路 109 km，是乌兹别克斯坦南部铁路大动脉的过境路段，连接塔吉克斯坦北部重要城市别卡巴德，于 1898 年建成；中段铁路约 100 km，从杜尚别到塔乌兹别克斯坦边境的图尔松扎德，于 1929 年建成；南段铁路由 3 部分组成：亚万至库尔干秋别 105 km，库尔干秋别至塔吉克斯坦—乌兹别克斯坦边境的沙尔图兹 190 km，二者均于 1974 年建成；库尔干秋别至库洛布 132 km，1999 年建成并投入使用，但无通信信号。

乌兹别克斯坦境内最早修建的铁路线是 1886—1988 年的福罗布—撒马尔罕铁路。这条干线于 1895—1897 年延伸至浩罕，1899 年到达塔什干。1906 年，塔什干—奥伦堡铁路竣工交付使用。1972 年建成的孔古拉特—贝瑙干线经哈萨克斯坦连接俄罗斯的中部、南北部和乌拉尔地区；霍瓦斯—阿雷斯干线经哈萨克斯坦连接俄罗斯的西伯利亚和远东地区；纳沃伊—努库斯干线经哈萨克斯坦连接俄罗斯欧洲部分；塔什干—土库曼巴希干线连接土库曼斯坦；孔古拉特—贝瑙干线连接塔吉克斯坦。目前，乌兹别克斯坦铁路股份公司正在参与通向中国、日本、韩国、伊朗、土耳其和西欧的南北连接的亚洲运输干线(伊斯坦布尔—塔什干—阿拉木图—北京建设。1996年,这一干线的德鲁日巴(哈萨克斯坦)—塔剑(塔吉克斯坦)—撒哈勒赫斯(塔吉克斯坦)—马什哈德(伊朗)部分已竣工交付使用。乌兹别克斯坦铁路工程队参与了塔剑—撒哈勒赫斯路段 133 km 的建设。这条干线经布哈拉—贝瑙可以通往欧洲,经塔剑—撒哈勒赫斯可以通往地中海东部沿岸国家。乌还计划修建努库斯新铁路线。为形成全国连通的铁路运输网,乌对纳沃伊—乌奇库杜克和苏里坦乌外斯—鲁库斯干线进行了电气化改造。里程 233 km 的古扎尔—拜孙—库姆库尔干铁路对经济欠发达地区的经济社会具有重要意义。乌兹别克斯坦高度重视铁路线路的电气化,启动了塔什干—安格连 120 km 路程的电气化工程。电气化后,塔什干—撒马尔罕线路运输时间由原来的 8 小时缩短为 3 小时,为这两大城市的发展创造了条件。

在土库曼斯坦运营铁路中,前苏联时期修建的铁路主要有 4 条:东西铁路干线,土库曼巴希—阿什哈巴德—马雷—土库曼纳巴德—法拉普,长约 1170 km;马雷—谢尔赫达巴特,约 320 km;土库曼纳巴德—加兹阿恰克,约 320 km;塔利马尔詹—科尔吉奇—基里夫,约 180 km。独立后新建铁路有三条,分别是:捷詹—谢拉赫斯—马什哈德铁路,全长 132 km,1996 年 5 月通车;土库曼纳巴德—阿塔穆拉特铁路,全长 203 km,1998 年建成;南北铁路干线:阿什哈巴德—卡拉库姆—达绍古兹铁路干线,全长 540 km,于 2006 年 3 月建成。在新建铁路陆续通车后,土库曼斯坦国内铁路布局已基本形成横贯东西、连接南北的铁路网络,而且这一网络还在不断完善中。土库曼斯坦分别与乌兹别克斯坦、哈萨克斯坦、阿富汗和伊朗 4 国接壤,另与阿塞拜疆隔里海相望,发展过境运输的地理位置十分优越。但土库曼斯坦现有国际铁路对接站仅 10 个,而且站点分布极不均衡。其中塔西阿塔什、达绍古兹、加兹阿恰克、法拉普、塔利马尔詹和基里夫等 6 个站点是与乌兹别克斯坦对接,与哈萨克斯坦则无铁路直接连接,与阿富汗仅有一个谢尔赫达巴特对接站,与伊朗也只有谢拉赫斯和阿尔德克两个对接站。至于与阿塞拜疆,只有元首市一个站点通过铁路轮渡来实现两国铁路对接。上述特点决定了土库曼斯坦过境货物主要来自乌兹别克斯坦和伊朗,而来自俄罗斯、外高加索和欧洲方向的则很少,在一定程度上已限制了土库曼斯坦发挥地区货运枢纽的作用。

9.3.3 管道运输

管道运输作为运输业的重要组成部分,被视为衡量社会经济发展的标准之一。中亚地区幅员辽阔,但经济发展不平衡,油气储备相对丰富的区域较集中在哈萨克斯坦和土库曼斯坦等国家,为充分发挥管道运输的优势提供了广阔的舞台。在当前大的国际国内经济背景下,大力发展石油天然气管道运输体系建设,对扩大投资、带动消费、保护环境、改善民生、促进经济平稳较快发展都能够起到巨大的作用。

中亚能源向消费地区的输送主要依靠石油和天然气管道,从战略方向上可以分为西向、东向、南向和西北向的管道,包括已建成的和将要修建的管道(图 9.5)。

向西的管道有两条,第一条是巴库—第比利斯—杰伊汉管线。东起阿塞拜疆的巴库,经格鲁吉亚的第比利斯,到达地中海沿岸土耳其的港口杰伊汉,该管道已经于 2005 年 5 月开通,全长 1670 km,年输送能力为 4000 万 t,建设该管道的目的主要是把阿塞拜疆和哈萨克斯坦生产的石油直接运到土耳其的地中海城市杰伊汉,然后用船只转运到欧洲和美国。该

第9章 交通运输业发展与布局

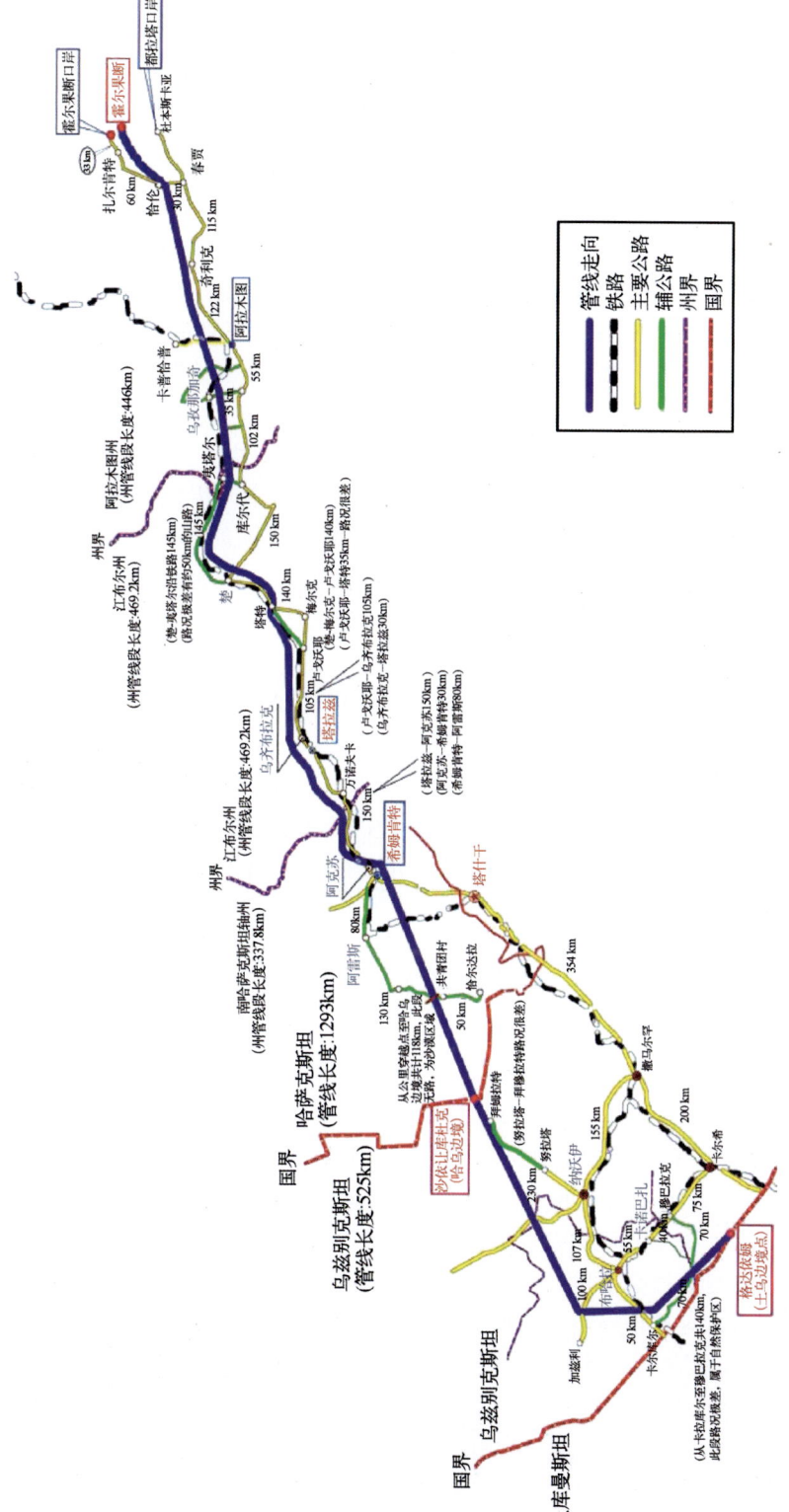

图 9.5 中亚天然气管道项目走向示意图

资料来源：百度百科 http://baike.baidu.com/picview/3081442/3081442/0/5beeba0f2f9e82ddab6457b2.html#albumindex=0&picindex=1

工程造价约 30 亿美元。第二条是天然气管道,东起阿塞拜疆的沙赫德尼兹小镇,最后到达土耳其,该管道与土耳其的基础设施相联接,主要输送阿塞拜疆的天然气,输气能力为 70 亿 m^2/a,已经于 2006 年开始输气。

向东的管道即中哈石油管道、中—哈天然气管道和中—土天然气管道。中—哈石油管道西起哈萨克斯坦里海岸边的"石油之都"阿特劳,东至中国新疆独山子炼油厂,总造价约为 30 亿美元,已于 2005 年 12 月正式开通。目前,年运输能力为 1000 万 t,今后将达到 2000 万 t。中—哈石油管道不仅把哈萨克斯坦的石油输向中国和亚洲其他国家,潜在的输油国还包括俄罗斯、土库曼斯坦等国。对于哈萨克斯坦来讲,该管道无须经过第 3 国,成为安全系数最高的管道。在中—哈石油管道的带动下,中—土天然气管道,中—哈天然气管道项目也逐步实施。

向南的管道有 4 条石油管线。第一条由土库曼斯坦经阿富汗至巴基斯坦的瓜达尔港,运输能力预计为 5000 万 t,长 1673 km,需投资 25 亿美元,但由于阿富汗局势不稳定和资金问题,目前处于停滞状态。第二条哈萨克斯坦—印度石油管线,该管线由于要经过阿富汗和巴基斯坦,印度怀疑其安全性,目前尚处于纸上。第三条是里海港口内卡—伊朗德黑兰输油管线,目前伊朗正加紧建设此条管线,该管线的贯通将使伊朗同里海邻国的石油交换能力提高到 750 t,今后将达到 1750 万 t。第四条是哈萨克斯坦—土库曼斯坦—伊朗管线,由哈萨克斯坦经土库曼斯坦至波斯湾伊朗的哈格岛,年运输能力预计 5000 万 t,全长 1496 km,需投资 12 亿美元,目前该管道正在进行可行性研究。

向西北的管线共有 3 条。第一条是田吉兹—新罗西斯克管线,东起哈萨克斯坦田吉兹油田,西至俄罗斯的黑海港口新罗西斯克,投资 25 亿美元,长 1593 km,年运输能力 2000 万 t。第二条是东起阿塞拜疆经格鲁吉亚到达黑海苏普拉港口,于 1999 年 4 月开通,管线长 855 km,年输出能力为 575 万 t。第三条是苏联时期修建的管道,从哈萨克斯坦的阿特劳到俄罗斯的萨马拉(Samara),之后到新罗西斯克。以上是几条由中亚出发的主要油气管线,除此以外还有一些分布在中亚国家的分支管道。

9.4 客货物运输

9.4.1 公路客货运输

2008 年中亚国家的机动车辆总数为 421.2 万辆,平均每千人拥有的机动车数量为 126 辆,哈萨克斯坦、土库曼斯坦、吉尔吉斯斯坦和塔吉克斯坦每千人拥有的机动车辆数分别为 197 辆、106 辆、59 辆、38 辆(图 9.6),最高的哈萨克斯坦是最低的塔吉克斯坦的 5.2 倍,而哈萨克斯坦的机动车辆总数是塔吉克斯坦的 11 倍,哈萨克斯坦的机动车辆总数占到中亚国家的 73%。中亚公路货运量与客运量均以哈萨克斯坦独大。哈萨克斯坦公路货运量是塔吉克斯坦公路货运量的 4.4 倍,是吉尔吉斯斯坦公路货运量的 70 倍;其公路客运量分别是吉尔吉斯斯坦和塔吉克斯坦公路客运量的 16 倍和 711 倍(图 9.7)。

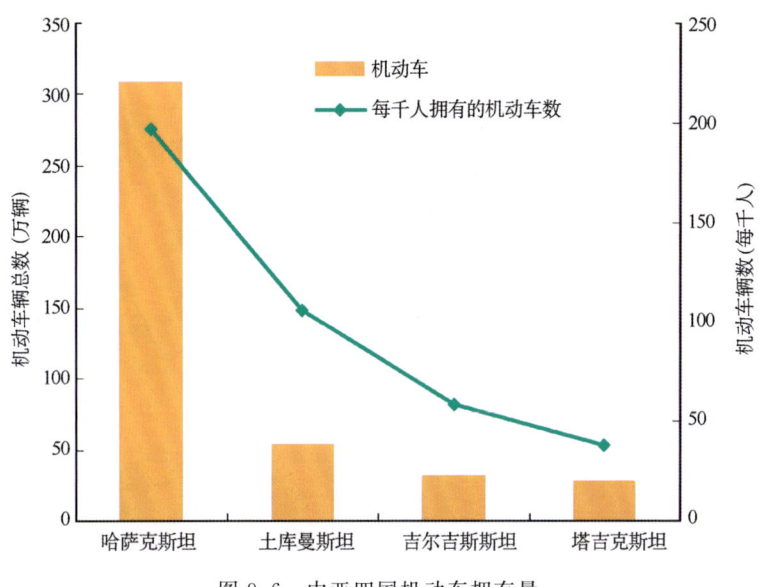

图 9.6 中亚四国机动车拥有量

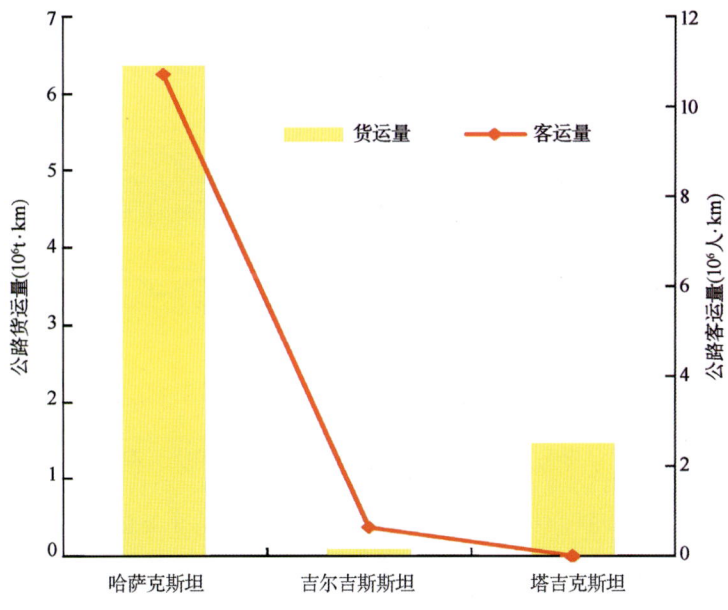

图 9.7 中亚三国公路客货运输量

9.4.2 航空运输

(1) 航空旅客运输

2009 年与 1993 年相比,航空运输客运量增长 1.47 倍,土库曼斯坦、哈萨克斯坦分别增加 2.28 倍、1.65 倍;塔吉克斯坦和吉尔吉斯斯坦分别减少 33.3%、2.3%。总体来说,自中亚五国相继独立,中亚各国航空运输客运量的发展经历了两个时期:①独立初期至 1998 年的各国航空客运数量相对均衡期;②从1999年起分化出的各国航空客运数量差异逐步显现期(图9.8、图9.9)。

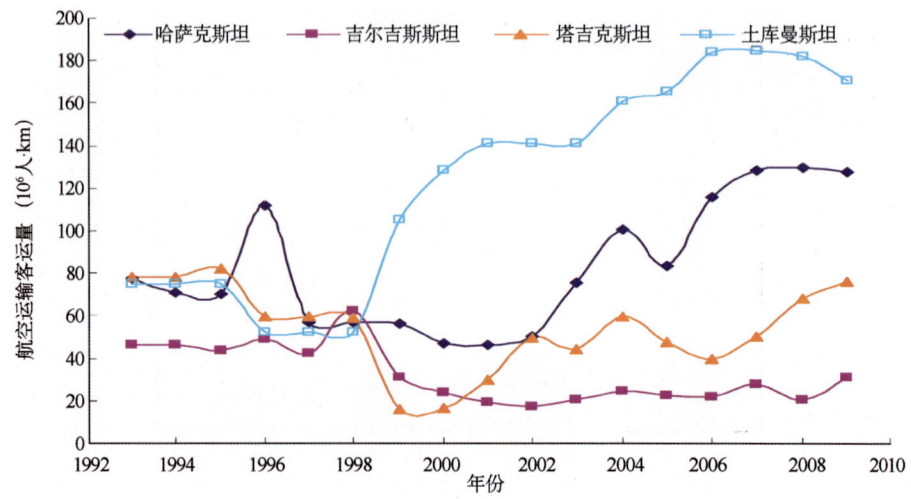

图9.8　1993—2009年中亚四国航空运输客运量

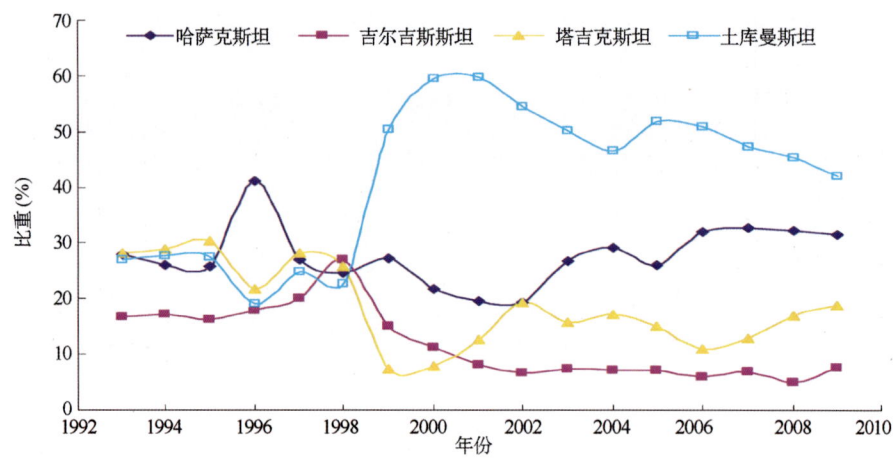

图9.9　1993—2009年中亚各国航空运输客运量占中亚总体的比重

1)相对均衡期(1993—1998年)

从绝对量上的各国航空运输客运量来看,塔吉克斯坦和土库曼斯坦的变化趋势一致,在均衡期内表现出小幅下降趋势;哈萨克斯坦在1993—1995年间表现出同塔吉克斯坦和土库曼斯坦一致的微小幅度变化,而1996年客运量骤升,1997—1998年客运量下降恢复至塔吉克斯坦和土库曼斯坦同等水平,为5752万人·千米;吉尔吉斯斯坦在独立初期的航空运输客运量低于中亚其他国家水平,在均衡期末的1998年,吉尔吉斯斯坦航空客运量赶上并略高于其他国家。

均衡期相对意义上中亚各国航空客运量占中亚总体客运量的比重变化与绝对意义的航空运输客运量趋势相同。哈萨克斯坦、吉尔吉斯斯坦、塔吉克斯坦和土库曼斯坦的航空运输客运量占中亚总体的比重分别从1993年的28%、17%、28%、27%变化为1998年的31%、8%、19%、42%。

2）差异显现期（1998年至今）

1998年起，除吉尔吉斯斯坦外，中亚国家的航空客运量呈上升趋势，尤以土库曼斯坦和哈萨克斯坦的上升量显著，吉尔吉斯斯坦的客运量在稳定中有下降趋势，各国差异开始形成。哈萨克斯坦、土库曼斯坦、塔吉克斯坦的航空运输客运量分别从1998年的5680万人·千米、5210万人·千米、5917万人·千米上升到2009年的12756.24万人·千米、17060.55万人·千米和7645.05万人·千米，各自增加了2.25、3.27、1.29倍。吉尔吉斯斯坦的航空运输客运量11年来从6201万人·千米减少到3094.88万人·千米，年均递减4.55%。到2009年基本形成土库曼的客运量最大，哈萨克斯坦次之，吉尔吉斯斯坦的客运量最小的格局，其中拥有最大客运量的土库曼斯坦航空客运量是吉尔吉斯斯坦的5.5倍。

除土库曼斯坦外，相对意义上中亚各国航空客运量占中亚总体客运量的比重变化与绝对意义的航空运输客运量趋势基本相同，但其变化幅度较为缓和，土库曼斯坦的客运量占中亚国家的比重在降低，说明目前中亚各国选择航空通道的人数总量总体上虽在增长，但各国的航空客运事业发展情况差异较大，呈现出发展的多元化现状。

（2）航空货物运输

中亚五国近20年来，各国航空货物运输事业发展在货运量上表现出有升有降（图9.10、图9.11）。哈萨克斯坦的波动变化最为明显，总体看来，哈萨克斯坦的航空运输货运量有三个上升期和三个下降期，上升期区间为1993—1998年、1999—2003年和2004—2007年，随着时间的演化，货运量的上升期最大值依次降低；对应的下降期最小值随着时间演进缓慢增加；这说明波动变化的强度逐渐减弱。独立初期至1998年吉尔吉斯斯坦、塔吉克斯坦和土库曼斯坦的航空货物运输量差异不大，吉尔吉斯斯坦的货运量增长较快，1993年其货运量最小是0.7百万吨·千米，1998年货运量增加了7倍多，居3国首位；1998年以后，土库曼斯坦大力发展航空货物运输，且成效巨大；吉尔吉斯斯坦在1998—2003年的航空货运优势较塔吉克斯坦突出，2004年起，其货运量不断减少。2009年与1993年相比，航空运输货运量增加2.37倍，哈萨克斯坦、塔吉克斯坦、吉尔吉斯斯坦、土库曼斯坦分别增长了1.8倍、2.4倍、3.1倍、4.0倍。

从航空运输货运量占中亚总体的比重来看，哈萨克斯坦的航空货物运输事业在中亚国家的主体地位总体上在降低，土库曼斯坦由于注重航空建设其地位逐步得到提升。2009年，中亚国家的航空货物运输格局基本上是哈萨克斯坦、土库曼斯坦、塔吉克斯坦、吉尔吉斯斯坦分别占到整体的45.7%、28.9%、18.6%、6.8%，其中拥有最大货运量的哈萨克斯坦货运量是吉尔吉斯斯坦的6.7倍（图9.10、图9.11）。

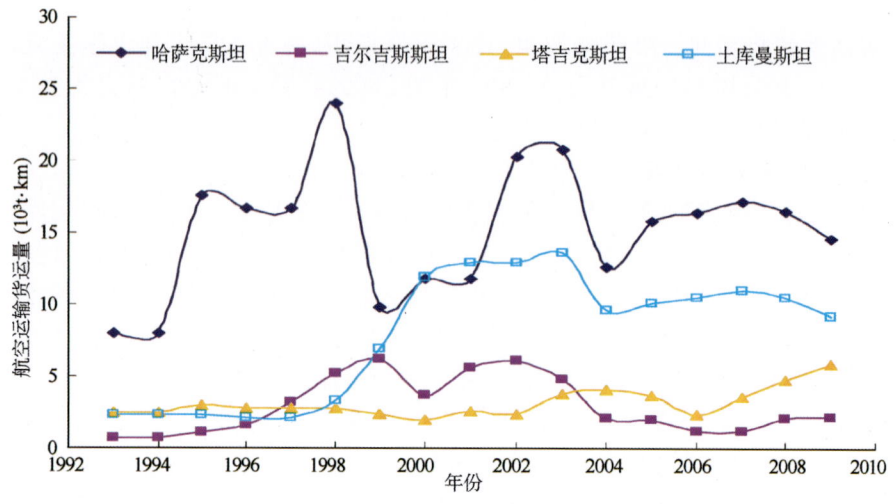

图 9.10　1993—2009 年中亚四国航空运输货运量

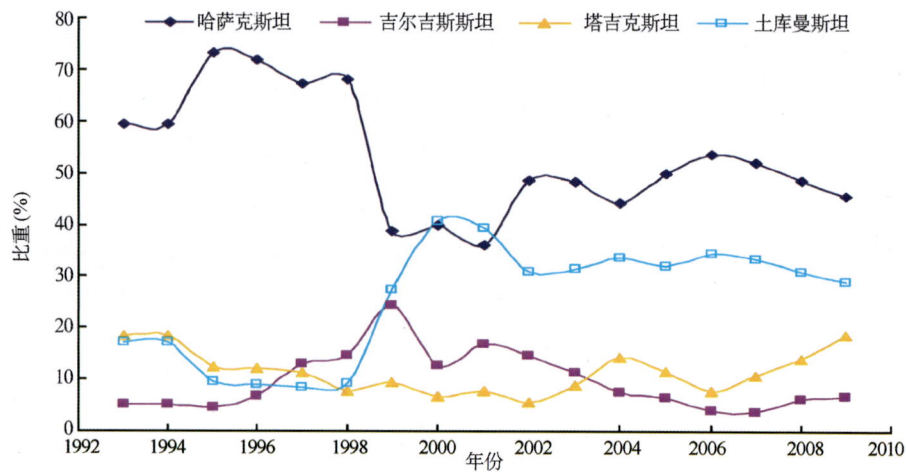

图 9.11　1993—2009 年中亚各国航空运输货运量占中亚总体的比重

9.4.3　管道运输

中亚的天然气主要出口到欧洲和中国,而输往欧洲主要通过俄罗斯的管道体系。目前,中国与中亚之间建成两条跨国油气管线,是我国能源外交的重要成果。其一是,中国—中亚天然气管线,横跨土库曼斯坦、乌兹别克斯坦、哈萨克斯坦、中国,输气能力 300 亿 m^3/a;其二是,中—哈原油管道一期工程,输油能力 1000 万 t/a,为我国陆上首条长距离跨国原油管道。目前,中—哈原油管道二期正在建设之中。建成投产之后,中—哈管道管输量将达到 2000 万 t/a。中亚—中国天然气管道由一期和二期工程组成。一期起点设在土、乌边界的乌兹别克斯坦国一侧,与土库曼斯坦境内拟建的出口天然气管道(2 条)衔接,接收来自土库曼斯坦的 300 亿 m^3/a 天然气;二期起点设在哈萨克斯坦境内已建中央—中亚输气管道别依涅乌压气站,与该压气站的管道衔接,接收来自哈萨克斯坦的 100 亿 m^3/a

天然气。来自两个方向的管道在哈萨克斯坦境内的奇姆肯特汇合,向西北最终到达中国西部边境口岸霍尔果斯。管道的线路总长为 3298 km,其中乌兹别克斯坦境内的线路长度为 525 km,哈萨克斯坦境内的线路长度为 2773 km。哈萨克斯坦境内线路全长 1293 km,其中哈—乌边境—奇姆肯特段线路伴行加兹里—奇姆肯特气管道敷设,沿途穿越锡尔河,经萨斯托别镇、巴雷科什至奇姆肯特,本段线路长为 337 km。奇姆肯特—阿拉木图段线路起自奇姆肯特凯利伊特镇伴行公路敷设,沿途经万诺夫卡、塔拉兹、卢戈沃耶、楚、奥塔尔、阿拉木图乌孜纳加奇线路长为 596 km。阿拉木图—霍尔果斯管道自阿拉木图乌孜纳加齐向东敷设,沿途经别尔利克、巴尔诺克、阿克什、奇利克、临雷恩、穿越伊犁河,经潘菲洛夫镇后到达霍尔果斯口岸,该段线路长为 360 km。乌兹别克斯坦境内地势东高西低,管道沿线以平原、荒漠地貌为主,地势起伏不大,局部地段为丘陵,其中平原所占比例为 79.1%,丘陵所占比例为 20.9%。土乌边境点—纳沃伊卡什库布科北侧线路长 415 km,为荒漠平原地形,表层土有盐渍化现象。纳沃伊卡什库布科北侧—哈乌边境点线路长 110 km,为低丘地形,伴行的加兹里—奇姆肯特起管道两边沙化严重,管道伴行路被一道道沙丘覆盖,交通条件差(百度百科,http://baike.baidu.com.cn/view/3081442.htm)。

9.5 中亚各国交通运输业概况

9.5.1 哈萨克斯坦

哈萨克斯坦位于亚欧大陆腹地,国土横跨亚欧两大洲,是世界上面积最大的内陆国家。在古代,这里曾经是丝绸之路的重要通道;当今,这里又是亚欧第二大陆桥的咽喉地带,在承东启西、畅通陆桥、促进文化交流方面起着重要的作用。该国交通运输主要由铁路、公路、航空、管道和水运五大部门组成,其中铁路、公路担负着最繁重的客货运输任务,管道主要用于输送原油、成品油和天然气,航空是最快速和便捷的少量客货运输,水运的数量不大。

(1) 公路

哈萨克斯坦的公路运输非常发达,尽管哈萨克斯坦的土地面积广大,但是公路网络依然覆盖全国,交通便利。国内人口平均分布密度较低(每平方千米 6 人),地广人稀,公路是哈萨克斯坦最主要的运输和交通途径,哈萨克斯坦拥有号称仅次于俄罗斯的独联体第二长公路网。原苏联的 70 年,建成了"以全苏道为主干,以共和国道为骨架,以州道为枝杈"的三级公路系统。全苏道的等级最高,全部为硬路面,即沥青、混凝土路面;共和国道路也是硬路面,其技术等级要求接近于全苏道;州道即州中心通往各区的道路,绝大多数也是硬路面,技术等级低于共和国道。

1) 公路标准与运营里程

哈萨克斯坦同俄罗斯一样,把硬质路面公路分为五级:一、二级公路具有完善路基和路面(沥青或混凝土),可容载重 10 t 车辆行驶,行车道宽度在 3.75 m 以上,纵向坡度不超过 3%~4%,转弯弧度大,侧安全道(道肩)较宽,拥有独立的上下行车道;三级公路拥有简化改善路面(沥青混凝土、混合混凝土),可容载重 10 t 车辆行驶,行车道宽度在 3.5 m 以下,纵向坡度可达 5%,平面弯度在 400 m 以内;四级公路拥有非改善硬质路面(碎石或卵石),

可容载重6 t车辆行驶,行车道宽度在3 m以下,最大纵向坡度可达6%,最小转弯弧度为250 m,冬季清扫后有冰雪残留,积水处容易下陷;五级公路路面为改善土,泥泞或积雪成堆情况下行驶困难(天津高速网,2007)。

2009年初,哈哈萨克斯坦公路通车总里程为9.36万km,其中国道占26.1%,地方公路占73.1%,硬质路面公路8.4万km,占90%。1990年哈萨克斯坦硬质路面分布密度为29.5 km/km²,2000年为30.3 km,2002年为30.5 km,在独联体国家中处于较低的位置(1998年俄罗斯为33.6 km,白俄罗斯为305.2 km,乌克兰为279.2 km,格鲁吉亚为290 km),2009年哈萨克斯坦硬面公路密度为30.9 km/km²,分布密度最高的是北哈萨克州(71.5 km),最低的是克孜罗尔达州(11.7 km)。改善路面(沥青混凝土、粗碎石、土沥青)公路占硬质路面的68.3%,改善路面比重最高的地区是南哈萨克州(92.8%)、江布尔州(89.9%)、阿拉木图州(88.7%)、阿特劳州(80.7%),最低的是西哈萨克斯坦州(41.4%)、阿克托别州(56.0%)和阿克莫拉州(57.8%)。

2)公路运力

公路是哈萨克斯坦最主要的运输和交通途径。2009年,公路汽车货运量为16.87亿t,占国货物运输总量的80.3%;公路货物周转量为662.4亿t·km,占全国货物周转总量的19.7%;汽车客运量117.78亿人次,占全国客运总量的99.8%;旅客周转量1106.3亿人·km,占全国旅客周转总量的84.8%。

3)公路建设及国际干线公路

在前苏联时期,哈萨克斯坦建成了比较完善的公路交通网。20世纪90年代上半期,刚独立的哈萨克斯坦国家经济连年下滑,资金短缺使公路行业的建设、维修投资不断下降,而完成私有化的汽车运输企业追逐利润,导致大量的超载货运车辆(载重达10 t以上)上路,加剧了公路的损毁。1996年起,哈萨克斯坦吸引外资和外国企业加入公路建设和维修工程,公路建设逐渐步入良性发展轨道。1999年后,随着国内经济的改善,国家加大了基础设施建设投资,公路建设进入加速恢复发展时期。2001年11月,哈萨克斯坦制定了《2001—2005年公路行业发展计划》,划定总长8258 km的6条国际公路,承担着欧亚大陆之间过境货物运输的重要任务,是长期建设的重点,它们分别是:①塔什干—希姆肯特—塔拉兹—比什凯克—阿拉木图—霍尔果斯(长1150 km);②希姆肯特—克孜勒奥尔达—阿克托别—乌拉尔—萨马拉,长2029 km;③阿拉木图—卡拉干达—阿斯塔纳—彼得罗巴甫洛夫斯克,长1724 km;④阿斯特拉罕—阿特劳—阿克套—土库曼斯坦(边界)(长1402 km);⑤鄂木斯克—巴甫洛达尔—塞米巴拉金斯克—迈卡普沙盖,长1094 km;⑥阿斯塔纳—科斯塔奈—车里雅宾斯克,长891 km。

4)公路运输存在的问题

①公路等级差

哈萨克斯坦大部分地区是草原、戈壁和缓慢起伏的丘陵,筑路条件较好。但由于长期不重视及前苏联时期铺路的标准低,造成现有的大部分公路均为仅覆盖了一层沥青的"硬面公路",平整度低、路况差、易造成交通事故,特别是长途行车易疲劳。迄今哈萨克斯坦仅有一条高等级公路,即2009年底完工的阿斯塔纳—休琴斯克公路。该公路连接首都阿斯塔纳与博罗沃耶风景区,全长224 km,为六车道高速路,采用全封闭式管理,设计通行能力为4万辆机动车/每昼夜,路面铺设采用德国工艺,使用混凝土材料,使用寿命达20年,沿线共架设23个立交桥和9座桥梁及跨线桥,工程总造价37.6亿美元(中国驻哈萨克斯坦使馆经济商务参赞处,2010)。

②跨洲中转货运量小

据欧亚开发银行的数据,目前亚太地区输欧货物 90% 以上走的是海路,铁路和公路的跨洲运量只占 5% 的份额。2007 年,欧亚大陆之间中转运输收入约为 500 亿美元,哈萨克斯坦只占其 1%,约占当年 GDP 的 0.6%。

③人为关卡多

亚洲开发银行出台的一份调查报告显示,公路运输遇到的人为障碍大于其他运输方式。采用的调查方式是:同时在中亚地区的 6 条国际公路(其中 4 条穿越哈萨克斯坦领土)上测试一台承载 20 t 货物的汽车行驶 500 km 所需的成本和时间。结果表明,干线公路的平均速度仅为 39 km/h,比欧盟标准低一半;56% 的支出为"非正常支出",主要原因是海关、边防和路警的卡要。

(2)铁路

哈萨克斯坦有许多大型民族企业专营出口资源贸易,铁路运输对国家的经济发展起着关键作用,其特点是:通过能力强、运量大、成本相对较低、规律性较强、不受天气变化影响。作为煤、钢材、粮食等大宗货物的运输,铁路是唯一的选择。铁路目前承载了全国 70% 的货物运输和 60% 的客运量。据统计,哈萨克斯坦铁路技术指标、现代化程度以及运输能力在前苏联地区位居第三位,中亚地区第一位。哈萨克斯坦经济领域的统一、国家的完整、国防和国家安全在相当程度上都依赖于铁路部门的稳定和安全(中国驻哈萨克斯坦使馆经济商务参赞处,2010)。

1)铁路总体情况

①铁路里程

哈萨克斯坦全境目前有铁路干线里程 14500 km,密度只有 5.2 km/km²(大部分独联体国家为 23~38 km/km²),近 5 年干线铁路网密度增加 7% 以上。其中复线约 5000 多千米(占总长度的 35%),电气化线路 3700 多千米,占总长度的 26%(阿塞拜疆为 60%,俄罗斯为 45%,亚美尼亚和格鲁吉亚为 100%)。站线和专用线路 6700 km。在全境铁路网络分布上,南部和东部地区铁路总长度逾 4000 km,占全国总长度的 27.5%,西部地区 3900 km,占总长度的 26.9%;中部和北部地区 6300 km,占总长度的 43.5%。

②技术装备情况

哈萨克斯坦铁路系统现共有 27 个机务段和 26 个车辆段;配备 38 个编组站(驼峰、半驼峰);分布着 721 个铁路站点,其中 351 个车站可以提供货运服务,21 个车站已实现自动化管理。根据哈萨克斯坦国家铁路公司统计数据,目前哈萨克斯坦铁路车辆使用超期现象严重,其中运行年限超过 28 年的占 21%、超过 20 年的占 35%、运行年限在 19 年以内的车辆占 42%。因此,铁路提速在现有技术设施条件下是一种奢望。

③客货运能力

哈萨克斯坦独立以来,铁路的货物运输量占运输业的比重一直保持在 75%~78%,旅客运输比重保持在 25% 左右。铁路货运的历史高峰年度是 1990 年(3.45 亿 t),此后逐年下降,1999 年货运量为 1.24 亿 t,为 1990 年的 36%。根据最新统计数字,哈萨克斯坦铁路 2009 年实现货物总发送量 2162 亿 t·km,货物总周转量为 2.4 亿 t,年输送旅客为 130 亿人·km。

④牵引动力

哈萨克斯坦拥有的机车总数为 1749 台(其中内燃机 1141 台,电力机车 579 台,蒸汽机车

29台),大部分都是20世纪80年代生产,损耗率超过76%。从2004年2月开始,哈萨克斯坦铁开始对TE-10型干线内燃机车进行大规模的现代化改造,安装美国通用公司的柴油机。该项措施能降低机车道路损耗水平的5%~7%。此外,阿斯塔纳机车厂于2009年底投入使用,可年组装内燃机车100台。

⑤铁路车辆

据哈萨克斯坦铁路国有公司测算,该国拥有货运车厢76934节,其中棚车13246节,平板车10236节,敞车28327节,罐车10392节,其他车辆14733节。哈萨克斯坦铁路拥有客运车厢2145节,处于运营状态1504节。目前共有303个车站提供客运服务,269个车站提供售票服务。鉴于目前能够投入运营的车辆紧缺,如果不继续购买新车,4年后车辆短缺数量将达到24000节。此前,哈萨克斯坦铁路国有公司曾经在2005年外购了3140节敞车,2006年1725节车厢,2007年500节棚车。

2) 铁路网分布情况

① 已形成的路网布局

哈萨克斯坦自1991独立以后,铁路运输系统开始独立运行。哈萨克斯坦境内共有4条过境铁路干线:亚洲大陆桥(中国—哈萨克斯坦—土耳其)、欧亚大陆桥(中国—哈萨克斯坦—俄罗斯—欧洲)、中亚铁路和西部铁路。西部铁路可以用于水陆联运,通往阿克套海港,能满足哈萨克斯坦最大石油加工基地的运输需求。独立初期的经济滑坡严重影响了哈萨克斯坦铁路网的建设,铁路系统的现代化发展陷于停顿。由于运营收入下降,哈铁路部门甚至无法自筹资金购买车厢,只有个别路段进行了现代化改造,比如楚-阿雷西线电气化铁路投入运营,完成了泛哈萨克斯坦铁路干线的电气化建设。

② 国际运输走廊

哈萨克斯坦国内铁路线布局比较合理,有6条铁路与邻国接壤,形成国际运输走廊,目前都在进行改建和扩建当中,具体为(闫长安,2009):

(a)中亚铁路交通走廊在南部与乌兹别克斯坦接轨,在北部与俄罗斯相通,全长2147 km,列车行驶时间11昼夜。从南部向北主要车站依次为萨雷—阿加齐—阿雷西坎德阿加什—奥津基。计划将在别伊涅乌至热兹卡兹干路段修建新的线路,新建里程988 km。此项工程将哈萨克斯坦西部经阿克套港至中亚国家的运距缩短600 km,有能力吸收中国至欧洲高加索地区过境货物总数30%~50%的运量。

(b)西部铁路运输走廊全长832 km,货物全程运输时间9昼夜。铁路起始于哈俄边境交界的阿克萨拉伊2号站(AKSARAY-Ⅱ),途经马卡特、别伊涅乌至阿克套港。2009年4月12日叶拉里耶沃至库雷克段铁路线开始动工建设,该工程将加强哈萨克斯坦里海沿线的基础设施布局。

(c)中央铁路走廊全长1831 km,列车运行时间为9昼夜,铁路线东起多斯特克,途径阿克托盖、阿拉木图、阿雷西、萨雷至阿加奇。中哈边境多斯特克至阿克托盖段(312 km)、阿拉木图(Almaty)到阿克托盖路段(558 km)以及阿克托盖到莫英德(521 km)3个路段将进行电气化铁路改造,这里将成为哈萨克境内最繁忙的铁路走廊(图9.12)。

(d)北部铁路走廊全线长1910 km,货物运输时间10昼夜。起始车站为多斯特克,途经阿克托盖、萨雅克、莫英德、阿斯塔纳、彼得罗巴甫洛夫斯克穿越俄罗斯,将欧洲与中国和东南亚连接起来。

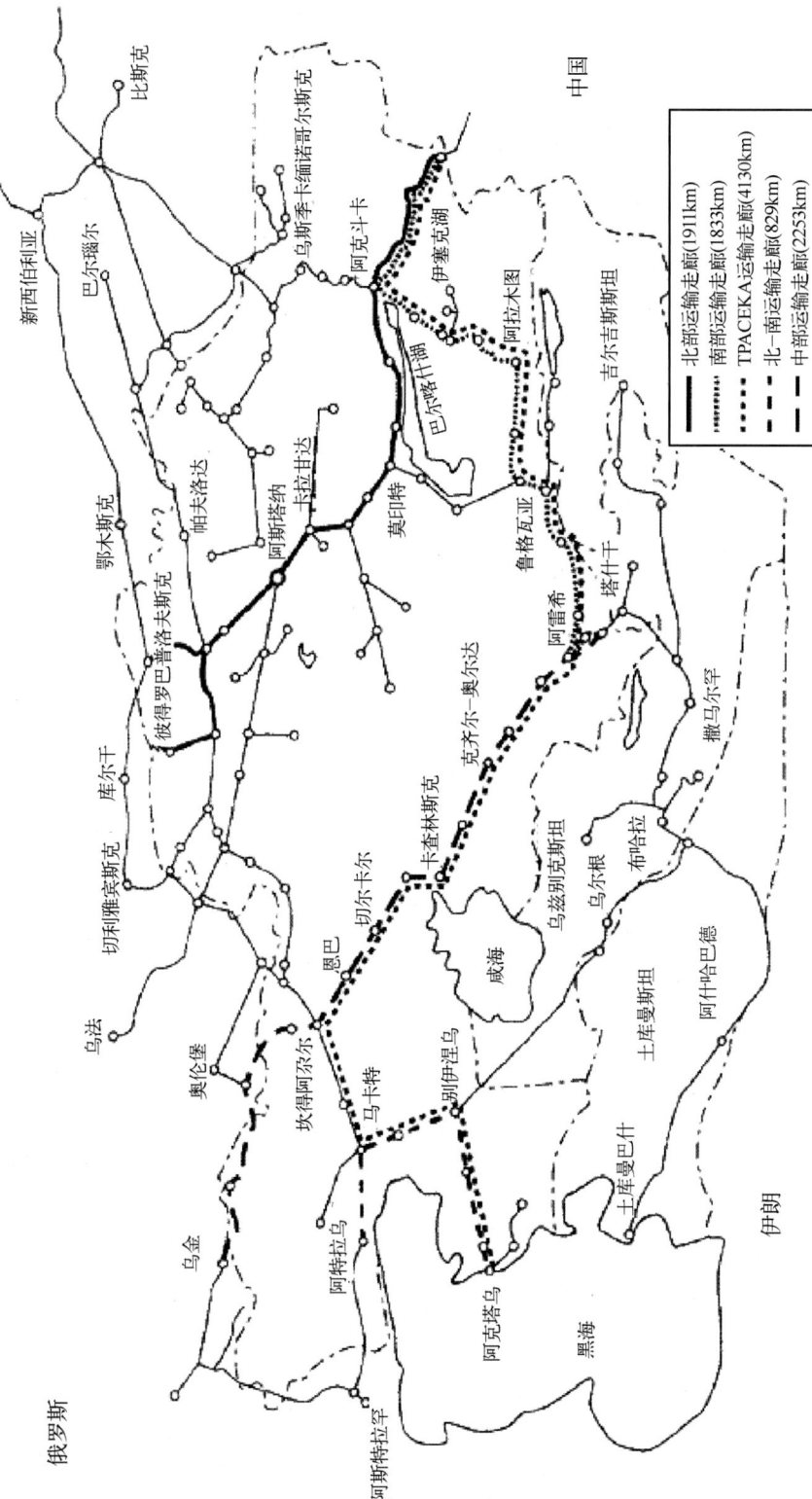

图 9.12 哈萨克斯坦境内的国际铁路运输走廊
资料来源：哈萨克斯坦铁路网的发展及现代化

(e)特拉谢卡走廊由欧盟提议开始建设,是穿越外高加索地区的国际铁路运输走廊。特拉谢卡走廊是一条欧洲西部—黑海的铁路走廊,中间穿越高加索和里海地区,主要靠吸引国际金融机构和私人投资解决资金问题。

(f)哈萨克至伊朗走廊为连接哈萨克斯坦的乌津(Uzen)、土库曼斯坦的卡济尔卡亚(Kazalkaya)、别列克特(Bereket)、艾特列克(Etrek)和伊朗的戈尔甘的跨境铁路线,修路前从哈萨克到伊朗必须穿行土库曼和乌兹别克两国,该铁路建成后无需过境乌兹别克斯坦,因此可节省2天的路程直达伊朗位于里海的不冻港。该线全长 677 km,其中哈萨克斯坦 137 km、土库曼 470 km,伊朗 70 km。该线铁路哈萨克斯坦境内路段已于 2009 年下半年开始建设,通车后预计货物运输量为 960 万 t。

③铁路建设的融资方式

在运输发展战略中,基础设施建设工程耗资巨大,单靠国家预算拨款很难解决资金短缺问题。在近几年开展的各项融资模式当中,国有资金和私有资金携手合作机制已经取得初步成效。2005 年,沙尔至乌斯季卡缅诺戈尔斯克的 153 km 长的铁路线建设,就是以特许经营权方式引入建设资金的成功实例。哈萨克斯坦吸引外来投资参与铁路建设主要模式为:国家(提供土地、优惠建设和运营条件)、铁路部门(即哈萨克斯坦国家铁路公司,提供部分资金、设计、技术支持、专家等)、私人资本(主要投资),按照占股的方式合作。主要金融投资者包括日本国际协力银行、美国进出口银行、欧洲复兴发展银行、西班牙国际银行、纽约银行、哈萨克斯坦开发银行、哈斯克斯坦康复基金和哈萨克斯坦铁路财务公司等。

④铁路改革概况

哈萨克斯坦的铁路系统改革早在 1997 年就已经开始了,当时在 3 个铁路管理机构的基础上成立了哈萨克斯坦铁路国有公司(哈国铁),此后施行了结构调整方案,对行业进行了具有深远影响的改革。在运输业务从干线铁路网服务体系剥离实施过程中,暴露了一系列的法律、技术和经济方面的问题,导致目前无法完全开放干线网的服务,主要体现在:国家对客运补助金额少,到位率低;运输各环节缺乏完善的收支核算方法;铁路行业信息和沟通体系发展水平不高;对新加入公司缺乏政策支持等。经过不懈努力,如放开承运人市场、实行客运特许经营机制和承运人补贴、积极参与国际铁路运输公约的修改,目前哈萨克斯坦铁路客车平均行驶速度从 80.4 km/h 提高到 82.4 km/h,货车平均行驶速度从 54.8 km/h 提高到 68.83 km/h。另,该国铁正在进一步完善下一个 10 年发展纲要,分三阶段完成纲要的实施,第一阶段(2010—2012 年)主要任务是理顺机制、建立完善法律法规、在技术规范上与国际接轨;第二阶段(2012—2013 年)重点放在企业重组,改革运营机制,进一步做好减能增效;第三阶段(2013—2020 年)逐渐取消国家补贴、关停一些非盈利项目的运营、实现全面的自主经营、营造公开、公平的竞争运营环境。

(3)航空

哈萨克斯坦的民用航空运输事业是 20 世纪 30 年代中期发展起来的。1936 年,阿拉木图—莫斯科的航班通航,标志着哈萨克斯坦民用航空事业的开始。苏联卫国战争结束后,随着经济的恢复和发展,航空运输业亦得到了快速的发展。目前,哈萨克斯坦许多州中心和大型城市都开通了定期航班。阿拉木图和阿斯塔纳是哈萨克斯坦两个最大的航空港,除与独联体国家首都(莫斯科、基辅、塔什干等)有定期航班外,还与世界上 13 个国家的 27 个城市开辟了新的航线,其中有中国的北京和乌鲁木齐。

航空运输是各种运输方式中最快捷的运输方式,但运量小。据统计,货运量只占哈萨克斯坦货运总量的 0.0012%,客运量仅为该国客运总量的 0.024%。同铁路运输和公路运输一样,独立后该国航空运输的客货运量都曾出现过大幅下降的情况。随着全国经济的逐步好转,航空运输才出现了稳定增长的新局面。

7 年来,哈萨克斯坦航线里程增加了 7 倍。目前,在阿拉木图机场可为波音 747 货机加油,阿斯塔纳机场可停降大型货机。2004—2005 年将在阿拉木图、阿斯塔纳、阿德劳、阿克托别、齐姆肯特和阿克套等建设、改造机场跑道。阿斯塔纳航空公司航线已通往法兰克福、伦敦、阿姆斯特丹、莫斯科、首尔、北京、迪拜、伊斯坦布尔等地(锦程物流网,2006)。

(4)管道

哈萨克斯坦的管道运输主要是指原油和天然气的管道运输。随着石油工业和天然气工业的发展,管道运输应运而生,发展也很快。目前,管道运输已成为交通运输业的重要组成部分,其运量仅次于铁路运输,居第三位。2007 年,全国共有 8 条输油输气管道正在运行,总长度 1.7 万 km(其中输油管道 0.7 万 km,输气管道 1 万 km);完成输油输气运量 1.94 亿 t,占该国货物运输总量的 9.13%。具体分布如下:

1)鄂木斯克—巴甫洛达尔—卡拉干达—希姆肯特—土库曼纳巴德—土库曼巴希输油管线,全长 3400 多千米,年输油能力 2000 万 t。

2)阿特劳—艾姆巴—奥尔斯克输油管线,全长 780 km,年输油能力 300 万 t。

3)阿特劳—阿塔苏—多斯特克输油管线,全长 2800 km,年输油能力 2000 万 t(该管线为新建工程,阿塔苏—多斯特克段已建成,阿塔苏—阿特劳段即将建成)。

4)阿克套—新乌津—阿特劳—乌拉尔。萨马拉输油管线全长 1630 km,年输油能力 1500 万 t。

5)肯基亚克—阿特劳输油管线,全长 445 km,年输油能力 600 万 t。

6)中亚—中央(工业区)输气管线:马雷—布哈拉—别涅乌—莫斯科,全长 3000 km,年输气能力 600 亿 m^3。

7)中亚—乌拉尔输气管线:马雷—布哈拉—马格尼托哥尔斯克—车里雅宾斯克,全长 1700 km,年输气能力 300 亿 m^3。

8)东线输气管道:布哈拉—撒马尔罕—塔什干—比什凯克—阿拉木图,全长 1300 km,年输气能力 100 亿 m^3。

这里需要说明的是,原苏联的输油输气管道是一个统一的管道运输系统,所以,哈萨克斯坦的输油输气管道有的已经延伸到国外,有的甚至两头在外。上述该国的管道长度及其运输量,主要就是指该国境内的管道长度及其通过管道的运输量。

9.5.2 吉尔吉斯斯坦

素有中亚瑞士之称的吉尔吉斯斯坦属高山内陆国,境内铁路总长度只有 426 km,全国 96% 货运和几乎全部客运都由公路来承担,很少部分由铁路承担,航空和内河航运比重微不足道。苏联解体后,吉尔吉斯斯坦继承的交通运输体系实际上只能是服务于原苏联中央集权整体利益,未必适用于独立建国的该国内和国际贸易。北部的铁路与哈萨克斯坦铁路系统相连,南部铁路是乌兹别克斯坦铁路系统的组成部分,而该国内南北之间并没有铁路相通。在公路方面,在北部连接阿拉木图—比什凯克—塔什干的独联体 39 号公路虽然使哈萨克斯坦、吉尔吉斯斯坦、乌兹别克斯坦3国首都之间的交通往来便利,但缺乏一些重要的国际和国内的交通干线。独立后这种交通运输体系的缺陷就明显地暴露出来:一是与邻国特别是与中国的经贸受到制约。中吉边境伊尔克什坦口岸中方一侧至新疆的喀什公路状况良好,而吉方一侧有80多千米公路尚未建成,其他路段状况也很差,大型货车根本无法通过。二是国内公路运输非常不便。例如,连接南北的主要公路比什凯克—奥什公路长约620 km,穿越平均海拔3000 m的崇山峻岭,路况很差,经常因自然灾害而无法通行,严重阻碍南北交流(http://www.sinorussia.com/fenance/3019%5C2.htm)。

(1)公路

吉尔吉斯斯坦为典型的内陆国家,无出海口,公路是其最主要的交通方式,然而,基础设施陈旧和落后制约了经济发展,特别是公路交通的落后,严重阻碍了经济较发达的位居北方的首都比什凯克地区和经济较落后的南方奥什等地区的沟通,造成了南北经济发展不平衡和潜在的社会危机。

1)公路交通概况

吉尔吉斯斯坦公路基本承袭前苏联规划建设格局,国内各类道路总长34000 km,城镇、村内道路18800 km,公路(过境公路除外)总长16500多千米,其中柏油路约5000 km,砂石路10000 km,土路1600 km。独立后,道路老化和损毁严重,因资金短缺公路建设停滞不前,几乎无新建公路,筑路设备亦损耗严重,年投入养路费用仅能满足15%~20%的实际需求,亟待维修的公路里程不断增加,路况较差和很差的公路超过70%,20%的柏油路已经报废。尽管如此,公路仍是吉尔吉斯斯坦最重要的交通命脉。近年来,公路年均客货运量分别为3.9亿人次和2800万t,约占吉尔吉斯斯坦客运的95%和货运量的98%。2005年以后吉尔吉斯斯坦开始积极向各有关国家和国际金融机构争取无偿援助和优惠贷款,加速修复旧公路,计划新建公路(中国驻吉尔吉斯斯坦使馆经济商务参赞处,2010)。

2)路网状况

吉尔吉斯斯坦境内有八条主要国际运输线路,分别是:比什凯克—纳伦—吐尔尕特—喀什(吉—中)、奥什—萨雷塔什—伊尔科什坦—喀什(吉—中)、奥什—普里衮—巴特肯—伊斯法拉(吉—塔吉克)、比什凯克—塔拉兹—什姆肯特—塔什肯特—布哈拉(吉—乌)、奥什—贾拉拉巴德—安集延(吉—乌)、比什凯克—阿拉木图—卡拉甘达—阿斯塔纳—科斯塔奈—车里雅宾斯克—叶卡捷琳堡—下诺夫哥罗德—莫斯科—明斯克—欧洲(吉—哈—俄—白俄罗斯—欧)、比什凯克—科尔岱—卡拉甘达—阿斯塔纳—彼得罗巴甫洛夫斯克—秋明(吉—哈—俄)、比什凯克—希姆肯特—克孜勒奥尔达—阿克托别—奥伦堡(吉—哈—俄)。

3)公路等级和标准

根据行车道的宽度,公路等级分为五级:15%的公路属于一、二、三级,宽度分别是15 m以上和9~11.5 m以及7.5 m;其余85%是四、五级,宽度分别是6 m和4.5 m。40%的公路是硬路面,包括沥青碎石路面,50%以上是碎石(卵石)混合料路面,沙土路面不到10%。此外,还有不属于交通部管理范畴的1.5万 km的农村道路,过去由集体农庄管理,现在随着集体农庄的消失,这些道路的养护改由当地政府负责。

4)2005年以后的公路建设情况

吉尔吉斯斯坦国际公路运输通道是该国唯一能够保障商品和服务进入各地市场的运输渠道,在联系国内各主要经济中心和维持该国与周边国家经贸关系上作用极为重要。自1991—

2005年,吉尔吉斯斯坦公路建设长期停滞不前,每年公路建设投入只占财政预算的1%~1.1%,境内1000 km已建公路由于得不到必要的维护而破损瘫痪。自2006年起,吉尔吉斯斯坦政府开始加大对公路基础设施建设的投入,当年用于公路建设的财政预算为3亿索姆(以当年汇率1∶38计,约合789万美元),2007年公路建设财政预算达9亿索姆(以平均汇率1∶36计,约合2500万美元),公路修复规模逐年扩大,年均修复公路超过180 km。同时,吉尔吉斯斯坦积极引进国外新铺路设备。为保证《2009—2011年公路交通发展规划》的实现,2010—2011年吉尔吉斯斯坦每年投入4000万美元用于公路建设、维护及设备购置,重新浇铺1000 km的柏油路面,大修不少于100 km的沥青公路,投入500万美元购买筑路修路设备,将维修保障能力提高至50%。规划还建议每年从固定资产投资预算中拿出50%的资金修筑绕行边境和邻国飞地的公路。吉尔吉斯斯坦已出台《收费公路法》,并修改了《公路基金法》,目前在研究制定国家与私人合作机制、公路租让机制、收费公路和租让公路最低技术要求、公路建筑及维修成本计算方法、公路维护技术要求等具体方案,并研究修改过时的行业技术标准,使之与国际市场接轨。计划到2018年全部修复已损毁公路和桥梁,使公路行业进入稳定发展时期(中国驻吉尔吉斯斯坦经济商务参赞处,2007)。

(2)铁路

吉尔吉斯斯坦境内铁路运输不发达。铁路总长426 km。目前北部有一条连接哈萨克斯坦的跨国铁路,东起伊塞克湖西岸的巴雷克切市,向西经吉尔吉斯斯坦边境与哈萨克斯坦铁路网相连,直通俄罗斯。南部贾拉拉巴德市有支线铁路与乌兹别克斯坦相连。目前,吉尔吉斯斯坦铁路年均货运量接近180万t,客运量接近35万人次。

(3)航空

1)吉尔吉斯斯坦民航业现状

受私有化风潮冲击,吉尔吉斯斯坦民航公司数量如雨后春笋,目前有14家公司从事民航经营,该国民航企业和外国在吉尔吉斯斯坦民航企业各7家。现有各类客机85架,多为安24、雅克40等小型飞机。图154、134等中程客机偏少,主营国际航线,并租有少量的波音737、空客310等客机补充机队,现有客机的70%超期服役。年均货运量近14万t,客运量4.2万人次,目前,吉尔吉斯斯坦开通民用航线17条,包括3条国内航线巴特肯—奥什—比什凯克、比什凯克—贾拉拉巴德、比什凯克—奥什;5条国际(独联体)航线:比什凯克—莫斯科(俄罗斯)、比什凯克—圣彼得堡(俄罗斯)、比什凯克—杜尚别(塔吉克斯坦)、比什凯克—塔什干(乌兹别克斯坦)、奥什—莫斯科;至其他国家航线9条:比什凯克—乌鲁木齐(中国)、比什凯克—迪拜(阿联酋)、比什凯克—卡拉奇(巴基斯坦)、比什凯克—伦敦(英国)、比什凯克—德里(印度)、比什凯克—汉诺威(德国)、比什凯克—法兰克福(德国)、比什凯克—斯特拉斯堡(法国)、奥什—乌鲁木齐。吉尔吉斯斯坦现与29个国家签有开通航空通道协议,实际仅同10个国家开通了航道(新疆外经贸,2009)。

2)吉尔吉斯斯坦机场基本情况

前苏联时期,吉尔吉斯斯坦机场建设已形成一定规模,建有大小机场73个。独立后,因国力有限,资金匮乏,大部分机场被迫关闭。吉尔吉斯斯坦目前尚在运行的民用机场10个,其中国际级机场3个。如今,吉尔吉斯斯坦所有机场现有设施无一不超过使用年限,导航、货物装运等设备折旧率高达80%,急需更新。吉尔吉斯斯坦现有主要机场简况如下(中国驻吉尔吉

斯斯坦经济商务参赞处,2010):

①玛纳斯国际机场。位于吉尔吉斯斯坦的比什凯克市,为吉尔吉斯斯坦最大机场,1999年公司对机场货运枢纽按欧洲 HUB 标准进行改造,改造后机场具备了装配现代化设备与体系的运输终端标准,可承运、装卸任何型号货机,并可提供检疫、仓储、集中、分装与运达等各项服务。2009 年,玛纳斯国际机场实现客运量 40 余万人次,货运量 1400 余万 t,占吉尔吉斯斯坦民航客货总运量的 90% 左右。目前,经玛纳斯机场乘机的国际线乘客已超过机场乘客总数的 60%。

②奥什国际机场。位于吉尔吉斯斯坦南部首都奥什市,规模较小,现有设施陈旧落后。吉尔吉斯斯坦政府视其为连接欧亚的南方走廊,1996 年法国 Thomson－CSF 公司贷款为该机场安装了新型导航雷达,吉尔吉斯斯坦政府自筹资金更新机场卫星导航、气象观察等设施。上述设备目前均陈旧落后,缺乏更换资金,现仍勉强使用。因未经现代化改造,机场客货承运能力受限,年均客货承运量仅占吉尔吉斯斯坦民航客货总运量的 1%。

③伊塞克湖机场。位于吉尔吉斯斯坦伊塞克湖湖区塔姆齐市,规模偏小,目前仅能起降小型飞机。考虑到机场毗邻吉尔吉斯斯坦"塞上明珠"伊塞克湖、临近哈萨克斯坦的地缘优势,吉尔吉斯斯坦政府有意将其打造成旅游专用国际机场,投入资金对原有通讯、导航设施进行改造。2007 年初同俄罗斯莫斯科市签订合约,共同改造机场跑道,使其具备承接图 154 等中型客机的能力。2008 年哈萨克斯坦投资介入机场建设,受 2009 年全球性金融危机影响俄、哈撤回投资,项目停滞至今。

3) 吉尔吉斯斯坦民航业存在主要问题

①客运量问题:航空燃料、备件等费用居高不下,导致吉尔吉斯斯坦民航票价偏高,加之吉尔吉斯斯坦人均收入较低,普通消费者难以接受,客运量持续低迷。目前,吉尔吉斯斯坦民航固定旅客仅为 3 万~4 万人,不足吉尔吉斯斯坦国民总数的 1/100。

②机队与设备更新:吉尔吉斯斯坦现有客机为前苏联遗留,均已超期服役。政府因财政拮据无力给予相应扶持,备件更换、养护仅能勉强维持,多为企业自筹资金解决。机场导航设备 80% 已超出使用年限,且操作安全期限已过,事故概率偏高。

③安全与事故预防设施:地面安全设施缺乏,安检人员严重不足。飞行安全培训工作滞后,航班驾驶员、机组缺乏应变能力,安全防护、紧急状况处理设施老化严重,极易引发飞行、地面控制等方面安全事故。

④管理标准与人员配备:吉尔吉斯斯坦民航多头管理,体系复杂,有关法律规定有待完善,管理人员素质参差不齐。

9.5.3 塔吉克斯坦

(1)公路

塔吉克斯坦位于中亚东南部,是一个地处内陆的高山(天山山脉和帕米尔高原)国家,山地面积占 93%,独特的地理环境决定其交通主要以公路为主。塔吉克斯坦现有公路几乎全部建于前苏联时期,独立以来,政府无力对道路进行应有的维修,加上连年内战和频繁的山体滑坡、泥石流等自然灾害破坏,路况已不能适应社会发展的需要,所以大力发展公路交通成为塔吉克斯坦政府《减贫战略》的重要组成部分,塔吉克斯坦已着手实施公路战略计划。

1) 公路现状

塔吉克斯坦的公路承担着该国 80% 的货物运输和 95% 的旅客运输,其运量占全国运输总量的 85.3%。截至目前,塔吉克斯坦境内公路全长约 3 万 km,公路密度为 0.194 km/km²,即每千人拥有 4.38 km 长的公路,其中 1.3747 万 km 属于汽车公路。塔吉克斯坦汽车公路中国道占 4789 km,地级公路占 8965 km,这些公路基本上都是 1960—1970 年代前苏联时期国家财政拨款修建的,其路面状况为:沥青混凝土路 3768 km,砾石沥青路 6380 km,碎石路 2539 km,土路 928 km;此外,还有一些农庄内部道路约 16000 km。塔吉克斯坦通往周边国家的主要国际公路通道有 11 条,其中通往吉尔吉斯斯坦的有 3 条,通往乌兹别克斯坦的有 6 条,通往阿富汗的有 1 条,通往中国的有 1 条(中国驻吉尔吉斯斯坦经济商务参赞处,2004)。

2) 主要公路及其修复情况

目前,塔吉克斯坦现有以下几条公路骨干线,均以首都杜尚别为中心,向周边国家辐射(中国驻塔吉克斯坦使馆经济商务参赞处,2005):

①塔中(国)公路。西起杜尚别,经丹加拉、南部重镇库利亚布、巴达赫尚州首府霍罗格,向东直至塔中边境口岸阔勒买/卡拉苏,全长 1009 km。这条交通线颇具战略意义:首先,它是连接首都与南部哈特隆州和东部巴达赫尚州的纽带;由于哈特隆州和巴达赫尚州在塔吉克斯坦尚属贫困地区,能凭借此条公路改善该地区闭塞的交通条件,使两州与外界接轨、逐步摆脱贫穷。其次,此干线经阔勒买/卡拉苏口岸向东延伸 14 km,便可与中国的喀喇昆仑公路相连接。沿喀喇昆仑公路往北 260 km 可到达中国西部重镇喀什,向南约 200 km 抵达中国的红旗拉甫口岸、再向南到达巴基斯坦港口卡拉奇,从而能真正实现塔吉克斯坦的出海战略(由杜尚别沿该路线到达卡拉奇的总距离为 3591 km)。近年来,塔吉克斯坦政府依靠国际组织贷款对部分路段进行维修,并实施修复项目,全线贯通后,塔中公路的等级基本设定为三级。

②塔吉(吉尔吉斯斯坦)公路。西南起杜尚别,沿瓦赫什河谷向东北方向延伸,经过科法尔尼洪、吉尔加塔利等城镇,到达该国与吉尔吉斯斯坦边境的卡拉梅克,全长 368 km。与塔中公路相比,塔吉公路主要位于谷地中,自然条件较好,有利于修复和车辆通行。塔吉公路修复后,到达吉尔吉斯斯坦、哈萨克斯坦、俄罗斯及中国就不必绕行乌兹别克斯坦。自塔吉边境沿路向东北延伸 150 km,可以到达吉尔吉斯斯坦的萨雷塔什,从而与中国援建的中吉乌公路相连,再向东 263 km 可到达中国西部重镇喀什。沿此路线杜尚别至喀什的路程只有 777 km,比沿塔中公路到达喀什减少了近一半的路程。

③塔阿(阿富汗)公路。北起杜尚别,向南经哈特隆州首府库尔干秋别到达下喷赤市,全长 185 km。与其他公路干线相比,这条公路最为平坦,所经地区主要为平原。该公路修复后,塔吉克斯坦将实现其向南发展的战略,利用其独联体南大门的独特地理优势,与同为波斯族的阿富汗实现共融,从而突破独联体和中亚的框框,开拓更为广阔的经济发展空间。从下喷赤市向南 65 km,可以到达阿富汗北部重镇昆都士,再向南延伸 368 km 可到达阿富汗首都喀布尔,杜尚别—喀布尔公路总里程仅为 618 km。另外,该公路经过塔吉克斯坦重要的粮仓和棉花产地——南部平原地带,因而将促进该国农业经济的发展。

④塔乌(兹别克斯坦)公路。南起杜尚别,翻越安佐布和沙赫里斯坦两座山口,经过北部重镇卡巴德,再向北到达塔乌两国边境城市吉扎克,总长 410 km。从恰纳克到乌兹别克斯坦首都塔什干约 90 km。由于海拔 3373 m 的安佐布山口和 3378 m 的沙赫里斯坦山口的阻隔,公路通行极为困难,冬季更因为大雪封山而关闭。因它是连接塔吉克斯坦南北方的生命线和

连接塔乌两国首都的捷径,塔吉克斯坦政府非常重视该公路的修复。

3)存在的主要问题

塔吉克斯坦道路建设中的主要问题是,没有足够的资金来进行道路的建造、维修和养护。如只按可使用的标准来衡量,仅道路维修及养护,每年就需要近 3 亿美元,而实际上每年仅拨给 6000 万美元左右。资金的严重短缺不仅对道路的技术状况产生不良影响,而且也对道路部门开发道路工程项目、掌握现代化道路技术、配备车辆及机械设备、向工作人员提供必要的社会保障及其他一些必要条件等产生不良影响(中国驻塔吉克斯坦使馆经济商务参赞处,2002)。

(2)铁路

近年来,由于历史和经济的原因,塔吉克斯坦铁路发展缓慢,与公路和航空相比,其在国家交通运输中的地位逐年下降。随着塔吉克斯坦经济的发展,特别是塔吉克斯坦南部俄罗斯投资的 40 万 t 原油加工厂和 20 万 t 铝厂投入建设,及阿富汗战后重建需大批外来建材和物资将需要由运营成本较低的铁路来运输,塔吉克斯坦铁路将迎来自己的发展机遇期(塔吉克斯坦铁路局,2006)。

1)铁路现状

①铁路线状况

由于苏联解体,统一的铁路系统被打破,在塔吉克斯坦境内互不相连的 3 段铁路之间只有通过乌兹别克斯坦和土库曼斯坦才能实现互连,境况尴尬。3 段铁路总长度 950.7 km,其中干线 679.9 km,114 km 超期服役。北段铁路 109 km,是乌兹别克斯坦南部铁路大动脉的过境路段,连接塔吉克斯坦北部重要城市胡占德,于 1898 年建成;中段铁路约 100 km,从杜尚别到塔乌边境的图尔松扎德,于 1929 年建成;南段铁路由三部分组成:亚万至库尔干秋别 105 km,库尔干秋别至塔乌(乌兹别克斯坦)边境的沙尔图兹 190 km,二者均于 1974 年建成;库尔干秋别至库利亚布 132 km,1999 年建成并投入使用,但无通信信号。

②铁路设施和主要设备情况

塔吉克斯坦共有车站 33 个,另有 4 个位于塔乌边境的口岸站。各车站使用率不高,设施普遍较为陈旧;有机车 57 台,40 台属超期服役;有客车 291 辆;有货车 1760 辆,其中有 500 辆已达到报废年限。

③铁路运营状况

塔吉克斯坦铁路公司的主要收入来源于北段铁路,约 3500 万美元/年,利润也较好。因北段铁路是乌兹别克斯坦南部铁路大动脉的一部分,塔吉克斯坦每年获得可观的过境费。经北段铁路运输的主要产品是石油;中段铁路承担着塔吉克斯坦第一大进口产品铝矿石和第一大出口产品铝锭的运输任务,因此也在塔吉克斯坦的经济中起着重要作用;南部铁路因没有足够的物资可以运送,经营亏损。塔吉克斯坦定期运营的客运列车分国际和国内两趟。国际列车从杜尚别出发,经乌兹别克斯坦、土库曼斯坦、哈萨克斯坦等国到达俄罗斯的阿斯特拉罕,继而到达莫斯科;国内列车自杜尚别出发,经乌兹别克斯坦、土库曼斯坦两国到达塔吉克斯坦北部城市卡尼巴达姆。

2)铁路发展计划

塔吉克斯坦铁路公司按照政府要求,制定了一系列铁路发展计划,准备依靠自有资金及对外招商引资实施。项目主要包括:①北段铁路的电气化改造。塔吉克斯坦北段铁路现只能运行燃油机车,成本较高,电气化改造后可降低燃油成本 70%,利润水平将大大提高。塔吉克斯坦基本上不产燃油,而电力资源恰恰是该国的优势。该项目投资概算在9000万美元左右。②新建杜尚别至瓦赫什100 km铁路段,把中段铁路和南段铁路相连,可避免国内货物运输绕道乌兹别克斯坦。该项目需要投资1.4亿美元左右。③新建库尔干秋别至塔阿(阿富汗)边境下喷赤73 km的路段,为沿线及阿富汗北部地区服务。这段铁路建成后,将更多的物资通过前苏联的铁路网发往下喷赤地区,以满足当地特别是阿富汗市场的需求。两国在该地区有1000万居民,发展铁路交通的市场前景较好。另外,塔吉克斯坦铁路公司还有发展铁路通讯、修复个别铁路路段、购买新机车等计划。

9.5.4 乌兹别克斯坦

由于受到地理环境的限制和历史上的综合因素影响,乌兹别克斯坦的交通运输业相对落后。近几年,乌兹别克斯坦对公路、铁路、海运港口、河运码头、飞机场和油气管道实施了一系列新建、改建和恢复项目。独立前,乌兹别克斯坦交通运输业隶属于苏联的相关部委或在中亚地区的代表处。独立后,其交通运输体制实行彻底改革,如成立了乌兹别克斯坦航空公司(1992年)、乌兹别克斯坦汽车运输股份公司(1993年)、乌兹别克斯坦铁路股份公司(1994年)及其他机构。交通运输企业改制为股份公司、合作社、无限责任公司、有限责任公司和集体企业。其中,部分企业实行了私有化(依马木阿吉·艾比布拉,2010)。乌兹别克斯坦交通运输体系由铁路、公路及拥有先进设备的车站、库房、港口和机场组成,目前拥有现代客运和货运的全部种类——铁路、公路、航空、河运、管道和城市运输(有轨电车、无轨电车和地铁)等。此外,还有工业专用的交通——铁路和汽车运输及电梯和吊柜等。在总运量中,各种运输的比重也发生了变化,汽车运输量占全国货运总量的70%和客运总量的30%。

(1)公路

20世纪初,乌兹别克斯坦共修建了2.7万km公路,大部分为马车和骆驼运输的土路,2000 km砂石路。独立后,乌兹别克斯坦加强了对原有公路的维修和保养,并规划新建工业区连接国际干线的公路工程。1997年7月1日建成通往中国和巴基斯坦的安集延—奥什—伊尔克什坦—喀什公路,并参与通往印度洋的铁尔梅兹—卡拉奇公路建设。修建了经卡姆奇科连接费尔干纳地区与塔什干地区的高等级公路和昆格勒—贝瑙公路,硬化了全国95.6%的公路。目前,乌兹别克斯坦公路运输业及公路总里程已基本满足经济社会发展的需要。工业、农业、建筑业、水利水电、通信、卫生、服务业、文化、国防和其他部门均建有专业化交通运输企业。1992年2月,为建设和利用公路设施,乌兹别克斯坦组建了拥有卡拉卡尔帕克共和国与各地区的公路局、163个县公路局和532个养路段的乌兹别克斯坦公路国有股份康采恩。1992年7月,乌兹别克斯坦颁布了公路法。乌兹别克斯坦的公路网主要由以下路网构成:奇尔奇克—塔什干—扬吉尤尔—古利斯坦—乌拉秋别(塔吉克斯坦)、塔什干—扬吉尤尔—吉扎克—撒马尔罕—纳沃依—乌奇库杜克—比鲁尼、纳沃依—布哈拉—比鲁尼—努库斯—霍杰伊利—阿尔滕库尔—穆伊纳克—哈萨克斯坦、撒马尔罕—卡尔希—布哈拉—土库曼纳巴德、撒马尔罕—沙赫里萨布兹—卡尔希—阿姆达里亚(土库曼斯坦)、卡尔希—铁尔梅兹—杜尚别(塔吉克斯坦)。

(2)铁路

乌兹别克斯坦铁路总里程为7000多千米,其中工业专用铁路里程为3100 km。乌兹别克斯坦境内最早修建的铁路线是1886—1988年的福罗布—撒马尔罕铁路。这条干线于1895—

1897年延伸至浩罕，1899年到达塔什干。1906年，塔什干—奥伦堡铁路竣工交付使用。1972年建成的孔古拉特—贝瑙干线经哈萨克斯坦连接俄罗斯的中部、南北部和乌拉尔地区；霍瓦斯—阿雷斯干线经哈萨克斯坦连接俄罗斯的西伯利亚和远东地区；纳沃伊—努库斯干线经哈萨克斯坦连接俄罗斯欧洲部分；塔什干—土库曼巴希干线连接土库曼斯坦；孔古拉特—贝瑙干线连接塔吉克斯坦。

乌兹别克斯坦铁路股份公司拥有5万多节货运车厢及德国产的冷藏车和1450多节客运车厢。该公司还在塔什干、费尔干纳、布哈拉和卡尔希等地设立了分公司。目前，乌兹别克斯坦铁路股份公司正在参与通向中国、日本、韩国、伊朗、土耳其和西欧的南北连接的亚洲运输干线（伊斯坦布尔—塔什干—阿拉木图—北京）建设。1996年，这一干线的德鲁日巴（哈萨克斯坦）—塔剑（塔吉克斯坦）—撒哈勒赫斯（塔吉克斯坦）—马什哈德（伊朗）部分已竣工交付使用。乌兹别克斯坦铁路工程队参与了塔剑—撒哈勒赫斯路段133 km的建设。这条干线经布哈拉—贝瑙可以通往欧洲，经塔剑—撒哈勒赫斯可以通往地中海东部沿岸国家。

铁路运输主要运送石油产品（35％）、建筑材料（21％）、棉花（5％）、小麦、水泥、化工产品、化肥、煤炭、蔬菜和其他货物。货运主要使用内燃机火车，客运主要使用内燃机与电气火车。米洛夫、吉扎克、卡卡尔、马尔吉兰、安集延、拉乌斯坦、乌鲁别克、坦齐力科、布哈拉-2、卡尔希和乌尔根奇等12个火车站设有20 t的集装箱。乌兹别克斯坦还计划修建努库斯新铁路线。

为形成全国连通的铁路运输网，乌兹别克斯坦对纳沃伊—乌奇库杜克和苏里坦乌外斯—鲁库斯干线进行了电气化改造。里程233 km的古扎尔—拜孙—库姆库尔干铁路对经济欠发达地区的经济社会具有重要意义。乌兹别克斯坦高度重视铁路线路的电气化，启动了塔什干—安格连120 km路程的电气化工程。电气化后，塔什干—撒马尔罕线路运输时间由原来的8 h缩短为3 h，为这两大城市的发展创造了条件。

（3）航空

乌兹别克斯坦是地处欧亚大陆腹地的内陆国家，航空运输业处于特殊地位，在发展国际经贸合作和旅游等方面发挥着重要作用。乌兹别克斯坦民用航班从20世纪20年代开始营运。

1992年，在苏联时期的乌兹别克斯坦民用航空处、民用航空修理厂和隶属于航空建设联合体的航空专用装配维修企业的基础上，成立了乌兹别克斯坦航空公司。乌兹别克斯坦航空公司在欧洲、亚洲和南、北美洲等地区设立了代表处。1993—1995年，开通了塔什干至其他独联体国家的航线，并与世界各国大城市，如伦敦、曼彻斯特、法兰克福、特拉维夫、沙迦、吉达、伊斯坦布尔、卡拉奇、德里、吉隆坡、曼谷、北京、雅典、阿姆斯特丹、首尔和纽约等通航；目前，已连接世界上很多国家的首都、大城市和工业中心。乌兹别克斯坦航空公司还与德国、法国和俄罗斯等国家的航空公司开展了各方面的合作。

乌兹别克斯坦航空公司拥有各种类型的飞机：农业领域使用AH-2型飞机，地方（国内）航线使用AH-24和YAK-40型飞机，国际航线使用IL-76、IL-62、IL-86、Tu-154、A-310、空客A-310和空客A-300型飞机。与此同时，由AH-2、MI-2、MI-8和KA-26型直升机组成的专用飞机公司已向农业、卫生防疫、气象、地质勘探、天然气工业以及其他领域提供了有效的服务。

乌兹别克斯坦航空公司在塔什干、撒马尔罕、安集延、布哈拉、纳沃伊、纳曼干、努库斯、铁尔梅兹、乌尔根奇、费尔干纳、卡尔希和浩罕等12个城市拥有现代化的机场。瑟尔尕里、乌奇库杜克、扎拉夫善、萨利亚细亚、沙河里萨比孜、孔古拉特、托特苦力和穆伊纳克等城市的机场隶属于各州。塔什干、撒马尔罕和铁尔梅兹机场达到了世界水平。乌兹别克斯坦已开始建设装备世界最现代化设备的乌奇库杜克机场。

(4) 管道

1905年,从奇米延油田至万诺维斯科石油加工厂之间修建了总里程为228.5 km的石油管道。随着费尔干纳地区和苏尔汉河州新油田的发现和开采,管道运输业迅速发展。1947年和1967年修建了拉尔米科尔—库姆库尔干和阿姆河—阿穆藏管道线(总里程为40 km)。1967年卡什卡达里亚新油田开采后,修建了嘎贝托什拉克—卡什卡达里亚石油管道和吉莫雷奥尔塔布拉克—阿尔廷古尔特炼油厂石油管道。1994—1997年,修建了库克杜姆拉克—布哈拉石油化工厂石油管道。目前,向费尔干纳石油化工厂提供原料的、经卡姆奇克达万的汗阿巴德—安格连管道线设计正在进行中。布哈拉、卡什卡达里亚州新发现天然气,这将为乌兹别克斯坦天然气管道的发展创造条件。

中—乌天然气管道是中国—中亚天然气管道的重要组成部分。中—乌管道项目在2010年及2011年大部分时间里,管理着长达1833 km的中亚天然气管道唯一跳动的心脏——中亚天然气管道中—乌管道段的WKC1站,并保持安全平稳运行,使来自土库曼斯坦的天然气源源不断地足量输往中国,其地理位置及所发挥的作用无愧于中亚管道第一站的称号。乌兹别克斯坦与中国签订了修建通往中国的530 km长的天然气管道,该管道计划拥有300亿 m^3/a 的输出能力,是乌兹别克斯坦目前年产量的1/2。

(5) 水路运输

20世纪初,阿姆河与咸海流域开始启动客运和货运,1924年水运总里程为887 km。当时,中亚河运业拥有总货运能力达7000 t的20艘货船和50艘驳船,以及总货运能力达24万 t的1500艘小货船。1980年,乌兹别克斯坦水路总里程达到2800 km,水路货运量每年为1420 t。由于阿姆河水量减少和咸海开始萎缩,乌兹别克斯坦水路里程迅速缩减。独立后,乌兹别克斯坦对水运部门进行了重组。1994年,在中亚船队的基础上组建了铁尔梅兹河船队、花拉子模河船队和卡拉卡尔帕克共和国河船队生产联合体。乌兹别克斯坦公路运输公司内也组建了河运协调办公室。目前,阿姆河流域建有铁尔梅兹港口,沙尔拉沃克、托特苦力、别若内、卡拉托福和乎贾伊利码头及乎贾伊利轮船修理厂。铁尔梅兹港口每年的货物进出量达到250万 t,经亥拉坦码头可以通往阿富汗。乌兹别克斯坦河运业拥有150艘内燃机船、驳船、吸泥船、挖土机、吊车及其他辅助船舶和技术工具,河运总里程达1000 km。

9.5.5 土库曼斯坦

(1) 公路

土库曼斯坦的公路主干线以首都阿什哈巴德为中心,有通往哈萨克斯坦、伊朗、阿富汗、乌兹别克斯坦的公路通道,包括阿什哈巴德—锡尔达尔—巴尔坎纳巴德—土库曼巴希—贝克达什—哈萨克斯坦、阿什哈巴德—锡尔达尔—克孜勒阿特雷克—戈尔甘(伊朗)、阿什哈巴德—锡尔达尔—库姆达格—埃森古利—克孜勒阿特雷克—戈尔甘(伊朗)、阿什哈巴德—马雷—土库曼纳巴德—布哈拉(乌兹别克斯坦)、土库曼纳巴德—凯尔基—恰尔尚加—铁尔梅兹(乌兹别克斯坦)、阿什哈巴德—捷詹—库什卡—阿富汗。

(2) 铁路

土库曼位于欧亚大陆的中心和结合部,自古便是重要的交通枢纽,曾被"丝绸之路"上来往的商队称为"人间七条路的十字路口"。独特的地理位置决定了发展交通运输业对该国经济建设具有十分重要的意义,在铁路、公路和航空3种运输模式中,铁路运输不仅便捷高效,而且运营成本也更加低廉,独立后土库曼斯坦十分重视铁路建设,不断加大投资力度,力求建立完善的铁路运输网络,提高运营能力,以谋求更大的经济社会效益。

1) 铁路运输业现状

① 国内铁路网趋于完善

截至目前,土库曼斯坦铁路总长3600多千米,其中运营铁路长约3060 km,无电气化铁路。在运营铁路中,前苏联时期修建的铁路主要有4条:东西铁路干线,元首市—阿什哈巴德—马雷—土库曼纳巴德—法拉普,长约1170 km;马雷—谢尔赫达巴特,长约320 km;土库曼纳巴德—加兹阿恰克,长约320 km;塔利马尔詹—科尔吉奇—基里夫,长约180 km。独立后新建铁路有3条,分别是:捷詹—谢拉赫斯—马什哈德铁路,全长132 km,1996年5月通车;土库曼纳巴德—阿塔穆拉特铁路,全长203 km,1998年建成;南北铁路干线:阿什哈巴德—卡拉库姆—达绍古兹铁路干线,全长540 km,于2006年3月建成。在新建铁路陆续通车后,土库曼斯坦铁路布局已基本形成横贯东西、连接南北的铁路网络,而且这一网络还在不断完善中。在铁路建设大规模展开的时候,本国技术力量薄弱的问题同时暴露出来,主要反映在新铺铁路通行能力上。比如,2006年通车的阿什哈巴德—卡拉库姆—达绍古兹铁路干线,全长540 km,列车通行的最快时速仅60 km,单程需要20 h,除去沙漠地区气候影响外,路轨铺设技术水平较低是影响列车速度的重要因素之一。

② 国际对接站点少且分布不均衡

土库曼斯坦分别与乌兹别克斯坦、哈萨克斯坦、阿富汗和伊朗4国接壤,另与阿塞拜疆隔里海相望,发展过境运输的地理位置十分优越。但土库曼斯坦现有国际铁路对接站仅10个,而且站点分布极不均衡。其中塔西阿塔什、达绍古兹、加兹阿恰克、法拉普、塔利马尔詹和基里夫等6个站点与乌兹别克斯坦对接,与哈萨克斯坦则无铁路直接连接,与阿富汗仅有1个谢尔赫达巴特对接站,与伊朗也只有谢拉赫斯和阿尔德克2个对接站。至于与阿塞拜疆,只有元首市1个站点通过铁路轮渡来实现两国铁路对接。上述特点决定了土库曼斯坦过境货物主要来自乌兹别克斯坦和伊朗,而来自俄罗斯、外高加索和欧洲方向的则很少,在一定程度上已限制了土库曼斯坦发挥地区货运枢纽的作用。

③ 车站和基础设施严重老化

土库曼斯坦现有大小车站共计75个,约17%为独立后新建,其余均是前苏联时期建成,个别车站甚至已拥有百年历史,车站硬件设施和接待能力较差。由于原苏联时期铁路和设备的维护是统一进行的,而且生产和修理机车、车厢、铁轨、枕木等与铁路技术相关的工厂基本集中在俄罗斯和乌克兰,因此土库曼斯坦缺乏对铁路设备的维护设施,现有局、段机修厂维护能力极低。

④ 铁路运量不断增长

由于土库曼斯坦地理位置优越,过境货物数量多,加之国内总体经济发展态势良好,铁路运输需求旺盛,因此,土库曼斯坦铁路运输量近年来不断攀升。2007年土库曼斯坦铁路货运总量达到109.73亿t·km,同比增长5.1%;客运15.7亿人·km,同比增长9.4%。虽然运量增加明显,但由于同期支出增多,致使土库曼斯坦铁路部门2007年仅实现收入2.88亿美元,同比下降15%。

⑤管理机构日益健全

铁路运输和建设的主管机构是土库曼斯坦铁道部。该部于2003年成立,其前身是土库曼铁路运输管理局。随后几年间,土库曼斯坦铁路管理组织机构不断完善,至今已形成了包括下属桥梁建设局、土库曼纳巴特、马雷和巴尔干铁路段、内燃机车及车厢维修厂、机车段和车辆段、民用设施段、列车建设安装厂以及其他独立法人分支机构的庞大体系。管理机构的日益健全为该领域的发展提供了有力的组织保障(中国驻土库曼使馆经济商务参赞处,2012)。

2)铁路运输业发展前景

2003年,土库曼斯坦政府出台了《2020年前土库曼政治、经济和文化发展战略》国家纲要,其中铁路领域被确定为重点发展领域之一。据纲要要求,也为在现有基础上进一步完善国内铁路网,政府从2007年开始并将陆续新建项目。它们是:"北—南"铁路项目全长900 km,分别经过哈萨克斯坦的乌津、土库曼斯坦的格济尔卡亚、别列克特、埃特列克、至伊朗的戈尔甘,3国将各自负责境内段的建设,并最终连成跨国铁路干线,北可接至俄罗斯境内铁路网,南可达波斯湾,是国家重点项目之一;达绍古兹—卡拉库姆—元首市铁路项目全长760 km,建成后将把土库曼斯坦北部与西部沿海地区连接起来,填补北部和西部间无铁路相连的空白,促进沿海旅游业的发展,同时,带动北部地区的开发;塔赫塔巴扎尔—阿塔穆拉特铁路将成为土库曼斯坦东部地区的重要运输线路之一,有利于土库曼斯坦东部阿姆河右岸油气资源的开发。

(3)航空

1)发展现状

①总体发展状况较好。土库曼斯坦高度重视发展本国航空运输业,独立后不久(1992年5月)成立了主管航空事业的机构——民航总局和土库曼斯坦国家航空公司(下称土航)。截至2008年初,土库曼斯坦政府累计对行业投入逾8亿美元。经过16年的努力,土库曼斯坦航不断发展壮大,现拥有多架先进客机,同时航线网络不断拓展,经营水平显著提高,管理经验日趋成熟,民航业已成为土库曼斯坦较为发达、引以为荣的窗口行业之一。

②先进飞机多,航线和运力充足。该国共拥有客机16架,全部是波音飞机,其中717-200客机7架,757-200客机4架,737-300客机3架,737-800客机2架。该国经营国际航线13条,国际航班数量50个。其中,独联体航线4条,分别为阿什哈巴德至俄罗斯莫斯科、哈萨克斯坦阿拉木图、白俄罗斯明斯克和乌克兰基辅;其他航线9条,已覆盖欧洲和亚洲主要城市,包括阿什哈巴德至英国伦敦、德国法兰克福、土耳其伊斯坦布尔、阿联酋阿布扎比、印度新德里和中国北京等。此外,该国还拥有国内航线5条,分别由首都阿什哈巴德至4个州府城市和里海度假胜地元首市,国内航班数量达143个。运力方面,目前该国年旅客运量为120万人次,其中国际航线50万人次,国内航线70万人次。据统计,至今已累计运送旅客达2500万人次。

③人员培训工作卓有成效。该国现有各类飞行员近300人,绝大部分已熟练掌握驾驶各类波音飞机的技术。该国制定了详细、严格的飞行员和地勤人员培训计划,每年派数十人到英国、美国和法国接受培训,至今已累计培训各类人员达800人次。2007年,在购入2架波音737-800客机之前,该国首先安排相应机组到波音公司基地接受了培训。根据国际民航组织的规定,该国还定期派飞行员到英国实习,以掌握在复杂情况下驾驶飞机的能力。2004年该国创办了首个民航学校,目前,该校除按民航各专业培养学生外,还承担对土航800名管理、飞行和地服人员进行短期培训的任务。

④机场覆盖全国,但机场硬件较落后,服务水平亟待提高。土库曼斯坦共有6个机场。除

首都阿什哈巴德国际机场外,其他机场遍及4个州,分别是:巴尔坎州—巴尔坎纳巴德机场和土库曼巴希机场、达绍古兹州—达绍古兹机场、马雷州—马雷机场、莱巴普州—土库曼纳巴德机场。硬件方面,土库曼斯坦机场跑道和灯光条件普遍较差,只有阿什哈巴德机场尚可满足国际标准,可以起降世界上较为先进的机型。各机场的候机条件也普遍较为简陋,供暖、灯光设施极差,座椅不足。由于缺乏现代化的电子票务处理系统和行李传送设备,加之工作人员办事效率低下,旅客办理手续均需耗费大量时间。

⑤与其他国家航空公司开展合作。除经营本国航线外,该国还与众多外国航空公司合作,接纳航班飞土库曼斯坦、经停以及客货包机等业务,为其提供地服等。其中执行定期客运航班的外国航空公司有5家,即德国汉莎航空公司、俄罗斯西伯利亚航空公司、土耳其航空公司、乌兹别克斯坦航空公司和中国南方航空公司。上述5家航空公司均在土库曼斯坦设有代表处。

2)发展前景

①土库曼斯坦政府把民航业作为优先发展领域。根据《土库曼斯坦2020年以前经济、政治和文化发展纲要》,土库曼斯坦政府已将航空运输业列为优先发展领域,计划投资12.4亿美元推动行业发展。2020年以前,该国计划每年新购飞机2架,在业务扩张基础上计划到2020年将客运能力提高2倍,利润增加3.5倍。针对机场设施落后、制约航空运输业发展的不利局面,该国制定了机场大规模改造计划。

②土库曼斯坦能源外交战略和开发里海旅游资源计划,为航空运输业发展提供前所未有的机遇。立足于本国丰富的油气资源,中—土天然气管道项目、沿里海天然气管道项目的陆续开工,及其带动的道路建设、建筑、建材及化工等各领域的全面开放,使得来往土库曼斯坦的人员必然大幅增加。随着土库曼斯坦完成旅游区基础设施建设,将有大量的国内外游客乘飞机到土库曼斯坦度假旅游。客源的增加将使土航获得一个绝好的发展机会,为此,土航除了投资建设元首国际机场外,已着手增加购买飞机,为将来开辟到周边国家乃至世界各地的航线做准备。

参考文献

阿卜杜拉·哈希莫夫. 2004. 上海合作组织与中亚交通运输. 俄罗斯中亚东欧市场,(11):1-8.

百度百科. 中国—中亚天然气管道. http://baike.baidu.com.cn/view/3081442.htm. 2012-11-1.

边云霞. 2007. 中亚交通运输合作与发展前景. 前沿,(11):53-55.

锦程物流网. 2006. 哈萨克斯坦加快发展本国交通运输业. http://www.cflp.org.cn/zixun/200611/07/61792.shtml. 2012-11-2.

天津高速官方网. 2007. 哈萨克斯坦公路设施概况. http://www.tjgaosu.com/Web/news/manage/gwgs/YtgjZ5bB@pa10c167.html. 2012-10-30.

新疆外经贸. 2009. 吉尔吉斯斯坦交通领域亟待发展. http://www.xjftec.gov.cn/Family/zhongyaxinxiTL/jierjisiST/jierjisiST-Shichangtiaoyan/4028c28421e2f554012215835b021765.html. 2012-11-1.

闫长安. 2009. 哈萨克斯坦铁路网的发展及现代化. 中国铁路,(12):75-77.

杨瑛. 2007. 中亚五国铁路的现状与前景. 铁道知识,(5):35-35.

依马木阿吉·艾比不拉,王维然. 2010. 乌兹别克斯坦交通运输业分析. 俄罗斯中亚东欧市场,(5):25-29.

中国驻吉尔吉斯斯坦经济商务参赞处. 2007. 吉2008—2010年公路发展总体规划浅析. http://kg.mofcom.gov.cn/aarticle/ztdy/200712/20071205266627.html. 2012-11-1.

中国驻塔吉克斯坦铁路局. 2006. 塔铁路现状和发展计划. http://tj.mofcom.gov.cn/aarticle/ztdy/200604/

2006 0401911789. html. 2012-11-1.

中国驻哈萨克斯坦使馆经济商务参赞处. 2010. 哈萨克斯坦公路网现状及未来 5 年发展规划. http://www.smes-tp.com/Article_Show_M.asp?ArticleID=55593. 2012-10-30.

中国驻哈萨克斯坦使馆经济商务参赞处. 2010. 哈萨克斯坦铁路网现状. http://bingtuan.acs.gov.cn/xinjiang/zhongyajingmao/jmdy/21513.shtml. 2012-10-30.

中国驻吉尔吉斯斯坦经济商务参赞处. 2010. 吉尔吉斯斯坦民航业发展综述. http://ccn.mofcom.gov.cn/spbg/show.php?id=10517. 2012-11-1.

中国驻吉尔吉斯斯坦使馆经济商务参赞处. 2010. 吉公路运输业调研. http://www.chinacdy.com/show.php-contentid=4847. 2012-11-1.

中国驻塔吉克斯坦使馆经济商务参赞处. 2005. 塔吉克斯坦的公路修复情况. http://tj.mofcom.gov.cn/aarticle/ztdy/200509/20050900490276.html. 2012-11-1.

中国驻塔吉克斯坦使馆经济商务参赞处. 2002. 塔吉克斯坦公路概况. http://tj.mofcom.gov.cn/aarticle/ztdy/200208/20020800035420.html. 2012-11-1.

中国驻塔吉克斯坦使馆经济商务参赞处. 2004. 塔吉克斯坦公路交通及其发展现状. http://www.chinarta.com/html/2004-11/2004112695642.htm. 2012-11-1.

中国驻土库曼斯坦使馆经济商务参赞处. 2008. 土库曼斯坦铁路运输业现状和发展前景. http://tm.mofcom.gov.cn/aarticle/ztdy/200809/20080905798471.html. 2012-11-1.

http://www.sinorussia.com/fenance/3019%5C2.htm

第10章 中亚旅游资源开发与产业发展

10.1 旅游资源分布

中亚独特的自然地理环境造就了中亚迷人的自然风光。帕米尔高原、兴都库什山脉、天山山脉等在中亚地区交汇，造就了该区域绚丽多姿的自然风光，既有浩瀚的沙漠，又有广阔的草原；既有险峻壮观的山峰，又有清丽秀美的湖泊。同时，中亚民族众多，大都信仰伊斯兰教，浓郁的伊斯兰文化是本区主要的人文特色，境内清真寺超过5000座，宗教占据着中亚人民生活的大部分内容，因此，中亚的政治、经济、文化、艺术都带有强烈的伊斯兰文化色彩（常玢，2001）。历史上本区曾经是古丝绸之路的通道，境内至今保留有较多的名胜古迹。

10.1.1 自然旅游资源

中亚地区自然旅游资源可以分为以下几个方面：地文景观旅游资源、水域风光旅游资源、生物景观旅游资源、天象与气候景观旅游资源等。

(1) 地文景观旅游资源

地文景观是由长期地质作用和地理过程形成，并在地表面或浅地表存留下来的各种景观，它在整个地理环境中具有原生性和基础性的特点，并因其原始天然、姿态万千且不可再生而成为重要的旅游资源。

中亚地区地文景观资源丰富。由于其地处亚欧板块交汇处，地质活动频繁，因此，各种地文景观资源广泛分布。塔吉克斯坦帕米尔地区和吉尔吉斯斯坦西部天山地区山势陡峭，平均海拔为4000~5000 m。哈萨克斯坦西部里海附近卡拉吉耶洼地发现有前苏联陆上低于海平面132 m的最低点。中亚区域东西之间的广阔地区，荒漠、绿洲平均海拔为200~400 m，丘陵、草原平均海拔为300~500 m，东部山区平均海拔为1000 m。中亚区域绵亘着温带最壮观的山地，冰川广泛分布，其中最大的费德钦科冰川长71 km，山脚下是一望无际的干旱炎热荒漠。

①高原：帕米尔高原(The Pamirs)

帕米尔高原是地球上两条巨大山带（阿尔卑斯－喜马拉雅山带和帕米尔－楚科奇山带）的山结，也是亚洲主要山脉的汇集处，包括喜马拉雅山、天山、昆仑山、喀喇昆仑山和兴都库什山五大山脉。帕米尔高原是古代丝绸之路经过的地方，丝绸之路南道、中道都从这里越过，而后向西通往西亚、南亚及欧洲各地。

帕米尔高原具有十分独特的地质构造特征和地貌特征，有丰富奇特的自然景观，极具科学价值和美学价值，其绝妙的自然景观吸引了世界各地的游客。塔吉克斯坦建立塔吉克国家公园对帕米尔地区进行保护，并在2013年列入世界遗产名录（图10.1）。

图 10.1　帕米尔高原景观

②山峰：在中亚东南部，素有"世界屋脊"美誉的帕米尔高原有数座海拔超过 7000 m 的高峰（图 10.1），其中最为著名的三座高峰分别是索莫尼峰（原名"共产主义峰"（图 10.2），海拔 7495 m，独联体国家最高峰）、科尔日涅夫峰（原名"胜利峰"，海拔 7439 m）、列宁峰（海拔 7134 m）。每年许多重要的国际登山活动都在这三座峰举办，是旅游者和高山探险家的乐园。

图 10.2　索莫尼峰

(2) 水体景观旅游资源

凡能吸引旅游者进行观光游览、体验、参与的各种水体及水文现象,都可视为水域风光旅游资源。中亚虽然地处亚洲腹地,但水域风光资源非常丰富,有银装素裹的雪山,奔放不羁的瀑布,平和从容的河流,不仅为工农业生产、交通运输和人民生活提供了良好的条件,更能调节气候、构景添色、供人游览,具有极大的旅游价值。

①里海(Caspian Sea):里海是世界最大的湖泊并且是咸水湖,位于亚欧大陆腹部,亚洲与欧洲之间。里海有优良的沙滩,是著名的休闲疗养胜地(图10.3)。

图10.3　里海景观

②咸海(Aral Sea):咸海是一个位于中亚的内流咸水湖(图10.4),坐落于哈萨克斯坦和乌兹别克斯坦卡拉卡尔帕克斯坦自治共和国的交界处,是世界第六大湖泊,面积4万余平方千米。湖内有300多个岛屿,阿姆河、锡尔河是其主要水源,湖水盐度较高(8%~15%)。近半个世纪以来,由于补给河流的水被沿途截用,湖面急剧下降,蓄水量大大减少(肖星,2005)。

图10.4　咸海

③伊塞克湖(Lake Issyk-Kul)：伊塞克湖为高山深水湖(图10.5)，已知最大深度为702 m，是世界上最大的高山内陆湖之一。伊塞克湖是吉尔吉斯斯坦耀眼的明珠，金色的沙滩、碧绿的湖水连同仿佛矗立在湖心的巍峨雪山，散发着不可抗拒的迷人魅力，将人们从都市吸引到它的腹地。

图10.5　伊塞克湖

④喀拉库尔湖(Lake Kara-Kul)：喀拉库尔湖形成于1000万年前的彗星撞击，海拔3914 m，直径约52 km，是中亚地区海拔最高的湖泊。喀拉库尔湖因其丰富的鸟类种类而被国际鸟类联盟确定为重要鸟区(Important Bird Area)(Birdlife International, 2013)。

(3) 生物景观旅游资源

中亚主要的生物景观资源包括哈萨克斯坦的阿克苏幼马自然保护区，土库曼斯坦的巴特赫兹自然保护区、克拉斯诺沃茨克自然保护区、雷佩泰克保护区等。较为著名的生物景观按其类型可分为树木、草原与草地、花卉地、野生动物栖息地等亚类。

①阿克苏幼马自然保护区：哈萨克斯坦阿克苏幼马自然保护区占地1319 km^2，向希姆肯特以东吉尔吉斯斯坦和乌兹别克斯坦边境蜿蜒伸展，它是哈萨克斯坦建立最早(1926年)，最方便游览的自然保护区。保护区在塔拉斯科阿拉图山脉(Talassky Alatau，天山最靠近西北方的支脉)的西端，从海拔1200 m的大草原边缘一直攀升至海拔4239 m的赛里木峰(Sayram)。希姆肯特以东70 km处的扎布力村(Zhabaghly)是保护区的主要入口，也是哈萨克斯坦经营时间最长、组织最好的生态旅游项目基地。阿克苏幼马自然保护区盛产郁金香，每年4月和5月，碧绿的高山牧场上点缀着鲜红的郁金香。在这里可以看到棕熊、北山羊、盘羊和秃鹫等野生动物。绿色的山谷、湍急的河流、白雪覆盖的山峰和高高耸立的冰川共同构成了一幅壮丽的风景画。全年任何时间都可到此参观，4月和9月是最佳时节(lonely plant, 2009)。

②库吉唐(Kugitang)自然保护区：库吉唐自然保护区建立于1986年，旨在保护濒危动物野生捻角(Markhor)山羊，是土库曼斯坦景色最为优美的地方，区内有该国的最高峰艾里巴巴

峰（Airybaba），以及数个大峡谷、森林、山涧、洞穴和独一无二的恐龙高地。

(4) 气候气象旅游资源

中亚属于温带大陆性气候，夏季干燥，冬季寒冷，年降水量不足 300 mm。中亚的气候造就了一批亚洲顶级滑雪场。

①瓦罕山谷（Valley Wakhan）：瓦罕山谷归塔吉克斯坦与阿富汗共有，是中亚著名的度假疗养胜地，山谷内有丝绸之路上的要塞和佛教遗迹，更能远眺白雪皑皑的兴都库什山脉。该山谷有世界闻名的地热资源，前苏联时期每年接待大量游客和对国家做出突出贡献者。现在延山谷修建的各种夏令营、休养所和疗养院随处可见。

②麦迪奥滑雪场：位于哈萨克斯坦的麦迪奥滑雪场是中亚最好的滑雪中心，也是吸引欧洲人最多的亚洲滑雪滑冰场。这里峰峦起伏、白雪皑皑、空气清新、阳光充足、可容纳万人（图10.6）。

图 10.6　麦迪奥滑雪场

10.1.2　人文旅游资源

人文旅游资源是人类历史和文化的结晶，是民族风貌的反映，包括古人类遗址与古陵墓旅游资源、城镇风貌旅游资源、伟大工程旅游资源、古典园林旅游资源、宗教旅游资源、民俗风情旅游资源、文学艺术与主题公园等。

中亚五国均系多民族国家。哈萨克斯坦由 130 个民族组成，乌兹别克斯坦由 129 个民族组成，吉尔吉斯斯坦由 80 多个民族组成，塔吉克斯坦由 86 个民族组成，土库曼斯坦由 105 个民族组成（陈联璧，2001）。伊斯兰教是中亚地区的主要宗教形式，尤其是苏联解体后，伊斯兰教在中亚全面复兴（陈联璧等，2002）。多民族聚集以及极具宗教色彩的社会环境，造就了中亚地区丰富的人文旅游资源。中亚人文旅游资源主要包括遗址遗迹、建筑与设施、旅游商品、人文活动四个方面。

(1) 遗址遗迹

遗址遗迹类旅游资源是指人类在发展过程中留下的历史遗迹、遗址、遗物,是古代人们适应自然,利用自然和改造自然的结果,是人类历史的载体和见证。它包括史前人类活动场所和社会经济文化活动遗址遗迹。

泰姆格里岩刻:位于哈萨克斯坦的泰姆格里岩刻于2004年被列入世界文化遗产名录,是哈萨克斯坦东南部泰姆格里大峡谷岩石雕刻中最壮观的一组,创作年代跨越3000年,峡谷中部有密集的雕版画(图10.7)。

图10.7 泰姆格里岩刻

(2) 建筑与设施

建筑与设施类旅游资源涵盖的内容较广,包括综合的人文旅游地(如教学科研实验场所)、单体活动场馆(如体育健身场馆)、景观建筑与附属型建筑(如佛塔、广场)、居住地与社区(如传统与乡土建筑)、归葬地(陵园)、交通建筑(如桥、码头等)、水工建筑(水库、水井等)。

①撒马尔罕古城(Samarkand City):2001年,列入世界文化遗产名录,是文化交汇的十字路口,古丝绸之路上的重镇,被称作"东方罗马"。城内到处是天青色圆顶建筑、精致几何花样

彩瓦、玉质墓碑和大理石栅栏,如列吉斯坦伊斯兰神教学院(世界现存最古老的经学院)、比比哈内姆大清真寺、帖木尔家族陵墓和兀鲁伯天文台遗址。

②伊钦内城(Jicin City):位于乌兹别克斯坦阿姆河下游的希瓦绿洲上,建立于公元4世纪,历史上是旅行商队的必经驿站,由10 m高砖墙保护,是中亚保存完好的穆斯林建筑群的典范。著名的建筑如德尤马清真寺、陵墓及19世纪初两座辉煌宫殿。这里是花拉子模文明的罕有见证(图10.8)。

图10.8　伊钦内城

(3)旅游商品

供给者为满足旅游者需求,以出卖交换为目的而提供的具有使用价值和价值的有形或无形服务(无形商品)的总和。旅游商品行业的主要类别有:旅游纪念品、旅游工艺品、旅游服饰、旅游食品、旅游营养保健品、旅游活动用品及土特产等。旅游商品承载了满足旅游者购物需求和传播旅游地形象的双重价值(图10.9)。

中亚生产极具地区特色的陶瓷产品,蓝色及松绿色的盘子可以挂在房内作为装饰品,还有一些手绘的以数字、民族英雄、微型骆驼和其他动物等为内容的陶瓷纪念品(图10.9)。除此之外,基本在每个巴扎都能发现一些装饰精美的小刀、匕首、甚至剑,这些刀具轻盈飘逸,它们有弯曲的刀片和手柄。中亚生产的饰品也十分具有东方特色,传统的中亚居民会将饰品当作身份的象征,同时也会当作护身符佩戴,例如伊斯兰妇女会带微型的"古兰经",具有祈祷的意味。此外,木刻也是很有特色的旅游商品,中亚特色的一些乐器也颇具收藏价值。当然,最为著名的还是中亚生产的皮草大衣以及地毯等皮毛织物。同时,中亚的民族服装也十分具有特色。

(4)人文活动

人文活动是指那些以社会风情为主体,反映社会风貌、人文意识、人文教育以及人文文化等内容,可以被旅游业开发利用的活动性、过程性旅游资源。人文活动类旅游资源包括了人格

图 10.9 中亚旅游商品

化的自然资源以及人在自然环境下的文化行为。人文活动旅游资源划分为四个亚类：人事记录、艺术、民间风俗和现代节庆。

"纳乌鲁兹"节是中亚居民一年中最重要的节日之一，这是个辞旧迎新的节日，人们在每年3月下旬春分那天庆祝这个节日。春分前一天，家家都做节日饭菜——用小麦麦粒加牛奶和少量肉煮成稀粥。节日那天，人们身着盛装，互相祝贺。用烟熏毡房的顶盖和牲口、喝节日粥、生篝火。男人和孩子们跳篝火，他们认为，火具有净化与保健作用。同时，举行赛马及其他娱乐活动。过"纳乌鲁兹"节的风俗是自古流传下来的，起源于古波斯的祆教（也称拜火教），这个风俗也同春天自然界万物复苏紧密相关。除了这个节日，还有一系列起源于多神教的风俗。例如，有祭祀地神和水神的风俗。祭祀地神和水神的仪式通常每年举行两次。第一次在春天，当山上出现青草，母羊开始产羔之时举行；第二次在深秋，当人们从牧场向冬季营地转移游牧、准备过冬的日子举行。届时，人们宰杀牲畜，做类似过节才食用的饭菜。全村人进餐后举行名叫"巴塔"（Бата）的仪式，即向地神和水神祈求保佑，免遭自然灾害和不幸事件，另外，在发生旱灾或者水灾时，也举行集体和个人祭祀活动，向"老天爷"（Тенир）和"神母"（Умай）祈求开恩、赎罪或者发表感谢之词。中亚有些风俗产生于民族信仰原始宗教时期，并得到发展。随着他们改信伊斯兰教，其风俗习惯也发生了很大变化，会举行伊斯兰教的宗教仪式。伊斯兰教教历每年3月12日，为纪念先知穆罕默德的诞生日和逝世日举行纪念性宗教节日——"圣纪"节；伊斯兰教教历每年9月，成年穆斯林守斋一个月。守斋结束，举行"开斋节"；伊斯兰教教历每年12月10日，举行宰牲节（也叫古尔邦节）等等。

10.1.3　旅游资源的分布特点

（1）人文底蕴深厚，历史遗迹丰富

中亚地处中国文明、印度文明、两河埃及文明、伊斯兰文明和古希腊罗马文明的中间地带，饱受诸文明的影响和作用，人文底蕴深厚，历史遗迹丰富，主要旅游城市和历史古迹点的分布见图10.10。

区内中世纪古伊斯兰皇宫、麻扎（陵墓）、清真寺、神学院和巴扎（中亚集市）分布密集、气势宏伟、光彩夺目。这些旅游资源可以概括为：一条线——丝绸之路；11点——撒马尔罕古城（乌）、布哈拉古城（乌）、希瓦古城（乌）、霍贾·艾哈迈德·亚萨维陵墓（哈）、泰姆格里考古景观岩刻（哈）、沙赫利苏伯兹历史中心（乌）、萨拉子目（乌）、梅尔夫国家历史与文化公园（土）和库尼亚－乌尔根奇古城（土）、尼萨古城（土）、苏莱曼－至圣之山（吉）；9座城——塔什干市、杜尚别市、阿拉木图市、阿斯塔纳市、比什凯克市、阿什哈巴德市、奥什市、托克马克（碎叶古城）和尼萨古城。

图10.10 中亚人文旅游资源分布示意图
注：图件以国家局审核标注图号：GS(2008)2676号地图为底图绘制

（2）自然风光绚丽，生态景观保持良好

中亚五国有"高山之国"、"沙漠之国"、"牧场之国"、"山地之国"、"白金之国"等美誉，有巴尔喀什湖、伊塞克湖、斋桑泊、咸海和里海等著名湖泊和众多河流，有排位世界第四的卡拉库姆大沙漠，有帕米尔高原等名山大川。而且这些国家从原苏联时期至今，注意保护生态环境，自然生态状况良好，是当今人们旅游观光的理想之地（王友文，竹效民，2003）。

（3）民族众多，风情浓郁

各民族不同的社会结构、独特的风俗习惯、多彩的文化艺术、迥异的语言文字为中亚增添了不少令人神往的色彩。独特的自然风光同多姿多彩的民族风情文化相结合，更为中亚旅游业的发展奠定了良好的自然人文基础。在中亚的费尔干纳盆地，可以领略到100多个民族同在一座山冈上放羊、同在一条小河里喝水的奇景，这在世界其他地区是绝无仅有的。

10.2 旅游业发展

中亚五国在独立后,政权趋于稳定,经济开始缓慢恢复,旅游业已逐步得到发展。独特而丰富的旅游资源为中亚旅游业的发展提供了内在动力,政治环境趋于稳定对中亚旅游业产生利好影响,出境旅游人数增幅明显。

出境旅游人数是反映本国人民生活富足程度的重要指标,只有具有了富足的收入盈余以及充分的假期才具备出境旅游的条件。如图 10.11 所示,由于塔吉克斯坦国内政权不稳,数据缺失因此未作统计。其余各国出境人次基本保持增长的态势,其中增幅最为明显的是哈萨克斯坦。哈萨克斯坦作为中亚五国中经济实力最为雄厚的国家,其旅游业的发展也是很引人瞩目的。哈萨克斯坦国内人群的出境游目的地主要也是其他独联体国家,由于 2005 年吉尔吉斯斯坦,乌克兰等国爆发的"颜色革命"影响了当年哈萨克斯坦的出境游人数。此外,乌兹别克斯坦也保持了较好的增长,土库曼斯坦则基本保持稳定。

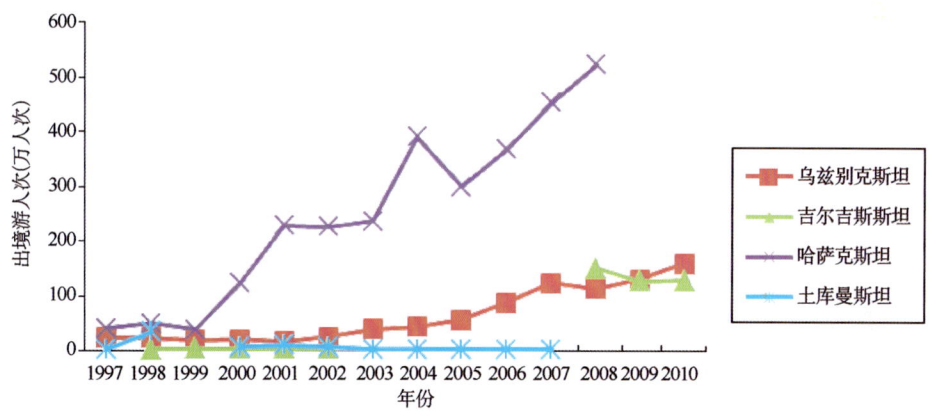

图 10.11 中亚部分国家出境游人次

(数据来源 world development indicator. 部分国家数据有缺失)

独立前的哈萨克斯坦,休假是社会福利,旅游设施的建设和旅游活动的组织都是机关和企业福利部门如工会的事情,一切活动都是按"计划"进行的。当时来哈萨克斯坦旅游的外国人很少,公民出国休假的也很少。1991 年哈萨克斯坦的旅游收入只占国内生产总值的 0.3%,旅游组织只有 3 家。1992 年通过《旅游法》后,加入世界旅游组织,1994 年发展至 589 家旅游公司。1998 年 2 月发布《复兴丝绸之路历史中心,保存和继承发展突厥语国家文化,发展旅游基础设施》的总统令和建立"哈萨克斯坦—丝绸之路"国家公司,以发展旅游事业。这一决定得到联合国教科文组织和世界旅游组织的支持。2000 年 8 月 22 日,哈萨克斯坦政府研究了"发展旅游业措施"问题,重新制定《旅游法》,通过了"关于形成共和国旅游威望"的决定,该文件允许旅游公司参加世界旅游博览会。独立后国家还首次向旅游部门拨款 2611 万坚戈用于旅游设施建设。政府还设立旅游协调委员会,并决定每年举办一次"哈萨克斯坦—丝绸之路"旅游博览会。同时,政府还发布了《关于哈萨克斯坦发展旅游事业的重要措施》决定,为外国旅游者简化签证手续,完善旅游服务。

乌兹别克斯坦由于经济困难和对外交通的限制,旅游业发展缓慢,1992 年的外国游客相对于独立前减少了 20%～25%。随着对旅游领域的改革和对外开放,旅游业逐步走出低谷。从 1993 年开始,乌兹别克斯坦提出"丝绸之路城市旅游"计划,以吸引大批外国游客。同年,乌兹别克斯坦加入了世界旅游组织。2000 年后乌兹别克斯坦开始培养旅游人才,"乌米特"基金会向大学生提供到国外学习旅游专业的机会。

塔吉克斯坦旅游管理部门为经济贸易部。进入 2000 年,塔吉克斯坦旅游业发展迅速。值得一提的是,近年来,塔吉克斯坦政府积极倡导发展旅游业,以提高就业率和居民收入。为此,政府经常举办各种形式的旅游发展研讨会,特别是 2004 年 5 月在国家商业大学成立了旅游发展中心,以大力发展旅游业。

土库曼斯坦将旅游业作为国民经济的新兴部门之一和对外经济活动的一个方面进行大力发展。政府制定了旅游发展规划,并与 1992 年成立了文化和旅游部,1993 年加入了世界旅游组织,在贝尔泽尼克建立了第一批高水平的饭店和宾馆,阿什哈巴德的国际机场也开始启用。1994 年成立了"土库曼斯坦国家旅游公司",领导全国旅游工作,位于阿什哈巴德市中心的五星级饭店正式投入使用。1995 年,土库曼斯坦政府确定了至 2002 年发展旅游业的纲领,并颁布了《旅游法》,对旅游业采取积极鼓励和大力扶植政策。2000 年 1 月,土库曼斯坦国家旅游公司与国家体育运动委员会合并,通称"国家旅游与运动委员会"。根据旅游发展计划,土库曼斯坦加大对旅游业的投入,从 1995 年开始兴建现代化的旅游基础设施。独立以来,兴建了数十家拥有现代化通讯设施和便利交通条件的高级饭店、宾馆,如帝王、白金、阿哈尔、土库曼斯坦、尼萨、黑金、亚洲饭店等四星、五星级大饭店。在兴建新宾馆的同时,国家还对一系列旧饭店进行了改造。

吉尔吉斯斯坦政府极其重视旅游业的发展,把 2001 年定为"支持和发展旅游业年",希望借助旅游业的发展改善本国国际形象,吸引更多的外资,尽快恢复和发展经济,在此激励下,吉尔吉斯斯坦旅游业发展迅速,2001—2008 年旅游收入直线上升,2008 年以后有小幅回落。2005 年 9 月,旅游业正式被划归贸易工业部管理,由该部门负责对外招商引资。2006 年 5 月,在首都比什凯克举办了第一届旅游展销会,宣传旅游资源、促进旅游业的发展。

由此可见,中亚各国的宏观国家政策都积极扶持旅游业的发展,在这些制度的激励下,中亚各种旅游收入不断增加,旅游业发展迅速。

尽管中亚五国拥有丰富的旅游资源,但目前旅游服务及配套设施异常缺乏,特别是住宿和交通设施严重不足。哈萨克斯坦著名风景区阿拉湖几乎没有像样的旅馆,人们只能四处借宿。吉尔吉斯斯坦伊塞克湖沿岸的宾馆、饭店数量严重不足,在旅游高峰期间,接待能力远不能满足需求。近 5 年来,吉尔吉斯斯坦国内可安置游客床位数量不仅没有增加,反而减少了 7000 张,能够提供野外篝火宿营旅游的公司只有 1 家。塔吉克斯坦旅游用车陈旧、故障多,且数量严重不足。中亚五国的交通基础设施也非常薄弱,航空公司少、航班少、技术落后,公路大部分年久失修,铁路线较少等。各国旅游风景区的基础设施也非常缺乏。哈萨克斯坦著名风景区阿拉湖唯一的沥青公路也只有 40 km。古丝绸之路经过的胡占德、彭吉肯特、吉萨尔等城镇(三个城镇都在塔吉克斯坦境内),由于政府不投入、不保护、不修缮,剩下的只是残垣断壁。苏联时期著名的疗养胜地瓦尔佐布山谷由于道路、居住条件不符合旅游要求,已没有了往日的繁荣。另外,中亚地区普遍缺乏设施齐备的公园、现代化的游乐场、高档健身场馆,就连在其他国家已经司空见惯的保龄球馆也很少见(熊关,2008)。

10.3 中亚各国旅游介绍

10.3.1 哈萨克斯坦

哈萨克斯坦是中亚地区旅游业发展水平最高的国家,政府将旅游业视为优先发展的7个行业之一。据2010年底统计,哈萨克斯坦共和国的游客数量增加16598.9万人次,同比增长12.2%(2009年14771.9万人次),出境游客与2009年相比增长15.6%,达7412.3万人次(2009年6413.9万人次),国内旅游人数与2009年相比增加了10.3%,达到4474.0万人次(2009年4055.7万人次)。旅行社的数量与2009年相比增长了4.6%,达2624家(2009年2508家)。2010年,旅游业收入增长了56%,至122.0亿美元。目前,哈萨克斯坦有35153间客房,共设有76053张床位,相比2009年增长了12.3%。2010年的旅游业投资也比2009年增加了58.3%,达到194.6亿坚戈。

主要旅游胜地有:

①阿拉木图(Alma-Ata)

阿拉木图位于外伊犁阿拉套山北麓,是哈萨克斯坦的原首都,为全国工业中心,重要的国际航空港及重要的旅游地。它以盛产苹果著称,阿拉木图在哈萨克语中的意思就是苹果城。居民中以俄罗斯人居多,其次是哈萨克、乌克兰、鞑靼、维吾尔等族。

阿拉木图历史悠久,古代中国通往中亚的丝绸之路就经过这里。城市始建于1854年,1867年成为土耳其斯坦一个总督辖区的行政中心。1918年建立苏维埃政权,1929年成为哈萨克苏维埃社会主义共和国首都,1991年12月苏联解体后,它成为独立的哈萨克斯坦共和国首都。

阿拉木图于1930年通铁路,此后发展迅速。在第二次世界大战中发展起来的机械制造业、食品工业和轻工业均占有很大比重。经过多年的发展建设,阿拉木图已成为一座现代化城市。市区布局整齐,满目苍翠,有宽阔平坦的林荫道,还有许多公园和果园,是中亚地区最美的城市之一。市内设有15所高等院校,还有科学院、博物馆、歌剧院、文化馆、图书馆、植物园、体育场和展览馆,以及现代化的旅游宾馆等,这些建筑物把哈萨克斯坦的民族风格与现代化美学融为一体。市内的东正教大教堂是世界现存的第二高木结构建筑。

阿拉木图城郊是一派宁静的北国风光。群山峰峦起伏,气势磅礴的天山白雪皑皑,山峰上的白雪终年不化,最高的共青团峰在蓝天白云的衬托下,银光灿灿,蔚为壮观。从市区乘车沿盘山公路蜿蜒行驶,一路上高山流水,美景如画。当车爬行到半山腰时,回头望去,只见万绿丛中,一片长圆形的冰面洁白如玉,平滑如镜,它就是阿拉木图人的骄傲——麦迪奥高山人造冰。阿拉木图附近还有自然保护区,面积约8万hm^2。

②阿斯塔纳(Astana)

阿斯塔纳原名阿克莫拉,是哈萨克斯坦首都,位于哈萨克斯坦中部偏北的平原丘陵地带,距离原首都阿拉木图1300 km以上,基本上处于哈萨克斯坦的地理中心。美丽的耶希耳河绕城而过,是哈萨克斯坦工农业的主要生产基地。

阿斯塔纳在历史上曾是一座军事要塞,其名字也曾多次变更。18世纪,从亚洲国家去往欧洲的商贾们曾将阿克莫拉作为中途休息的地方,因此它曾是欧亚大陆上的一个重要商业中心。1832—1961年称为阿克莫林斯克。20世纪50年代,苏联大批热血青年响应政府号召到这里垦荒。1961年,当时的苏共中央总书记赫鲁晓夫把它命名为切利诺格勒(意为"垦荒城"),意图以此地为中心将哈萨克大草原变成为一个麦田之海,但这项宏大的计划并未实现。1991年12月苏联解体,哈萨克斯坦又将切利诺格勒改称为阿克莫拉。阿斯塔纳是哈萨克斯坦最大的文化和艺术中心之一。在新城市的市中心建立了总统国家文化中心。市中心博物馆有很多大厅,陈列收藏了许多古代和当代珍贵的历史见证。市中心还建了一座有百万藏书的图书馆,且配备了电子检索目录。在阿斯塔纳创办了哈萨克斯坦民族音乐研究院,这所音乐院将哈萨克斯坦民乐形成的所有阶段统一联合为一个不断学习的综合体系,且该院加入了欧洲音乐厅、音乐院和音乐学校联合会。新首府的剧院非常多,观众喜欢的首都剧院有哈萨克音乐剧院、俄罗斯国家剧院等。2000年,在阿斯塔纳建立了国家歌剧和芭蕾舞剧院。2000年,建立了"希涅玛－西吉"高级电影院,成为市民和来访者喜欢的休闲场所。

③卡拉干达(Karaganda)

哈萨克斯坦卡拉干达州首府,哈萨克斯坦第二大城市,面积约800 km²。19世纪中叶,开始有人定居,以后随小煤矿开采、铁路建设而迅速发展起来。城市由分散的居民区组成,旧城包括20多个煤矿居民区,新城为文化和行政中心。卡拉干达位于大煤矿带中部,利用煤矿资源发展工业,成为哈萨克最大的工业城市。除钢铁工业外,金属、机械、化学、水泥等工业也很发达,采煤和采煤机械制造一直为该市主要工业。曾作为前苏联全国第三个主要采煤区,供应乌拉尔工业区。额尔齐斯—卡拉干达运河解决了供水难题;有铁路通往其他一些城市;市内有高等院校、研究所、剧院和植物园等。

④江布尔(Dzhambul)

江布尔市是以哈萨克斯坦诗人江布尔命名的哈萨克斯坦的一个州府城市,位于哈萨克斯坦前首都阿拉木图西南约270 km的塔拉斯河左岸,曾是欧洲通往中国的丝绸之路上的繁荣古城。有7—8世纪的古牧场,还有卡拉汉王朝时期的澡堂、输水管等。在附近的戈洛瓦齐夫卡封,有10—12世纪装饰有壁画的卡拉汗君王巴巴德日—哈童和阿伊莎—比比的陵墓。

⑤巴尔喀什湖(Lake Balkhash)

巴尔喀什湖地处哈萨克斯坦共和国的东部。在世界众多的湖泊中,它因湖水一半为咸一半为淡而独具特色。巴尔喀什湖是一东西长南北窄的狭长形湖泊。湖泊中部有一半岛,半岛以北的湖峡(宽约3.5 km)把湖面分成了东西两部分。西半部广而浅,宽27～74 km,水深不超过11 m,有伊犁河、卡拉塔尔河、阿克苏河、阿亚克兹河等河水注入,湖水淡而清。东半部窄且深,宽10～20 km,水深25 m,盐度较高。两湖之间有一狭窄的水道相连。湖周围动植物繁多,有20多种鱼类。湖岸风景美丽,南岸是低凹沙地,芦苇丛生,栖息着多种多样的珍贵鸟类。地质学家考察发现此湖有两层,湖底下部还有一层咸水湖。湖水咸淡不同的奇特现象以及湖上的优美山水,使这里成为一个旅游胜地。

10.3.2 塔吉克斯坦

塔吉克斯坦旅游管理部门为经济贸易部。进入2000年,旅游业发展迅速。2002年,共有11家本国旅游公司和1家英国旅游公司代表处。12家旅游公司中,7家公司在国外设有代表处,5家可接待国外游客;11家本国旅游公司共有38家旅游住所或宾馆、345间客房、650张床位,出租率为29.7%。此外,全国有119个旅游疗养基地。到2006年,已拥有70多家旅游公司,旅游业总收入为 650 万索莫尼;到塔吉克斯坦旅游的人数为 2.97 万人次,比 2005 年多 1.5 万人次,同比增长 49%;出境旅游人数为 1.45 万人次。2002 年旅游业占国内生产总值的 0.4%,2003 年为 0.5%。值得一提的是,近年来,塔吉克斯坦政府积极倡导发展旅游业,以提高就业率和居民收入。为此,塔吉克斯坦经常举办各种形式的旅游发展研讨会,特别是 2004 年 5 月在国家商业大学成立了旅游发展中心,以大力发展旅游业。

主要旅游胜地有:

①杜尚别(Dushanbe)

杜尚别是塔吉克斯坦的首都,全国的工业、文化、交通中心,坐落在瓦尔佐布河及卡菲尔尼甘河之间的吉萨尔盆地,海拔 750~930 m,面积 125 km²。夏季最高气温可达 40℃,冬季最低气温-20℃。居民主要为塔吉克族,其他民族有塔塔尔人、乌克兰人等。杜尚别名称在塔吉克语解作"星期一",这亦指杜尚别著名的星期一市场。1929—1960 年曾名"斯大林纳巴德"。1961 年改为现名。原为小山村,1925 年建市。是塔吉克的交通枢纽,有窄轨铁路通铁尔梅兹等地,并有公路干线北通苦盏,东至霍罗格。工业以棉纺织、缫丝、食品加工和机械制造(纺织机、农机、电缆、家用电冰箱等)为主。设有塔吉克斯坦科学院和高等院校。

杜尚别城内主要博物馆有:国家博物馆、地方史志博物馆、造型艺术博物馆、民族学博物馆、地质博物馆、艾尼文学馆、图尔松扎德(塔吉克诗人、社会活动家)文学馆等。名胜古迹有塔吉克地质博物馆、萨马尼纪念碑、鲁达基纪念碑、艾尼纪念碑、图尔松扎德纪念碑等。

②苦盏(Khujand)

苦盏,旧称"列宁纳巴德",为塔吉克斯坦第二大城市。位于锡尔河畔,塔吉克斯坦与吉尔吉斯斯坦交界处,是中亚最古老的城市之一,地处中国通往欧洲的丝绸之路上。工业有轻工业、机器制造、家具制造等,食品工业较发达。城中还有中世纪的城堡及清真寺。历史传说苦盏城的建立者是亚历山大大帝,该城在希腊史籍中称"Alexandria Eschate",意为"最遥远的亚历山大里亚",但是没有任何考古学的证据可以证明这一点。波斯帝国崛起后,该城成为其北部边境的一部分,也是丝绸之路的重镇。8 世纪时,苦盏被阿拉伯帝国占领,12 世纪时又遭受了蒙古帝国的征服。1866 年,俄罗斯占领了苦盏。1924—1929 年,苦盏被划入乌兹别克斯坦,1939 年 10 月 27 日,苦盏被更名为列宁纳巴德,以纪念列宁。1991 年苏联解体后随同塔吉克斯坦独立,次年恢复旧名。苦盏有中世纪古城堡及公元 17—18 世纪的伊斯兰教长穆斯列赫丁陵墓。

③共产主义峰(Communism Peak)

共产主义峰位于山地-巴达赫尚自治州与加尔姆州交界处,苏联解体前为苏联最高峰,位于塔吉克斯坦境内,是塔吉克斯坦最高峰,海拔 7495 m,属于帕米尔高原一部分。又名索莫尼峰,在 1933—1962 年称为"斯大林峰"(以苏共总书记约瑟夫·斯大林命名)。1999 年为纪念萨马尼德王朝 1100 周年,塔吉克斯坦举办了国际登山活动,并将原"共产主义峰"改名为"依斯莫依利索莫尼峰",有 75 位登山爱好者参加了此次的登山活动。

④喀拉库尔湖(Lake Kara-Kul)

喀拉库尔湖位于帕米尔山脉(Pamir Mountains),直径 52 km,接近中国边境。是由大约 1000 万年前的一次陨石撞击形成的。湖心岛将该湖分为东西两个小湖,较小的东湖平均深度 15 m,较大的西湖平均深度 220 m。喀拉库尔湖为高山咸水湖泊,湖水冬季结冰,6 月份之前湖面上都有雪。当地人也将这个深蓝色湖泊称为"大黑湖"。

10.3.3　吉尔吉斯斯坦

吉尔吉斯斯坦的旅游业主要集中在首都比什凯克市和伊塞克湖地区。2010年,入境游人数131.6万人次,旅游业总收入3.36亿美元,占GDP的13.59%。比什凯克的一些中高档宾馆、饭店为旅游者提供比较舒适的生活条件,主要有友谊宾馆、伊塞克湖宾馆、萨亚卡特饭店、谢梅泰饭店、比什凯克饭店、努阿特饭店、皮那拉饭店、北京饭店(中餐)、巴拉萨宫饭店(中餐)、诺鲁斯饭店(土耳其风味)以及米娜餐厅(韩国料理)等。第二大城市奥什的主要饭店有阿赖山饭店、新公共汽车站饭店、奥什饭店和萨拉饭店等。国家旅游、运动和青年政策委员会具体负责全国的旅游业。吉尔吉斯斯坦的旅游组织机构有吉尔吉斯国际旅行社,负责组织个人和团体旅游到世界其他国家旅游;比什凯克国际青年旅游局,定期组织青年学生及其他旅游者乘旅游列车到莫斯科、圣彼得堡、基辅、明斯克、里加和维尔纽斯等地游览。为了发展旅游事业和培养旅游人才,吉尔吉斯斯坦独立后还创办了吉尔吉斯旅游学院,该校学生有机会到国外最好的旅游组织机构参观学习。

主要旅游胜地有:

①比什凯克(Bishkek)

比什凯克是吉尔吉斯族人自古以来对该市的称呼,意思是"搅拌马奶的棒子"。比什凯克是中亚地区的古代重镇,是古代丝绸之路其中一条经过天山山脉、贯通西域和中亚草原必经的驿站。公元825年,乌兹别克族人与浩罕族人在该处建立泥造的堡垒。1862年,沙俄吞并浩罕地区,对泥堡大肆破坏,并将该地区发展为俄国的军事要塞。

比什凯克的经济主要依靠农业,出产大量的水果、蔬菜和家畜,偏远地区并行着实物交易的制度。比什凯克的大街通常布满了卖农产品的商人,整条街犹如一个大市场。市中心的主要地段有更加城市化的景观,如银行、商铺、市场和购物商场。最受欢迎的是当下流行的工匠制作的手工艺品,包括雕塑、雕刻品、油画以及以自然岩石为材料的雕塑。

比什凯克市有着公元前2世纪丝绸之路商人通商时留下的遗迹,在宗教遗址方面,有早于公元前4世纪亚历山大帝国时期富涵古希腊色彩的佛教,及至公元6世纪在区内流行的景教。在人文景观方面,13世纪至18世纪期间的部族汗国和19世纪开始渗入的俄罗斯文化的痕迹处处皆是。著名景点包括:米哈伊尔·伏龙芝的纪念雕像:位于首都火车站对面的公园广场;国家历史博物馆;国家实用艺术博物馆——展示吉尔吉斯传统手工艺品;吉尔吉斯白宫,现今吉尔吉斯斯坦总统官邸,亦是前吉尔吉斯苏维埃社会主义共和国的党总部;阿拉多广场(Ala-Too Square),国家独立纪念碑设于此广场,每天在这里皆有军队换班仪式;邓小平大街,一条东西走向的双向6线行车大街,长3.5 km,宽约25 m,在大街东端,矗立着一座2 m高的红色花岗岩纪念碑,碑的正面用中文、吉尔吉斯文和俄文写着"此街以中国卓越的社会和政治活动家邓小平的名字命名",此大道于1996年由当时市长命名的;阿拉亚卡国家公园(Ala Archa National Park)等。

②奥什(Osh)

奥什,古称贰师,是吉尔吉斯斯坦第二大城市,亦是奥什州的首府,位于吉尔吉斯南部,在费尔干纳盆地东南端,阿克布拉河出山口附近。它是奥什州的行政中心。奥什市是一个充满生气的城市,有中亚地区最大且最活跃的户外集市。奥什市的人口成分多样,有塔吉克族、吉尔吉斯族、乌兹别克族,1990年就曾发生过很严重的种族冲突。

虽然奥什市是一个古城,但自从前苏联建立之时,就已经是一个工业城市。城内大部分工业都在苏联解体之后倒闭,现在开始慢慢恢复了元气。通过每天来往于首都比什凯克和奥什之间的班机,吉尔吉斯斯坦南北部分得以联系。另外,两城市间的道路也逐渐变得现代化,交通也便利了许多。

在费尔干纳谷地,吉尔吉斯斯坦和乌兹别克斯坦的边境划分相当复杂。在很多区域划定的边界分开了有着长久历史联系的土地和城镇,这使得贸易和经济发展困难。在这种情况下,奥什也失去了与其历史上控制的大部分地区的联系。

③伊塞克湖(Lake Issyk-Kul)

伊塞克湖,中国古名热海、图斯池、清池,位于吉尔吉斯西北部天山山脉北侧,长 182 km,最宽处 60 km,面积 6332 km²,平均湖面海拔 1602 m,最深 702 m,是世界上面积第二大高山湖泊,仅次于南美洲的喀喀湖。湖水微咸,冬季不结冰,主要水源是高山泉水和积雪融水,无出水口,属内流湖。古代,该湖周围的草场是重要的游牧基地,许多知名的民族和部落都起源或者游牧于此。苏联时期,该湖是有名的疗养胜地,北岸建了许多桑拿浴室、度假村和别墅,据称该时期,伊塞克湖还是苏联海军秘密的鱼雷试验场。

夏季清晨漫步湖边,清澈湛蓝的湖面一平如镜,水光照天。泛舟湖上,北岸的层层雪峰,在云雾中时隐时现,显得静谧和神奇。当风吹来的时候,湖上顿时白浪滔滔,层层浪花扑向岸边,但到了岸边沙滩,又缓缓退回湖中,湖水沙滩以其独特的方式接触交融,梦幻神秘是到过伊塞克湖的人形容她时用得最多的词语。

④马纳斯墓(Manas Tomb)

马纳斯墓位于塔拉斯河上游谷地,为阿布克埃米尔的女儿卡加尼奇亚克－哈东之墓。民间传说则称,墓里埋葬着马纳斯壮士。马纳斯是吉尔吉斯家喻户晓的史诗人物,相传他代代同吉尔吉斯人一起与侵略者进行斗争。

⑤托克马克(Tokmak)

从比什凯克去伊塞克湖的途中要经过一个名叫托克马克的小镇,中国唐代大诗人李白就出生在这里,当时称做"碎叶城"。碎叶城是唐朝在西域设的重镇,是中国历代王朝在西部地区设防最远的一座边陲城市,也是丝绸之路上一重要城镇。它与龟兹、疏勒、于田并称为唐代"安西四镇"。

托克马克附近有一个堡垒遗迹,现在只残存东半部的土丘。据悉这堡垒可能是粟特人建立的,后来成了黑汗王朝的首都八刺沙衮(Balasagun)。在托克马克南方 15 km 处,11 世纪的布拉纳塔(Burana Tower)就是建在这个堡垒的附近。Kutadgu Bilig(意为"带来快乐的智慧")一书的作者、11 世纪黑汗作家 Yusuf Khass Khajib Balasaghuni 诞生在托克马克,葬于喀什市。托克马克从 2004 年到 2006 年 4 月 19 日曾经是吉尔吉斯楚河州的首府。

10.3.4 乌兹别克斯坦

乌兹别克斯坦由于经济困难和对外交通的限制,旅游业发展缓慢。1992 年,外国游客相对于独立前减少了 20%～25%。随着对旅游领域的改革和对外开放,旅游业逐步走出低谷。从 1993 年开始,乌兹别克斯坦提出"丝绸之路城市旅游"计划,吸引了大批外国游客。同年,乌兹别克斯坦加入了世界旅游组织。2000 年后政府开始培养旅游人才,"乌米特"基金会向大学生提供到国外学习旅游专业的机会。

乌兹别克斯坦境内的沙漠、山区、河谷气候区的结合为旅游业开辟了广阔的前景,一年四季都有供游客观赏的旅游胜地,丰富多彩的旅游资源使该国每年接待数以万计的游客,其中沿古代"丝绸之路"的旅游备受国外游客青睐。从首都到各旅游点之间的交通非常方便,在旅游区还有当地特色的民族手工工艺品出售。全国有180多所疗养院,分布在气候宜人的风景区,可饮用天然矿泉水,进行泥疗。此外,在首都塔什干和其他旅游城市有供游客旅游和休息的公园和景区。由于缺乏资金,这些设施大都年久失修。独立后的乌兹别克斯坦对旅游设施进行了去国有化,旅游服务设施日益完备,政府鼓励私人开办旅馆,为私人旅馆提供一些税收优惠政策,并引进外资兴建了一批档次较高的宾馆、饭店。土耳其、法国、印度等国的投资者在塔什干、撒马尔罕等地兴建了一批星级宾馆。2010年乌兹别克斯坦入境游客97.5万人次,国际旅游收入1.21亿美元。

主要旅游胜地有:

①塔什干(Tashkent)

塔什干是乌兹别克斯坦首都。中亚地区第二大城市,全国经济、文化、交通中心,塔什干州首府。面积250 km^2,海拔440~480 m。温带大陆性气候,冬季温和,夏季炎热,降水稀少,日照充足。有"太阳城"之称。俄罗斯人、乌兹别克人占80%,少数民族有塔塔尔、犹太和乌克兰等。全市分10个区。市中心为乌兹别克和该市的行政机关所在地,并为商业和文化区。工业以农机、纺织机械制造为主,食品和纺织也很重要。为中亚最大交通枢纽,有铁路通莫斯科、新西伯利亚等地,有通往南亚各国的国际航空港。市内有地铁。有15—16世纪的宗教古迹,为中亚和哈萨克穆斯林理事会总部。建有高等学校和图书馆。附近建有奇尔奇克-博兹苏梯级水电站;有建于12—16世纪的建筑古迹。

塔什干在乌兹别克语中意为"石头城",因地处山麓冲积扇一带,有巨大卵石而得名。这是一座历史悠久的古城,早在公元前二世纪就建有城池,公元六世纪就以商业、手工业著称,成为古代丝绸之路的必经之地。

西南部的奇兰扎尔为新建住宅区和商业区,中亚古城之一,公元前二世纪末已是城镇。公元六世纪起即以商业、手工业著称。地处东西交通要冲,为丝绸之路的重要商业和手工业中心之一。19世纪成为一座新式的欧洲城市。

塔什干有新、旧城之分,清真寺、陵墓等古迹大都集中在旧城。1966年4月26日清晨的一次强烈地震几乎将全城变为废墟,使30万人无家可归。震后城市进行了大规模重建,并在市内广场上矗立起一座特殊的纪念碑,以使人们永远铭记住这场重大的自然灾难。纪念碑是一块巨大方石,一面有裂缝,另一面刻有钟面,指针指在5时24分,即地震突发的时刻。

②布哈拉(Bukhara)

布哈拉是乌兹别克斯坦第三大城市,人口约25万人,位于泽拉夫尚河三角洲畔,沙赫库德运河穿城而过,有2500多年历史,是中亚最古老城市之一。9—10世纪时为萨曼王国都城,1220年为成吉思汗所占,1370年被帖木尔征服。16世纪中叶,萨马尼德人建都于此,史称布哈拉汗国。中国古书中所说的不花刺、新唐书中的戊地国、唐代招武九姓中的毕国、安国都是指布哈拉汗国。

布哈拉曾是古丝绸之路重镇之一,在东西方贸易、文化交往中发挥了重要的桥梁作用,至今保留着许多当时的集市贸易遗址。7世纪,随着伊斯兰教开始在布哈拉传播和盛行,布哈拉兴建了上千座清真寺、神学院和其他祭祠场所,是当时著名的伊斯兰教学术重镇。目前,布哈拉市保存了许多中世纪时期优秀建筑,如夏宫、雅克城堡、萨莫尼皇陵、波依卡扬广场、兀鲁别克神学院、米利－阿拉伯伊斯兰神学院等,无论从景观造型、或是内部陈设和装饰都保留着古风古貌。该市古迹被联合国教科文组织列为世界文化遗产。

在这座中亚最古老的城市里,市民们坚信自己城市的历史超过3000年。在它地下20 m的纵深范围内,埋藏着不同时期的大量文物和古迹;地面上则分布着170多座中世纪以来各种风格的伊斯兰建筑。列车从乌兹别克斯坦首都塔什干出发,在茫茫大漠中朝西南方向行驶600多千米,就到了中亚名城、历史上盛极一时的伊斯兰文化中心——布哈拉。它位于欧亚大陆最深的腹地,在丝绸之路兴盛的年代里,是沟通东西方文明商路上的一颗闪亮的明珠。在近现代史中,由于长期受沙俄和苏联的统治,它独有的辉煌被俄罗斯文化所掩盖和淹没,曾被世人遗忘。苏联解体后,这座古城的建筑艺术珍宝和文化古迹开始恢复本色,重新吸引着世人的目光。

③撒马尔罕(Samarkand)

撒马尔罕是中亚地区的历史名城,也是伊斯兰学术中心,现在是乌兹别克斯坦的旧都兼第二大城市、撒马尔罕州的首府,现任总统伊斯拉木·卡里莫夫生于此城。撒马尔罕意为"肥沃的土地";耶律楚材说"寻思干者西人云肥也,以土地肥饶故名之"。撒马尔罕的工业以轧棉、丝织和食品加工为主,还有机械制造和化学工业。建有电梯和电影机制造、家用冰箱制造、化肥、罐头厂等。撒马尔罕是乌兹别克斯坦的文化中心,设有高等院校多所和考古研究所及中亚著名的卡拉库尔绵羊养殖研究所。附近有建于14—17世纪的清真寺、陵墓等历史古迹。

14世纪时为帖木儿帝国国都,这里也是帖木儿陵墓的遗址库里·阿米尔(Gure Amir)所在地。比比哈尼姆清真寺(Bibi-Khanym Mosque)也是著名地标之一,瑞吉斯坦(Registan)则是市区古老的中心。在2001年时,联合国教科文组织将拥有2750年历史的撒马尔罕编入世界遗产之列,称为"文化交汇之地"(Crossroads of Cultures)。

10.3.5 土库曼斯坦

土库曼斯坦历史悠久,境内仅国家级的各时代古老建筑文物就有1500处之多。

土库曼斯坦旅游业起步较晚,于1960年成立国家旅游局,在各大城市成立旅游俱乐部。旅游业作为国民经济的新兴部门之一和对外经济活动的一个方面得到迅速发展。随着1995年12月获得联合国承认的永久中立国地位之后,土库曼斯坦在国际社会中的作用日益提高,与此同时,政府加大对旅游业的投入,开始兴建现代化的旅游基础服务设施。土库曼斯坦的旅游包括入境、出境及过境游,以入境游为主。旅游服务项目主要包括丝绸之路沿线观光和海滨及山地疗养度假。2007年土库曼斯坦入境游客仅8000人次,可见其旅游业仍处于初级阶段,旅游潜力远远没有开发。其中,交通设施以及旅游服务设施发展的滞后是制约旅游业发展的最主要的原因,此外还包括资金不足、专业人才缺乏,对外宣传力度不够等原因。

主要旅游胜地有:

①阿什哈巴德(Ashkhabad)

阿什哈巴德市建于1881年,位于南部卡拉库姆沙漠和科佩特山交界处,占地约300 km²。典型大陆性气候,昼夜温差较大,日照极为充分。阿什哈巴德市有电力、食品加工、轻工、机械制造和金属加工等工业部门。科学、文化和新闻事业较为发达。阿什哈巴德也是土库曼斯坦乃至于中亚地区的重要交通枢纽。与独联体各国、伊朗、巴基斯坦、印度、德国、土耳其、英国、阿联酋和泰国等40多个国家和地区直接通航,与中国乌鲁木齐通包机。

②库涅—乌尔根古迹

该古迹位于塔沙乌兹州,是古代花拉子模首都——古乌尔根奇的古代废墟,其建筑遗迹是中亚西亚著名的古迹。最有价值的是建于公元7世纪的舍—舍列法陵墓。陵墓的门饰、花纹、雕刻技术精湛,堪称古代艺术精品。

③巴哈尔琴湖

巴哈尔琴湖是土库曼斯坦最大的地下湖泊,天然名胜。湖水面积6000 m^2,水深10 m以上,清澈透明,当地称其为"可治病的湖"。

参考文献

常玢. 2001. 苏联解体前后的中亚国家伊斯兰教状况. 东欧中亚研究,5.
陈联壁,刘庚岑,吴宏伟. 2002. 中亚民族与宗教问题. 北京:中央民族大学出版社.
陈联璧. 2001. 中亚五国民族关系问题. 东欧中亚研究,3.
王友文,竹效民. 2003. 新疆对中亚五国全面开放问题探析. 俄罗斯中亚东欧市场,3.
肖星. 2005. 中外旅游地理. 广州:华南理工大学出版社.
熊关. 2008. 中亚五国旅游业现状、潜力及存在的问题. 中国市场,9.
Birdlife International. http://www.birdlife.org/,2013.
Lonely Planet 公司. 2009. 旅行指南系列——中亚. 北京:生活·读书·新知三联书店.

第 11 章　对外贸易结构与政策

11.1　对外贸易的重要地位

11.1.1　中亚外贸政策的演变与发展

中亚五国独立前均为苏联的加盟共和国。在苏联时期,全苏的外贸权集中于联盟中央,各加盟共和国均无外贸权,不能单独同其他国家进行贸易,基本上也没有从事这方面工作的机构,外贸活动严格按照国家计划进行。各加盟共和国之间的贸易基本上是由联盟中央按照指令性计划把产品调出和调进,相互之间的商品交换占输出输入总额的比重:俄罗斯为 57%、乌克兰为 79%、中亚国家在 85% 以上(胡振华,2006)。

中亚五国独立之后,经济体制开始由原来的计划经济模式向市场经济模式转变。由于中亚五国的国内市场规模较小,在工业和技术领域较为落后,为促进本国的发展,各国均比较注重发展对外经济关系,把发展对外贸易,吸引利用外资作为经济发展战略的主要组成部分。外贸政策也随之做出相应调整,采取了一系列的措施改变原有国家垄断外贸体制,逐步建立起开放型的对外贸易体制,设立对外贸易的管理机构,确立涉外经贸活动的法制基础,并根据自身的经济现状和资源状况制定了对外贸易的发展战略,积极地融入世界经济一体化之中。

其一,确立了全方位对外开放的战略思想。五国在各自改革纲领中,均将发展对外关系置于重要地位;积极制定了有关对外经济关系的一系列政策和法规。这些政策和法规大体可分为三大类:一是旨在争取对外经济关系独立自主的法规和政策。二是为发展对外经济关系提供基本准则和依据的法律,如《对外经济活动基本原则法》。三是以优惠条件为核心的具体法规和政策,如《外国投资法》《自由经济区法》《外汇调节法》等。这些国家的投资法规大大简化了外商办理投资业务程序,扩大投资范围和外商投资权利,保障外商利益,并在税收、房地产、利润汇出等方面提供广泛优惠的条件。

其二,积极参与国际多边经济组织活动。中亚五国都是国际货币基金组织、世界银行、国际开发银行的成员国,吉尔吉斯斯坦还是世贸成员。参加国际多边经济组织,有利于中亚各国扩大影响,争取外援,把国内经济纳入世界经济体系(吕文军、谭向东,1995)。

其三,参与区域经济合作。一是加强中亚五国内部经济合作,1992 年 4 月,五国领导人在比什凯克聚会,提出五国应在政治、经济、社会文化领域建立密切合作的新关系;1993 年初,五国首脑又在塔什干会晤,就进一步加强相互间全面合作及建立统一的中亚市场等主要问题进行了商讨,发表了联合声明,宣布将建立"中亚人民联盟";1994 年 1 月,乌兹别克斯坦与哈萨克斯坦又签署了建立统一经济区的条约。二是五国在独联体范围内同前苏联国家的合作。这个层次的合作涉及对外经济活动的一切领域,至今仍为中亚五国对外经济关系的最主要部分。三是中西亚经济合作,特别是同土耳其、伊朗之间的合作。其成果是建立了"黑海经济合作区"、"黑海合作区"、"经济合作组织"等区域性经济组织。四是发展同西方发达国家的经济关系。西欧、美国和日本等发达国家是当今世界资金和先进技术的主要供给源;中亚五国把发展对外经济关系的重心逐步转向西方发达国家是必然的。另一方面,西方跨国公司也看好中亚丰富的自然资源,对开发油田、天然气、矿产资源、修建基础设施表现了极大兴趣。五是同周边国家,特别是同中国的贸易与经济技术合作迅速发展。

其四,重视改善发展对外经济关系的基础设施建设。第二条欧亚大陆桥的贯通,进一步提高了中亚五国的战略地位,也为中亚五国发展对外经济关系提供了新机遇。中亚国家还同乌克兰等国联合倡导开辟欧亚公路大陆桥,土库曼斯坦与伊朗合作修筑了全长300 km的土伊铁路;五国还积极与周边国家修建石油天然气管道。这一切无疑将有助于打破中亚五国深居内陆,缺少出海口的限制,为其对外经济关系发展提供物资基础。

中亚五国在外贸政策调整后,凭借其丰富的自然资源,对外贸易取得明显成效。(1)从总量来看,各国对外贸易额均有显著增长。1995年哈萨克斯坦、乌兹别克斯坦、吉尔吉斯斯坦、土库曼斯坦、塔吉克斯坦五国对外贸易额分别为103.4亿美元、61.8亿美元、11.09亿美元、32.45亿美元、15.58亿美元;2010年,各国对外贸易额分别增长到1036.05亿美元、148.67亿美元、58.04亿美元、90.84亿美元、48.41亿美元(图11.1),分别增长了2~10倍(土库曼斯坦缺服务贸易数据,塔吉克斯坦缺1995和1996年的服务贸易数据)。(2)对外贸易的地理方向多元化。由于与独联体国家特别是与俄罗斯的传统经济联系,中亚国家将发展与独联体各国的经贸关系作为外贸的优先方向;随着对外贸易的发展,各国积极寻找新的贸易伙伴,迅速向世界经济体系靠拢。对外贸易的地理方向朝着多元化的方向发展,贸易渠道不断拓宽,贸易伙伴逐渐增多。(3)中亚五国由于历史原因、经济状况及要素禀赋等客观条件的限制,大多数国家选择的是资源密集型出口战略。各国出口的多为初级产品,出口商品结构具有明显的单一化、原料化的特点(张银霞、王亮,2009)。目前,中亚各国均积极致力于改变加工工业落后的局面,努力进行经济结构和产业结构的调整,推动对外经济联系由传统的原料出口型向成品出口型转变。(4)中亚五国的对外经济活动,特别是对外贸易规则,正在逐步向国际通行惯例靠拢。过去独联体内各国往往以低于国际市场的优惠价格相互供货,各成员国既想使自己的产品高价售出,又想从别国低价输入。现在,参照国际市场价格定价和供货的贸易形式逐步在独联体国家盛行起来。

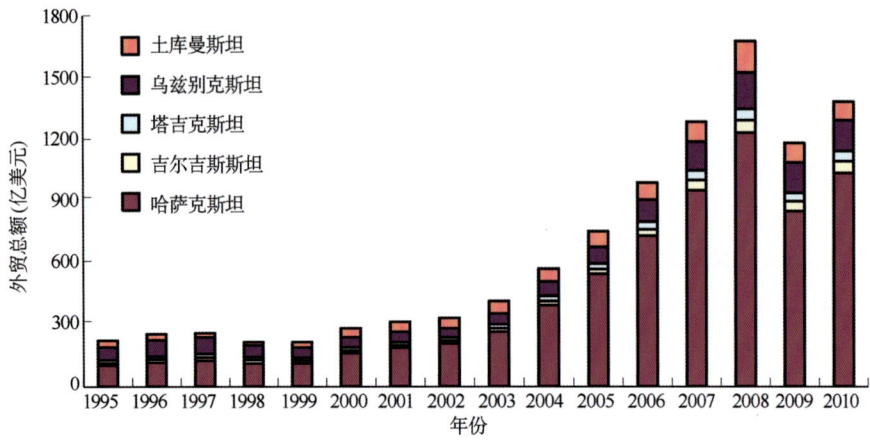

图11.1 中亚五国外贸变化情况

数据来源:中亚五国统计年鉴(1995—2010年)、世界贸易组织

但是,从总体上看,中亚五国在国际经济关系中的不利地位尚未得到根本改善。这是因为:第一,中亚五国潜在经济实力不可低估,但目前除哈萨克斯坦外,其他四国人均国民生产总值仍处于中等偏下收入国家之列,产业结构畸形落后,生产技术陈旧,高科技力量薄弱。这种状况使中亚五国在竞争激烈的国际经济中处于非常不利的地位。第二,政策多变,政治不稳定因素逐步增加,使许多外国投资者裹足不前。第三,无论是市场经济体制成熟程度、政府与企业管理水平,还是人们的思想观念、行为方式,都不能适应发展对外经济关系需要,办事效率低,法律观念淡薄,经常出现违反合同现象,使许多经济技术合作项目难以顺利落实。

11.1.2 外贸在国民经济中的地位

中亚地区拥有丰富的自然资源,且位于亚欧大陆的腹地,濒临欧洲和东亚两大市场,具有得天独厚的地理优势。随着世界范围内对自然资源需求的增加及资源价格的提升,中亚五国依托战略要地的优势,积极推动以能源、原材料生产和出口为主要特征的外贸发展,并通过外贸来推动国民经济的稳定增长。

尽管中亚各国对外贸易受到2008年世界经济危机的影响,但总体来看,中亚五国的对外贸易依然实现了较快的发展。吉尔吉斯斯坦作为五国中唯一的世贸成员国,2010年外贸总额增至58.04亿美元,比1995年增长了5.23倍。尽管从总量上看,吉尔吉斯斯坦的贸易数额并不大,但由于其经济规模较小,贸易额占GDP的比重2010年高达126%,比1995年提升了近2倍,可以说吉尔吉斯斯坦的经济发展主要依赖于外贸的推动。其他四国虽未加入世贸组织,但外贸亦取得较快的增速,其中哈萨克斯坦2010年外贸总额高达1036.05亿美元,实现贸易顺差215.61亿美元,贸易占GDP的比重亦由1995年的50.75%升至2010年的69.51%。塔吉克斯坦的外贸发展虽受2008年经济危机的影响,出现一定程度的下滑,但相较独立初期,不论是货物贸易还是服务贸易均有较大幅度的增长,2010年货物贸易总额已达48.41亿美元,是1995年的2.72倍。土库曼斯坦亦因经济危机的影响,外贸出现较大幅度的下降,但相比1995年,外贸总额仍增长了2.8倍,达90.84亿美元,外贸占GDP的比重达到了45.41%。乌兹别克斯坦在20世纪60年代已是苏联对外经贸活动的主要商品生产基地之一,独立后乌兹别克斯坦政府实行改革开放政策,全力发展对外经贸关系(孙壮志等,2004);2010年乌兹别克斯坦对外贸易总额148.67亿美元(亚洲开发银行,2012),比1995年增长了2.41倍,贸易逆差25.9亿美元,外贸总额占GDP的比重为38.14%。综合来看,中亚地区对外贸易的高速发展,有力推动了中亚经济结构和产业结构的调整,促进了国民经济的快速增长。

11.1.3 外贸在世界贸易中的地位

独立后中亚五国的对外贸易发展迅速,增长较快。但由于其经济规模较小,技术落后,产品附加值低,与其他贸易大国相比,无论是贸易额,还是增长速度,差距仍然较大(表11.1)。

表11.1 中亚五国、美国、中国货物进出口总额及增速比较 (单位:亿美元)

年份	中亚五国	美国	中国
1995	204.55	13282	2382
2010	1188.21	32462	29729
增长率(倍)	5.81	2.44	12.48

数据来源:中亚五国统计年鉴(1995—2010年)、世界贸易组织

从出口产品来看，由于历史原因、经济状况及要素禀赋等客观条件的限制，大多数中亚国家选择的是资源密集型出口战略。各国出口的多为初级产品，出口商品结构具有明显的单一化、原料化的特点，出口商品主要为原油、天然气、有色金属、矿产品、钢材、木材、畜产品、棉花等资源及原料类商品。而且目前投向中亚五国的外资大多也流入原材料、能源等资源开发部门，特别是石油、天然气、矿业及电力部门，流入加工工业部门的较少，进一步加剧了中亚各国经济结构的失衡，出口产品的原料化特征更加突出。在进口贸易方面，由于中亚地区的加工业发展滞后，再加上产能不足，中亚地区在生活必需品和制成品上对外依存度较高，进口商品主要包括轻纺产品、机械设备、食品、家用电器等工业品等。总体上，中亚五国出口的多为资源型和劳动密集型产品，而进口的大多是高科技和高附加值产品。独立以来，中亚地区的商品结构虽有所优化，但目前仍处于世界贸易产业链的低端。

11.2 对外贸易的商品构成

11.2.1 货物贸易

中亚贸易额由 1995 年的 204.55 亿美元升至 2010 年的 1188.21 亿美元，增长了 5.81 倍，除 1996—1998 年货物贸易出现逆差外，其他各年均为顺差，最大顺差年份出现在 2008 年，顺差额为 332.81 亿美元。随后两年受世界金融危机的影响，顺差有所降低，但 2010 年仍达 185.39 亿美元(图 11.2)，是 1995 年的 11 倍。货物贸易的迅速发展为中亚地区带来大量外汇，但中亚五国由于历史的原因，其产业结构不尽合理，加工部门发展滞后，出口产品的附加值普遍较低；进口则多为制成品，如机械与运输设备、化学制品和能源深加工产品。

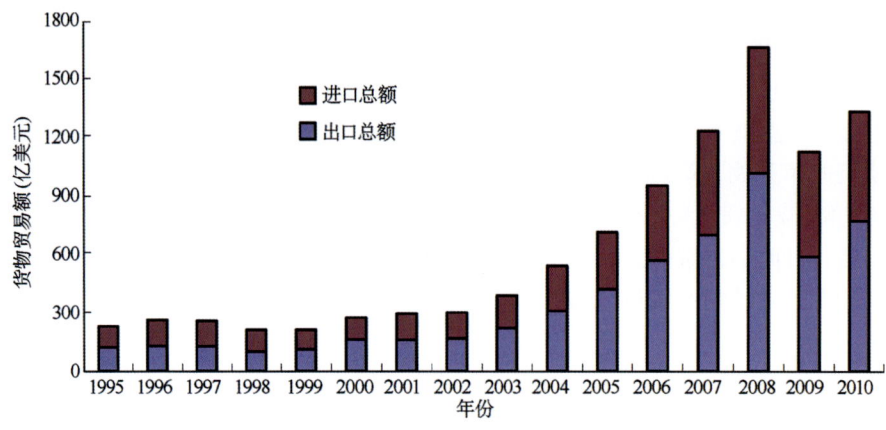

图 11.2 中亚五国货物贸易进出口总额

数据来源：中亚五国统计年鉴(1995—2010 年)、世界贸易组织

从各国的具体情况来看，哈萨克斯坦是中亚面积最大的国家，境内有 90 多种矿藏，已探明的黑色、有色、稀有和贵重金属矿床超过 500 处(崔炳强，2009)。围绕丰富的矿产资源，哈萨克斯坦的主要产业以石油、天然气的开采加工、金属开采和冶炼、运输为主，但由于技术水平落后，只能进行初级加工。随着近年来能源价格的上涨，哈萨克斯坦的矿山开采业占经济总量的比重进一步上升，加工业所占比重连年下降，导致 2010 年哈萨克斯坦的出口产品中原料和初

加工产品较1995年大幅上升,占出口额的近90%;而进口产品中制成品所占比例却由1995年的58.45%升至2010年的73.5%(世界贸易组织,2012)。

乌兹别克斯坦属世界产棉大国,黄金、天然气、白银、铜等矿藏储量丰富。其进出口贸易也围绕自身矿藏丰富和加工能力不足的特点,以初级产品出口为主。以2010年为例,乌兹别克斯坦主要出口商品有:能源载体和石油产品(占比24.8%)、皮棉(11.3%)、食品(9.7%)、服务(9.1%)、黑色和有色金属(6.8%)、机械设备(5.5%)、化工产品(5.1%);主要进口商品主要为:机械设备(44.1%)、化工产品(14.3%)、食品(10.9%)、黑色和有色金属(8.4%)、能源载体和石油产品(6%)、服务(4.7%)(中国驻乌兹别克斯坦使馆经济商务参赞处,2011)。

吉尔吉斯斯坦是中亚地区目前唯一的世贸成员国,早在独立之初吉尔吉斯就实行了对外贸易自由化。吉尔吉斯斯坦进出口商品种类较多,主要出口和进口商品在进出口单项中所占比重有限。相比而言,黄金和电力得益于其较大的黄金储量和丰富的水资源,在出口产品中所占比例较大;进口商品则以汽柴油等油料和消费品为主。

土库曼斯坦拥有丰富的石油、天然气资源,天然气储量位居世界第三,同时还是世界上主要的棉花产地之一。与中亚其他国家相同,其出口产品以原料为主,主要为天然气、石油、皮棉、化工产品等;进口商品主要是食品、生产技术用途的设备和产品(各种机器设备、黑色金属及制品、陆上交通工具、仪器仪表等)。

塔吉克斯坦在独立前对外依赖的程度就很高,独立后,塔吉克斯坦积极开展同世界其他国家的贸易。目前塔吉克斯坦与全球一百多个国家和地区有外贸往来,出口的商品主要是非贵重金属及其制品、纺织品和矿产品;进口商品主要以交通工具及机械设备、矿产品、化工产品等为主。

11.2.2 服务贸易

由于缺乏土库曼斯坦(全部)和塔吉克斯坦(1995—1996年)的服务外贸数据,故以1997年作为起始年,仅统计哈萨克斯坦、吉尔吉斯斯坦、乌兹别克斯坦和塔吉克斯坦四国的情况。在四国货物贸易快速发展的推动下,服务贸易也呈现出繁荣发展景象,服务贸易额由1997年的30.24亿美元升至2010年的193.8亿美元,增长了6.4倍,高于货物贸易的增速;但由于起步较晚,在服务贸易中除乌兹别克斯坦外,其他各国均处于逆差地位,逆差由1997年的4.11亿美元增至2010年的67.04亿美元(图11.3),且有持续扩大的趋势。

根据哈萨克斯坦、吉尔吉斯斯坦、乌兹别克斯坦、塔吉克斯坦的贸易统计,在服务贸易出口结构中,运输、旅游及其他商业服务一直是中亚服务贸易出口的三大主要部门。运输服务因货物贸易的剧增,其比重一直居于首位;旅游服务近年来呈现出较快的增长趋势,占据服务贸易的第二位;其他商业服务虽发展较快,总量仍无法与运输和旅游相比,占服务贸易比重的第三位。

在服务贸易进口结构中,占据前三位的依然是运输、旅游、其他商业服务。其中其他商业服务因施工、通讯、保险及金融服务的剧增,跃居第一位,成为中亚服务贸易进口第一大部门;运输降为第二大服务进口部门;旅行服务虽因部分国家政局不稳、增长放缓,但总体增速仍然较快,占服务贸易进口量的第三位。

总体来看,中亚服务贸易呈现两个特点:第一,以运输、旅游等行业为支撑,其主要属于资源型和劳动密集型产业,而资本密集型服务如航空、电信以及技术,知识密集型服务如计算机

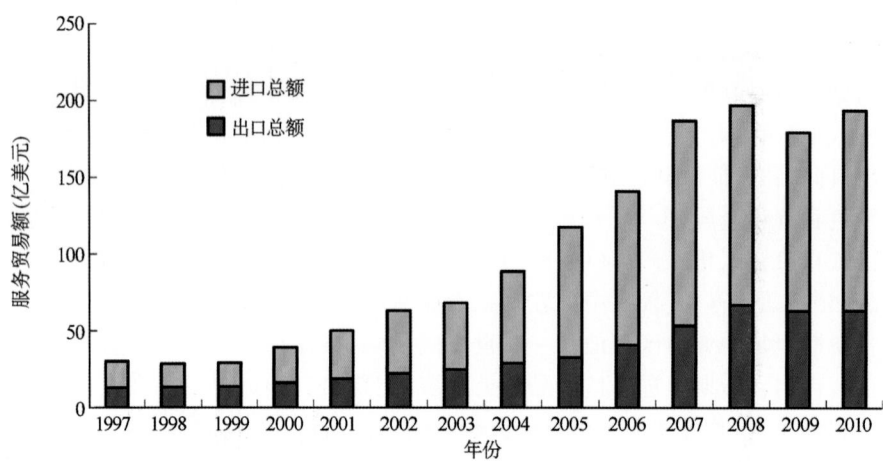

图 11.3 哈萨克斯坦、吉尔吉斯斯坦、乌兹别克斯坦、塔吉克斯坦四国服务贸易进出口总额
数据来源：世界贸易组织

和信息服务等部门对中亚服务贸易的贡献微弱，中亚的服务贸易仍以传统的落后方式增长。第二，现代服务产品，如通讯、保险、金融的需求迅速扩大，而中亚五国在这些行业的发展还处于起步阶段，无法满足日益扩大的需求，主要依赖进口，这也导致中亚五国的服务贸易逆差呈现逐年扩大的趋势。

11.3 对外贸易的地理方向

中亚五国位居欧亚大陆中心，四周大陆环抱，没有出海口（边云霞，2007），远离世界主要市场和主要经济中心。独立后五国政府为逐渐摆脱俄罗斯的控制，一方面完善已有的交通设施，另一方面积极利用外资修建新的基础设施，尤其是管道设施，寻找新的外贸通道。尽管独立仅有20年的时间，在基础设施逐步完善的推动下，五国在外贸方面已取得显著的成就，贸易伙伴日益增多，与中亚五国有贸易往来的国家已扩大到100多个国家和地区。

由于历史原因，独联体国家目前仍是中亚各国最主要的贸易伙伴。但五国与独联体的贸易在总贸易中所占比重均有所下降，而与东亚和太平洋地区、发达国家之间的外贸呈快速增长的趋势。尤其是中国、西欧、东欧成了其进出口贸易的新兴增长点。在进口方面，俄罗斯仍是中亚地区第一大进口贸易国，中国在2005年后逐渐发展成中亚地区第二大进口贸易国。在出口方面，俄罗斯的地位有所下降，西欧成为中亚地区第一大出口贸易区，中国成为其第二大贸易区，美国、日本的贸易地位也逐渐凸显。

各国外贸地理方向也有不同程度的改变。较1995年，乌兹别克斯坦与独联体国家间的贸易额占国家外贸总额的比重在2010年有较大下降，非独联体国家已占50%以上，现有两大贸易方向，欧洲和亚洲；土库曼斯坦对独联体的依赖程度也有所降低，而与发达国家、亚洲和阿拉伯世界的外贸却呈上升态势；吉尔吉斯斯坦的外贸市场目前虽仍以独联体国家为主，但其所占份额持续下降，而欧洲、阿拉伯、东亚和太平洋地区所占份额持续上升；哈萨克斯坦作为中亚最大的经济体，与世界其他国家的贸易往来日益频繁，除独联体国家外，欧盟和东亚在哈萨克斯坦对外贸易中均占有重要地位，形成了独联体、欧盟和东亚三足鼎立的局面。塔吉克斯坦的主要出口地区目前也由独联体转为东亚和欧洲,进口地区中独联体国家所占比重仍然较大,但东亚地区所占比重也有所提升。

11.4 对外贸易政策

11.4.1 贸易体制

(1)中亚国家独立前的外贸政策。中亚五国在独立前均为苏联的加盟共和国,前苏联的外贸体制为国家垄断制,外贸权由联盟中央控制,对外贸易活动严格按照国家计划进行;各加盟国无自主的外贸权,因此也没有从事这方面工作的机构。在贸易结构上,各加盟共和国之间的商品交换占中亚国家贸易额的比重较大,基本在85%以上。

(2)中亚国家独立后的外贸政策调整。中亚国家在独立后均比较重视对外贸易的发展,建立对外贸易机构,调整外贸政策,在发展与独联体国家贸易的基础上,积极推进与其他国家和地区的贸易往来,逐步建立起开放型的对外贸易体制;设立对外贸易的管理机构,确立涉外经贸活动的法制基础;根据自身的经济现状、资源状况,制定对外贸易的发展战略(张银霞、王亮,2009)。

11.4.2 关税

关税是一个国家推行其外贸政策的一项重要措施,是进出口货物通过一国关境时,由政府设置的海关向本国进口商或出口商课征的以通过货物为征税对象的一种税收。关税水平的高低反映一国贸易政策的取向,市场的开放程度或贸易保护程度。一国关税水平越高,说明其市场保护程度越高;反之,其保护程度越低(段秀芳,2007)。

哈萨克斯坦是俄罗斯、白俄罗斯、哈萨克斯坦、吉尔吉斯斯坦、塔吉克斯坦五国海关联盟的成员,与欧盟、澳大利亚、北欧国家、加拿大、美国、日本和中国等也相互给予最惠国待遇。哈萨克斯坦海关有三种不同的关税征收方式:从价税、从量税和混合税。哈萨克斯坦进口关税税率通常每年调整一次(宋非非,2008)。2005年从价税税率为0~100%不等,大约95%以上的进口产品从价税率都在0~15%。目前,哈萨克斯坦的平均关税税率为8.6%,其中农业产品为14.4%,工业产品为4.7%。但对部分进口产品所征收的关税税率远远高于平均关税水平,高关税产品包括鱼虾罐头(关税30%)、糖类(25%)和肉类熟食(30%)等,还有部分进口产品被征收高达100%的进口关税。此外,哈萨克斯坦还对彩电、录音机等产品的进口规定了最低的关税税额,其中显示屏超过52 cm但不超过75 cm的彩电的进口关税为10%,且每件征税不低于40欧元;其他彩电为10%,且每件征税不低于20欧元。除关税外,还征收进口增值税,税基是进口货物的清关价值和海关关税之和,税率为15%。部分消费品包括各种酒及酒精、香烟、鱼子酱、汽油(不包括航空油)、柴油、汽车等产品的进口还将征收消费税。

吉尔吉斯斯坦是独联体国家中最早加入世贸组织的国家,经过数次关税调整,目前其进口关税平均水平已经降到5.2%,零关税的商品占其应纳进口关税的进口商品名录的50%以上,尤其是一些吉尔吉斯斯坦不能生产的机电类产品和高科技产品,进口关税一般都在10%以下,其中许多品种甚至为零关税。根据2005年1月1日起生效的新《海关通则》,吉尔吉斯斯坦政府批准了名为《关于有条件地免征进口关税和其他税种的临时进口商品名单》。根据这一规定,高科技产品、部分机电产品、原油、黑色金属原料及制成品、有色金属原料、精细化工原料、洗涤用品、木制品、纸浆、纸张及纸制品、种子、种禽、种畜、农机、农药、化肥、药品和玩具等短缺或无生产能力的商品多为零关税。但为保护本国市场,吉尔吉斯斯坦政府有权对个别进口商实行临时性的保护性税、反倾销税和补偿税。具体商品的税率每年略有调整。如中国向吉尔吉斯斯坦出口较多的面料、服装、鞋类等商品,税率多为10%,少量的为12%;蔬菜、水果、干果类(包括罐头)商品,以及部分动物脂肪制品等的税率则是按最高的15%征收。另外,吉尔吉斯斯坦政府可根据需要对某些商品实行季节性关税,但征税仅限当年,期限不得超过6个月,如白糖:1—7月为15%,7—12月为30%。

乌兹别克斯坦于1995年10月颁布了《关于进一步放宽外贸政策、改善外贸经营的决议》,这是乌兹别克斯坦独立后经贸政策变动较大的一次,制定了进出口关税税目、税率,缩减了许可证商品清单,简化了外贸业务审批程序。1996年3月又颁布了《关于完善外贸调节机制的决议》,推出了新的关税税率,特别对出口关税进行了大幅度下调(黄运良、庄岚,2005)。但在进口关税调整方面,政府为保护国内企业,调高了部分进口产品的关税;如为扶持国内日用消费品生产企业,乌兹别克斯坦3次上调部分日用消费品的进口税。2005年11月1日,开始实施新一轮调整后的进口关税税率和进口消费税率。此次公布的最新进口关税税率的征收幅度在5%～30%,征税商品品种有800多种,几乎涵盖了海关税则中的所有类别。新的进口税率有以下几个特点:(1)上调了部分食品的进口税。规定肉类、可食用的家禽副产品、鱼大类项下的13种制成品的进口关税从5%调高至10%;由硬质小麦制成的面粉的进口税由5%提高至10%。(2)对部分食品和日用消费品在规定了进口税的同时,还新增加了"进口从量最低限价",即按照单位(体积、重量和件数)计算,每一单位不得低于规定的金额(中国驻乌兹别克斯坦使馆参赞处,2006)。目前,乌兹别克斯坦的平均关税税率为2.2%(张宁,2006)。

土库曼斯坦原为零关税国家,为保护本国企业的生产,提高本国企业的竞争力,使关税机制符合市场经济的需要并与国际接轨,从2000年9月1日开始,对本国能够自产的部分蔬菜、水果、化工产品和纺织品等94种进口商品征收10%～100%的进口关税,纺织品中的粗平纹布、棉纺牛仔布、棉纱、棉絮、针织棉布、针织棉内衣、牛仔布服装和纯棉长袍等均征收了100%的关税。其中,许多商品除规定有从价税率外,还规定有从量税(即最低纳税标准),但平均关税水平很低。而对外国投资者作为法定资本的出资而进口的商品,以及石油作业中使用的所有物资和设备及为满足企业及雇员自身需要而进口的商品则免征关税。

塔吉克斯坦进口关税水平不高,从0～30%分为7档,平均进口税率为7.7%。据海关权威人士介绍,进口关税还要下调,最终将进口关税总体水平定位于5%左右。而在自由贸易区内的外国投资者和外资企业则可享受到更加优惠的税收待遇,具体措施包括:税率比塔吉克斯坦境内的通行税率低50%以上、享受较低的土地和其他自然资源租用费或使用费、特别的关税待遇、较低的进出口关税、简化出入境签证手续等。

需要指出的是,中亚各国在执行其对外贸易政策中,一般将商品进出口国分成3类,分别实施不同的政策,给予不同的待遇。以进口税率为例,第一类是与其签订了建立自由经济区协定的独联体成员国,实施最为优惠的政策,相互免征进口税;第二类是与其签订有相互给予最惠国待遇协定的国家,按照现行进口税率表交纳进口关税;第三类是对上述两类之外的其他未列出的国家,皆征收双倍进口关税。

11.4.3 非关税壁垒

(1) 进口配额制和进口许可证。在配额和许可证方面,哈萨克斯坦除武器、弹药、毒品、药品和废有色金属等 11 种商品外,其他商品进口均不需配额和许可证(中华人民共和国驻阿拉木图总领事馆,2010)。吉尔吉斯斯坦对包括密码设备、武器、核材料、贵金属、贵重天然石材及其制品、毒品、危险废料、药品、烟草、酒精及酒精制品等 19 个商品实行进口许可证管理;对包括活牲畜、植物类制药原料、战争物资、弹药、有色金属边角料和废料等 19 个商品实行出口许可管理,对用于生产酒精制品的乙醇酒精的生产和采购(包括该类产品的进口)实行配额制度。土库曼斯坦对啤酒、酒类饮料、各种酒精、医疗用品、宝石和贵重金属等进口商品实行许可证管理。塔吉克斯坦政府自 1995 年 7 月 1 日起,取消了除棉花和铝锭外所有商品的配额和许可证限制,其非关税壁垒主要采用增值税、消费税、进出口管制和销售税等手段。乌兹别克斯坦对外贸易体制相对开放。目前,除了根据 2005 年 11 月 11 日通过的第 247 号政府决议,对具有破坏臭氧层作用的"含氟和氯的甲烷、乙烷及丙烷的卤化衍生物"规定进口配额数量之外,对包括机电产品在内的其他进口商品没有数量限制。在进出口许可证方面,根据 1871 号总统令中"附件 1"规定,对军品、贵金属、宝石、放射性物质等 7 类产品需凭外经部颁发的许可证办理进出口通关手续。

(2) 技术性贸易壁垒。虽然中亚各国制定的进口商品检验检疫制度、技术卫生安全标准和原产地规则等技术贸易壁垒措施与世界其他各国差异不大,但在具体实施过程中,存在许多不符合其政策规定或不合理之处,对国际贸易造成扭曲。例如,哈萨克斯坦对部分进口商品做出了特别检测规定,部分进口商品必须通过哈萨克斯坦标准化、度量衡和检测中心进行的国家安全检测,以确认其对人体健康、财产及生态环境是否有害(中华人民共和国驻阿拉木图总领事馆,2010)。这一规定既增加了企业的检验费用,又给企业带来极大不便。同时,哈萨克斯坦对进口食品和饲料的检验标准远远高于其国内同类产品,对进口产品造成了歧视,使相关产品出口哈萨克斯坦面临不合理的政策风险。可见,受中亚各国经济发展水平和产业竞争力的影响,中亚各国制定和实施的进口商品检验检疫标准和技术卫生安全标准等指标相对世界其他国家,虽然并不是太高,但实际执行过程中存在许多不确定因素(段秀芳,2007)。

11.4.4 进出口管制

为了保护各国某些商品的市场或保障国内生产商的利益,中亚各国分别制定了一些措施对进出口商品进行限制与禁止。哈萨克斯坦除武器、弹药、药品等 11 类产品限制进口以外,其余产品均可自由进口;出口除武器、弹药等 9 类产品需要取得许可证外,其余产品均可自由出口。土库曼斯坦则禁止进口酒精类饮料、乐器、电影、碟形卫星接收器、猪肉和军火及相关产品。乌兹别克斯坦根据 1997 年颁布的 1871 号总统令中"附件 4"的规定,禁止出口谷物(小麦、黑麦、大麦、燕麦、大米、玉米、荞麦)、面粉、米糠、小面包(自产的甜点、饼干除外)、牲畜、家禽和肉及其制品、糖、植物油、有色金属废料、皮革和皮草原料(包括卡拉库尔羊羔皮)等商品。塔吉克斯坦在 1997 年 2 月 19 日发布的"关于实行对外经济活动的措施"决议规定,限制铀、火药、麻醉品、毒药、烟草、爆炸物、武器、宝石、酒精、艺术作品、自然资源的产地和区域方面的信息等产品的进出口。在上述禁止进出口的商品中,除考虑到维护国家安全、宗教因素和卫生因素的限制外,其他对进出口商品进行限制和禁止都是违反世界贸易组织规定的。因此,中亚国家中除了还未提出入世申请的土库曼斯坦外,其他几国无论是世贸组织的正式成员国吉尔吉斯斯坦,还是目前正在积极申请加入的哈萨克斯坦、塔吉克斯坦、乌兹别克斯坦,其现存的此类违反世界贸易组织有关规定和原则的限制措施都要进行相应的修改。

11.5 中亚各国对外贸易

11.5.1 哈萨克斯坦

(1)对外经济活动的战略目标

哈萨克斯坦在独立后不久就确定了开展对外经济活动的战略。1992年5月16日哈萨克斯坦总统纳扎尔巴耶夫发表的《主权国家哈萨克斯坦的建设和发展战略》一文,论述了对外经济活动的战略。该文提出了包括为开展对外经济活动所必须要做的工作,如资金积累、法规制定、基础设施建设、人才培养等。根据具体国情,提出了哈萨克斯坦发展对外经济活动的重点是:独联体,主要是俄罗斯、乌克兰、白俄罗斯、乌兹别克斯坦;亚太地区,包括中国、韩国、日本和东盟国家;亚洲方向,土耳其和其他阿拉伯国家;欧洲方向,主要是德国和欧共体国家;美洲方向,主要是美国。还注意发展同国际金融组织的关系,以寻求资金帮助。

哈萨克斯坦对外经济活动包括开展对外贸易、吸引外资和开展对外经济技术合作。在维护国家主权、确保本国独立的同时,为本国开展对外经济活动制定了基本原则和战略目标,它们是:第一,开展对外经济活动要遵循国家的基本外交方针,要在独立自主、平等互利的基础上进行;第二,对外经济活动要为国内经济发展服务;第三,一切从维护本国的民族国家利益出发,不受意识形态的束缚;第四,按国际规则和国际惯例办事,尽快使本国的对外经济活动符合国际标准。

为确保战略目标的实施,哈萨克斯坦很快建立了主管和从事对外经济活动的机构,制定和不断完善对外经济活动的法规(赵常庆,2004),不断解决阻碍开展对外经济活动的人才匮乏和基础设施落后等问题。同时,该国还积极创造条件,为争取早日加入世贸组织而努力。

(2)进出口贸易现状

1)经济结构以外向型为主

哈萨克斯坦作为中亚地区经济大国,外贸易对其经济增长的贡献率十分突出。虽然受到世界经济危机的影响,外贸额相比2008年有所下降,外贸总额占GDP的比重由2008年的92.28%降至2010年的69.51%。但对外贸易额仍从1995年的103.4亿美元发展到2010年的1036.05亿美元(图11.4),15年间翻了10倍,接近GDP总值(1490亿美元),其中出口625.83亿美元,进口410.22亿美元,顺差215.61亿美元,出口额在GDP中的占比为41.99%。哈萨克斯坦人均出口额为3887.12美元,接近中国人均出口额(1303.58美元)的3倍(图11.4)。

2)贸易伙伴众多

哈萨克斯坦贸易伙伴分布在5大洲192个国家和地区。由于历史原因,俄罗斯仍是其最大的贸易伙伴,但在外贸总额中的占比已大幅下降,由1995年的45.2%降至2010年的15.27%;而与东亚和欧盟的贸易额持续上升,2010年哈萨克斯坦前10大贸易伙伴及其贸易

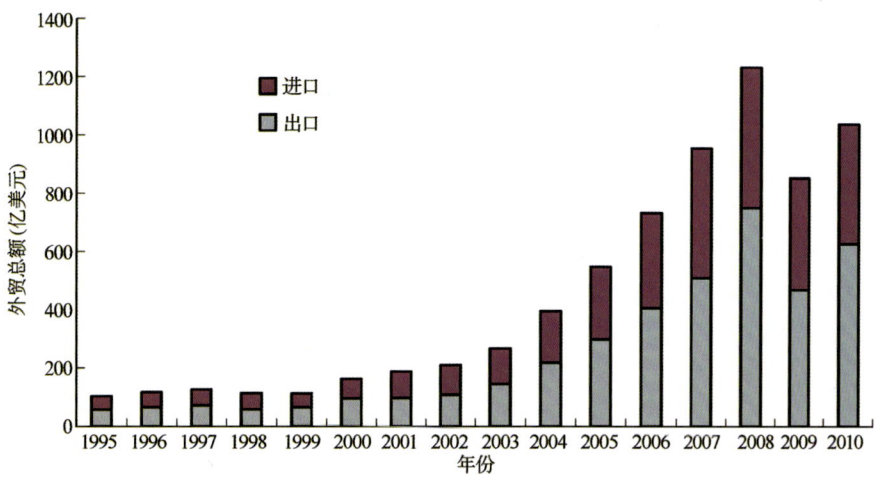

图 11.4　1995—2010 年哈萨克斯坦外贸总额
数据来源:世界贸易组织

额分别为:俄罗斯(158.2 亿美元)、中国(140.8 亿美元)、意大利(111.6 亿美元)、法国(49.3 亿美元)、荷兰(44.6 亿美元)、德国(35.8 亿美元)、奥地利(27.5 亿美元)、加拿大(26.6 亿美元)、美国(21.8 亿美元)、英国(21 亿美元)(中国驻哈萨克斯坦大使馆,2011)。

3)出口产品多样

①货物贸易　哈萨克斯坦自独立开展对外贸易以来,货物贸易发展极快,贸易额由 1995 年的 90.29 亿美元增至 2010 年的 880.45 亿美元(图 11.5),增加了 9.75 倍,但由于加工业的滞后,进出口商品种类变化不大。1995 年哈萨克斯坦出口创汇居前 5 位的商品是:燃料(13.06 亿美元)、矿产品(12.62 亿美元)、钢铁(9.68 亿美元)、化学制品(5.39 亿美元)、食品(5.18 亿美元);这 5 项产品占总出口额的 87.37%。2010 年出口创汇居前 5 位的商品仍然是:燃料(415.9 亿美元)、矿产品(74.76 亿美元)、钢铁(38.09 亿美元)、化学制品(26.8 亿美元)、食品(19.69 亿美元),这 5 项产品占总出口额的比重因能源价格的上涨增至 98.61%。

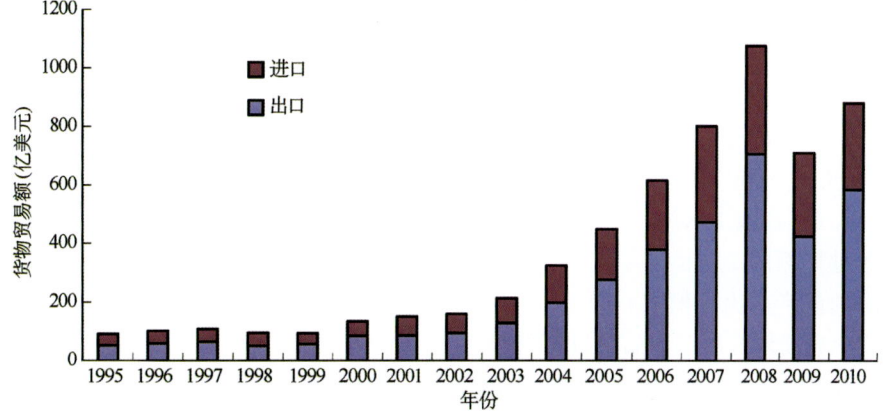

图 11.5　1995—2010 年哈萨克斯坦货物贸易额
数据来源:世界贸易组织

1995 年进口商品居前 5 位的分别为：机械与运输设备（10.56 亿美元）、燃料（9.52 亿美元）、食品（3.74 亿美元）、化学制品（3.57 亿美元）、钢铁（1.95 亿美元）；这 5 种产品占进口额的 77.15%。2010 年仍为：机械与运输设备（106.25 亿美元）、燃料（43.94 亿美元）、化学制品（33.41 亿美元）、食品（28.27 亿美元）、钢铁（19.78 亿美元）；这 5 种产品占进口额的比重略微上升至 77.97%。

对比 1995 年和 2010 年的进出口商品发现，哈萨克斯坦出口的 3 大类产品，即燃料、矿产品和钢铁没有变化，但有一点很明显，燃料因能源价格的上涨，出口创汇能力迅速增强，在出口产品中"一枝独秀"。进口商品基本上也是"老三样"：机械与运输设备、燃料和化学制品，唯一不同的是机械与运输设备所占比重更大。这说明哈萨克斯坦的进出口商品结构没有发生根本性变化，出口仍以原材料为主，进口则以加工产品为主。

②服务贸易　哈萨克斯坦服务贸易发展迅速，甚至超过了货物贸易的增速，服务贸易额 1995—2010 年增长了 11.87 倍，高于货物贸易增速的 9.75 倍。服务贸易虽受金融危机的影响，在 2009 年出现下滑，但 2010 年已重回升势，贸易额达到了 155.6 亿美元（图 11.6），已超过危机前 2008 年的最高水平，早于货物贸易摆脱金融危机的影响。

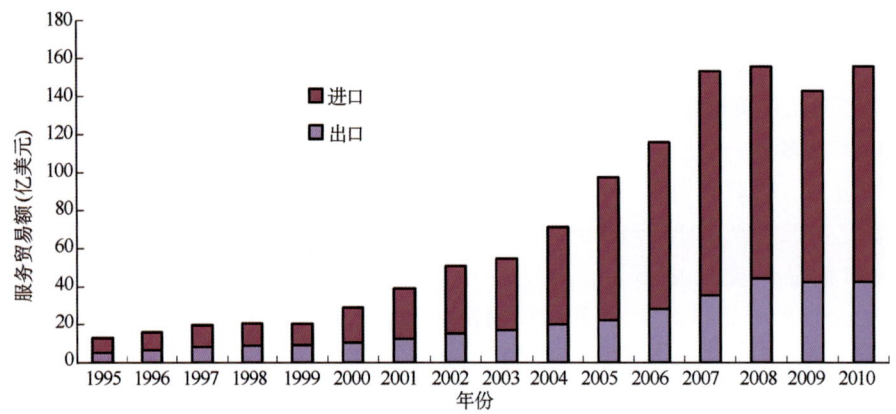

图 11.6　1995—2010 年哈萨克斯坦服务贸易额
数据来源：世界贸易组织

从服务贸易的结构来看，出口贸易中，运输和旅游始终占据主导地位，2010 年，这两项的出口额为 32.76 亿美元，占服务出口额的 77.12%，但比 1995 年下降了 11 个百分点；而金融、保险、电信和通讯服务虽总额仍然较小，但增速较快，2000—2010 年增长了 3.32 倍，出口额达到了 2.75 亿美元。进口贸易中，在 2000 年以前，运输和旅游服务分列一二位，但 2000 年以后，随着通讯、电信、施工、保险和金融等现代服务产品需求的剧增，2010 年仅其他商业服务一项就占服务进口额的 70.9%。

4）高附加值产品出口增多

虽然哈萨克斯坦的出口商品仍以原材料为主，但出口的高附加值产品明显增多，主要包括：铜线、轴承、蓄电池、传送线设备、分筛机、阀门、插头、变压器、各种泵、配电箱和动力设备等。

(3)外贸政策

哈萨克斯坦是俄罗斯、白俄罗斯、哈萨克斯坦、吉尔吉斯斯坦、塔吉克斯坦五国海关联盟的成员。与欧盟、澳大利亚、北欧国家、加拿大、美国、日本和中国等相互给予最惠国待遇。加拿大、欧盟和澳大利亚、美国对哈萨克斯坦实行普惠制。哈萨克斯坦沿袭原苏联的做法,按普惠制原则对进口发展中国家产品给予优惠。

1) 进口税收制度

按现行海关法的规定,哈萨克斯坦海关有三种不同的关税征收方式:从价税、从量税和混合税。哈萨克斯坦进口关税通常每年调整一次,大约95%以上的进口产品从价税都在0~15%,加权平均税率为8.6%。除关税外,还征收进口增值税,税率为14%。部分消费品包括各种酒和酒精、香烟、鱼子酱、汽油、柴油、汽车等产品的进口还征收消费税。此外,对每笔进口贸易征收50~70欧元的清关费。

2) 进口管理制度

哈萨克斯坦已完全放开贸易权,所有自然人和法人均可从事对外贸易活动。除武器、弹药、药品等11类产品限制进口以外,其余产品均可自由进口,也不受配额和许可证的限制。

3) 出口管制制度

哈萨克斯坦实行鼓励出口政策,除武器、弹药等9类产品需要取得许可证外,其余产品均可自由出口。根据《哈萨克斯坦海关事务法》,除对某些动物的皮毛和废旧金属的出口征收出口关税以外,其余商品均免征出口关税和增值税。

4) 原产地制度

一般情况下哈萨克斯坦不要求进口产品提供原产地证明,但是根据《哈萨克斯坦海关事务法》第14条规定,进口产品在下列情况下需出示原产地证书:①需要对进口货物提供关税优惠;②从某些国家进口的货物适用于非关税调节措施,哈萨克斯坦海关部门有理由认为进口货物产生于上述国家;③哈萨克斯坦参加的国际协议和关于保护自然环境、居民健康,保护消费者权利,维持社会秩序和国家安全以及对哈萨克斯坦国家利益至关重要的法律所做的相应规定(中国驻哈萨克使馆经济商务参赞处,2009)。

11.5.2 乌兹别克斯坦

(1) 进出口贸易现状

1) 进出口贸易总量

1995—2010年,乌兹别克斯坦的对外贸易总额从61.81亿美元上升到148.67亿美元(图11.7),增长到2.41倍,贸易逆差达25.9亿美元;但在服务贸易方面,乌兹别克斯坦是中亚五国中唯一的出超国家,自1995年以来,服务贸易始终保持顺差,且顺差额不断扩大,在2010年增至7.74亿美元(表11.2)。总体来看,乌兹别克斯坦的外贸总额在独联体国家中属中等水平,并一直呈现上升趋势。

表 11.2 乌兹别克斯坦服务贸易统计(亿美元)

年份	服务贸易总额	出口	进口	顺差
1995	4.33	2.88	1.45	1.43
1996	3.89	3.79	0.09	3.70
1997	6.98	3.61	3.37	0.24
1998	4.74	3.10	1.64	1.46

续表

年份	服务贸易总额	出口	进口	顺差
1999	5.78	3.08	2.70	0.38
2000	6.98	4.47	2.51	1.97
2001	7.86	4.63	3.23	1.40
2002	7.63	4.75	2.87	1.88
2003	8.39	5.36	3.02	2.34
2004	9.96	5.73	4.24	1.49
2005	10.85	6.60	4.25	2.34
2006	11.75	7.73	4.02	3.72
2007	13.52	9.62	3.90	5.72
2008	16.22	11.96	4.27	7.69
2009	14.51	10.36	4.15	6.21
2010	16.01	11.87	4.14	7.74

数据来源：世界贸易组织

随着世界经济一体化进程的展开和自身经济结构的调整，乌兹别克斯坦逐步推进市场经济改革，实行进口替代和出口导向的发展战略，积极吸引外资，大力发展中、小企业，基本保证了经济、贸易的健康稳步发展。由于金融危机的产生导致全球经济下降，使乌兹别克斯坦对独联体国家的出口出现较大幅度的下降，但得益于中国和部分欧洲国家的需求提升，再加上乌兹别克斯坦经济与欧美国家经济结构有所差别，受金融危机的影响较小，经济继续稳定发展，主要宏观经济指标均好于预期，贸易额也已开始回升，但恢复到2008年时的水平尚需外部环境的改善（图11.7）。

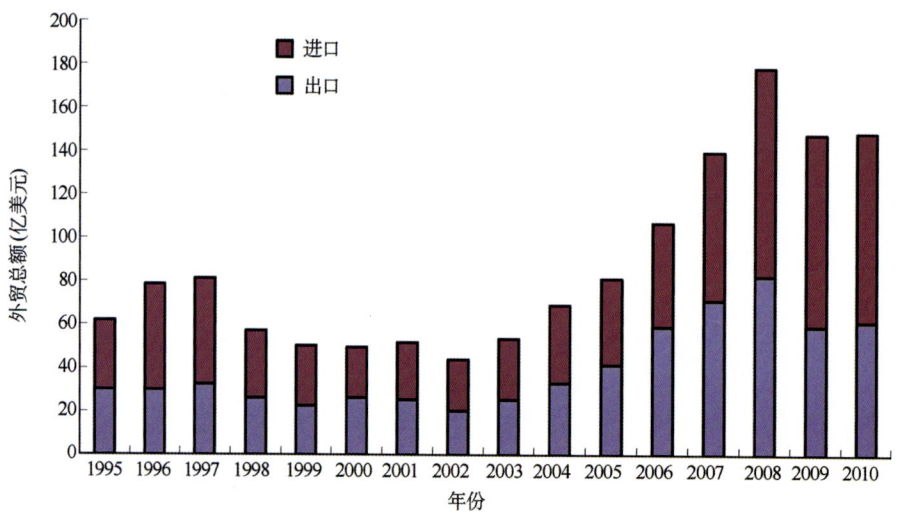

图11.7 1995—2010年乌兹别克斯坦外贸总额

数据来源：乌兹别克斯坦统计年鉴（1995—2010年）、世界贸易组织

2)进出口贸易结构

乌兹别克斯坦主要出口皮棉、服务、能源和石油产品、黑色和有色金属、机械设备,主要进口机械设备、化学制品、黑色和有色金属、食品和石油制成品等(阿不都斯力木·阿不力克木,2010)。从2000年以来乌兹别克斯坦出口商品结构有所改善,原料性商品出口比例降低,深加工商品出口比例有所提高,制成品出口增长在50%以上。但总体来看,原材料在出口产品中仍占多数,能源载体和石油产品、黑色和有色金属在2010年的出口额占其货物总出口额的31.6%,机械和化工产品仅占10.6%。进口商品结构中,机械设备进口占44.1%,化工产品占14.3%、食品占10.9%、黑色和有色金属占8.4%、能源和石油制成品占6%,基本以制成品为主(中国驻乌兹别克斯坦商务参赞处,2011)。

3)贸易国别结构

由于历史原因独联体国家,特别是俄罗斯仍是乌兹别克斯坦最大的贸易伙伴,但随着贸易政策的开放,同独联体国家的贸易额占外贸的比重在持续下降,同非独联体国家贸易额已占其贸易总额的50%以上。从洲际分布来看,同欧洲的贸易额占60%~65%,主要是俄罗斯、土耳其、波兰、德国等;亚洲约占30%,主要是中国、韩国、孟加拉国和日本;美洲(主要是北美)约占5%,其次是大洋洲和非洲合计不足1%。欧洲,特别是俄罗斯和欧盟是其最主要的贸易伙伴,乌兹别克斯坦40%的棉花出口欧盟国家,大部分机械设备也从欧盟国家进口。独立初期,乌兹别克斯坦对外贸易伙伴约为60多个,现已同世界上140多个国家和地区有贸易往来,产品出口到80个国家和地区。

(2)外贸政策

乌兹别克斯坦在中亚国家中贸易保护程度依然较高。平均进口税率为14.8%,进口税率统一分为4个档次,即0%、5%、10%和30%。虽然乌兹别克斯坦对许多商品免除了进口关税,但对于食品、服装、家电等日常消费品仍然征收较高的关税,甚至还增加消费税。而对于0%、5%的关税税率大多是一些原产地产品或原材料的进口。对绝大部分商品都征收的是10%以上的关税。另外,在世贸组织要求的给发展中国家10%的平均关税的规定下,乌兹别克斯坦还一直保持在14%以上。而中亚的其他国家都低于10%,这样相对其他中亚国家来说,乌兹别克斯坦贸易保护的色彩更为浓烈。

11.5.3 吉尔吉斯斯坦

(1)进出口贸易现状

早在独立之初,吉尔吉斯斯坦就实行了对外贸易自由化,任何个人、企业和组织都有权从事进出口贸易业务。迄今为止,吉尔吉斯斯坦与世界上100多个国家和地区有贸易往来关系,对外贸易在吉尔吉斯斯坦国民经济中占有重要的地位。尽管1998年和2009年因受世界性金融危机以及国际原材料市场价格变动、国内生产下滑等多方面因素影响,吉尔吉斯斯坦进出口贸易两次出现下滑态势,但在2010年吉尔吉斯斯坦的外贸已开始回升,达到了58.04亿美元(图11.8),比1995年增长5.23倍;货物和服务贸易分别达41.87亿美元和16.17亿美元。但由于吉尔吉斯斯坦畸形的经济结构和落后的技术水平,各种机器设备、交通工具、日用消费品均需依赖进口,而出口仅以低附加值的原材料和初级制成品为主,导致其贸易逆差逐年扩大,2010年已高达24.45亿美元,贸易逆差已接近其总贸易额的一半。

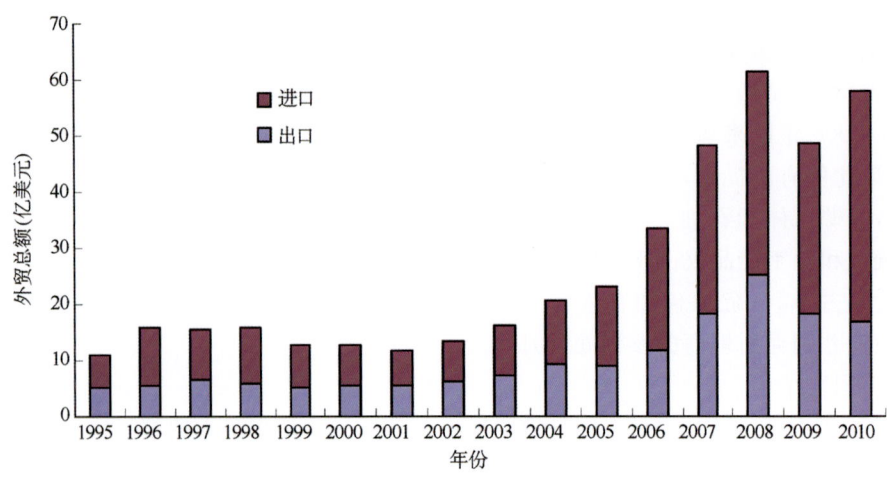

图 11.8　1995—2010 年吉尔吉斯斯坦外贸总额

数据来源：吉尔吉斯斯坦统计年鉴(1995—2010 年)、世界贸易组织

(2)贸易结构

1)货物贸易

吉尔吉斯斯坦货物贸易发展迅速,货物贸易总额从 1995 年的 8.75 亿美元增至 2010 年的 41.87 亿美元(图 11.9);而且进出口商品种类多样,主要出口和进口商品在进出口单项中所占比重均有限。其中,出口商品可分为原材料、初级制成品和农产品 3 类,三者所占比例在 1995 年为 23.33%、40.24% 和 36.43%,2010 年为 22.35%、42.93% 和 34.73%。出口商品结构变化不大,基本以初级制成品为主,主要出口对象在亚洲地区为阿联酋、中国、乌兹别克斯坦、土耳其和塔吉克斯坦;在欧洲地区为瑞士、俄罗斯、德国和法国。主要出口商品为黄金、电力、烟草及其制品、纺织品和棉花。黄金近年来一直居出口商品创汇榜首,在工业生产和出口贸易中占有举足轻重的地位。1997 年自加拿大投资的"库姆托尔"金矿投产以来,德国一直是该国黄金的最大买主。进口商品则以燃料和制成品为主,2010 年占总进口额的 81.82%,比 1995 年

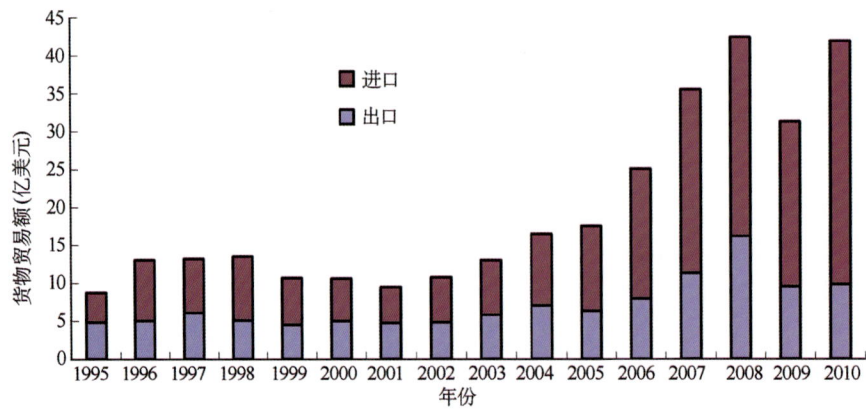

图 11.9　1995—2010 年吉尔吉斯斯坦货物贸易额

数据来源：吉尔吉斯斯坦统计年鉴(1995—2010 年)、世界贸易组织

上升2.87%,其中仅制成品就占货物进口额的一半以上。投资性商品,即作为投资进口到吉尔吉斯斯坦的机电、设备等商品,由于外国和国际组织一系列援助项目的实施,其进口数量及进口额明显增长。此外,由于生产需求的增长,中间产品,主要指化工产品、纸、木材、金属、橡胶和塑料等的进口数量也有所增加。

2)服务贸易

随着货物贸易的发展,该国的服务贸易自2001年以来也进入快速增长期,且增速高于货物贸易,服务贸易额由1995年的2.34亿美元升至2010年的16.17亿美元(图11.10);尤其是自2001年以来,服务贸易额在10年间上升了7.79倍,远高于同期货物贸易的增速。

在服务贸易的出口结构中,其他商业服务、旅游和运输是最主要的组成部分。2003年以前,服务贸易出口一直由其他商业服务占主导,但在2003年旅游业超过了其他商业服务,在服务出口中位居第一;虽然近年来,吉尔吉斯政局动荡,旅行的收入有所下降,但出口额仍高于其他商业服务。进口结构中,运输所占比重最大,2010年的进口额高达4.17亿美元,几乎相当于旅游和其他商业服务进口额的总和;而旅游和其他商业服务的进口额虽较低,但因经济的发展和计算机、金融、保险等现代服务业需求的增加,也呈现出快速增长的态势。

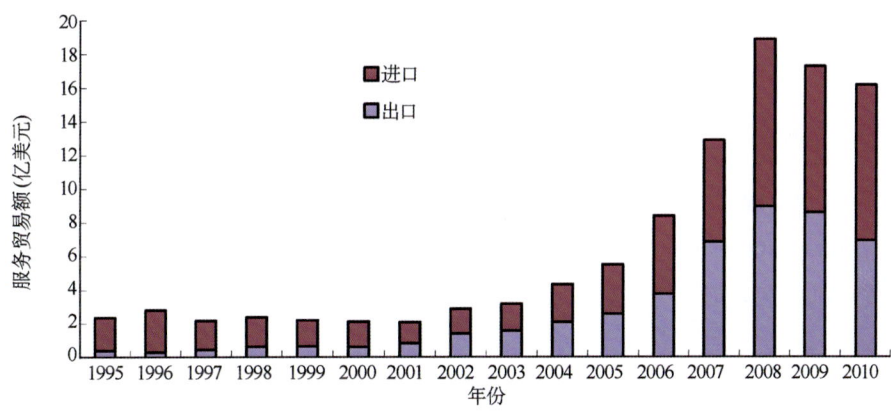

图11.10　1995—2010年吉尔吉斯斯坦服务贸易额
数据来源:世界贸易组织

(3)贸易方向

吉尔吉斯斯坦地处中亚腹地,欧亚大陆枢纽地带,已与中国开通吐尔尕特、伊尔克什坦和别迭里3个通商口岸,与中亚各国及俄罗斯、中国交通相对便利,以其优越的地理位置成为对中亚、西亚、南亚、独联体诸国和东欧等国家辐射的重要转口贸易中枢,中转辐射地域十分广阔。2010年,吉贸易伙伴共计123个国家,瑞士、阿联酋、俄罗斯、哈萨克斯坦和美国为前五大出口目的国,所占比重分别为19.1%、14.9%、12.7%、9%和4.5%。年内对阿联酋出口增长2倍,美国增长1.4倍,俄罗斯增长38.7%,哈萨克斯坦增长29.2%。但对法国和乌兹别克斯坦却大幅下降。吉尔吉斯斯坦前五大进口来源国是俄罗斯、中国、哈萨克斯坦、美国和乌兹别克斯坦,占比分别为33.8%、20.6%、11.7%、5.9%和3.2%。年内自美进口增长明显,为90%,自哈萨克斯坦进口增长11.5%,自中国增长6.8%(中国驻吉尔吉斯斯坦使馆经济商务参赞处,2011)。

(4) 外贸政策

出口:吉尔吉斯斯坦已于1998年成为世界贸易组织的正式成员。对商品的出口实行零关税,但对部分商品的出口实行许可证管理。吉尔吉斯斯坦境内自由经济区生产的产品向国外出口不受配额和许可证限制。吉尔吉斯斯坦产商品向欧洲和北美国家出口不受配额限制。

进口:吉尔吉斯斯坦对进口商品征收海关税、增值税和消费税。对于未标明原产地的进口商品征收双倍关税。对进口到自由经济区的商品免征关税和增值税。对个别商品的进口实行许可证管理。

近年来,按照世贸组织的要求,同时为了进一步改变进口商品结构,推动资源性商品和机电设备的进口,吉尔吉斯斯坦对进口关税进行了几次调整。1999年,其平均税率(9.2%)已经接近发达国家水平。2000年由于对税号中52.6%的商品实行进口零关税(43.5%的商品税率为10%;少数商品税率为17.5%和20%),平均进口税率水平进一步降至5.2%。税率从高到低依次为:制成品、半成品和原材料。进口实行零关税的商品多为吉尔吉斯斯坦匮乏的资源性商品,如原油、种子、种畜、药品和部分机电设备。国内重点保护行业能够生产的产品,如肉、奶制品、农产品和轻纺制品进口税率高。作为独联体海关同盟和中亚经济共同体的缔约国,对独联体国家,特别是上述经济联盟的成员国实行一系列贸易优惠政策,包括进口零关税、免征增值税等(中国国际贸易促进委员会经济信息部,2012)。

11.5.4 塔吉克斯坦

(1) 进出口贸易现状

独立前,塔吉克斯坦的经济联系主要在苏联的加盟共和国之间进行(刘启芸,2006)。随着独立后外贸体制的逐步开放,塔吉克斯坦的外贸发展开始步入正轨,外贸伙伴日益增多,2010年与塔吉克斯坦保持对外贸易关系的国家有101个,其中10个为独联体国家;但由于受到世界金融危机、乌兹别克斯坦的铁路封锁和邻国吉尔吉斯斯坦形势不稳等负面因素的影响,塔吉克斯坦的外贸额仍未恢复到2008年时的水平。2010年塔吉克斯坦的对外贸易总额为48.41亿美元,与1995年相比增长3.11倍(缺1995—1996年服务外贸数据)(图11.11);其中货物贸易42.39亿美元,进口29.36亿美元,出口13.03亿美元;服务贸易6.02亿美元,进口3.93亿美元,出口2.09亿美元;贸易总逆差高达18.17亿美元。

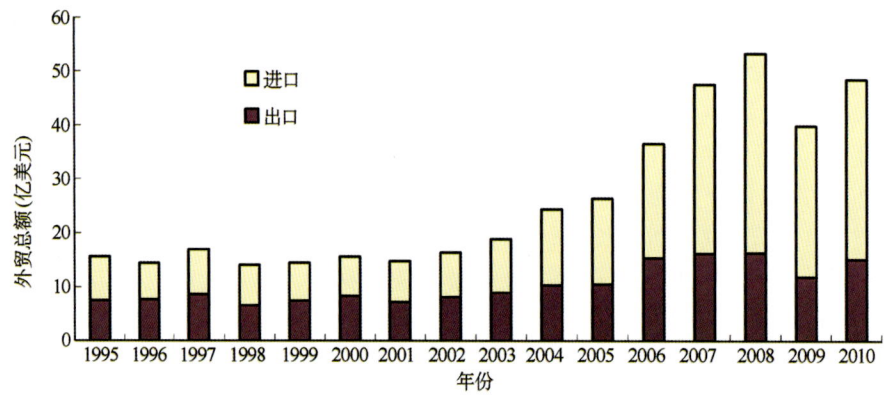

图 11.11　1995—2010年塔吉克斯坦外贸总额

数据来源:塔吉克斯坦统计年鉴(1995—2010年)、世界贸易组织

(2) 贸易结构

1) 货物贸易

塔吉克斯坦拥有丰富的自然资源,已探明矿产 400 多种,具有工业开采价值的就有 100 多种。独立以来,塔吉克斯坦的出口商品也一直以矿产资源为主,但由于加工业发展滞后,制成品则基本依赖进口,这种情况多年来一直未能得到有效改善,导致塔吉克斯坦贸易虽发展较快,但基本处于入超地位。货物贸易额由 1995 年的 15.58 亿美元升至 2010 年的 42.39 亿美元(图 11.12),逆差亦由 1995 年的 0.61 亿美元增至 2010 年的 16.34 亿美元。15 年来塔吉克斯坦的主要出口商品基本保持不变,主要有铝和铝制品、棉花、电力、宝石、棉纱、有色金属精矿、毛和皮革原料等。进口商品因塔吉克斯坦工业基础薄弱,生产能力严重不足,国内所需的大部分工业材料、轻工业品和日用消费品均以进口为主,且种类繁多。天然气、电力为其主要进口商品,此外,还有化工产品、车辆及其配件、机械设备、粮油食品、非贵重金属及其制品、木材及其制品、石制品、纺织服装用品、聚合物及橡胶制品等(中国驻塔吉克斯坦使馆经济商务参赞处,2011)。

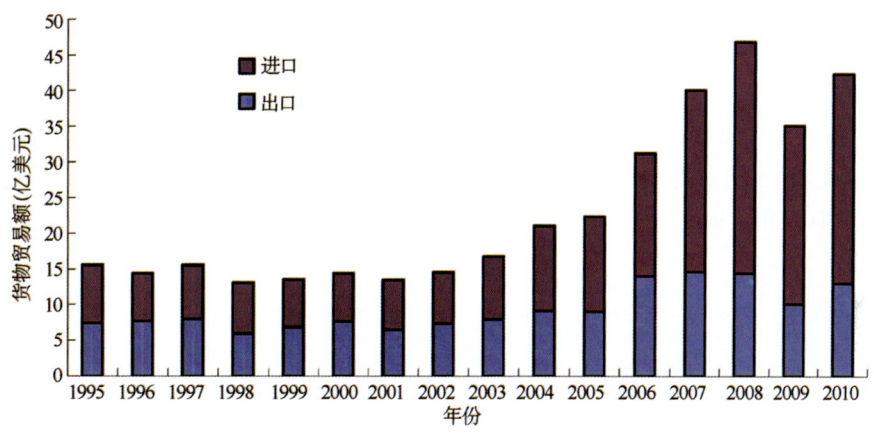

图 11.12　1995—2010 年塔吉克斯坦货物贸易额
数据来源:塔吉克斯坦统计年鉴(1995—2010 年)、世界贸易组织

2) 服务贸易

与中亚其他国家一样,塔吉克斯坦服务贸易的增长要远高于货物贸易。1997 年,塔吉克斯坦的服务贸易额仅为 1.43 亿美元,2010 年虽因金融危机的影响,贸易额离 2007 年的最高峰仍有差距,但也达到了 6.02 亿美元(图 11.13);数额虽不大,相比 1997 年已增长了 4.21 倍。

从服务贸易的结构来看,出口贸易中,运输和其他商业服务占据主导地位,在 2008 年以前,运输在出口贸易中一枝独秀,但随着通讯和电信服务的发展,其他商业服务逐渐占据了第一的位置,2010 年的贸易额达 1.28 亿美元,占服务贸易出口的 61.12%;而运输和旅游仅为 0.5 亿美元和 0.04 亿美元。进口贸易中,运输虽在 2006 年出现下降,但在进口贸易中仍占据第一的位置,2010 年的运输进口额达 1.98 亿美元,占服务进口额的 50.51%;其次是其他商业服务,随着通讯、电信、施工和保险等现代服务产品需求的剧增,其他商业服务一项占服务进口额的比例由 1997 年的 32.76% 升至 2010 年的 43.96%。运输和其他商业服务共占服务进口额的 94.46%。

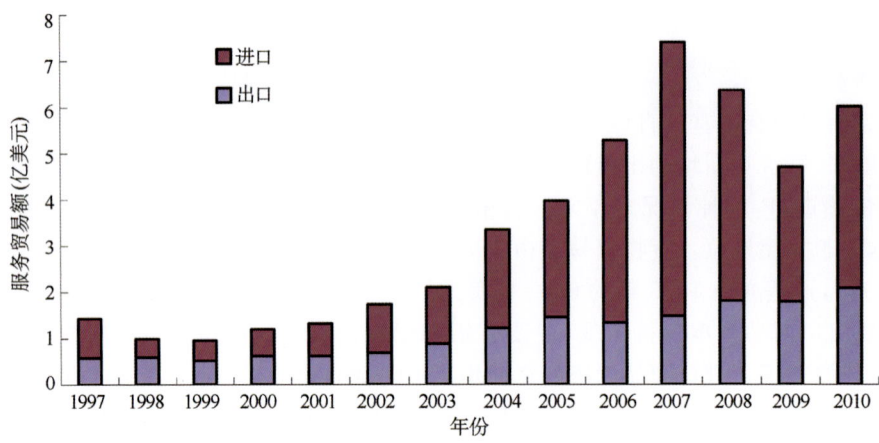

图 11.13　1997—2010 年塔吉克斯坦服务贸易额
数据来源：世界贸易组织

(3) 贸易方向

2010 年塔吉克斯坦与独联体国家的货物贸易额占货物贸易总额的 44.8%，主要的贸易伙伴有俄罗斯、哈萨克斯坦和乌克兰，贸易额分别达到了 9.598 亿美元、3.128 亿美元和 2 亿美元。与其他国家的贸易额占 55.2%，主要有中国(6.851 亿美元)、土耳其(4.386 亿美元)和伊朗(2.017 亿美元)。按贸易额的大小，塔吉克斯坦主要出口对象国依次为中国、土耳其、俄罗斯、乌兹别克斯坦和伊朗；主要的进口来源国是俄罗斯、哈萨克斯坦、中国、乌兹别克斯坦和乌克兰(亚心网,2012)。

(4) 外贸政策

塔吉克斯坦独立后进口关税作过多次调整。初期进口税率比较简单、易于操作，实行的是单一税率 0 和 5%。1997 年 5 月政府决定上调关税水平，将 5% 翻一番，调整为 10%，个别商品达到了 20%。1998 年 11 月塔吉克斯坦议会批准正式加入由俄罗斯、白俄罗斯、哈萨克斯坦、吉尔吉斯斯坦四国于 1995 年 1 月组成的《关税同盟》。作为《关税同盟》新成员塔吉克斯坦要与其他成员国的关税水平接轨，逐步实施统一关税政策。因此，政府结合本国社会经济实际状况，对进口关税税率再次作了大幅调整；其中近 40% 的商品税目都有不同程度的提高，最高税率上调至 30%。目前，塔吉克斯坦平均进口税率为 7.7%；税目划分相对比较简单，共分成 97 类商品、123 个税目，最终塔吉克斯坦的进口关税总体水平将定位于 5% 左右。

11.5.5　土库曼斯坦

(1) 进出口贸易现状

由于缺乏土库曼斯坦的服务外贸数据，只计算了货物贸易。土库曼斯坦独立后，成立了主管内外贸易的贸易和对外联络部，建立了新的对外贸易体制，实行对外开放政策，积极发展对外贸易(施玉宇,2005)。对外贸易的主要对象由独立初期的独联体国家发展至当前 100 多个国家和地区，开展贸易的形式也日益多样化，包括国贸、地贸、边贸、补偿贸易和转口贸易等。外贸总额虽因全球经济危机的影响,2010 年的外贸出现巨额逆差，且总额相比高峰时的 2008 年亦下降了 40.37%，但相比独立之初 1995 年的 32.45 亿美元，仍然增长了近 3 倍，达 90.84

亿美元(图 11.14);其中出口 31.05 亿美元,进口 59.79 亿美元,逆差 28.74 亿美元,外贸额占GDP 的比重也升至 45.41%。总体上看,土库曼斯坦独立至今,顺差年要多于逆差年,但由于其国内市场狭小,制造业发展滞后,出口产品基本以原材料为主,易受国际市场波动的影响;在1997—1999 年和 2009—2010 年因两次世界金融危机,出口额大幅下降,外贸出现逆差;其他年份基本都是顺差,最大顺差出现在 2008 年,贸易顺差高达 46.52 亿美元。

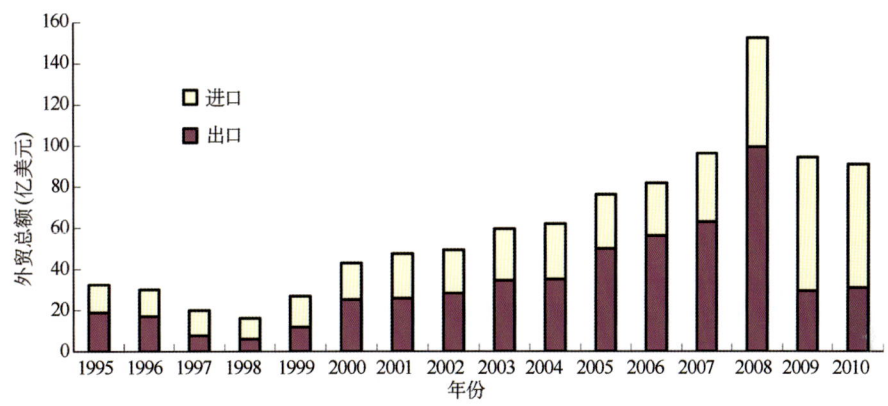

图 11.14　1995—2010 年土库曼斯坦外贸总额

数据来源:土库曼斯坦统计年鉴(1995 年—2010 年)

(2)贸易结构

土库曼斯坦 80%的领土上蕴藏着石油、天然气等重要能源以及少量的天青石、煤、硫磺、矿物盐、陶土、膨润土、地蜡等矿产资源;同时土库曼斯坦还是世界上主要的棉花产地之一,年产原棉 130 万 t 左右。土库曼斯坦的出口产品也与其资源禀赋相一致,主要出口商品为天然气、石油产品、皮棉、电力、矿肥、皮革、羊毛、织毯等。主要进口商品有机器设备、粮食、食品、橡胶、塑料、化工产品、交通工具和日用消费品等(中国驻土库曼斯坦使馆经济商务参赞处,2011)。从土库曼斯坦商品进出口构成可以看出,原材料仍是其出口的主要商品,但这种情况正在改善,土库曼斯坦通过引进技术,现已开始对天然气、石油进行深加工,生产聚丙烯和液化天然气等产品,逐步提升出口产品的附加值。

(3)贸易方向

独联体国家是土库曼斯坦独立后的主要贸易伙伴,其中俄罗斯所占份额最大,其次是乌克兰。但由于天然气运输价格和新的运输管道的修建,俄罗斯在其外贸出口总额中的比重锐减;而土耳其、阿联酋、伊朗、意大利和阿富汗则成为其最主要的出口国。由于产业结构不合理,技术落后,土库曼斯坦大多数制成品均需依赖进口,目前主要的进口国依然是独联体国家中的乌克兰和俄罗斯,但欧洲和亚洲的土耳其、法国、中国、阿联酋、伊朗等国家亦位列前 10 名。

(4)外贸政策

土库曼斯坦的出入境及过境货物由海关负责监管。海关监管的形式有:检查必需的文件,对运输工具、货物和其他物品以及个人进行检查;物品登记和土库曼斯坦法律所规定的其他形式。海关监管所需文件有:经土库曼斯坦商品原料交易所登记的合同,投资合同需经土库曼斯坦外国投资管理局的专家鉴定并登记注册,现汇出口合同,需出示土库曼斯坦中央银行出具的收到外汇或已开立不可撤销的信用证明;土库曼斯坦商检局出具的质检证书;货物报关单。

土库曼斯坦原为零关税国家,后为提高本国企业的竞争力,使关税机制符合市场经济的需要并与国际接轨,从 2000 年 9 月 1 日开始对进出口商品征收关税,重点是对本国能够自产的商品均征收 100% 的进口关税。另外,土库曼斯坦出于宗教、习俗等因素,还对部分商品的进口实行许可证管理,如啤酒、酒类饮料、各种酒精、医疗用品、宝石和贵重金属等。

参考文献

阿不都斯力木·阿不力克木. 2010. 乌兹别克斯坦对外贸易政策及其对中国的启示. 经济问题探索,(9):129-132.

边云霞. 2007. 中亚交通运输合作与发展前景. 前沿,(11):53-55.

崔炳强. 2009. 中亚国家经济发展形势与经济格局分析. 福建论坛(社科教育版),(6):41-42.

段秀芳. 2007. 中亚国家现行外贸政策及其评价. 俄罗斯中亚东欧研究,(3):61-66.

胡振华. 2006. 中亚五国志. 北京:中央民族大学出版社.

黄运良,庄岚. 2005. 中亚五国有关对外经贸合作的法律及其政策概述. 中亚信息,(8):14-17.

寇忠. 2010. 中亚油气资源出口新格局. 国际石油经济,(5):39-47.

刘启芸. 2006. 列国志－塔吉克斯坦. 北京:社会科学文献出版社.

吕文军,谭向东. 1995. 浅论中亚五国的对外经济关系. 世界经济文汇,**10**(3):42-46.

施玉宇. 2005. 列国志－土库曼斯坦. 北京:社会科学文献出版社.

世界贸易组织. http://www.wto.org/index.htm,2012-10-5.

宋非非. 2008. 哈萨克斯坦外贸管理体制. 建筑机械,7(上半月刊):32-33.

孙壮志,苏畅,吴宏伟. 2004. 列国志－乌兹别克斯坦. 北京:社会科学文献出版社.

亚心网. http://www.xjjjb.com/html/news/2011/1/68977.html,2012-11-6.

亚洲开发银行. http://www.adb.org/countries/main,2012-9-20.

张宁. 2006. "中国与中亚国家贸易政策和区域经济合作国际研讨会"综述. 俄罗斯中亚东欧市场,(7):21-23.

张银霞,王亮. 2009. 中亚国家外贸政策调整研究. 商场现代化,**569**(3):5.

赵常庆. 2004. 列国志－哈萨克斯坦. 北京:社会科学文献出版社.

中国国际贸易促进委员会经济信息部. 吉尔吉斯斯坦概况(EB/OL). http://www.ccpit.org/bumenzhandian/xinxibu/,2012-11-3.

中国驻哈萨克斯坦使馆经济商务参赞处. 哈萨克斯坦国际贸易发展特点及与中亚国家贸易发展状况(EB/OL). http://kz.mofcom.gov.cn/,2009-10-16.

中国驻哈萨克斯坦使馆. 2010 年哈萨克斯坦海关统计资料(EB/OL). htpp://RZ.china-embassy.org/chnl,2011-3-26.

中国驻阿拉木图总领事馆. 哈萨克斯坦外贸管理体制(EB/OL). http://almaty.chineseconsulate.org/chn/,2010-10-12.

中国驻吉尔吉斯使馆经济商务参赞处. 2010 年吉尔吉斯斯坦对外贸易情况(EB/OL). http://kg.mofcom.gov.cn/,2011-3-28.

中国驻塔吉克斯坦使馆经济商务参赞处. 2010 年塔吉克斯坦对外贸易情况(EB/OL). http://tj.mofcom.gov.cn/,2011-3-5.

中国驻土库曼斯坦使馆经济商务参赞处. http://tm.mofcom.gov.cn/,2011-4-8.

中国驻乌兹别克斯坦使馆经济商务参赞处.《对外贸易管理》(EB/OL). http://uz.mofcom.gov.m,2006-3-31.

中国驻乌兹别克斯坦使馆经济商务参赞处. 2010 年乌兹别克斯坦对外贸易额为 218.4 亿美元(EB/OL). http://uz.mofcom.gov.cn/,2011-2-16.